Evangelical Voters in American Politics
Party Realignment since the 1960s

アメリカ福音派の変容と政治

1960年代からの政党再編成

Masashi Iiyama
飯山雅史 ──【著】

名古屋大学出版会

アメリカ福音派の変容と政治

目　次

序　論 ………………………………………………………………… 1

第1章　先行研究と分析の枠組み ………………………………… 9

第1節　宗教と政治の関わりに関する先行研究 ………………… 10
　　1　民族宗教理論　11
　　2　宗教再編成理論　16

第2節　統合モデル ………………………………………………… 19
　　1　宗教的信念と宗教への態度　19
　　2　宗教教派への帰属　23
　　3　統合モデル　28

第3節　宗教への帰属と福音派の定義 …………………………… 30
　　1　宗教伝統系列　30
　　2　福音派教派の定義と教派分類　36
　　3　福音派分類に関わる諸問題　39
　　4　まとめ　42

第4節　政党再編成理論 …………………………………………… 43
　　1　政党再編成の定義　43
　　2　政党再編成のメカニズム　47
　　3　争点交代の不在　53
　　4　「争点態度レベル」と「集団レベル」の組み替え　57
　　5　データセット　59

第2章　福音派の形成とリベラリズムへの反応 ………………… 61

第1節　福音派の形成 ……………………………………………… 62
　　1　近代主義への反動　62
　　2　原理主義運動　65
　　3　原理主義―近代主義論争　69
　　4　原理主義陣営の分裂とNAEの誕生　73

　　　　　5　主流派と福音派の形成　78
　　　　　6　社会経済的特徴と党派性　80
　　　　　7　その他の系列　86
　　　　　8　まとめ　90

　第2節　リベラリズムの拡大と福音派の反応 …………………… 91
　　　　　1　リベラリズムの急進化と世論からの乖離　91
　　　　　2　主流派　97
　　　　　3　福音派　104
　　　　　4　福音派運動の変質と指導者の交代　109
　　　　　5　まとめ　115

第3章　福音派と政党対立構造の変容 …………………………… 117

　第1節　1960年代の政治変動と未完の政党再編成 ……………… 118
　　　　　1　1950年代の政党対立　118
　　　　　2　人種問題　120
　　　　　3　リベラリズムの拡大と民主党のリベラル化　124
　　　　　4　共和党の曖昧な対応　128
　　　　　5　まとめ——未完の争点進化　129

　第2節　宗教右派運動と政党再編成 ……………………………… 131
　　　　　1　亀裂勢力の台頭　131
　　　　　2　亀裂勢力の浸透と共和党の保守政党化　137
　　　　　3　争点の融合と拡大　144
　　　　　4　まとめ——争点進化の完成　148

　第3節　イデオロギー対立の激化と福音派の新たな変容 ……… 149
　　　　　1　イデオロギー対立の激化　149
　　　　　2　宗教右派の衰退　153
　　　　　3　福音派の新たな変容　157
　　　　　4　まとめ　160

第4章　政党再編成 163
　　　──イデオロギー争点の形成と福音派の変容が生んだ政党支持基盤の変化

第1節　争点と政党再編成 164
　　1　争点の進化　165
　　2　争点による政党支持基盤変化　183
　　3　イデオロギー争点による政党再編成　192
　　4　まとめ　200

第2節　福音派の変容と政党再編成 201
　　1　宗教への帰属　201
　　2　争点の変化と宗教集団の反応　211
　　3　政党支持変化の理由　222
　　4　政党再編成と福音派の影響　229
　　5　社会経済的属性の影響　234
　　6　まとめ　240

第3節　3つのBによる統合分析 241
　　1　宗教的信念と態度　241
　　2　政党支持と争点態度　246
　　3　統合分析　255
　　4　政党支持連合の変容　270
　　5　まとめ　275

第5章　福音派変容のプロセス 277
　　　──世代交代によって変化した政党支持傾向

第1節　問題の設定と仮説 278
　　1　政党帰属意識に関する論争　279
　　2　政党帰属意識に関する仮説　283
　　3　加齢による党派性の強化　289

第2節　世代交代と転向による変化 292
　　1　世代間の政党支持格差　292

　　　　2　転向と世代交代　298
　　　　3　世代格差が生まれた理由　306
　　　　4　人口移動　315
　　　　5　世代交代のインパクト　320
　　　　6　まとめ　324

　第3節　福音派の新たな変容 …………………………………… 325
　　　　1　1970年世代　325
　　　　2　新世代のインパクト　330
　　　　3　宗教伝統系列別比較　333
　　　　4　宗教と政治　336
　　　　5　まとめ　339

結　論 …………………………………………………………… 341

　第1節　まとめと結論 ………………………………………… 342
　第2節　今後の展望 …………………………………………… 353

補論1　プロテスタント教派の歴史と分類　363
補論2　変数の説明　403

　　あとがき　415
　　文献目録　419
　　図表一覧　437
　　索　引　441

序　論

問題の設定

　1980年代以来，米国政党の対立構造は大きな変化を遂げた。過激な宗教右派団体が激しい選挙キャンペーンに乗りだし，宗教保守的な共和党候補の力強い後ろ盾となって，彼らをホワイトハウスや議会に送り込み，同党を通して米国政治に大きな影響を与えるようになってきたことが，その一因である。

　社会の近代化とともに宗教は力を失い，その影響力は衰弱するという世俗化の理論は，社会学の誕生とともに生まれ，疑う余地のない時代の潮流と考えられてきた。事実，「人工妊娠中絶は神の意志に反する」という主張を政治の世界に持ち込もうとした宗教右派団体の活動は，1980年当時，とんでもないアナクロニズムと受け取られたのである。しかし，彼らの活動は広範な草の根保守主義の運動を呼び起こし，大きな政治的うねりが広がった。宗教と政治は密接な絡み合いを始め，民主党と共和党の対立には，人工妊娠中絶や同性愛結婚，さらには進化論教育の是非など，かつては存在しなかった宗教的争点，倫理的争点が持ち込まれたのである。国際社会の指導的立場にある米国で，時代錯誤的な宗教右派運動が政治への影響力を強めたことに，世界が驚愕するとともに，その行く末が危惧され始めた。

　しかも，それは，歴史の潮流から逸脱した一時の異常事態というわけではなかった。彼らの活動開始から30余年を経た今，宗教右派団体自身にかつての勢いはないが，宗教保守的な意識を持った膨大な有権者の動向は，依然として共和党予備選挙に大きなインパクトを与え，宗教的争点をめぐる対立は米国政治の日常風景となって定着してきたのである。アメリカ（本書で「アメリカ」という場合，特に断りがない限り「アメリカ合衆国」を指す）の政党対立には，構造的な変化が生まれてきたと考えなければならないだろう。

政党対立構造変化の大きなカギとして注目されてきたのは，保守的なプロテスタント福音派の変容である。20世紀初頭以来，自らを政治から遠ざけてきた福音派は，1980年代に，突然，"神の戦士（God's warriors）"（Wilcox, 1992）のように政治の舞台に躍り出て，全有権者の5分の1から4分の1と言われる膨大な人口を背景に，強力な共和党支持勢力に変身してきた。

　本書の目的は，この福音派の変容と米国政党対立構造の変化を包括的に理解し，そのダイナミズムを解明することである。福音派の政党支持傾向の変化は，両党の対立構造の変化にどのような影響を与えていったのか。そして，何が福音派の変化を引き起こし，福音派は今後も共和党の強力な支持勢力であり続けるのか。この問いが，本書を貫く問題意識である。

　この問いはシンプルなものだが，それに答えるためには，いくつかの複雑な問いに答えていかなければならない。第一は，アメリカの政党対立構造は，本当に本質的な変化を遂げたのだろうか，そして，もし変化したのであれば，それはどの側面に生まれていたのだろうかという問題である。確かに，1980年代以降の米国政治は，それ以前の時代と大きく変わってきた。だが，我々は過激な宗教右派団体の動きと，影響力を誇示しようとする彼らの大言壮語に惑わされ，実質を伴わない変化，あるいは，見かけの変化を過剰に評価してきた可能性はないだろうか。

　アメリカの政党対立構造変化に関しては，政党制の再編成に関する長い研究の蓄積がある。本書では，その知見に基づいて，政党制そのものの性格が変わる「政党再編成」と呼べるような本質的な変化が生まれてきたのかどうかを，実証データによって検証していくつもりである。

　第二には，政党制の姿が変わり政党対立には構造的な変化が生まれてきたとして，それは"誰によって"変わったのかという問題である。福音派における共和党支持の高まりは明白だが，主流派の方は変化していないのか。そもそも，福音派や主流派といった宗教集団には政治文化の違いというものが存在するのだろうか。あるいは，宗教とは無関係な社会経済的なグループの変化を，宗教集団の変化と見誤っている可能性はないのだろうか。

　特に注目すべきなのは南部の変化である。1960年代の公民権運動で民主党が人種リベラル政党に変化して以来，民主党の牙城だった南部は急速に共和党化が進んできた。南部に基盤を置く福音派の変化とは，その南部の変化を反映しただ

けではないのか。もしそうであれば，政党対立構造の変化は，地域問題（セクショナリズム）に焦点をあてて分析すべきであり，福音派の共和党化は見せかけの変化にすぎない。さらに，過去数十年間に「白人中間層」や「女性」など，政治態度や政党支持傾向が変化してきたグループは多数存在する。福音派の変化，つまり「宗教」の側面から見た変化が，政党対立構造の変化に本質的な意味を持っていたかどうかを判断するためには，宗教集団の変化が政治と密接に関わり合っていたことを確かめると同時に，その他の要因の影響を排除したうえで，独自のダイナミズムによって変化してきたのかどうかを検証していく必要があるだろう。

　もし，福音派が意味を持っていたのであれば，次の問題が生まれてくる。それは，「福音派」とは誰なのかということである。福音派がメディアの注目を受けてから30年以上経つが，依然として福音派とは誰のことを指すのか，一致した定義は存在しない。研究者によって，福音派とは，聖書の記述を歴史的事実と信じボーンアゲイン（回心）の体験を持つプロテスタントのことだったり，信仰の内容は問わずに「福音派教会」に所属する信徒すべてのことだったりする。それぞれの定義によって，福音派の姿は全く異なっている。

　福音派をどのように定義するのかという問題は，宗教の何が意味を持ったのかという問題につながっている。所属教派にかかわらず，聖書の記述を歴史的事実と考える人が共和党を支持するようになったのであれば，政党制の変化に影響を与えたのは宗教的信念である。一方で，宗教的信念にかかわらず，福音派の教会に所属する人が特徴的な共和党支持傾向を持つようになったのであれば，福音派という集団自身に，"神の軍団"としての文化が生まれてきたと言えるだろう。

　これらの問いに答え，米国政党制の変化に対して，福音派の変容が影響を与えていた場合，次の関心の焦点となるのは「これからどうなっていくのだろうか」という問題である。米国において，宗教と政治は今後も絡み合いを続けるのか。そして，福音派は共和党の屋台骨であり続けるのか。この問いに関して注目されるのは，近年指摘されてきた若い世代の福音派における共和党離れの進行である。彼らの世代への交代は，福音派の今後にどのようなインパクトを与えるのだろうか。

　今後の展望を証明することはできない。だが，過去の福音派の政党支持がどのように変化してきたのか，そのプロセスとメカニズムが明らかになれば，新たな

世代の登場が与える影響に関しても，意味のある推測を行うことができるだろう。福音派の政党支持傾向は世代ごとに異なっていたのか。過去の世代交代は，福音派の政党支持をどのように変えてきたのだろうか。こうした福音派変容のダイナミズムを解明することによって，今後を展望するヒントが生まれてくるに違いない。

　本書の各章では，これらの問いに一つずつ答えていく。特に焦点とするのは，最後に述べた福音派変容のプロセスである。これまでの多くの研究は，福音派はどうして（why）共和党化していったのかを分析してきたが，世代交代の側面に注目しながら，どのようなプロセス（how）で変化してきたのかを明らかにしたものはない。

　宗教と政治の関係分析というと，日本では一部の宗教信者や，特殊な宗教セクトの政治活動を分析する研究というイメージが強い。しかし，米国では8～9割の有権者が何らかの教派に帰属している。しかも，宗教と政治の関係分析では，「無宗教」も一つの分類カテゴリーとして扱われる。すなわち，それは宗教のカテゴリーで分類した全有権者の分析ということになる。宗教は，所得階層や年齢，居住地域，職業などと同じように，有権者の社会経済的属性を示す変数の一つとして扱われる。そのうえで，宗教の変数が，有権者の投票行動や政党支持に与える影響を分析するのが，宗教と政治の関係分析における主な手法である。

　本書の副題にある「政党再編成」という言葉については，第1章で詳しく説明する。結論を要約しておくと，本書が対象とする時期，すなわち1960年代以降において，ニューディール再編成のような大規模な政党再編成が発生したということを意味するものではない。誰もが認める「決定的選挙」というものがあったわけではなく，優位政党が交代したわけでもない。しかし，両党が対立する争点には変化が起き，それによって，政党支持基盤が組み替えられてきた。これは政党制の性格を大きく変えるものであり，政党再編成と呼ぶことによって，その本質が理解できるものと考えるのが本書の結論である。

　米国内政の動向は，米国を主要な同盟国とする日本外交にとって，極めて重要な問題である。しかし，宗教と政治の関係分析は，アメリカでも宗教右派台頭後に本格的な発達が始まった分野であり，日本では研究の蓄積が少ない。さらに，宗教右派集団のアナクロニズムに瞠目して，その"異常性"だけを強調する分析

が多く，メディアに登場する評論，分析の中には客観性に欠けたものも散見される。だが，宗教は米国政治の変化において歴史的に大きな要因であり，宗教の与えたインパクトを包括的に理解することには，大きな意味があると考える。

本書の構成

本書の構成は以下の通りである。

まず，第1章は先行研究を検討し，分析の枠組みを設計する作業を行う。この中で，宗教という抽象的な概念を，分析が可能なように，宗教への帰属，宗教的信念，宗教への態度の3つの側面に分けて操作化する。宗教が有権者の政治態度にもたらす影響は，この3つの側面が，それぞれに独立した効果を持っていると考えるのが，本書の分析枠組みである。この作業の中で，福音派とは"誰なのか"という問題に答えていくことになるだろう。

一方，アメリカの政党対立構造が本質的な変化を遂げたかどうかという問題は，政党再編成の理論に基づいて分析しなくてはならない。同章では，政党再編成理論を検討するとともに，本書で言う「政党再編成」の定義も，ここで確定する。

第2章と第3章は，その後に行う統計的分析の前提作業として，1960年代以降に起きた政治変化と福音派の変容について，記述的な説明を行う。第2章は，本書の主役となる福音派の歴史的形成過程を述べた後，1960年代以降に起きたリベラリズムの拡大と，政治的，社会的動乱が，この集団にどのような影響を与えたのかを説明する。

第3章では，前章に続いて，宗教右派運動が発生し共和党が鮮明な保守政党に変化した1980年代の政治プロセスを説明する。最後に，2000年代以降，福音派に生まれた新たな変容の動きについても言及する。

第4章と第5章は，こうした準備作業を経て，最初に掲げた問いに，統計的分析を通して答えていく。第4章では，まず，1960年代以降に生まれた政治変化が，政党対立構造の本質的な変化，つまり，政党再編成を引き起こしたのかどうかを検証する。その後，その変化によって，"誰が"変わったのか，という問題を，宗教集団別に分析していく。その結果，政党再編成に対して，福音派の変容がどのような影響を与えたのかも明らかになるであろう。同時に，福音派の変容が，南部の変化など他の要因の変化を反映したものにすぎないのかどうかも，こ

の章で検討していく。

　第5章は福音派変容のプロセスをテーマとし，本書の焦点となる。世代間の政党支持傾向に差異があり，「世代交代」によって福音派全体の政党支持傾向が変容してきたのか，あるいは，世代交代効果よりも，個人が政治状況に応じて政党支持を変える「転向」が中心だったのか，どちらが福音派変容の主要なメカニズムだったのかを解明する。最後には，この分析に基づいて，新世代福音派の新たな変化が，福音派全体の政党支持傾向にどのような影響をもたらしているのか，最近の変化をフォローする。

　結論では，以上の議論をまとめる一方で，これまでの議論を踏まえながら，可能な範囲で今後の展望を述べていきたい。

　本書では，福音派の分類を独自に行っている。分類は教義の内容とその教派のたどってきた歴史的体験をフォローしながら行うもので，ルーツをたどれば宗教改革にまで行き着いてしまう。極めて細部にわたる作業で，多くの読者には関心がないであろうが，分類の結果と分類の理由を明確に開示することは，宗教と政治の関係分析において重要なことである。そのため，補論1によって，その内容を明らかにしている。補論2では，統計分析に使った変数に関する補足説明を行うと同時に，使用した変数の質問と回答の英語原文を掲載した。

第1章

先行研究と分析の枠組み

第1節——宗教と政治の関わりに関する先行研究

　宗教とは「神または何らかの超越的絶対者，或いは卑俗なものから分離され禁忌された神聖なものに関する信仰・行事。また，それらの連関的体系」(広辞苑，第4版，1991)，あるいは「超人間的で神聖な力，宇宙の創造者かつ支配者として従い，崇拝の対象となる力に関する信念」であると同時に「行為と儀式によるこの信念の表出」などと定義される (Webster, 1975)。もっとも，宗教と政治の関わりを分析する本書では，宗教の神学的定義に細かく立ち入る必要はない。ここでは，宗教の本質ではなく，その「機能」の側面に注目し，宗教とは，超越的な存在 (キリスト教においては神) への「信仰」と，その存在と個人の関係を作る「行為」，そして，そして，それを助ける「組織」の3つの側面を含んだ「総合的な体系」と定義する。
　つまり宗教は，信念の側面を通して個人の価値観や倫理観に強い影響を与え，神との関係を確認するための儀式と教会への参加という行為を促し，同じ信仰を持つ人々の集団や組織を形成させる機能があるということである。これらの機能を通して，宗教は古くから政治に強い影響を与えてきた。政教分離を根本原理として誕生したアメリカで神権政治が生まれたことはないが，その政党政治には，早くから宗教が関わっていた。19世紀におけるカトリックとプロテスタントの対立は民主党と共和党を巻き込み，20世紀の社会調査も初期の段階から，帰属する宗教，宗派によって政党支持に大きな格差があることを発見したのである (ラザースフェルド，ベレルソン，ゴーデット，1987)。そして，1980年代以降，その影響が再び大きな注目を集めてきた。
　本書では最近の研究の潮流に沿って，宗教の3つの側面を，宗教的信念 (believing)，宗教への態度 (behaving)，宗教グループへの帰属 (belonging) の「3つのB」と呼ぶことにしよう (Smidt, Kellestedt, & Guth, 2009 ; Layman, 2001)。宗教が

政治に影響を与えるとすれば，3つのBのどの側面なのだろうか。「帰属」に焦点をあててきたのは「民族宗教理論」，信念の側面を強調してきたのは「宗教再編成理論」である。

1 民族宗教理論

移民と民族宗教集団の形成

「帰属」の側面が政党政治に影響を与えるというのは，具体的に言えば，宗教集団が固有の政治文化を持ち，特定政党と結びつくことによって，政党対立の姿に影響を与えることを意味している。民族宗教理論が主張したのは，19世紀アメリカ政治を最も強く説明するのは，階級対立ではなく，独自の政治文化を持った民族宗教集団の対立だったということである[1]。

アメリカのキリスト教教派の多くは，出身地の違う移民グループが，移民後も母国の宗教を維持したことで生まれてきた[2]。会衆派[3]や英国国教会（後の聖公会）は最も早く移民してきたイングランド人の教派であり，長老派はスコットランド系移民が中心で，ルター派にはドイツや北欧系移民が多い。19世紀になるとカトリックやユダヤ教徒，東方正教会の地域からも多数の移民が押し寄せ，アメリカの宗教地図の中に加わるようになる。

これらの移民グループは，固有の宗教伝統や言語，民族文化を核にした独自のサブカルチャーを形成し，まとまって居住する共同体を生み出していった。それはあくまで民族を基礎にした集団だったが，宗教は彼らのアイデンティティーの中核にあり，牧師や司祭が集団のリーダーであることも少なくない。移民グルー

---

1) 民族宗教理論は，経済決定論的な歴史アプローチを批判する歴史学者が提起し，それまでマージナルな問題とされてきた宗教や民族という文化的側面に焦点をあてた歴史分析である。1970年代には「民族文化（ethnocultural）」もしくは「民族宗教（ethnoreligious）」理論として市民権を獲得し，研究者としてはリー・ベンソン（Lee Benson），ロナルド・フォーミサノ（Ronald P. Formisano），ウィリアム・シェイド（William G. Shade），ミッシェル・ホルト（Michael F. Holt），ポール・クレップナー（Paul Kleppner）らが代表的である（Swierenga, 2009, p. 69；Kelley, 1977）。
2) 典型的なのは，会衆派や長老派，聖公会などのことであり，ペンテコステ派など近現代になってアメリカで誕生した教派や，教派統合運動とその反発による離合集散によって生まれた新しい教派はその限りではない。
3) プロテスタント教派の歴史的由来などは，巻末の補論1で説明しているので，参考にされたい。

プにとって，民族と教派は一体不可分の関係だったのである。

　だが民族宗教集団の間では，移民の時期や移民の事情などによって社会経済的地位に格差が生まれ，さらに，宗教や生活文化の違いから摩擦や対立も生まれてきた。彼らは共同体にとって脅威となる問題が起きた時には政党に庇護を求め，あるいは政治的願望を達成する手段として政党との結びつきを深めていった（Smidt, Kellestedt, & Guth, 2009, p. 5）。

　どのような教派がどの政党に近づいていったのだろうか。ポール・クレップナー（Paul Kleppner）は，教義の内容によって，19世紀アメリカの各教派を敬虔主義（pietist）と儀式主義（ritualist）に分類し，敬虔主義的な教派がホイッグ党（のちに共和党），儀式主義的な教派が民主党と結びつきを強めていったことを明らかにした。

　敬虔主義は，神と直接対峙し，ボーンアゲインの体験を得ることによる魂の救済を唯一の道と考えるとともに，倫理と道徳的な規律の遵守を重視する。これに対して儀式主義の教派では，救済は教会を媒介にした神の恩寵によって与えられるものであり，形式化された儀式が重んじられる（Kleppner, 1979, p. 185）。そして，19世紀の敬虔主義教派は，ピューリタンの系譜につながるイングランド系移民が中心で，政治的，経済的，あるいは文化的にも優越的な地位にある「主流集団」だった。一方，儀式主義の教派は，遅れて到着したアイルランド系のカトリックやルター派などで，社会経済的なヒエラルヒーの下層に位置する「外集団」だった（Kelley, 1977）。

民族宗教集団と政党対立

　主流集団と外集団は，社会経済的な利害でもぶつかったが，鋭い対立を生み出したのは文化と価値観の問題だった。敬虔主義プロテスタントはアメリカの主流文化を担う自負を持ち，第二次大覚醒運動[4]の勢いに乗って，19世紀前半にはプロテスタント倫理に基づく社会統合に乗り出して，ホイッグ党になだれ込んでいった。ホイッグ党はジャクソニアン・デモクラシーへの反発から生まれた政党

---

4) 18世紀末から19世紀半ばにかけてアメリカで発生した大規模な信仰復興運動（リバイバル）。18世紀前半に起きた同じようなリバイバルは第一次大覚醒運動と呼ばれている。大量の新たな回心者を生み出していくと同時に，古いカルヴァン主義を脱却してアメリカの新たな信仰形態（福音主義）を作り上げていった。

だが，特に北部のホイッグ党はこうした敬虔主義プロテスタントを多数抱え，道徳を重視し，社会から罪を排除するために政府が積極的に活動すべきだと主張したのである。

主流集団だった彼らにとって，飲酒癖を持ち安息日を遵守しない儀式主義的なカトリックは，アメリカの文化になじまないよそ者だった。そのカトリック移民が，19世紀半ばに急増すると，脅威を感じた敬虔主義プロテスタントは，禁酒や安息日の問題，カトリック系学校への補助，公立学校でプロテスタントの聖書を使用するべきかどうかなどをめぐって，カトリックなど儀式主義的な教派との政治的な対立を深めた。

これに対抗して儀式主義的な教派は，民主党に接近した。ジェファソンの伝統を継ぐ民主党は断固とした世俗派であり，政府が個人の内面に介入することを嫌うレッセフェール的な自由主義が根幹にあったからである（Swierenga, 2009, p. 74 ; Kleppner, 1979, p. 60）。一方で，民主党にとってカトリックの支援は移民票の獲得にもつながった。こうして主流集団である敬虔主義の教派はホイッグ党に，外集団である儀式主義の教派は民主党の陣営に分かれて対立するようになったのである（Swierenga, 2009, p. 74）。

一方，南部の事情は特殊である[5]。南部バプテストやメソジストはイングランド系移民を中心とした典型的な敬虔主義教派だが，奴隷制の問題を通して文化的な外集団として位置づけられ，ホイッグ党への対抗から民主党に近づいていった（Kantowicz, 1980 ; Kelley, 1977）。このように敵対するグループと連携を組んだ政党への対抗というネガティブな要因も，民族宗教集団の政治傾向を説明する要素となるのである（Benson, 1970）。

こうして生まれた特定政党への心理的愛着心は，やがてステレオタイプ化され，世代が交代しても継承されて定着していった。クレップナーは19世紀アメリカの党派性が生まれた主要な原因は，妥協困難なまでにぶつかった民族と宗教のサブカルチャーであり，政党とは同じ政治信条を持った人の集まりではなく，

---

[5] 主流集団と外集団という枠組みの中では，南部白人も擬似的な民族集団で外集団の一つととらえられる。南部白人は植民地時代から独自の宗教的，文化的アイデンティティーを生み出していったうえに，奴隷制への批判を受けて，強い社会的孤立感を抱くようになった（Kelley, 1977）。そもそも民族とは人種の問題ではなく，共有された歴史的記憶や伝説，価値観や敵のイメージによって形成される幻想の共同体であることを考えれば，南部白人を民族集団ととらえることに大きな違和感はないだろう。

同じ民族文化的な価値観を持ったグループの連合体だと主張している（Kleppner, 1979, p. 144)。もっとも，主流集団と外集団は時代とともに変化する概念であり，新たな移民が到着し，社会のヒエラルヒーの最下層に加わっていくと，それまでの外集団は相対的に主流集団化していくこともある。

民族宗教理論を主張する歴史学者は，少なくとも19世紀においては，こうしたグループへの帰属が，社会階級や個別の利害関係よりも強く個人の政治行動を規定していたと主張している（Smidt, Kellestedt, & Guth, 2009 ; Benson, 1970 ; Kleppner, 1979, p. 144)。

民族宗教理論の評価

民族宗教理論は，それまでの歴史分析が重視してこなかった文化の問題に注目し，歴史認識に新たな地平を開いた点で大きな功績があったと言えよう。19世紀においては大衆の価値観の多くは，帰属する民族宗教集団の習慣や倫理から生まれており，二大政党がその価値観のシンボルと重なっていくことによって，民族宗教集団の党派性が生まれてきたという説明は説得的である。

しかしながら，民族宗教理論には限界がある。民族宗教集団に生まれた党派性が，集団に固有な社会経済的属性（低所得層が多いなど）に基づく党派性なのか，それとも民族と宗教に基づく文化・価値観の対立なのか，双方を制御したうえで，どちらがより重要な対立要因なのかをさぐることは，データの限界から十分には行われていない。このため，経済決定論を批判するあまり，逆に民族宗教的要因にすべてを還元する"宗教決定論"に陥った，とする批判が存在する（Latner & Levine, 1976, p. 19)。また，一つの州など特定地域における投票行動分析が中心なので，明らかになった知見を，全国レベルで一般化できるのかという問題も指摘されている（田中，2000, p. 50)[6]。

---

6) 統計分析の根拠となるデータにも問題はある。19世紀には近代的な世論調査は存在しないため，分析の基礎データとなる宗教教派人口などは，教派の登録人数や教会への出席状況報告，地域人口と民族集団の居住状況，各教派教会の合計座席数などをもとに推計される。この時代は，多くの移民集団が同じ地域に固まって居住する傾向が強かったので，それなりの信頼性を持った数字が得られるとしても，あくまで大まかな推計数字であることを常に留意しておく必要がある（Kleppner, 1979, p. 204)。

20世紀にも，民族宗教集団は意味を持つか

　本書が扱う20世紀後半の世界においても，民族宗教理論は意味を持っているのだろうか。19世紀において民族宗教グループは，孤立して居住し他のグループと鋭い対立関係にあることによって，強い帰属意識を維持してきたが（Kleppner, 1979），現代においてそうした条件はほとんど失われている。したがって，民族宗教理論は基本的に19世紀の米政治史分析のツールと言えるだろう。

　しかしながら，ウィル・ハーバーグ（Will Herberg）は，20世紀になって民族宗教的な共同体は消滅していったものの，それは宗教グループのアイデンティティーに姿を変えて生き残っていったと主張する。1920年代の移民制限法で新規移民の流入が激減したのち，アメリカ社会への移民の同化が進んで，民族集団が持つ独自のアイデンティティーは失われていった。だが，家族の通っていた教会との絆は容易には断ち切れなかった。この結果，宗教グループは，かつての民族共同体と緩やかにオーバーラップする新たなアイデンティティーを持つ共同体を生み出していったとしている（Herberg, 1960）。

　一つの証拠として，ハーバーグはアイルランド系やドイツ系など，同じ出身国同士の結婚が減少していったものの，1940年においてもカトリックの84％，プロテスタントの80％，ユダヤ教徒の94％は同じ宗教グループ間で結婚していたことをあげている（Herberg, 1960, p. 33）。移民の二世，三世はアメリカ文化への同化が進んだが，緩やかなコミュニティーは維持され，独自の政治文化と政党への心理的愛着心が，世代を超えて伝わってきたと考えることは可能である。教会はそのコミュニティーの中心的存在の一つだったと言えるだろう[7]。だが，ハーバーグの分析は，あくまで1950年代までのものである。現代において宗教の違いが固有のアイデンティティーを生み出しているかどうかは，本書が，これから分析していくことになる。

---

7) 民族宗教集団のアイデンティティーが，宗教を通して維持されてきた典型例は，長老派のニュー・スクールとオールド・スクールの違いだった。前者はイングランド系，後者はスコッチ・アイリッシュ系の教派である。20世紀初頭には，二つの集団は民族的にはアメリカ社会に同化していたが，オールド・スクールの信徒は明確に宗教保守的だった。これは，スコッチ・アイリッシュの厳格なカルヴァン主義の伝統を教会が引き継ぎ，6歳までにウェストミンスター信仰告白を暗記させるような厳しい信仰生活を強いていたためだとしている。ジョージ・マースデン（George Marsden）は，こうして，民族共同体のアイデンティティーは，教会を通して受け継がれていったとしている（Marsden, 2006, p. 109）。

2 宗教再編成理論

文化戦争

　民族宗教理論が，宗教教派への「帰属」に焦点をあてた政治分析を行うのに対して，宗教再編成理論は，帰属でなく「宗教的信念」の影響を重視する。現代では，カトリックやプロテスタント，バプテストやメソジストといった教派や宗派の対立は影を潜めたが，それに代わって，社会の亀裂は「宗教的保守」と「宗教的リベラル」との間に走り，倫理観や価値観の対立から「文化戦争」が生まれるに至ったという主張である。

　文化戦争という衝撃的な言葉はジェームズ・ハンター（James Hunter）の著作，*Culture Wars : the Struggle to Define America*（1991）からとられたものである。それに先だってロバート・ワスナウ（Robert Wuthnow）も *The Restructuring of American Religion : Society and Faith since World War II*（1988）で，同様の議論を展開した。「文化戦争」の議論は，共和党の右派政治家，パトリック・ブキャナン（Patrick Buchanan）に引用され，その扇動的なイメージが批判を受けたが，ハンターの議論の出発点は政治問題ではなく，宗教への帰属が意味を失ってきたという宗教学的な側面にある。

宗教保守と宗教リベラルの亀裂

　ハンターやワスナウによると，宗教教派や民族宗教集団のアイデンティティーは，第二次世界大戦後の人口流動化によって薄れていき，カトリックやバプテストの社会的地位が向上したこともあって，教派間での所得や教育レベルの格差は縮小した。この結果，宗教集団の間での政治意識や社会意識の差は縮小し，あまり意味を持たなくなってきたという。

　こうして「帰属」の意味が薄れる一方で，宗教的信念，特に宗教伝統主義（religious traditionalism）の違いが，社会に大きな亀裂を生み出し，政治意識に影響を与えるようになってきた。宗教伝統主義者は，何らかの超越的な権威に帰依し，その超越的な権威が歴史を超えて一貫した善悪の定義を提供していると考えている。それが，彼らの価値観と倫理観の基準を作り，伝統的規範を逸脱した急進的リベラリズムへの反発を生んだ。

これに対して宗教的リベラル派では，超越的な存在ではなく，個人の経験や科学的な合理性から倫理観が形成されていく。信仰を持っている人でも，そのあり方は現代生活にあわせて再解釈され，聖書の無謬性も否定される。同性愛者の権利を認めるべきだと考えれば，それが肯定できるように，聖書も再解釈されるのである (Hunter, 1991)。こうして，宗教的信念の違いは個人の倫理観に大きな影響を与え，善悪を判断する基準に根源的な対立を生み出し，社会の奥深くに亀裂が走った。その結果，倫理問題が政治対立に発展し，アメリカとはどういう国なのか，今後どうどうあるべきかという「アメリカを定義する戦い」(Hunter, 1991) につながってきたのである。

　どうして，このような文化戦争が起きたのか。最も大きな影響を与えたのは，戦後における高等教育の急拡大である (Wuthnow, 1988, Chapter 7)。大学教育を受けた人たちは聖書をリベラルに解釈する傾向が強く，職業や所得など社会的地位も向上し，近代的な都市文化に触れる機会も増える。さらに，女性の社会進出も教育の拡大に負うところが大きい。こうした社会の変化は 1960 年代には明白になり，宗教的リベラルの台頭と，それに反発する伝統主義者の間に亀裂が走るようになってきたという。

　一方，ワスナウは，特定争点に基づくパラチャーチ運動の活発化にも注目する。平和主義や女性の権利，さらには人工妊娠中絶反対などの運動を行うパラチャーチ組織の多くは，宗教的なリベラル派と伝統主義者の亀裂軸に沿って誕生し，伝統的な教派の垣根を越えた。信者の中には，教会や教派よりも，パラチャーチ運動に帰属意識を持つ人も増え，ますます，伝統的な宗教教派の意味が低下していったのである。この結果，アメリカの宗教は，教派でなく宗教伝統主義と宗教的リベラルの亀裂軸に沿って再編成され，保守的な伝統主義者が共和党，リベラル派が民主党支持に向かっていった。以上が，ハンターとワスナウによる宗教再編成理論の概要である。

　こうした文化戦争の理論が生まれてきた背景は，もちろん 1980 年代から拡大してきた宗教右派運動とその政治的影響の拡大がある。宗教右派運動に共鳴する国民はプロテスタント福音派に多いものの，主流派やカトリック，一部の保守的なユダヤ教徒にも広がっており，教派や宗派を横断した運動である。一方で，中絶や同性愛問題などにおける対立の背景には，生命はいつ始まるのか，性行為とは何のために存在するのか，家族とは何なのかという価値観の差異が存在する。

宗教伝統主義の違いが，その価値観形成に大きな影響を与えている可能性は高く，1980年代以降，帰属ではなく宗教的信念の側面が政党支持傾向に大きな意味を持ってきたことも容易に想像が可能である。

第2節──統合モデル

　民族宗教集団のアイデンティティーは希薄化し，教派横断的に宗教的保守派とリベラル派の亀裂軸が走っているのは間違いない。だが，社会調査の結果は，依然としてカトリックとプロテスタント，主流派と福音派とでは，投票行動や政党支持傾向が大きく異なることを明らかにしており，宗教教派への帰属が政治的意味をまったく失ったと考える研究者は少ない（Wald, 2003 ; Fowler & Hertzke, 1995）。さらに，近年は，教会に毎週出席する人の共和党支持率が著しく高まる現象も指摘されてきた。つまり，宗教への態度（behaving）の側面も，意味を持ってきたということである。

　したがって，宗教と政治との関わりは，宗教的信念（believing），宗教への態度（behaving），宗教グループへの帰属（belonging）のいずれかに限定して観察すべきではなく，すべての要素が多元的に影響していると考えるべきであろう。このため，上記の「3つのB」を統合して分析するのが，現在の主流となっている（Layman, 2001 ; Green J. C., 2007 ; Smidt, Kellestedt, & Guth, 2009）。以下に，この統合モデルについて説明し，本書における分析の枠組みを提示していきたい。

1　宗教的信念と宗教への態度

宗教的信念と伝統主義
　最初は，宗教的信念の側面である。ワスナウらが主張するように，宗教伝統主義者が政治的にも保守主義者となり，共和党支持を高めてきたことについて，研究者の間に大きな異論はない（Green J. C., 2007 ; Wuthnow, 1988 ; Smidt, Kellestedt, & Guth, 2009）。確かに，宗教伝統主義が生み出す権威や伝統への尊敬と帰依は，リベラリズムの行き過ぎに対する警戒心を生み，一般的に，伝統的規範から逸脱

した自由の主張に反発する傾向を生み出すであろう（Wald, Owen, & Hill Jr., 1988, p. 535）。

　もっとも，宗教伝統主義は時代を超えて普遍的に政治的保守主義と結びつくわけではない。19世紀に奴隷解放や社会改良運動に乗り出したのは，宗教伝統主義の強い福音主義者だったし（McLoughlin, 1978），20世紀はじめのソーシャル・ゴスペル運動では，聖書の実践が社会改革の教科書とされていた（Wald, 2003, p. 188）。したがって，宗教伝統主義が，時には社会秩序の維持でなく改革への情熱を生み出すことを忘れるわけにはいかない。そして，後に述べるが，1960年代ぐらいまでの米国において，宗教的信念と政党支持の間には関係性がなかったのである。

　現代において，宗教伝統主義が政治的保守主義と結びついたのは，イデオロギーの構成要素が変化し，人工妊娠中絶など倫理問題が政治的保守主義の要素に含まれてきたからであろう。したがって，宗教伝統主義は現代において政治意識の説明変数として意味を持つとしても，それは，キリスト教本来の性格から演繹される普遍的な関係ではなく，歴史的な政治対立構造変化の文脈の中からとらえるべきである。

　では伝統主義はどのように測定されるのか。最も重要視されているのが「聖書の権威」に関する認識である（Kellstedt & Smidt, 1993, p. 183；Wilcox, 1992）。「聖書は神の言葉であるか，人間が書いたものか」，「聖書に書かれたことは全て真実か，過ちも含まれているのか」という二つの要素を組み合わせた質問に対して，聖書は「神の言葉であり無謬だ」と答えた人は最も宗教伝統主義が強く，「神の言葉（あるいは神の啓示を受けて書かれた言葉）だが，そこには過ちも含まれる」，「人間が書いたもので，神との関係はない」という回答の順に，伝統主義は弱まっていく。

　一方，自覚的な回心体験を示す「ボーンアゲイン」の有無も，宗教伝統主義を強く反映するものとされる。同じ聖書認識の人でもボーンアゲイン体験の有無によって，伝統主義のレベルが大きく異なるので，説明変数として使用するのは正当であろう[8]。世論調査会社のギャラップ（Gallup）は，聖書認識に加えて「他

---

8) 聖書の権威に関する質問と「ボーンアゲイン体験」の有無を組み合わせて宗教伝統主義の合成変数を作成する分析も行われている（Layman, 2001）。この変数では，最も伝統主義の低い人では「宗教から人生の指針を強く受ける」人が5％にすぎないが，伝統主義が

人に対してイエスを信じるよう薦めたことがあるか」「ボーンアゲインの経験を持つか」という二つの質問を組み合わせて，宗教伝統主義を測定している (Wald, Owen, & Hill Jr., 1988)。

しかしながら，ボーンアゲインという言葉は極めて曖昧で，回答者によって意味が異なる可能性も高く[9]，説明変数としての使用に対しては強い警告も出されている (Smidt, Kellestedt, & Guth, 2009, p. 15)。同時に，ボーンアゲインの調査が行われるようになったのは1980年代以降であり，それ以前の時代をまたぐ長期分析には使えない。このため，本書では，聖書認識を宗教伝統主義の中心的な変数とし，ボーンアゲインの変数は限定的使用にとどめている。

伝統主義の測定には多くの限界がある。第一に，以上に述べた測定方法はプロテスタントでは有効だが，カトリックでは，「教皇への帰依」の方が，聖書の無謬性よりも重要な伝統主義の指標である可能性が高い。また，モルモン教徒であれば，聖書とともにモルモン書（Book of Mormon）の権威に対する信念が重要になる[10]。伝統主義が教派や宗派を横断して政治行動に影響を与えると主張するためには，どの宗教グループにもあてはまる伝統主義の側面を発見するか，宗教グループごとに異なった測定を行いながら，共通の伝統主義尺度を開発する必要があるだろうが，今のところ，そうしたものは存在しない。このため，利用可能な範囲で宗教的信念や伝統主義を測定するという妥協を迫られているのが現状である (Green J. C., 2007；Layman, 2001)。

　　　強まるに従って，17%，46%，66%と高まっていく（American National Election Studies＝詳細は本章第4節第5項参照，から筆者集計）ので説明変数として意味を持つと言えるだろう。
 9) ボーンアゲインの定義は，受け取る人によって様々である。「宗教的信念が，全く新たな信念と行動の体系に変わるような，意識的，根本的で存在そのものに関わる変化」という突然の宗教的体験を示す場合もあれば，単純に，ある教会で洗礼を受けて信仰を告白したり，罪を懺悔しイエスに救いを求める告白をしたりすることを示す場合もあるとされる (Jelen, Smidt, & Wilcox, 1993, p. 201)。このため，ボーンアゲインの調査方法を改善する必要性が主張されている (Smidt, Kellestedt, & Guth, 2009)。さらに，ボーンアゲインは1970年代後半から一般市民に広がった言葉であるため，時代によって認識が変化したり，初期には意味を理解せずに使用したりした人も少なくないと思われる。
10) イスラム教徒やユダヤ教徒でも，全く異なることは自明だが，彼らは人口比が高くないので，分析には大きな影響を与えないであろう。ちなみに，世論調査ではイスラム教徒に対しては，コーランへの認識を質問している。

宗教への態度と教会出席頻度

　ジェームズ・グス（James Guth），ケネス・ワルド（Kenneth Wald），ジョン・グリーン（John Green）ら多くの研究者が近年，一致して指摘するのは，教会出席頻度など宗教活動への参加のレベルが政治行動に与える強い影響である。教会に毎週出席して活動に積極参加し，毎日心の中で祈りを捧げる人は，共和党を支持する可能性が高く，逆に，葬式と結婚式以外ではめったに教会に行かないという人の多くは民主党支持者だという指摘である（Wald, Kellstedt, & Leege, 1993；Green J. C., 2007；Guth & Green, 1993）。

　これまで，宗教への態度は，帰属の側面に対する条件変数として考えられてきた。それは，集団の活動に積極的に参加する人は，その集団の規範に合わせようとする傾向が強くなるからだとされてきた（Wald, Kellstedt, & Leege, 1993, p. 124）。ある教派の共和党支持傾向が強まれば，関わりが深い人ほどその影響を受けやすい。逆に，葬式以外には教会に行かない人は，教派コミュニティーの政治文化から心理的影響を受けることは少ないと考えられるからである。

　だが1990年代から，帰属する教派や宗派にかかわらず，宗教への関与が強い人ほど共和党への投票率が高い傾向が，いくつもの社会調査で実証され，メディアでは「ゴッド・ギャップ」として注目されてきた（Layman, 1997；Wald, Kellstedt, & Leege, 1993；Green J. C., 2007）。変化が現れた時期から，理由として推測されることは，教会を主な舞台にして行われた宗教右派運動による共和党動員キャンペーンである。宗教右派は福音派教会を基盤としたものの，主流派やカトリックの教会に対しても活動を行ってきた。こうしたパラチャーチ運動が広がっていけば，教会に出席する人は教派に関わりなく共和党への動員キャンペーンの影響を受けるようになるだろう（Layman, 2001；Sherkat & Ellison, 1997）。宗教への態度は，教派の政治文化を増幅する効果を持つだけでなく，独立しても効果を持つ要因になってきた可能性がある[11]。

---

11) 宗教への態度は，宗教伝統主義の強さを反映したものにすぎないという考え方もある。宗教伝統主義者は教会に頻繁に出席し，生活において宗教から強い指針を受けるのは当然であり，両者は強く相関しているというものである。しかし，教会への出席は，宗教的信念とは離れて，単なる生活習慣として続けられているケースも多い。その場合，宗教伝統主義が弱い人であっても教会のコミュニティーに強く帰属することによって，共和党への動員キャンペーンの影響を受ける可能性もあるだろう。一方で，教会出席率は社会的地位とプラスに相関するため，社会的地位の高い人は共和党支持率が高いことが

宗教への態度は，内面における祈りの回数，宗教の顕著性などからも測定されるが，教会に定期的に出席しているかどうかは，宗教への態度を最も典型的に示すものである（Green J. C., 2007, p. 61）。そして，1950年代から多くの社会調査で質問項目に入っており，長期分析に利用可能である。一方で，内面における祈りの回数や，生活全般に対する宗教の重要度など，宗教の顕著性に関する質問が導入されるようになったのは1980年代以降である。このため，本書では教会出席頻度の変数で宗教への態度を代表させることにしよう[12]。

2　宗教教派への帰属

帰属の側面が，政党支持傾向に影響を与えるというのは，特定の宗教教派が固有の政治文化を持つことによって，その信徒の政党支持が特有の傾向を持つようになるのかという問題である。これは，二つの側面から考える必要がある。一つは，宗教集団が異なった政治文化を持つようになる理由であり，もう一つは，その政治文化が，グループに所属する個人の政治意識に影響を与える理由である。

宗教グループの政治文化形成：「教義の側面」

まず，宗教集団が異なった政治文化を持つ理由について考えてみよう。

第一に考えられるのは教派の教義の違いである[13]。宗教集団である以上，教義

反映された結果であるという指摘もある（Wald, Owen, & Hill Jr., 1988, p. 534）。これらの見かけの相関に注意を払いつつも，政党支持に大きなギャップを生むようになった宗教への態度は，説明変数から除くわけにはいかない。

12) 教会出席頻度が低いが内面において信仰が篤い人も存在するだろう。このような人は，宗教への関与が深いにもかかわらず，毎週教会に行く人よりも牧師から受ける政治的メッセージの頻度は少なくなるであろう。その意味で，宗教への態度が同じレベルでも，教会出席頻度とは異なった政治的影響が生まれる可能性がある。ここからジョン・グリーンらは，内面の祈りなど宗教の顕著性指標の重要性を指摘している。だが，多変量回帰分析で，内面での祈りの回数は，教会出席頻度などの指標と同時投入すると，有意でなくなることが多い（Guth & Green, 1993）。

13) ここでいう教義は，各教派が持っている個別の教義を示している。後に述べるように，数千にのぼる現在のアメリカの宗教教派は，バプテストやメソジストなどの伝統的教派から生まれたもので，同じルーツを持つ教派は形式的には教義を共有している。しかし，ルーツとなった宗教グループが内部対立で離合集散をくり返し，現在のように多数の教派に分かれていく過程で，それぞれの分派教派の教義解釈は大きく異なるようになった。

はその集団的アイデンティティーの基礎にあり，保守的な教義を持った教派には，リベラルな教派よりも宗教伝統主義者が多く集まるのは自然な傾向である。特に，教会の"市場競争"が活発なアメリカでは，個人が多くの教会を比較して自らの宗教的信念に見合った教会を選択することが少なくないし，特殊な原理主義的教会では，教義を完全に受け入れた人以外は参加しにくいため，同じ教派に所属する信徒の宗教的信念は似通ったものとなることが多い。そして，宗教伝統主義が共和党支持に結びつくのであれば，教義は教派の政治文化に対して大枠の傾向を与えていると考えていいだろう。

さらに，教義はグループに所属する人の宗教への態度にも影響を与えることがある。ペンテコステ派やカリスマ派は，週に2回，3回と教会に集まることを求め，教会への強いコミットメントを要求する。すでに述べたように教会出席率は共和党支持率と関連性を持っているのであれば，こうした教義を持つ教会への参加によって政治行動に影響が生まれてくる可能性がある。

教義と政治態度がもっと直接的な関連性を生み出すケースとしては，カトリックが人工妊娠中絶反対を公式教義とし，モルモン教が男女平等権修正の支持者を破門にするなど，教義が政治的争点そのものに対して直接的な指針を打ち出している場合もある。

しかし，教会は同じ教義を受け入れた信者だけで構成される一枚岩の集団ではない。教会を選ぶ時に，宗教的信念とは無関係に，家族の伝統に従って両親とともに通った教会を引き継いだり，結婚後に配偶者と同じ教会に改宗したり，利便性の高い近所の教会を選んだりという形で選択される場合は非常に多く（Wald, Owen, & Hill Jr., 1988, p. 545），教義が保守的であるからといって，信徒がすべて保守的であるとは限らないのである。

「信徒の社会経済的属性」

宗教グループに固有の政治文化が生まれる理由として第二に考えられるのは，信徒の社会経済的属性である。宗教グループは，形成と発展の歴史的経緯から信徒の所得階層や教育レベル，居住地域，職業，人種などに固有の特徴がある。例えば，移民の時期が遅かったカトリックは低所得の都市労働者層が多く，バプテストは政治的南部（南北戦争時の連合国加盟 11 州＝Alabama, Arkansas, Florida, Georgia, Louisiana, Mississippi, North Carolina, South Carolina, Tennessee, Texas, and Virginia）

や農村に居住する人口の比率が高かった。こうした社会経済的属性が特有の政党支持傾向を生み出すことは，早くから確認されている（ラザースフェルド，ベレルソン，ゴーデット，1987）。

ここから，宗教集団の政治的特徴は，信徒の社会経済的属性，特に所得階層の違いが反映されたものにすぎないという強い主張も，早くから存在した（Allinsmith & Allinsmith, 1948）。しかし，近年の多くの研究は，社会経済的属性だけで宗教集団の政治傾向を説明することはできないとしている。

確かに，所得階層や教育レベルの高い人は主流派，福音派，カトリックを問わずに共和党支持傾向が強く，これらの属性をコントロールすると宗教グループ間における政党支持傾向の差異は縮小する。

しかし，それでも差異は消滅するわけではない（Wald, 2003, p. 178）。典型的な例はユダヤ教徒であろう。ユダヤ教徒は，かつて社会階層が低く，差別意識の対象となった宗教グループで，民主党支持が強かった。だが，所得階層が急上昇し，教育レベルでトップ集団となった後でも，彼らの高い民主党支持率には変化の兆しがない。ハーバーグは，民族宗教集団の特徴は社会経済的属性だけで完全に説明できるものではなく，むしろそこに現れない要因が多くの部分を説明していると主張している（Herberg, 1960, p. 221）。

「歴史の記憶」

社会経済的属性の特徴や教義の内容では説明ができない宗教グループの政治傾向の違いは，どこから生まれてくるのだろうか。一つには，宗教グループが歴史的に形成してきた政治文化の違いが存在する。民族宗教理論が明らかにしたように，19世紀において民族宗教グループは，固有の宗教伝統や民族文化，そして社会経済的な紛争を背景に対立関係が生まれ，政党との連携関係を築いてきた。そこで生まれた政党への心理的愛着心はやがてステレオタイプ化し，民族宗教集団の政治文化として次の世代に引き継がれていった（Kleppner, 1979, p. 144）。20世紀になると，民族共同体のアイデンティティーは喪失したものの，それは宗教グループのアイデンティティーに姿を変えて引き継がれていったのである（Herberg, 1960）。

確かに，宗教グループに埋め込まれた政党帰属意識は，世代を超えて継承される可能性が高い。子供は両親とともに通った教会を引き継ぐことが多く，一方

で，政党帰属意識の形成も，家庭が大きな影響を与えると考えられており（Campbell, Converse, Miller, & Stokes, 1960 ; Miller & Shanks, 1996），双方は，同じような継承のメカニズムを持っているからである。ユダヤ教徒が上層の所得階層となっても忠実な民主党支持者なのは，ユダヤ教が教義的に現世的であるだけでなく，かつて少数派として圧迫をうけ，貧困層が多かった時代に民主党に抱いた心理的愛着心の名残という側面も強くあると考えられる。

　こうして社会集団としての宗教グループは，固有の「歴史の記憶」を蓄積し，それは社会経済的属性や教義では説明ができない宗教グループの政治傾向に影響を与える要因となるであろう。したがって，宗教グループを分類するときには，共同体として歴史体験を共有しているかどうかという側面を無視することはできない（Kellstedt & Green, 1993）。

　だが，宗教グループに一旦埋め込まれた政党帰属意識が，未来永劫，変化しないわけではない。歴史の記憶は時代とともに薄れていき，宗教グループ間の社会的同化が進展すれば，固有の歴史体験は次第に意味を失っていくであろう。逆に，新たな政治的事件によって宗教グループ間に新たな亀裂が生まれる可能性もあると考えられる。

「政治的動員」

　より直接的で明確なのは，特定教派の教会や牧師が政治的になり，その影響力を行使して信徒に特定政党への支持を促したり，政治団体が宗教組織のネットワークを利用したりして選挙運動を行うことによる影響である。

　教会は政治運動の発信地となることが多い。1960年代以来，主流派の多くの教会では，公民権運動やベトナム反戦運動への参加が呼びかけられ，黒人教会は公民権運動の発信地でもあった。一方で，1980年代以降は，宗教右派団体が福音派教会のネットワークを使って，共和党への動員運動を展開したのは周知の通りである。

　ワルドらの研究は，フロリダ州ゲインズビルの主流派教会と原理主義教会における政治的なメッセージの伝わり方について具体的なイメージを示している。彼らが1980年代に訪れた主流派教会の祭壇は，中米の軍事政権を批判するポスターで飾られ，牧師は叫ぶようにして女性解放運動の歴史と貧困撲滅の戦いを訴えていた。賛美歌は公民権運動時代のフォークソングで，行事案内では教会公認

の抗議デモへの参加を呼びかけていたという。一方で，原理主義教会の掲示板には，地域の反中絶団体のボランティア募集が張り出されていた。この教会の牧師は宗教保守派として公職選挙に出馬したことがあり，教会にはかつてジェリー・ファルウェル（Jerry Falwell＝1933-2007. 第2章注68)参照）がゲストとして呼ばれていた（Wald, Owen, & Hill Jr., 1988, p. 534）。

ここで示された二つの教会は，やや極端な例と考えられるが，教会を通した政治的動員の実態を端的に示している。このようにして，異なった政治的動員を受ければ，宗教グループの政治傾向が影響を受ける可能性は強い。政治的動員は歴史的に常に行われてきたわけではないが，本書が対象とする時代において，それが存在したことは間違いない。

グループの政治文化が個人に与える影響：「社会集団としての機能」

以上のように，宗教グループは，その教義やメンバーの社会的属性，グループの歴史的体験や政治的動員によって，グループに特徴的な政治傾向を持つことが考えられる。だが，宗教グループの政治文化が信徒個人の政治意識に影響を与えなければ，それは意味を持たない。

教会は社会集団としてパワフルな機能を持っている。アメリカ人にとって，教会は最も身近な社会集団の一つである。親に連れられて教会に出席し，教派の学校で学ぶ子供は，政治的社会化の過程で教派の影響を強く受け（Leege & Kellstedt, 1993），成人後も説教やポスターや出版物などを通して，牧師と信徒，あるいは信徒間のコミュニケーションが密接に行われる。そして，牧師の精神的権威は高く，メッセージは強いアピール力を持っている（Welch, Leege, Wald, & Kellstedt, 1993）。

さらに，毎週のように教会に集う人にとって，教会は重要な社交の場所である。そこで良き隣人になろうとする人は，教会コミュニティーの規範や考え方を身につける心理的な圧力を受け，規範からはずれた行動はコミュニティーからの疎外という心理的制裁につながる可能性がある（Wald, 2003, p. 193）。

社会集団は，こうしたコミュニケーションを通して外部からくる政治情報のスクリーンやフィルターとして働き，メンバーが思考を秩序立てていくための観点を提供して，政治態度の形成に影響をもたらすと考えられている（Berelson, Lazarsfeld, & McPhee, 1954）。教会の機能は，そうした一般的な社会集団と同じだ

が，教会への帰属意識は労働組合や社交クラブなどよりも強いことが多く，政治態度に与える影響も強いと考えられる（Kellstedt & Green, 1993）。

もちろん，その影響は教会に頻繁に通う人と，葬式と結婚式以外には顔を出さない人では全く異なるはずである。先に「態度」の項目で述べたように，教会出席頻度など宗教への態度が，帰属の変数の効果を増幅する条件変数となる理由である。

3　統合モデル

宗教への信念，態度，帰属の3つの側面が個人の政治行動に影響を与える理由とそのメカニズムに関する以上の検討を踏まえて，本書では以下のモデルによって分析を行う。

$$Y = b_0 + b_1(宗教的信念) + b_2(宗教への態度) + b_3(宗教への帰属)$$
$$+ b_4(宗教への帰属 \times 信念) + b_5(宗教への帰属 \times 態度)$$
$$+ b_6(社会経済的属性) + e$$

上記のモデルにおいて，Yは政党帰属意識もしくは政治的イデオロギー，個別の争点態度など，分析において説明されるべき従属変数である。説明変数には，宗教的信念と態度，帰属を独立して投入することで，この3つの側面がそれぞれに与える効果を測定することが可能となる。宗教的信念は聖書認識に代表される宗教伝統主義の指標であり，宗教への態度は教会出席頻度によって主要な効果を捕捉する。宗教への帰属は，宗教グループごとに作成されたダミー変数を投入する[14]。一方，宗教的信念と態度は，宗教への帰属の効果を増幅する可能性もあるので，それぞれの交互作用も含まれている。また，社会経済的属性は制御変数として，政治意識に影響を与えると考えられる所得階層や教育レベル，性別，年齢などを投入する。

---

14) 宗教集団をダミー変数とせず，保守的な教派からリベラルな教派まで連続した数値を割り当てて，一次元的な順序変数に置き換える操作を行った研究も存在する（Layman, 2001）。しかし，黒人プロテスタントは宗教的保守だが政治的リベラルであるなど，宗教的信念の保守性と政治的イデオロギーは必ずしも一致していないため，意味のある順序変数を作成するのは困難である。

一方，これらの説明変数は，従属変数との間で普遍的な因果関係を持ったものとは限らない。政治的動員の有無など，歴史の中で生まれ，あるいは消えていったものも存在するはずである。したがって，歴史的文脈から切り離して，単年度の横断的調査を分析し，スナップショットを撮影しただけでは，その意味はとらえきれない。本書では，できるかぎり多くの年度における分析を繰り返すことで，長期的な変化を観察することに重点を置いている。

第 3 節──宗教への帰属と福音派の定義

　これまで検討した 3 つの B のうち，宗教的信念（believing）と宗教への態度（behaving）は，比較的，概念化と操作化が容易である。しかし，宗教への帰属（belonging）に関しては複雑な問題が存在する。膨大にある教会と教派を，分析可能なレベルにグループ化しなくてはならず，その過程で，本書が対象とする「福音派」とは一体誰のことを指すのか，という問題に突き当たるからである。本節では，宗教教派をグループ化するとともに，本書における福音派の定義について述べていく。

1 宗教伝統系列

宗教伝統系列

　個人を，帰属する宗教団体で分類する方法は多数ある。ミクロなものから順に言えば，所属する個別の教会（congregation，米国内に約 60 万教会），その教会が所属する上部機構としての教派（denomination，同約 4700 教派）がある。さらに，共通の歴史的ルーツを持った教派をまとめて便宜的に呼ぶ時に使われる教派ファミリー（denominational family，同約 10～20 ファミリー）があり，最も大きな分類はプロテスタント，カトリック，ユダヤ教などの宗教別に分ける方法である（Djupe & Olson, 2008）[15]。

　このうち「教会」は地域の教会そのものと，そこに集まる会衆（信徒）を指す[16]。個人が具体的に帰属しているのは教会であり，日常的に接触しているの

---

15) 教派は多数存在し，かつ似たような名前を持つものが極めて多いことから，個別教派名の翻訳は不可能である。このため，本書では「南部バプテスト連盟」などの巨大教派以外，個別教派名は英文名をそのまま使用する。

は，そこに集まる会衆や牧師である。だから，帰属の変数が政治的態度に影響を与えているとすれば，それは個別教会がもたらしている効果である。しかしながら，教会の数は膨大であり，これを分析の単位とすることは不可能である。

「教派」とは，共通の信条や儀式を持って連携している教会のグループであり，共有された宗教的目標に向かって協力する同質性の高い集団である。しかし，依然として数が多いため，実務的に分析には使えない[17]。

一方で，「教派ファミリー」と呼ばれるのは，バプテスト，長老派，メソジスト，ルター派などで，数が少ないため分析の単位になりそうである。だが，ファミリー内の教会の多くは協力関係がないばかりか対立関係にあるものも多く，一つのグループとして分析するわけにはいかない。たとえば，長老派ファミリーにはPresbyterian Church（U. S. A），Presbyterian Church in Americaなど多数の「教派」があるが，これらは，一つの長老派という教派から内部対立によって分派していったものであり，似たような名前を持っていても，政治文化や信徒の社会経済的属性は全く異なっている。

かつて多くの社会調査ではプロテスタント，カトリック，ユダヤ教徒という「宗教別」の大分類を行ってきた（ラザースフェルド，ベレルソン，ゴーデット，1987）。だが，1960年代になって，チャールズ・グロック（Charles Glock）とロドニー・スターク（Rodney Stark）は，同じプロテスタントでも，聖公会とバプテストでは政治・社会的傾向が全く異なることを指摘し，一つの分析単位とすることに異議を唱えた（Glock & Stark, 1965, p. 65）。こうして，教会，教派，教派ファミリー，宗教別という分類は，いずれも分析単位として使えないことが明らかになってきた。

これを受けて，1970年代から，宗教と政治を分析するための適切な分類に関する研究が行われ，「宗教伝統系列（Religious tradition）」という概念が生まれてき

---

16) もちろん，ユダヤ教であれば礼拝施設の名前はシナゴーグでありイスラム教徒であればモスクである。だが，アメリカではキリスト教徒が圧倒的に多く，本書の焦点もキリスト教にあることから，多くの研究にならって「教会」という言葉で礼拝施設一般を指すことにする。

17) 教派は中央組織を持った公式的な集団であり，南部バプテスト連盟（SBC）のように4万2000以上の教会を傘下に持ち，合計信徒数で1600万人を超すような大教派から，数十の教会で信徒数は数千人という小さな教派まで様々である。大きな教派では教派を管理する"官僚機構"があって，教育施設やいくつもの大学，ミッション派遣組織などを持っている。

た。

　宗教伝統系列とは，教義や信仰の形式，発生の起源やその後の歴史を共有する教派や教会の集まりである（Green J. C., 2007, p. 23；Kellstedt & Green, 1993）。同じ教派ファミリーに属していても，異なった歴史を歩み，教義の解釈が異なる教派は同じ宗教伝統系列とは見なされない。宗教伝統系列別の公式な組織が存在するわけではないが，多くの教派は自らをいずれかの系列に属すると考えており，心理的実体を持ったグループを形作っている。社会調査を重ねることによって，同じ宗教伝統系列に属する個人は，世界観や政治姿勢において特徴的な傾向を示すことが明らかになり，強力な概念枠組みとして定着してきた（Layman, 2001, p. 60；Smidt, Den Dulk, Froehle, Penning, Monsma, & Koopman, 2010）。

　多くの研究者は米国の主要な宗教伝統系列として，「白人プロテスタント主流派」，「同福音派」，「黒人プロテスタント」，「カトリック」，「ユダヤ教」，「無宗教」の6系列を抽出している（Kellstedt & Green, 1993）。以上の検討を踏まえて，本書も宗教伝統系列の概念に従って分類する。無宗教はもちろん宗教グループではないが，比較分析するためのカテゴリーとして設定されている[18]。

プロテスタント分類方法

　この6つのカテゴリーのうち，カトリックやユダヤ教，無宗教などは明確なカテゴリーで問題はない。さらに，プロテスタントでも伝統的に黒人教会とされる教派は，信徒のほぼ100%が黒人で，教義面でも独自の発展を遂げていることから，独立した「黒人プロテスタント」という宗教伝統系列を形成していると考えることについて，異論はほとんどない。

　問題は白人プロテスタントである。グロックとスタークが指摘したように，その中には宗教伝統主義と政治傾向が異なる二つのグループが存在し，伝統主義的で保守的なグループを福音派とし，近代主義的でリベラルなグループを主流派と分類することでは，ほぼ合意が存在している。

---

18) 米国には，キリスト教以外に，イスラム教や正教など多数の宗教が存在するが，ケースの数が少なく，本書の対象ではないことから，「その他の宗教」として扱う。近年，中南米からの移民急増によってヒスパニック系カトリックが大きな影響力を持つようになってきたが，まだ研究の蓄積が少なく本書では主要な分析対象としない。カトリックは白人とヒスパニック系に分け，白人を中心に分析することにする。

しかし，その亀裂線がどこに生じているかという点では，まだ完全な合意が生まれていない。例えば巨大教派である合同メソジスト（United Methodist Church）は一般的に主流派とされているが，信条的には極めて福音派的なブッシュ（子，以下，特に断らない限り，ブッシュ大統領と表記した場合はジョージ・W・ブッシュを示す）大統領もこの教派の信徒である。教派単位で分類すればブッシュは主流派であり，宗教的信念で分類すれば福音派となるだろう。

このため，分類方法の選択によって，福音派の数は全成人人口の10％から40％まで異なり，当然分析結果も違ってくる（Wald, 2003, p. 228）。したがって，福音派をどのように定義し，どの範囲の人々を分類するのかという問題に答えることは，分析の重要な基礎であり，これまでも多数の研究者が分類の問題に取り組んできた（Kellstedt & Green, 1993 ; Smith T. W., 1987）。

これまでに提起されてきた分類方法は，大きくわけて3つある。

第一の分類は，所属する教派とは無関係に，福音派的な信念を持った人を福音派とする定義である。福音派的な信念とは，イギリスの歴史家，デビッド・ベビントン（David Bebbington）の定義が有名であり，ジョージ・マースデン（George Marsden）ら米国の福音派研究者の多くが依拠している。それは，①イエスによる贖罪を信じることが救済のための唯一の道である，②救済を自分自身で受け入れる回心（ボーンアゲイン）が必要である，③他者に福音を広げる義務を認識する，④聖書の無謬性を信じる——という4つの項目からなっている（Green J. C., 2007, p. 25 ; Bebbington, 1989 ; Marsden, 1991, p. 5）。

一方で，主流派は，福音派に分離独立することを拒んで，プロテスタントのメインストリームに残った（それゆえ"主流派"である）人たちであり，明確に定義するのは難しい。あえて行うとすれば，①科学の成果を認め，宗教と対立するものとは考えない，②聖書を逐語的に真実だとは考えない，③キリストの再臨がすぐに起こるものとは考えない——など近代主義的な特徴が挙げられる（Smith T. W., 1987）。

だが，これほど詳細な意識調査はあまり行われていないため，信念の側面で分類する場合は，聖書認識とボーンアゲイン体験の2点で福音派を抽出するのが一般的である（Wilcox & Robinson, 2010, p. 57 ; Wilcox, 1992）。メディアの多くの調査はそれであり，アカデミックな研究でも1980年代から1990年代には広く使用されていた（Wilcox, 1992 ; Layman, 2001）。

第二の方法は，福音派グループに帰属しているという自己認識で分類するものである。社会学者のクリスチャン・スミス（Christian Smith）は，社会調査において，回答者に自分の宗教的傾向を「原理主義」「福音派」「主流派」「神学的リベラル」の4種類から選択させ，それによって分類するのが，分析上，最も効果的だと主張している（Smith C., 1998）[19]。この分類方法の基礎には，自らを「福音派」と自己認識し，そのレッテルを受け入れる人は，福音派のイメージに沿って行動する人であり，政治的価値観や文化を共有しているという考え方がある（Lewis & Bernardo, 2010, p. 114）。同時に，福音派や主流派に対する心理的な帰属意識が各個人に存在し，それが自己申告によって正しく測定できるという仮定に基づいている[20]。

　第三の方法は，宗教的信念の内容や自己認識を問わず，教派への帰属をもとに分類する最も古典的な手法である。教派の教義や，誕生と発展の歴史的経緯，福音派団体への所属などによってプロテスタント教派を主流派と福音派に分類し，福音派とされた教派に所属する人はすべて福音派とする考え方である。

　それぞれの分類にはメリットとデメリットが存在する。第三の分類のデメリットは，先に述べたようにブッシュ大統領のような人物を主流派と分類してしまうことである。教派内部には様々な意識を持った信徒が存在し，福音派の代表的教派である南部バプテスト連盟（Southern Baptist Convention＝SBC）でも，リベラルな教会や信者も少なくない（Wilcox, Jelen, & Leege, 1993, p. 91）。それを一律に福音派信徒と分類すれば，政治行動の分析単位として意味を持たなくなる可能性もある。特に，主流派教派とされながら宗教的保守派を多数抱えた「合同メソジスト」をどのように分類するかは，多くの研究者にとって悩ましい問題となってきた（Lewis & Bernardo, 2010; Wilcox & Robinson, 2010, p. 57）。

　一方で，第一の宗教的信念に基づいた分類は，宗教グループの社会集団として

---

19) 本書が主に使用する社会調査である American National Election Studies でも1990年から1998年まで "Which one of these words BEST describes your kind of Christianity: Fundamentalist, Evangelical, Charismatic or Spirit-Filled, Moderate to Liberal?" という質問項目が含められた。また，もう1つの大規模な社会調査，General Social Survey では1996年から1998年まで同じような質問が設定され，こうした分類を可能にしている。

20) クリスチャン・スミスは「教会出席頻度が高い人は，自らの宗教的アイデンティティーについて意味を持った自己認識を持っており，これらの質問に対して回答できるだけの十分な意識を形成している」と主張している（Smith C., 1998, p. 234）。

の側面が全く無視されるデメリットがある。クライド・ウィルコックス（Clyde Wilcox）は聖書を無謬と信じボーンアゲイン体験を持った個人は，たとえカトリックであっても福音派に加えるという分類を行っているが（Wilcox, 1992, p. 43）[21]，カトリック教会に通う人とプロテスタント福音派教会に通う人では，政治的動員の網にかかるチャンスや，教会で流通する政治情報の内容が異なり，教派コミュニティーのムードも異なっているだろう[22]。

このように，この二つの分類はそれぞれメリットとデメリットを持っている。だが，3つのBのそれぞれの側面から宗教の効果をとらえる統合モデルは，まさにこの問題に対処するために考えられたモデルである。このモデルでは，第一の分類方法が重視したように，宗教的信念が政治的意味を持つことを認めたうえで，その効果を帰属とは独立して分析することが目的となる。このため，帰属の変数がとらえるべきは，有権者が特定の宗教集団に帰属することで，その集団が歴史的に形成してきた政治文化の影響を受けたのかどうか，という問題である。

それでは，自己認識に基づく第二の分類はどうだろうか。これは，福音派という集団への心理的帰属意識をとらえた変数であり，3つのBによる分析と大きく矛盾するものではない。だが，この分類の大きなデメリットは，福音派や原理主義などの言葉が意味するものが，個人によって大きく異なるということである。ともに伝統主義的なプロテスタンティズムを意味する言葉として，大衆的に知られるようになったとしても，その認識のレベルはまちまちであり，特に福音派と原理主義を正確に分離できる人は多くはない（Hart D. G., 2005）[23]。さらに，自らを福音派と自己申告した人は，同性愛問題などでリベラルな傾向を示すという矛盾した結果が報告されることもあり（Lewis & Bernardo, 2010, p. 119），自己認識による分類は，期待された説明力を持っていない。

以上の検討から，本書では教派への帰属による第三の方法によって，帰属を分

---

21) もっとも，ウィルコックスは信念による分類を中心にしながらも，教派帰属などによる分類も併用して分析を行っている。
22) 宗教右派運動はカトリックも巻き込んだが，中心となったのは福音派教会であり，共和党への動員キャンペーンの質と量は福音派教会の方がはるかに高い。
23) 宗教に対する知識が深く言葉の定義を知っている人でも，信仰の篤い人ほど，そうしたレッテル貼りを拒絶する傾向もある。1990年のAmerican National Election Studies調査では，原理主義を自己申告した人は宗教右派運動への支持が高いという相関関係が認められたものの，原理主義のラベルを拒否した人の方が宗教から多くの人生の指針を受けているという結果も出てきている（Wilcox, Jelen, & Leege, 1993, p. 79）。

類することにする。3つのBを併用する統合モデルでは，「帰属」の変数は宗教グループを社会学的な集団としてとらえていくべきで，「宗教的信念」と混同するような分類方法は避けるべきである（Smidt, Kellestedt, & Guth, 2009, p. 22 ; Campbell D. E., 2002, p. 233）。また，第二の分類は，「福音派」などの言葉の曖昧さが大きな問題となる。これに対して，教派帰属による第三の分類は，現実に存在する教会へ具体的なメンバーシップに基づいており，より明確な分類が可能となるだろう。

2 福音派教派の定義と教派分類

敬虔主義と儀式主義

教派への帰属によって分類する場合，次に答えなくてはいけないのは「どの教派が福音派教派なのか」という難題である。

これに関しても，これまで様々な方法が試されている。一つの方法は教派の教義による分類である。各教派の教義が前項で述べた福音派の定義にあてはまるかどうかを調べたり，信徒や所属牧師の意識調査を行って，聖書を無謬と信じる比率の高い教派を調べたりして，「福音派」，あるいは「保守的プロテスタント」などと分類するものである（Smith T. W., 1987 ; Manza & Brooks, 1997, p. 45）。だが，教義の内容や牧師の意識調査だけで分類すれば，集団の社会的属性や歴史的発展過程から生まれた文化が捨象される可能性がある。

このため本書では，リマン・ケルステッド（Lyman Kellstedt）とジョン・グリーンによる福音派教派の定義（Kellstedt & Green, 1993）に従い，各教派の教義内容に加えて，教派の歴史を詳細にフォローすることによって，福音派と主流派教派を分類することにした。

この定義では，教義の側面から大きな分類の基準とするのは，儀式主義と敬虔主義の違いである。儀式主義は，神と人間の間をつなぐものとしての教会組織を重視するので，ローマ教皇に頂点を置くような階層的な宗教権威や形式化された儀式，公式の教義などが強調される。しかし，これらの中核の信条を犯さない限り，地域ごとの教会活動には厳しい枠がはめられないことが多いので，信徒の宗教的信念に対して寛容性が高く，宗教的にリベラルな方向に作用する。

これに対して，敬虔主義の教派は，神と人間の間に仲介者を置くことを拒否す

るため聖書の権威が高く，聖書を無謬と信じる伝統主義的，保守的な傾向が強い。バプテストやメソジストは敬虔主義の典型で，カトリックは儀式主義の典型である。プロテスタントでは聖公会やルター派などが儀式主義の範疇にはいる (Kellstedt & Green, 1993, p. 57)。

セクト運動とチャーチ運動

　だが，教義の内容だけで分類することはできない。教派の持つ社会集団としての性格は，その歴史的発展過程によって異なってくるからである。そこで重要なのは，教派分裂や統合などの宗教運動 (religious movements) の歴史である。米国史では，18世紀から19世紀の大覚醒運動，19世紀の南北戦争時，20世紀初頭のプロテスタント分裂などをきっかけに，大規模な宗教運動が起きてきた。現存する多数のプロテスタント教派は，ほとんどが，この宗教運動による教派の離合集散の結果，生まれたものである。

　宗教運動は，より純粋な信仰を持つ信徒だけで新教派を作る分裂の動きと，教義の違いを乗り越えて統合し，大きく普遍主義的な教会を作ろうとする合同の動きに分けることができ，前者はセクト運動 (sect movements)，後者はチャーチ運動 (church movements) と呼ばれる (Kellstedt & Green, 1993, p. 57)[24]。世界教会主義 (ecumenicalism) はチャーチ運動の例であり，原理主義運動やペンテコステの運動などはセクト運動の例である。

　チャーチ運動は，共通目的に向かって多様な文化を統合するため，参加を重視して幅の広い価値観を形成し，これによって誕生した教派は寛容な傾向を持つことが多い。これに対してセクト運動で誕生した教派は，信仰の純粋さと宗教的信念の共有が重視されるので，幅の狭い伝統主義的な価値観を持つ可能性が高い。

---

24) セクトとチャーチという分類の概念はマックス・ウェーバー (Max Weber) が提起し，エルンスト・トレルチ (Ernst Troeltsch) によって定式化され，宗教に関する社会学的な分析に多用されてきた。一般的にセクトとはイエスの教えを徹底的に受け入れ，自分自身の回心の体験によって自発的に参加した個人が集まる小さな会衆（教会）の姿を言う。キリスト教本来の純粋な信仰への回帰を求める運動という自己認識があり，終末論的な側面を強調する傾向がある。信仰を持った人は平等であり，聖職者と一般信徒の区別は置かれない。セクトは参加者に厳しい規律を課し，自らを取り巻く世界から孤立して共同体を作ることも多い。これに対してチャーチ運動は，イエスによる贖罪とゆるしの側面を強調し，社会のすべての人の救済を重視する (Scanzoni, 1963, p. 540 ; Chamberlayne, 1964)。

このため，同じ敬虔主義的な教義の教派でも，チャーチ運動の影響で大教派になると寛容性が広がる一方で，セクト運動の結果生まれた教派は，より純粋で厳格な宗教伝統主義を持つことになる。

さらに，教派分裂で分かれた信徒は，それぞれ社会階級や地域，民族，人種などが異なることも多く（南北分裂など），分裂した教派にはその社会経済的な特徴も刻印されることになる。

福音派の定義

教義における敬虔主義と儀式主義の違い，そして誕生と発展の経緯におけるチャーチ運動とセクト運動の違いは，教派の信仰の内容と社会集団的な特性に影響を与えている。したがって，福音派の定義は，この二つの側面から行わなければならない。本書における福音派とは，「敬虔主義の教義を持っていたり，セクト運動の影響を受けたりして，宗教伝統主義を共有する白人プロテスタント教派の集まり」と定義する。具体的な教派名をあげれば，歴史的に敬虔主義的な教派（南部バプテスト連盟など）や，敬虔主義的でセクト運動の影響を受けた教派（Assemblies of God など），さらに，儀式主義的な教派でもセクト運動の影響を強く受けた教派（Lutheran Church-Missouri Synod など）が福音派教派である（Kellstedt & Green, 1993, p. 58）。

福音派形成に最も大きな影響を与えたセクト運動は，20世紀のはじめに起きた原理主義—近代主義論争であり，この時期には，論争に敗れた伝統主義者が多くの分派教派を形成して福音派が誕生した。しかし，すべての福音派教派がこの時期に生まれたわけではなく，南部バプテスト連盟のように，南北戦争時に奴隷制問題による分裂で誕生した教派や，19世紀にアメリカへの同化を拒んだドイツ移民が孤立的な共同体を形成した Lutheran Church-Missouri Synod など，そのルーツが19世紀以前に遡るものも多数存在する。一方で，1960年代以降にも，リベラリズムの拡大に対する反発から，伝統主義者が主流派教派を離脱して独立するセクト運動が続けられ，新たな福音派教派が誕生している。

これに対して，主流派は，「儀式主義の教義を持っていたり，チャーチ運動の影響を受けたりして，宗教的に近代主義的でリベラルな文化を持った教派の集まり」である。具体的には歴史的に儀式主義的な教派（Episcopal Church など）や儀式主義的でチャーチ運動の影響を受けた教派（Evangelical Lutheran Church in Americaなど),さらに敬虔主義的な教派でもチャーチ運動の影響を受けた教派(合同メソジストなど)である。

以上が,本書における福音派と主流派の定義である。これによって白人プロテスタント教派を福音派と主流派に分類するためには,各教派の教義に加えて,その歴史的経緯を詳しく調べていくことが必要となる。これまでにも,ケルステッドとジョン・グリーン,ジオフリー・レイマン(Geoffrey Layman)や,宗教と公共生活に関するピュー・フォーラム(Pew Forum of Religion and Public Life)が行う全米宗教調査(U. S. Religious landscape survey)[25]などが,本書と同様,教義ではなく教派に基づく福音派の分類を行っている(Kellstedt & Green, 1993, p. 70 ; Layman, 2001, p. 345)。だが,分類の詳細が明示されておらず,厳密に社会学的集団としての宗教伝統系列による分類が行われているかどうか明確でない場合が多い。このため,本書では独自に各教派の教義と歴史を調べて分類を行った。分類の詳細は,補論1で述べている。

分類の結果は,主要な教派に関しては,上記の研究者の分類とほぼ一致した。小教派に関しては,これらの論文で詳細な教派分類が明示されていないので,一致しているのかどうか不明である。このため,本書とこれらの研究による各宗教伝統系列の人口比などは若干の差異が存在する。

3 福音派分類に関わる諸問題

原理主義,ペンテコステ派

補論とは別に,ここで,プロテスタントの分類について,いくつか議論となっている項目に関し,本書の立場を説明しておく必要がある。

第一は,原理主義教派の扱いである。多くのメディアでは原理主義教派と福音派を区別せず,保守的なプロテスタントという意味でほぼ同義語として使っている。さらに近年では,イスラム原理主義などの言葉が生まれ,伝統的教義に固執し政治的に活動する宗教集団を原理主義者と呼ぶのが慣わしになっている。また,原理主義がマスコミ用語として定着したため,神学的でなく政治的用語として「政治化した福音派」を指す言葉として使うケースも出てきている(森,

---

25) http://religions.pewforum.org/ affiliations, 最終アクセス2011年9月16日。

2010)。

　だが，これらの用語法はあくまで慣用的なものである。歴史的経緯を踏まえて考えれば，原理主義教派とは，20世紀初頭のプロテスタント大分裂でプロテスタントの主流派から分離独立した後，より穏健な福音派と袂を分かって孤立主義に向かった教派（Bible Presbyterian Church など）を指すものである（詳細な説明は第2章で行う）。これらの教派は福音派よりもはるかに正統主義的で，孤立主義的であると同時に，人間の努力による社会改良に悲観的という教義的な特徴も持っている。このため，原理主義を「他の福音派」として別の宗教グループに分類する研究者も少なくない（Wilcox, 1992；Smith C., 1998）。

　しかし，現在では，原理主義教会は数も少なく影響力もあまりないので，福音派の一部として分類するのが一般的になっており（Green J. C., 2007；Smidt, Kellestedt, & Guth, 2009；Marsden, 1991, p. 1），現実的にも独立した分析の対象となるほどのデータ数がない。さらに，上記の福音派の定義に照らしてみれば，原理主義と福音派は伝統主義の強さには違いがあるものの，敬虔主義的なルーツとセクト運動の結果で生まれた教派という点で同じ方向を向いている。したがって，本書では福音派の一部として扱う。

　ペンテコステ派はスピリチュアルなギフトと異言[26]，信仰による癒しなどを信じる教派で，近年，急速に勢力を伸ばして大きな影響力を持っている。これも，教義の特殊性から福音派とは区別する研究者がいる。しかし，ペンテコステ派は，メソジストのホーリネス運動など敬虔主義的なルーツを持ち（Djupe & Olson, 2008, p. 203），かつセクト運動の影響を受けて Assemblies of God などの教派を形成していることから，福音派に分類するのが適当である。

独立教会

　かつては，ほとんどすべての教会が，その教義に従っていずれかの教派に所属していた。しかし，近年，いずれの教派にも所属しない独立教会（non-denominational church）が急増し，しかも，数万人もの信徒を抱えるメガチャーチなどの多くが独立教会であることから，大きな意味を持つようになってきた。し

26）異言（glossolalia）とは宗教的な恍惚状態の中で，信者の口から出てくる意味不明の言葉である。

かし，ほとんどの世論調査では「無教派」であるという以外に，これらの信徒の所属教会を調べる手がかりはなく，どのように分類するかは，研究者の間で大きな問題となっている。

これまでのほとんどの研究では，無教派と答えた回答者に対して，聖書認識が保守的な人や教会出席率が高い人を福音派に振り分けるなどの手法が使われてきている（Smidt, Kellestedt, & Guth, 2009）。だが，①福音派の宗教伝統主義が恣意的に高められる結果となる，②宗教的信念の側面と帰属の側面が混同される，③1980年代以前のデータでは聖書認識などの質問が存在しないことが多く，長期分析にあたって整合性がとれなくなる——などの理由から，本書ではこうした振り分けは行っていない。

多くの独立教会は，既存教派から分離独立したり，既存教派に飽きたらずに最初から独立教会として誕生したりするなど，セクト的な運動の結果として生まれていることと，独立教会の信徒の約6割が聖書の無謬性を信じている（全教派平均は約4割）ことなど福音派的な傾向が強いことから，本書では，すべての独立教会を福音派に分類している。もちろん，これはデータの制約から生まれた妥協的な方法である。

宗教右派，宗教保守層

1980年代に保守的な宗教者による政治活動が活発化したため，「宗教右派」や「宗教保守層」などの新しい言葉が登場した。これらの言葉はあくまでメディア用語であり，厳密な定義は存在しないが，多くの場合，「宗教右派」「宗教保守」「福音派」「原理主義者」は同じ意味を持つ言葉として使用されている。本書でも頻繁に使用することになるので，本書における意味をここで断っておきたい。

「宗教右派」は1970年代末から，人工妊娠中絶や同性愛結婚の禁止などを主張して政治運動を行うようになった宗教的な団体を指す言葉として使っている。具体的には「キリスト教連合（Christian Coalition）」や「フォーカス・オン・ザ・ファミリー（Focus on the Family）」のような団体である。また，これらの団体の指導者を指す時にも，宗教右派という言葉を使う。

一方で，「宗教保守（層）」は，政治活動を行っている宗教右派と区別して，宗教的信念が保守的な一般市民を指す言葉として使っている。宗教的信念の項で説明した宗教伝統主義者とほぼ同義だが，簡明な表現が適した文脈ではこちらを使

うことになるだろう。

　宗教保守層の多くは，宗教右派に共鳴して政治意識も保守化し，多くが共和党支持層に加わった。だが，政治的イデオロギーとは異なった概念であり，民主党支持者であったり政治的リベラルであったりすることに矛盾はない。現実に宗教右派活動が活発化する前は，宗教保守層の多くの有権者は民主党支持者だった。

　したがって，この二つの言葉は，社会学的な集団への帰属に基づいて定義された「福音派」を指すものではない。福音派には宗教右派や宗教保守層が多いが，宗教右派に批判的な人も少なくない。逆に，主流派やカトリック，ユダヤ教徒にも宗教右派の支持者は多数存在する。

4　ま　と　め

　宗教と政治の関わりを分析するにあたって，宗教の様々な側面のうち「帰属」と「宗教的信念」，「宗教への態度」の3つのBを，それぞれ独立して政治行動に影響を与える変数ととらえるのが本書の基本的なアプローチである。このうち，帰属の変数は，宗教グループの教義など信仰の特徴をとらえるだけでなく，社会集団としての機能にも焦点をあてるべきである。このため，宗教伝統系列は，教会へのメンバーシップに基づいて分類し，分類における教派の振り分けは教義的な側面だけでなく歴史的な文脈の中から判断する。そこにおいて福音派の定義は，敬虔主義の伝統を継承したり，セクト運動の影響を受けたりして，宗教伝統主義の特色を共有する教派の集まりである。

　以上，ここまでで，宗教の概念を整理し，分析のために操作化をする作業を行った。だが，これは分析のツールにすぎない。本書の主題は，福音派の変容が米国政党政治に与えた影響と，その変容のプロセスを分析することである。そのためには，政党再編成に関する先行研究を検討しなくてはならない。

第 4 節──政党再編成理論

1 政党再編成の定義

　米国では 19 世紀以降，政治対立の基本構造を変えるような決定的選挙が周期的に発生してきた。決定的選挙の後には，対立の基軸となる争点が変化し，二大政党の支持基盤が組み替えられ，新たに優位を勝ち得た政党が，国家の基本的な方向性を定める力を持つなど，特徴的な時代が生み出されてきた。一般的にはこれが政党再編成と呼ばれている。

　決定的選挙の存在は 1955 年に V・O・キー（Key）の指摘によって注目が集まり（Key, 1955），政党再編成の周期性に注目したウォルター・バーナム（Walter Burnham）の *Critical Elections and the Mainsprings of American Politics*（1970），さらにジェローム・クラブ（Jerome M. Clubb），ウィリアム・フラニガン（William H. Flanigan），ナンシー・ジンガル（Nancy H. Zingale）による *Partisan Realignment : Voters, Parties, and Government in American History*（1980）などの研究が続き，ジェームズ・サンドクィスト（James L. Sundquist）の *Dynamics of the Party System*（1973, rev. ed., 1983）で，初期の研究が集大成されたとされている。以下，サンドクィストの研究に主として依拠しながら，政党再編成理論を検討していきたい。

　この概念は，同一の憲法の下で統治されてきた米国の政治史の時代分けにおいて，特に大きな意味を持ってきた。統治構造は変化しなくても，政党制の変化が米国政治に大きな転換をもたらしてきたからである。どの選挙が決定的だったのか，論者の間で完全な合意が成立しているわけではないが，一般的には 1800, 1828, 1860, 1896, 1932 年などの選挙が決定的選挙とされ，それぞれに第一次

政党制から始まる米国政治史の歴史区分が割り当てられている（久保，2009）。

周期性と決定的選挙

だが，政党再編成理論が直面している大きな問題は，1932年以降，誰もが認める決定的選挙が発生していないということである。ほぼ30年周期と言われた決定的選挙の期限は，すでに大幅に経過しているが，1930年代のニューディール再編成のような大規模な政治変動はその後には起きておらず，優位政党が交代したと言えるような状況も起きていない。ここから，周期性への疑念だけでなく政党再編成という概念そのものに対する疑念も生まれてきている。

周期性の概念を強く主張したのはバーナムである。彼は，建国以来，アメリカの政治システムが，党派対立を避け，意識的に政争と距離を置くように設計されたことから，経済の発展によって生まれる新しい社会矛盾を吸収するシステムを持っていないため，累積された矛盾が，周期的に起きる政治体制の激変によって解消されるのだと述べている（Burnham, 1970, p. 181）。これは，決定的選挙による政党再編成を，社会経済の発展で生まれる矛盾を止揚するメカニズムとする見方であり，マルクス主義の弁証法的発展の概念と重なり合うところが大きい。

一方，ポール・ベック（Paul Allen Beck）は周期性の根拠に世代交代をかかげ，「選挙サイクル（electoral cycle）」の概念を提起した。政党再編成の激動期に政治的社会化の時期を迎え，政治動乱を直接体験した「再編世代」は，政党との間に強い絆を持ち安定した関係を結ぶが，政党制の安定期に育った世代の政党帰属意識は次第に薄弱化し，三代目になると，無党派が増加して政党制の「解体期（dealignment）」を迎える。だが，この三代目は政党帰属意識が薄い分だけ政治変動に敏感となり，新しい争点対立が生まれると，帰属意識が動揺して政党再編成が起きやすくなる。こうして三代目には政党再編成が発生しやすく，そのサイクルはほぼ30年間だと主張した（Beck, 1979, p. 131）。

だが，バーナムが主張するように，社会経済システムの発展から新たな矛盾が生まれるとしても，それが決定的選挙と政党再編成に至るまでには，深刻な争点や政党間亀裂の発生，政党による鮮明な立場の表明など様々な段階が必要であり，それらがすべて30年前後で重なり合うと考える根拠は薄弱である。ベックが提起した世代間格差の概念は，再編成を説明するメカニズムの一つと考えられるが，再編成のきっかけを作る新たな社会亀裂が，このサイクルに合わせて周期

的に生まれてくるとは限らない。さらに，ベックは周期性を説明するために，一世代を約25年間と定めるなど（ベック自身が認めているように）かなり恣意的な前提をおいている。

一方で，政党再編成の時には劇的な「決定的選挙」が発生するという考え方にも，反論が提出されている。政党再編成の概念を提起したV・O・キー自身が，のちに再編成は決定的選挙だけで行われるものではなく，長期的に政党支持基盤が変化する可能性もあるとして「長期的再編（secular realignment）」の概念を提示している（Key, 1959）。そして，再編理論の研究が進むに従って，ニューディール選挙のような，急激な変化と見られた再編成でも，そこには必ず予兆が存在し，かつ変化が安定して全国に定着するまでには，多くの"余震"が存在することが明らかになってきた（Carmines & Stimson, 1989, p. 21 ; Sundquist, 1983）。

こうして，「周期性」と「決定的選挙」という政党再編成理論のシンプルで強力な概念に対する懐疑が生まれてきた。それだけでなく，過去の様々な再編成のパターンを統一的に解釈する一般理論構築の努力の中で，「決定的」「長期的」「地域レベル」「全国レベル」など様々なカテゴリーが導入されて理論が複雑化し，次第に説明力が低下するという矛盾が生まれてきた（Shafer, 1991 ; Carmines & Stimson, 1989, p. 22）。デビッド・メイヒュー（David R. Mayhew）は，1990年代には再編成理論の本筋に関する理論的発展が止まったと述べて，「かつては活気のあるアイデアを生み出した再編制理論だが，今となっては政治理解の障害であり，政治学はこの概念から立ち去るべきである」とまで酷評している（Mayhew, 2002）。

政党再編成の定義

しかし，筆者は政党再編成の概念を放棄すべきだとは思わない。疑念が生まれてきた決定的選挙や周期性，優位政党の交代という概念は，政党制の変化に関して本質的な問題ではないからである。サンドクィストはE・E・シャットシュナイダー（E. E. Schattschneider）の提起を受けて，政党対立の基軸となる争点の交代（conflict displacement）と，それに応じて政党支持基盤の構成が変化することが，政党再編成の本質だと主張している。それによって政党の対立構造や政治の焦点が変化し，ゲームのルールが大きく変わって，新たな時代が生まれてくるからである（シャットシュナイダー，1972 ; Sundquist, 1983）。さらに，支持基盤となる有

権者（parties in electorate）の変化は，政党から選出される政治家（parties in government）や，政党組織（party organization）にも影響を与え，政党の性格も本質的な変化を遂げていく[27]。政党制は異なったものに変化したと考えることができるだろう[28]。

これに対して決定的選挙，優位政党の交代という概念は，再編成の様々な姿を示す形容詞にすぎない。決定的選挙は変化のシンボルではあるが，研究の蓄積で明らかになったように，再編成は常に一定の期間を持つプロセスであり，それが長期にわたるか急激に進行するかは程度の問題にすぎない（Sundquist, 1983, p. 11）。また，優位政党の交代は政党再編成の結果の一つであり，支持基盤の組み替えが優位政党の交代に結びつく理論的必然性はない（Sundquist, 1983, p. 9）。たとえば，争点の変化によって黒人の民主党支持率が急激に高まり，白人は逆に減少したとしよう。その効果は相殺されて全有権者レベルで優位政党が交代するわけではない。だが，両党の政党支持基盤は大きく変容し，政党の性格には変化が起きる。優位政党は変わらなくても，それはまさしく政党再編成であろう（Norpoth, 1987）。一方，周期性の問題に関してサンドクィストは，単なる歴史の偶然にすぎないと断じている（Sundquist, 1983, p. 46）。

したがって，サンドクィストによる政党再編成の定義とは「規模や変化の速度にかかわらず，政党対立構造が変化し，有権者の間で異なった政党亀裂軸が確立したことを反映して，政党支持基盤が再分配されること」（Sundquist, 1983, p. 14）

---

27) V・O・キーの指摘以来，アメリカの政党は，三つの異なった側面から観察すべきだとされている。第一は，党全国委員会やその幹部など「政党組織」そのものであり，第二には，政党出身の上下両院議員や大統領，各省庁高官などで構成される「政府の中の政党」。そして，第三は政党支持者，すなわち「有権者の中の政党」である。それぞれの側面に現れる政党は，独自の行動論理とダイナミズムを持っているが，同じ政治目的を持ち，共通の名前とシンボルを共有することで，一つの実体として存在する（Kleppner, 1979, pp. 12-13 ; Fiorina, 2001, p. 94）。したがって，政党を支持する有権者の構成が変化し，政党出身議員や政府首脳，そして政党組織そのものが変容していけば，同じ政党名を名乗っていても，両政党による政治構造の性格と実体は異なったものと言うことができるだろう。

28) こうした考え方から，決定的選挙はなかったものの，レーガン政権が発足した1980年代以降の時代に政党再編成が発生したと考える論者も少なくない。第一の理由は，この時期に，民主党の優位体制を支えてきたニューディール連合が解体し，両党の支持基盤構成にも大きな変化があったこと。第二には，争点が交代したわけではないが，争点は追加され，文化や価値観といった新たな争点が，大きな意味を持つようになったことなどが指摘されている（Norpoth, 1987 ; Ladd, 1985）。

である。本書ではこの定義に従う[29]。

　これは，政党再編成に関して最も幅広い定義である。しかし，日常的な争点の変遷による政党支持構造の短期的な変動までを，政党再編成と呼ぶものではもちろんない。「政党対立構造の変化」に伴う新たな亀裂軸の確立とは，両党対立の基軸となり，政争におけるゲームのルールを変えるような大きな争点の変化（奴隷制廃止問題の登場など）を示すものである。また，異なった政党亀裂軸が「確立」するということは，変化が短期的でなく持続するものであることを意味している。

　したがって，政党再編成は，経済情勢など短期的要因によって大きく変動する投票行動の結果ではなく，政党への心理的愛着心によって生まれる政党帰属意識によって観測されるべきであり，帰属意識の持続的な変化が発生した時だけが政党再編成と呼ばれる。

2　政党再編成のメカニズム

　それでは，以上のように定義された政党再編成はどのようなメカニズムで発生するのだろうか。サンドクィストが提起したモデルを，本書のテーマに沿いながら①→②→③の順に検討していこう[30]。

① 旧争点に対して横断的な争点の発生

　政党再編成の起源には新しい政治争点の登場がある。社会経済体制や階級構造の変化，社会の中における価値観の対立などは，既存の政治構造に強いストレスを生み出し，政治の対応を迫る力となるだろうが，それだけでは政党再編成につながらない。政党が，それを具体的な政策争点として取りあげた時に，はじめて上記の定義に基づく政党再編成の引き金になっていくのである。

　では，どのような争点が再編成を引き起こすのか。奴隷制問題など感情に訴

---

[29] サンドクィストの定義では，特定社会集団（民族など）の出生率変化，集団の社会経済的地位の向上に伴う政党支持傾向の変化などによって，政党支持基盤の構成が変化するのは，対立争点の交代がないので，単なる「政党バランスのシフト」と定義される (Sundquist, 1983, pp. 13-14)。

[30] 以下の記述はすべて米国の政党制を前提としたものである。

え，国民が賛否両論で分断される強力な争点であることが大前提である。だが，それだけでなく，既存の政党対立基軸と横断（cross cutting）的なものでなければならない。福祉拡大の是非で対立する政党制の中で，公的医療保険制度創設をめぐる問題など，既存の対立基軸に沿って賛否両論が分かれる争点であれば，いかに強力な争点でも，政党支持基盤に変化は起きず，政党再編成には至らない。だが，福祉拡大の是非で政党が対立している時，人工妊娠中絶の是非が争点となったらどうであろうか。中絶に反対する人は，福祉拡大に賛成する人，反対する人を"横断"して存在するだろう。そうなれば，中絶争点の軸に沿って両党の支持者が組み替えられて，政党再編制が生まれる可能性が出てくる。

第二に重要なことは，争点が政治によって解決すべき問題として設定（frame）されることである。人工妊娠中絶問題は，それが母体保護のための医学問題として論議されている間は政治争点ではなかった。それが，政治が解決すべき法的規制の是非をめぐる問題として設定され，しかも宗教的問題としてとらえられて特定の支持基盤を獲得した時に政党対立争点となったのである。

② 亀裂勢力の台頭と戦略的政治家による倫理争点の採用

だが，こうした条件がそろったとしても，新しい争点が必ず政党再編成を生み出すわけではない。両党がその問題に対して同じ政策的立場を取ったり，あるいは政策立場を明確にしなかったりすれば，言葉の定義から言っても政党対立争点にはならないからである。

政党が争点を採用するかどうかは，亀裂勢力（polar force）と既存の政党指導部との力関係に大きく左右される。社会の中に新たな亀裂が生まれると，市民運動などの形で亀裂勢力が誕生し，目標実現のために自らの政策を政党に採用させようと活動を始める。亀裂勢力からは，リーダーとなる戦略的政治家が生み出され，彼らは，政党に対して新たな争点を党の政策として採用するように活動を始める。アメリカの政党は非常にオープンで，政党の力で政治目的の実現を図る様々なグループが浸透できるのである[31]。

---

31) 新たな争点の採用は，既存の支持基盤を分裂させるリスクを持つ。このため，あえて新争点を政党対立争点に持ち込もうとする政治家とは，旧争点による政党秩序では成功が保証されない"挑戦者"であることが多い。具体的には，①旧争点では劣勢である少数党，②政党内で主流派に挑戦しようとする反主流派，③政党内の予備選挙において，他

一方，旧争点による秩序で地位を獲得してきた既存の政党指導部は，自らの地位を保全し，党分裂の危険を避けるため，亀裂勢力を排除し，新たな争点の登場を抑える穏健勢力として動くことが多い。

こうして，党内には穏健派と亀裂勢力の権力抗争が生まれてくる。その後は，両者の力関係が，政党再編成のパターンを大きく左右する。二大政党ともに亀裂勢力が勝利して党の実権を握れば，両党の政策は変更され，両党の対立争点は旧争点から新争点に交代する。亀裂勢力が実権を握れなかった場合は，政党を飛び出して第三党を結成する再編成のパターンとなることもあるだろう。一方で，両党内で亀裂勢力が敗北してしまえば，何も変化は起こらない。新争点が政党対立争点に進化するかどうかは，こうした複雑なプロセスを経て決まる[32]。

③ 新争点の普及と支持基盤の組み替え

新たな争点が政党対立基軸となり，争点の交代が有権者レベルで認知されるようになると[33]，争点に沿った形で政党支持基盤の組み替えが起きてくる。組み替えのメカニズムは，再編成のパターンによって異なってくる。

議論をわかりやすくするためサンドクィストにならって「進歩党」と「保守党」の対立を想定しよう。進歩党は増税をいとわずに公共事業の拡大を主張し，ダム建設を推進する「大きな政府」の政党であり，保守党は政府の積極主義を批判してダム建設に反対する「小さな政府」の政党である。

そこに，市内への酒場開設の是非をめぐる問題が持ち上がった。酒場開設問題は旧争点に対して横断的であり，市民は公共事業への賛否にかかわらず，退廃的な酒場の開設に反対するものと，個人の自由を強調して酒場開設に賛成するもの

の候補者と差別化し独自の支持基盤を開拓しようとする候補者——などがこうした戦略的判断を行いやすい（Layman, 2001）。

32) したがって，バーナムらが主張するように，社会の中に大きな矛盾が存在し，それが本質的で深刻なものであれば，不可避的に政党再編成が発生するわけではない。エドワード・カーマイン（Edward Carmines）とジェームズ・スティムソン（James Stimson）は，社会の中には無数の意見対立と争点が存在しているが，政党対立争点に"進化"するのは，ほんの一部にすぎないとしている。（Carmines & Stimson, 1989）。

33) 政党綱領の細かな変化をフォローしているわけではない有権者は，どのようにして対立争点の変化を知り得るのだろうか。カーマインらは，一般的なメディアの機能に加えて，有権者と日常的に接触している政党活動家や草の根活動家が政党イメージを有権者に伝達する役割を重視している。対面的な接触はイメージ伝達の効率が高いからである（Carmines & Stimson, 1989 ; Layman, 2001）。

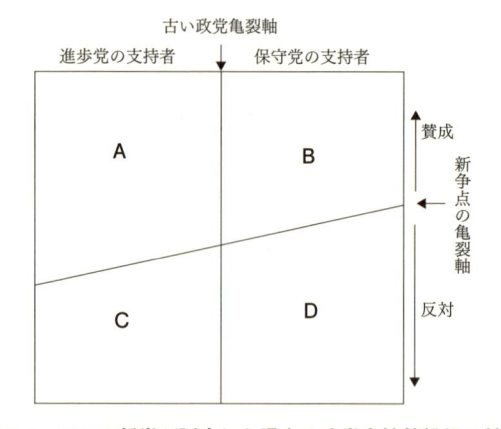

図中:
- 古い政党亀裂軸
- 進歩党の支持者 / 保守党の支持者
- A / B / C / D
- 新争点の亀裂軸
- 賛成 / 反対

図1-1　二つの新党が誕生した場合の政党支持基盤組み替え
注）Sundquist, 1983, p. 23 から。

に分裂していった。やがて，酒場問題の賛否をテーマに活動する市民グループが生まれ，彼らは亀裂勢力となって両党内で活動を始めた。両党内では酒場開設賛成派と反対派が対立するようになり，既存指導部も抑えきれなくなってきた。こうして，政党再編成のプロセスが起動した。

最も大規模な再編成は，両党内で亀裂勢力が勝利して党内亀裂が決定的になり，両党とも分裂，解体して，新争点である酒場建設の賛否に沿った二つの新党が誕生するような事態である。図1-1 に示すように，旧争点に沿って進歩党（A＋C），保守党（B＋D）の支持基盤を構成していた有権者は，再編成の結果，A＋B，C＋D が両新党の支持基盤となって，組み替えられていく。

これは，日本の政界で言われる「がらがらポン」の政界再編であり，もっともわかりやすい組み替えのパターンだが，1830年代に二大政党制が米国に成立して以来，こうした再編成は発生していない。二大政党制で現実に発生したのは，一方の亀裂勢力が第三党を結成したり（1850年代の再編成），新党は誕生せずに既存政党が新しい争点基軸に政策立場を変更したりするパターン（ニューディール再編成）などである。ニューディール再編成以降には前者のような本格的な第三党は生まれていないので，政党再編成が発生したとすれば，後者のパターンであろう。

後者のパターンでは，両党の支持基盤はどのように組み替えられるのだろう

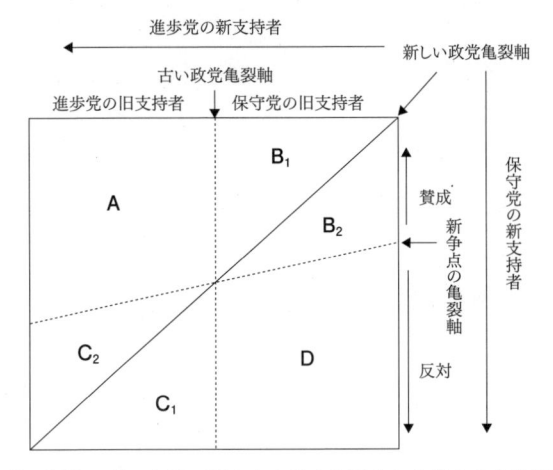

図 1-2 政党は解体せず，政党が新争点立場を明確化した場合の支持基盤組み替え
注) Sundquist, 1983, p. 27 から。

か。亀裂勢力が両党内の実権を握った結果，進歩党が酒場開設賛成，保守党は反対の立場を表明したとしよう。両党の対立基軸は，もはやダム建設ではなく酒場開設問題となったのである。だが，政党解体にまで突き進んだ場合と異なって，両党内にはダム建設問題に固執する守旧派が多数残っている。彼らにとって酒場開設問題などは些末な問題にすぎず，ダム建設の可否こそが支持政党を決める本質的な政治問題である。こうして，基軸となる争点は交代しても，背景では旧争点がくすぶり続けていく。この場合，再編成による新しい支持基盤の構成は図1-2 のパターンとなる。

新争点でも旧争点でも従来の支持政党と同じ立場を取る A と D の有権者にとって，新しい対立基軸は問題を起こさない。しかし，B と C の有権者は新しい政党の立場に困惑する。旧争点への意見との矛盾を感じながらも新争点に沿って支持政党を変える人（ダム建設支持だが酒場開設には反対なので進歩党から保守党に移る人＝ C_1，ダム建設には反対だが酒場開設には賛成で保守党から進歩党に移る人＝ B_1 など）と，これまでの支持政党への愛着心や人間関係のしがらみから支持政党を変えない人（C_2, B_2）が生まれるであろう。

この場合，政党解体の場合と比べて政党支持基盤の組み替えの規模は小さいが，争点の変化によって政党支持基盤が変化しており，サンドクィストの定義による政党再編成であることに変わりはない。

転向か交代か

この支持基盤の組み替えが、政党支持者の「転向 (conversion)」で起きるのか、「動員 (mobilization)」や「交代 (replacement)」で発生するのかという問題をめぐっては、大きな論争がある。転向とは、有権者が政党の政策変化によって支持政党を変えてしまうことである。だが、政党帰属意識は安定性が高く、容易なことでは支持政党は変化しないとされている。そこで、転向が起きないことを前提にして政党支持基盤の組み替えを説明するのが「動員」である。孤立した移民集団など、これまで政治に無関心で選挙に参加しなかった有権者が、関心の高い争点が登場したことによって、特定政党を支持するようになったとしよう。この場合、既存の有権者に転向は起きていないが、政党支持基盤には新たな有権者層が加わって構成が変わっていく。

世代交代も同じ効果をもたらすことがある。政党の政策変化が起きた時に投票年齢に達した若者が、高齢世代と異なる政党支持傾向を持つようになれば、若者の新規参入と高齢者の引退によって、やはり政党支持基盤が組み替えられていくのである。この場合も既存の有権者は転向していない。

この問題は、政党帰属意識の安定性に関する論争と密接に絡んでいる。論争は、政党帰属意識が安定的と考えて政党再編成は「交代」が主要因であるとする研究の潮流（Beck, 1974；Campbell D. E., 2002；Norpoth, 1987；Carmines & Stimson, 1989）と、個人は争点によって政党支持を変えていくと考えて「転向」が主なプロセスだとする（Sundquist, 1983, p. 220；Burnham, 1970）二つの潮流に分かれてきた[34]。この問題は第5章で扱うので、詳細は同章に譲り、ここでは、政党再編成

---

34) 動員や交代の仮説に基づくものではクリスティ・アンダーセン（Kristi Andersen）の研究がある。アンダーセンは、ニューディール期に共和党支持率は減少したが、同党を支持する有権者の絶対数はあまり変化がなかったことを指摘し、民主党の支持増は新たな有権者の参入によるものとした（Andersen, 1979）。また、フィリップ・コンバース（Philip Converse）はニューディール再編においても、「有権者が本当に転向したケースは1, 2%しかないというモデルを作ることは容易であろう」と述べている（cf. Erikson & Tedin, 1981）。カーマインとスティムソンも、長期的再編成においては世代交代が中心となると主張している（Carmines & Stimson, 1989）。これに対して、転向の仮説からニューディール期の詳細な研究を行ったのはロバート・エリクソン（Robert Erikson）とケント・テディン（Kent Tedin）らである。彼らは、当時の民主党得票率上昇は28%にのぼるが、このうち世代交代効果による変化は5%程度にすぎず、大半は転向によるものと結論している（Erikson & Tedin, 1981）。また、サンドクィストは、世代交代では政党支持率が漸進的にしか変化しないので、長期的再編は別にしても、大規模で急激な政党再編成は大量の

に関する議論を進めていこう。

3　争点交代の不在

争点の広がり

　ここで考えておかなければいけない問題は，本書が対象とする 1960 年代以降の時期において，争点は「交代」していないということである。

　政党再編成の理論では，政党対立の主軸となる争点は，再編成時期には交代するものと考えられてきた。対立の主軸となる争点が変われば，旧争点での味方の一部が敵になり，敵の一部が味方になる。旧争点に関する賛否で団結していた政党支持基盤が敵と味方に分かれてしまうため，内部対立が発生し，争点態度に沿って支持基盤が組み替えられていく。この結果，旧争点は政党対立争点から消滅していくはずだ，とされてきたのである（Key, 1955；シャットシュナイダー, 1972, p. 90；Burnham, 1970；Sundquist, 1983）。

　もちろん，現実の世界で旧争点が完全に消滅することはないし，上記のサンドクィストのモデルでも旧争点は潜在的な対立要因として残されている。しかし，新旧両争点が同じレベルの重要度を持って対立基軸となる事態は想定されていない。このため，サンドクィストは最も幅広い政党再編成の定義を行ったにもかかわらず，1980 年代の「レーガン革命」（Sundquist, 1983）で政党再編成が起きたとは考えなかった。ニューディール期に生まれた争点である「大きな政府」と「小さな政府」の対立（今後，ニューディール争点と呼ぶ。同争点でリベラルな立場＝「大きな政府」はニューディール・リベラル，保守的な立場＝「小さな政府」はニューディール保守と呼ぶことにする）はレーガン政権においても政党対立の主軸からはずれていないので，政党再編成は起こらないと考えたからである（Sundquist, 1983-84, p. 591）。

　サンドクィストの指摘通り，1980 年代以降の米国政治では，中絶問題などの新争点が主要な政党対立軸に登場したものの，ニューディール争点はあらゆる意味で消滅していない。むしろ，レーガン政権の基本的立場は「政府こそが問題

　　有権者が政党支持を変える転向によって発生するとし（Sundquist, 1983, p. 220），バーナムもニューディール期には「5 分の 1 から 3 分の 1 の有権者が共和党から民主党に転向しただろう」として転向理論を支持している（Burnham, 1970, p. 6）。

だ」という小さな政府のニューディール保守だった。そして，ソ連を「悪の帝国」と決めつけた軍事・外交の新保守主義（ネオ・コンサーバティブ）路線も政党対立の焦点となっていた。つまり，旧争点であるニューディール争点に加えて，軍事・外交，倫理争点のすべてで亀裂が広がり，すべての争点で対立が広がっていったのであって，旧争点が新たな争点に交代したわけではない。

それでは，政党再編成は発生しなかったのだろうか。

イデオロギー再編成と争点拡大仮説

こうした状況に対して，アラン・アブラモウィッツ（Alan I. Abramowitz）らは，「イデオロギー再編成（ideological realignment）」という仮説を提起した。レーガン革命以来，共和党と民主党のイデオロギー対立が明確化されたため，有権者は政党の政策立場を明白に認識するようになり，次第にイデオロギー的に政党選択を行うようになってきた。そして，それは，1994年と1996年の選挙で決定的になり，イデオロギーに沿った政党再編成が実現した，というものである（Abramowitz & Saunders, 1998）。

アブラモウィッツらがイデオロギーの指標として作成したのは，イデオロギー自己認識に加えて福祉政策，社会保障などだけでなく，少数派優遇政策，人工妊娠中絶問題など，ニューディール争点から人種問題，倫理，宗教問題など14の変数を合成した総合指標である。両党がこれらのすべての争点で保守，リベラルの立場を打ち出した結果，すべての点で保守的か，すべての点でリベラルである人々が増加していった。こうして，旧争点であるニューディール争点は消滅することはなく，その他の争点と融合した「イデオロギー争点」に変化し，政党支持基盤は「イデオロギー争点軸」に沿って再編成されてきたという。

アブラモウィッツらの仮説は，ニューディール争点が残されたまま，倫理，軍事・外交問題などの政党間亀裂が拡大していった現状をよく説明している。

だが，問題は，政党が複数の争点を同じ保守主義の政策パッケージとして打ち出しただけで，大衆の信念の体系の中でも，同じように争点がパッケージ化されるのかどうかというところにある。人工妊娠中絶などの倫理争点において保守的な人が，必ずニューディール争点でも保守的な態度を取るとは限らない。後に詳述するが，むしろニューディール保守派には倫理問題でリベラルな有権者の方が多かったのである。アブラモウィッツらの仮説は，これらの矛盾した争点が有権

者の意識の中で融合し，ニューディール保守と倫理保守が一次元的な「イデオロギー保守」のパッケージとならなければ成立しない。

　これは，大衆の意識における「束縛」の問題である。コンバースらは，いくつかの争点が論理的，心理的，社会的な整合性を持ってパッケージ化されることを「束縛（constraint）」と呼び[35]，1960年代に，一般大衆における束縛のレベルを調査した。その結果，束縛のレベルが高いのは，教育を受け，政治に関心を持ち，政治情報を取得して処理できる一部の洗練された人々にすぎないと結論した。残りの多くの大衆は，様々な争点に関して，保守とリベラルの政策態度を異なって理解していたり，支持政党の政策パッケージとは異なる争点態度を示していたりするなど，束縛のレベルは極めて低かったのである（Converse, 1964）。

　このため，レイマンとトマス・カーシー（Thomas Carsey）は，アブラモウィッツらへの反論として，「争点拡大（conflict extension）」の仮説を提起した。現在の政治状況は，争点が交代したわけでなく，また，イデオロギー再編のように複数の争点態度が保守とリベラルの一次元的な対立に収斂された姿でもない。束縛が進んだのは一部にすぎず，多くの大衆の中では，政党が提示した争点が一つのパッケージとはなっていない。このため，ニューディール保守派だが倫理争点ではリベラルであるなど，政党の政策パッケージとは矛盾した態度を取る人が多数存在し，矛盾を抱えたまま，それぞれの争点が独立して対立する「争点の拡大」が発生しているというものである（Layman & Carsey, 2002 ; Layman & Carsey, 2002a）。

　レイマンらは，争点が拡大した理由として，1960年代の政党予備選改革に伴う候補選出過程のオープン化をあげている。かつては，政党のボスが候補選定を統制し，党内に亀裂を持ち込む争点や候補の参入を抑えることができたが，予備選改革で候補選出過程が民主化された結果，政党ボスの統制力は衰弱し，争点を統一する力が失われていったという（Layman & Carsey, 2002, p. 800）。

　この二つの仮説の対立点は，有権者の中で争点がどれだけ融合していったのかという点にある。融合レベルが高まっていけばイデオロギー再編成的な性格が強

35）束縛とは大衆の意識（信念の体系）の中で，どのような政治的争点への態度同士が結びつきを持っているのかを示すものである。個人が自ら論理的な整合性を発見する「論理的束縛」や，強い信念の体系（マルクス主義など）で関連づけられているアイデアを受け入れる「心理的束縛」，そして，政党などがパッケージとして打ち出したアイデアの固まりを，そのまま受け入れる「社会的束縛」などの形態がある（Converse, 1964 ; Darcy, 1980）。

まり，低いレベルにとどまっていれば争点は拡大するであろう。どちらが発生しているのかは，第4章で実証データによる検証を行う。それによって，政党再編成の姿が異なってくるからである。

両仮説とサンドクィストのモデル

　政党支持基盤の組み替えは，両仮説によってどう異なっているだろうか。

　争点拡大仮説が成立していれば，共和党支持層内部には，旧争点と新争点で争点態度が異なった，2つの支持基盤が存在することになる。だが，図1-2で示したサンドクィストのモデルに基本的な変更を加える必要はないだろう。同図では，争点が交代した後も，党内の守旧派が旧争点に固執するため，旧争点による亀裂が残されており，基本的な構図は変わらない。

　しかし，イデオロギー再編の場合，モデルの様相は図1-3のように異なってくる。古い亀裂軸に対して横断的な新争点が登場すると，進歩党と保守党の内部では新争点への態度で矛盾を持った有権者が生まれてくる。しかし，次第に新旧両争点が融合して新しい「イデオロギー争点軸」が生まれると，AとB$_1$，C$_2$が一体化して新たな「イデオロギー左派」が生まれ，DとB$_2$，C$_1$が融合した新たな「イデオロギー右派」が生まれるであろう。有権者はそのイデオロギー左派と右派の軸に沿って組み替えられ，整序されていくことになる。この両極ではあらゆる争点で保守（リベラル）的な態度を取る人が集まり，政党支持率は大きく変化するであろう。

　もちろん，イデオロギー争点軸が形成されたとしても，そこに含まれるすべての争点が，旧争点と同じ対立軸の中に存在したのでは，政党再編成は発生しない。同じ政党支持者が新たな争点に対して，同じような争点態度を取るだけだからである。したがって，政党再編成が発生するためには，イデオロギー争点は旧争点に対して横断的な性格を持っていなければならない。

　争点拡大やイデオロギー再編成の場合でも，それを再編成と呼ぶのは妥当である。確かに旧争点は政党対立の基軸として残っており，争点は交代していない。しかし，政党支持基盤の中には，新争点に強い関心を持つ支持者層が追加され，政党政治家や指導者も変化するだろう。それが持続的な変化であれば，まさに政党再編成が発生したと言うことができる。もっとも，政党対立ゲームのルールが根本的に塗り変えられるわけではないので，再編成の規模は小さいものとなるだ

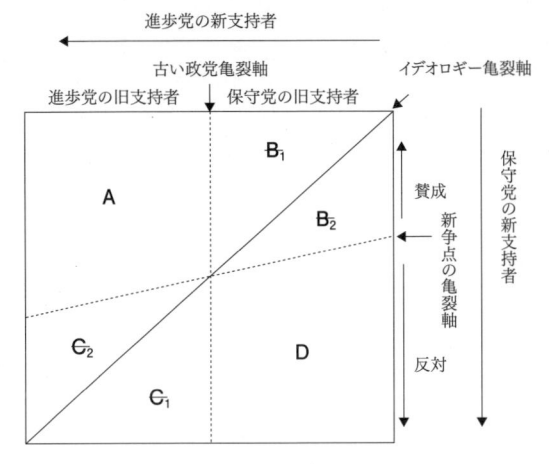

図1-3　イデオロギー再編成の場合の支持基盤組み替え
注) Sundquist, 1983, p. 27 に修正を加えて筆者作成。

ろう。

　一方，イデオロギー再編成や争点拡大における政党再編成のプロセスは，争点が交代する再編成のプロセスとは，どのように違うだろうか。サンドクィストは，政党対立基軸となる争点が複数併存することを想定していないので，既存の党指導部と亀裂勢力が，政党支配権をかけた熾烈な戦いを行うことを想定している。争点が交代すれば敵と味方が異なってくるからである。しかし「争点拡大」や「イデオロギー再編」の場合は，様相は異なってくるであろう。横断的な新たな争点を政党に持ち込む亀裂勢力は，既存勢力の抵抗を受けるだろうが，旧争点に基づく支持者を維持したまま，新争点で新たな支持者を積み上げることができるのであれば，食うか食われるかの抗争を戦う意味はない。同時に，予備選改革によって党指導部は党の候補者選択に影響力を失い，亀裂勢力の浸透を拒む力は衰弱している。そうであれば，旧争点に対する立場を維持したまま，新争点で亀裂勢力の要求を飲み込むことが最適戦略であろう。

4　「争点態度レベル」と「集団レベル」の組み替え

　政党再編成を観察する場合には，集団レベルにおける「政党支持連合」の変化に着目するか，政党支持基盤における争点態度の変化に着目するかという問題も

存在する。

　一般的に政党支持基盤の組み替えは，黒人，労働者，カトリック，貧困層など様々な社会的属性に基づく集団による「政党支持連合」の変化として表現される（たとえばニューディール連合など）。しかし，カトリックの多くは労働者であり，黒人の多くは貧困層である。このため，サンドクィストは，このようにオーバーラップした集団で支持基盤の積み上げを表現するのは意味がないとして，支持基盤の組み替えは，もっぱら「争点態度レベル」における支持基盤の組み替えを分析している。保守党の支持基盤の中核が，「小さな政府」支持者から酒場反対派に組み変わったかどうかが問題であって，それがカトリックであるか黒人であるかは本質的な問題ではないと考えたからである（Sundquist, 1983, p. 38）。

　だが，「争点態度レベル」の分析では，新争点による支持基盤の組み替えが，政党支持の変化によって起きたのか，それとも争点態度の変化で起きたのかは明確にならない。前記の例で言えば，保守党が酒場建設反対姿勢を明確にした結果，反対派の保守党支持増と進歩党支持減が観察されたとしよう。だが，これだけでは，反対派の有権者が進歩党から保守党に転向した結果なのか，保守党支持者が酒場建設賛成から反対に意見を変えた結果なのかは明らかでない。政党再編成に関する多くの理論は，有権者の争点態度は変化しない，すなわち酒場反対派はいつまでも反対派であって，その主張に合うように政党支持を変えることを前提にして組み立てられているが，近年は，前述の争点拡大仮説を含め，争点態度は変化しうる，すなわち，自分の支持政党が酒場建設反対へと政策態度を変えたら，支持政党は変えずに酒場建設反対へと自分の主張を変える人も多いという立場から，活発な主張が展開されている（Layman & Carsey, 2002a；Carsey & Layman, 2006）[36]。

　したがって，本書では，政党再編成によって「誰が変わったのか」，すなわち，どの宗教集団が共和党支持に向かい，あるいは民主党支持に向かったのかを集団レベルでも把握していく。争点が変化した結果，福音派の共和党支持者が増えていけば，それは，争点態度が変わったのではなく政党支持が変わった可能性が高

---

[36] 争点拡大の仮説の場合は，一部の洗練された有権者の中では束縛レベルが高まっていくことが想定されている。つまり，有権者は，自分の争点態度と異なる政党の政策パッケージが示された場合，それに合わせて自分の争点態度を変更することがあり得るという考え方である（Layman & Carsey, 2002）。

い。

　同時に，集団レベルでも観察することによって，集団の内在的な政治的ダイナミズムによって生まれる変化を捕捉することができるであろう。集団に帰属している個人は，その集団の政治文化の影響を受けている可能性が高い。宗教右派による共和党への動員運動は，福音派で最も強力に展開されたが，カトリックでの動員活動はそれよりも低調だった。こうした集団ごとの政治文化やダイナミズムの違いによって，同じ争点でも反応は異なってくる可能性が高いのである。

　オーバーラップの問題は，労働者とカトリックというような，異なった社会経済的属性のカテゴリーを組み合わせることから生じるのであって，一つの社会的属性に注目して，その中の排他的なカテゴリーにおける支持連合の構成変化を観察する場合には，問題は起きてこない。

　このように，政党支持基盤の組み替えは，「集団レベル」の支持連合変化としてとらえることによって，「争点態度レベル」とは異なった運動を把握することが可能になる。それは，同じ変化を違う側面から観察するという作業にほかならないが，双方の側面を統合することによって，変化の実態が見えてくるであろう。

5　データセット

　本章の最後に，分析に使用したデータセットの紹介をしておく。中核となるデータセットは全米選挙調査（American National Election Studies＝ANES）である。ANESは1948年から大統領選挙と連邦議会選挙年に継続実施されてきた長期的な全国調査で，開始当初はミシガン大学が主体となった。1977年に全米科学基金（National Science Foundation）の補助を受けて正式にANESプロジェクトとして独立し，アメリカ政治研究の主要なデータベースとして膨大な研究成果を生み出している。

　宗教と政治に関しては，1960年から回答者の帰属教派に関する質問が追加された。さらに，1980年代には宗教右派の活動が注目を集めたことを背景に，宗教と政治に関する質問項目が充実してきた。1990年には教派分類が拡充されている。データはANESのウェブページ（http://www.electionstudies.org/）で公開されているほか，政治社会学研究大学コンソーシアム（Inter-university Consortium for

Political and Social Research）でも入手可能である。本書で使用したのは，1948年から2008年までの調査結果を一つのデータファイルにまとめた累積ファイル（Cumulative data file）で，使用しているのは2010年6月24日に公開されたバージョンである。累積ファイルは，いくつかの調査年をプールしてN（サンプル数）を確保したり，時系列変化を分析したりすることができるように設計されたウェイト変数が用意されている。

　一方，ANESと並ぶ大規模な学術的社会調査である一般社会調査（General Social Survey＝GSS）も併用している。GSSは1972年にシカゴ大学内に本部を置く全米世論調査センター（National Opinion Research Center＝NORC）によって開始され，1994年まではほぼ毎年実施，それ以降は隔年実施された。膨大な質問項目があり，宗教に関する質問や教派分類も充実している。本書では，重複する表やグラフを載せていないが，多くの分析では，ANESと同様にGSSでも同じ分析を行って結果を確認する作業を行っている。また，ANESに存在しない質問項目などはGSSを利用したところもある。

　そのほかの調査に関しては，本文で掲出する際に紹介する。

第 2 章

福音派の形成とリベラリズムへの反応

第1節──福音派の形成

　本節は、福音派が形成された20世紀初めの宗教運動を概括し、それによって生まれた福音派の性格や党派的な傾向を理解することが目的である。カトリックや黒人プロテスタントなどの宗教伝統系列は、すでに19世紀までに形成されており、この宗教運動でプロテスタントが主流派と福音派に分裂したことによって、現存する宗教伝統系列がすべて出そろうことになる。

1　近代主義への反動

近代主義の拡大と新たな宗教運動

　福音派形成の背景にあるのは、宗教的な近代主義（modernism）への反動である。宗教の世界における近代主義とは、合理主義的精神に基づいた聖書や教義の再解釈の動きを指すものであり、信仰の篤さや薄さを示すものではない。しかし、敬虔主義的な教派や、信仰を中心とした伝統的な生活形態の維持を求める人々は、19世紀から20世紀にかけて大衆レベルに広がった近代主義の潮流にとまどい、その中から、反近代主義を共通項とした三つの宗教運動が生まれてきた。

　一つは19世紀後半にホーリネス（Holiness）から始まった宗教運動であり、二つ目は、同じ時期に拡大した新移民による伝統主義的な教派の拡大である。三つ目で、かつ福音派形成の直接のきっかけとなった宗教運動は、20世紀初頭の原理主義運動だった。近代主義の広がりに危機感を覚えた保守的な神学者たちによる原理主義運動は、近代主義に論争を挑み、敗北し、主流のプロテスタント教派から離脱して独自の世界を築き上げた。やがて、はじめの二つの潮流が、その世界に緩やかに合流し、聖書の無謬性やボーンアゲイン（回心）など伝統主義的な

信仰の形態を共有する，福音派という集団のアイデンティティーが生まれたのである。

ホーリネスとペンテコステ

　第一の潮流から見ていこう。ホーリネスは，主に労働者や移民などに広がった大衆的な反近代主義の宗教運動だった。1867年にニュージャージー州でメソジスト牧師が開いたリバイバル集会[1]の成功から始まり，拡大とともにメソジストから分離して発展し，バプテストや長老派，会衆派の間にも広がる超教派的な宗教運動に発展した。極めて敬虔主義的で，宝石や高価な衣服の着用を禁止しただけでなく，ダンスやトランプなども禁ずる完璧主義が特徴である。こうした素朴な生活への志向は，近代化で生まれた都市の華美な生活を得られない貧困層や，農村住民のフラストレーションに応える側面があるとともに，誰でも，聖霊の恵みによる劇的な回心で救いが得られるとしたことが，大衆的に受け入れられた。

　米国各教派の信徒は，教派ごとに所得や学歴など社会階層が大きく異なっている。聖公会や長老派が最も高い階層で，信徒には米国社会のエスタブリッシュメントを構成した上層階級が多かったのに対して，バプテストやメソジストは貧困層を信徒とした民衆の教派である。だが，20世紀にはバプテストやメソジストも主要教派の地位を確立し，次第に中産階級の教派となっていった。これによって，貧困層が疎外感を感じていたこともホーリネス拡大の背景にあるだろう。このため，ホーリネス信徒の社会階層はバプテストよりも低い。これを反映してSalvation Armyなどのように貧困者や浮浪者救済の社会改良運動に乗り出すグループが多かった (Numbers, 1992, p. 132 ; Marsden, 1991, p. 42)[2]。

　一方，ペンテコステ運動はホーリネスの中から20世紀初頭に生まれ，ホーリネスよりもさらに社会階層の低い大衆や黒人の間に広がった宗教運動である。発端は，1906年にロサンゼルスのアズサ通りで黒人の説教師が行った伝道集会にある。聴衆が恍惚状態となり意味のわからない言葉（異言）を話し出したことが

---

1) 大覚醒運動の時期から一般的になったもので，数千人から時には数万人を集めた大規模な屋内外での宗教集会。著名な牧師の説教を通して，熱狂的なムードが盛り上がることが多く，多数の参加者がボーンアゲイン体験をして信徒に加わることが多い。
2) 19世紀後半には既存教派から独立して独自教派を形成するホーリネスのグループが相次ぎ，その中から現在のChurch of the Nazarene, Salvation Army, Church of God (Anderson, Indiana), Wesleyan Church, Free Methodist Churchなどの教派が生まれてきた。

新聞で報道され，同様の集会が米国各地とカナダなどで開かれて拡大した。異言は体が聖霊に満たされた証拠であり，回心体験とともに信仰の重要な要素とされた。さらに，信仰を通した癒しも重視されている。当初は白人と黒人が同じ集会に集う人種統合の運動だったが，次第に人種別の教派に分かれるようになった。

　ペンテコステは既存教派から非正統的な信仰としてさげすみを受けただけでなく，ホーリネスからも行き過ぎを非難される存在だった。だが，21世紀初頭の現在，ペンテコステ派は中間層にも広がって最も急速に拡大する教派となっており，後に述べるカリスマ派も含めた人口は全世界で5億3500万人という推計もある（Anderson, 2005）[3]。

　ホーリネスもペンテコステも，カルヴァン主義の教派のように教義の厳格な解釈を重視することはなく，聖書と進化論の矛盾など神学的な議論はあまり行われなかった。だが，素朴な伝統主義が基調であり，人間はサルから進化したという近代科学に対する素朴な反発はどの教派よりも強かった。

移民系教派の伝統主義

　反近代主義から生まれた二つ目の潮流は，移民系の教派である。19世紀後半から20世紀初頭にかけて大規模な移民の波が米国に押し寄せた。彼らは，近代化の進んだアメリカの文化になじめなかったり，あるいは母国の宗教と文化の維持に固執したりして，孤立した伝統主義的な教派を生み出していくことが多かった。

　この時期には，19世紀初期から始まったアイルランドやドイツ系の大規模移民が続いただけでなく，スカンジナビアやオーストリア・ハンガリーなどの中欧地域，そしてイタリアやロシアなど新たな地域からの移民が急増したのが特徴である（Thernstrom, Handlin, & Orlov, 1980, p. 480）。新移民の多くがカトリックや正教だったが，スカンジナビアやドイツ，オランダからは多数のルター派や改革派のプロテスタントも流入してきた[4]。

3）ペンテコステ運動の中から生まれた教派は Church of God (Cleveland, Tennessee), Church of God in Christ, International Church of the Foursquare Gospel, United Pentecostal Church International, International Pentecostal Holiness Church などである。

4）オランダやドイツからは改革派（カルヴァン派）も移民し，Dutch Reformed や German Reformed などの教派を形成して信徒をのばした。一方，Mennonite や Evangelical Association, United Brethren in Christ, Evangelical Free Church, Swedish Evangelical Mission Cove-

新移民は，米国社会の最下層から出発するのがアメリカの掟である。彼らは経済的に貧困層に位置しただけでなく，言語や生活習慣の違いから，すでに米国に存在していたルター派や改革派の既存教会には加わらないことが多かった。そして，ドイツ系，デンマーク系，スウェーデン系など母国ごとの小グループにまとまって，地域的にも孤立した独自教派を形成していったのである。独自教派は民族的なサブカルチャーを守り，伝統主義的な教義を忠実に維持してきた。
　それでも，二世，三世の時代になると，民族集団がアメリカ文化に同化していく。だが，その過程で，母国の伝統主義的な宗教文化を維持しようとするグループと，英語で教会活動を行いアメリカ文化になじんでいったグループの間に亀裂が生まれてきた。伝統を維持しようとしたグループは，さらに保守的な教派を生み出していった（Marsden, 1991, p. 45）。

2　原理主義運動

保守派プロテスタントの危機感

　以上の二つの反近代主義の潮流は，移民や社会階層の最下層で誕生し，アメリカの主流文化の外側に流れ出したものである。だが，三つ目の潮流である原理主義運動は社会の主流である白人プロテスタントの知的エリートから生まれ，プロテスタント全体を分裂させる大きな変動を引き起こすことになった。福音派が生まれ，それがアメリカ社会の大きな宗教グループに発展していったのは，この原理主義運動がきっかけである。
　原理主義運動を生み出したのは，保守的な神学者や牧師が抱いた近代主義への危機感だった。20世紀初頭にもなって，時代錯誤的な原理主義運動が始まった理由は理解しがたいところがあるが，その背景には，19世紀米国社会における宗教エリートの"慢心"とも言えるものが指摘されている。大覚醒運動を通じて米国社会では福音主義プロテスタンティズムが強い精神的権威を持ち，19世紀でも主要大学長の多くは神学者や牧師であったように，宗教エリートは宗教界だけでなく，社会や思想，科学というもの全般に対して高い権威を保っていたのである。それゆえに，20世紀初頭になって，ようやく彼らが近代主義の衝撃に気

---

nant, Swedish Baptists などの小教派も移民の増加によって，拡大してきた。

がついた時には，すでに，彼らの地位は脆弱なものになっており，反動的に過激な反近代主義運動に走っていったと言えるだろう（Marsden, 2006）。

保守的な宗教エリートは，それまで，聖書と矛盾する進化論や，ドイツで興隆した「高等批評学（higher criticism）」[5]が，世俗的アカデミズムの世界にとどまっている限り，大きな問題とはしなかった。だが，彼らの牙城である神学校や教派組織の中にまで浸透し始めると，保守派の危機感は高まっていった。20世紀になると，著名な神学校で進化論や高等批評学の講座が開かれたり，保守的な教授陣が排斥されたりする"事件"が相次ぎ，保守派の神学者ら宗教エリートたちは，近代主義の潮流をせき止めていた防波堤が崩れ始めたことを実感したのである[6]。彼らが始めた原理主義運動の主な目標が，教派の官僚組織や神学校の実権をめぐる争いであったことも，彼らの危機意識の根底を象徴していると言えるだろう。

ソーシャル・ゴスペル運動

保守派が近代主義者と対立したもう一つの背景は，1880年代から1920年代頃まで，大きな広がりをもったソーシャル・ゴスペル運動である。運動は，都市におけるスラムの改善や労働者救済など経済的不平等をただす直接行動を重視した。さらに，ラディカルな牧師は，労働組合運動や労働者の団結権を支持して，資本主義そのものの弊害を糾弾するなど，少なからず社会主義的な階級史観の影響も受けていた（McLoughlin, 1978, p. 174）。

中心となったのは近代主義派の牧師だが，悲惨な都市スラムと労働者の救済を求める声は広範に広がった。1887年に聖公会がソーシャル・ゴスペル運動を推進する組織を内部に設立すると，長老派，会衆派，北部メソジスト，ユニテリア

---

5) ドイツで18世紀後半から活発になり，英語圏で広がっていった聖書研究の潮流。歴史学と考古学の実証的な研究を通して，一般の古文書と同様に聖書の筆者や著述の目的，その編集と加筆，引用や削除の経過を詳しく分析するものである。
6) 19世紀後半におけるプロテスタント神学は，近代主義派のハーバード神学校と，保守派のプリンストン，アンドーバー両神学校が二つの陣営に分かれて対抗していた。だが，1879～82年にアンドーバー神学校で「無血革命」と言われた路線転換が行われ，保守派教授の退任に伴って近代主義派が学校を席捲し，保守派に大きな衝撃を与えた。さらに19世紀末にはニューヨークのユニオン神学校やシカゴ大学の神学部など，主要な神学教育機関は軒並み近代主義陣営に組み込まれていったのである（Marsden, 2006, p. 25；Stewart, 2003a）。

ン，北部バプテストなども同様の組織を作っていった。1908 年にプロテスタント人口の約 3 分の 2 を占める主要 25 教派が結集して連邦教会評議会（Federal Council of Churches＝FCC）が誕生したが，その FCC もソーシャル・ゴスペル運動の拠点の一つとなっていったのである（Herberg, 1960, p. 120）。FCC は，教会の統一と結束を求める世界教会運動（ecumenism）[7]推進のための組織だが，やはり近代主義派の強い影響下にあった。

より世俗的なレベルで言えば，興隆する資本主義を支える宗教となったプロテスタント牧師の多くは，自由市場資本主義の信奉者でもあったことから，ソーシャル・ゴスペル運動を危険な社会主義運動として警戒していたことも背景にあるだろう。そうした運動が多数の牧師に広がり，主要教派の指導部に浸透していくことに対して，保守派の間には強い焦燥感が広がっていったのである。

"近代的思想"としての原理主義

近代主義とソーシャル・ゴスペル運動の拡大に危機感をつのらせた保守的な神学者は，近代主義に対抗する"新しい"伝統主義の神学を生み出していった。創始者的な存在となったのは，大衆的な人気を誇ったリバイバリスト[8]のドワイト・ムーディー（Dwight L. Moody＝1837-1899）で，彼と行動を共にした神学者や牧師たちから，ディスペンセーショナリズム（dispensationalism）に基づく聖書の無謬性の主張や，前千年王国思想を特徴とする原理主義思想が生まれていった。

ディスペンセーショナリズム[9]は，聖書の描く歴史をいくつかの時代区分（dispensation）に分けて理解するのが特徴である。そして，どの時代でも人類は神の

---

7) キリスト教の超教派による統一と結束，対話と和解を求める運動。キリスト教にはもともと普遍主義への強い志向があるが，20 世紀初頭になると，主に近代主義，リベラル派のプロテスタントから統一の機運が盛り上がっていった。
8) 信仰復興運動（リバイバル）の指導者。19 世紀前半に大覚醒運動が終焉した後も，米国では大規模な信仰集会（リバイバル集会）が各地で開かれてきた。そうした集会で，群衆に説教を行って回心を促す，人気のある牧師や説教師もリバイバリストと呼ばれている。
9) ディスペンセーショナリズムは 19 世紀イギリスの神学者，ジョン・ダービー（John Nelson Darby＝1800-1882）に始まった終末論の体系であり，彼の創始した Plymouth Brethren 運動の神学的背景となった。アメリカではバプテストとオールド・スクールの長老派に影響を与えた。サイラス・スコフィールド（Cyrus I. Scofield＝1843-1921）の「注釈付き聖書」（1909）による解釈が有名である。この神学大系では，歴史はエデンの園における無垢（Innocence）の時代に始まり，現在は教会（Church）の時代に入っている。最後に

期待に背き，失敗するように運命づけられおり，時代の終わりには神が登場して審判を下す。これは人間の自由意志を強調した 19 世紀的な福音主義[10]を継承したものではなく，古典的カルヴァン主義への回帰という色彩が濃い。だが一方で，歴史をいくつかの発展段階に区分し，それぞれの時代は内部矛盾の拡大によって劇的な変化を遂げるという解釈は，同時代に形成されたマルクス主義の歴史観と奇妙に符号するところもある。つまり古典的な趣を持ちながらも，19 世紀的歴史観の色彩も持っているのである（Marsden, 2006, p. 65）。

一方で，前千年王国思想は，ソーシャル・ゴスペル運動に対する強い敵対心が背景にある。ディスペンセーショナリズムの思想では，社会は終末に向かって悪化するばかりであり，人間が自らの努力で社会を進歩させ改善しようとする努力はすべて無駄に終わる。その後に至福の千年王国を実現できるのはイエスだけなので，教会はソーシャル・ゴスペル運動のように社会や政治に関与すべきではなく，信仰の純粋さを保って魂の救済を求めるしかないと主張したのである（Marsden, 2006, p. 91 ; Smith C., 1998, p. 9）[11]。

ディスペンセーショナリズムの聖書に対する認識も特徴的である。歴史の発展段階は細部まで神が定めているため，聖書を逐語的に歴史的事実として信じることが重視された。もちろん聖書を信じることは古くからキリスト教の基本だが，無謬性（inerrancy）という言葉が中核的な教義に据えられ，無謬性を信じるかどうかが信仰心をテストする尺度にまで昇格したのは原理主義の特徴である

は千年王国の時代が誕生するが，その前に黙示録に描かれたキリスト教徒の艱難の時代と反キリスト連合の結成，そしてハルマゲドンにおける戦いなどが発生して社会は最悪の状態になる。そしてイエスが再臨しサタンを敗北させ，自ら文字通り千年間の至福の王国をうちたてるとされる（Stewart, 2003）。

10) 福音主義（Evangelicalism）は 19 世紀の第二次大覚醒運動の後に，アメリカ的プロテスタンティズムの形態として定着したものである。人類の運命は神がすべて定めているとするカルヴァン主義の予定説を否定し，人間は自由意志を持って自らを再生させる力があり，道徳を実践して社会を改良することが可能だとするアルミニウス主義的な方向性を打ち出した。このため，禁酒や日曜礼拝などキリスト教的道徳を社会に広める社会改良運動が福音主義者の間に広がっていったのである。

11) 社会改良運動に対する原理主義者の悲観的な態度は，ムーディーの有名な説教である「この世界は沈みゆく船だ。神は救命ボートを私に与え，可能な限り救済せよと命じたのだ」という言葉に典型的に現れた。沈みゆく船のイメージは原理主義者に共通しており，1950 年代のラジオ説教者バーノン・マッギー（J. Vernon McGee）も「あなたは，沈みゆく船の真鍮を磨くのか」などと説いている。

(Marsden, 1991, pp. 37, 156)。すなわち，原理主義は極めて伝統主義的な教義を持ちながら，多くは近代主義へのアンチテーゼとして19世紀末から20世紀の文脈を背景に生まれた近代思想であるとも言えよう。

3 原理主義—近代主義論争

論 争

こうした教義を信じる神学者である原理主義者たちが，近代主義者に対して猛然と攻勢を開始したのは，1910年頃からである。すでに，多くの教派内部には，近代主義派と保守派の対立があったが，原理主義—近代主義論争と呼ばれた激しい対立の主な舞台となったのは，北部長老派と北部バプテストだった[12]。論争は，聖書の無謬性などをめぐる神学的なものだったが，焦点は巨大な官僚機構と膨大な予算を持った各教派の実権を，保守派（原理主義派）[13]と近代主義派のどちらが握るかという争いである（Wuthnow, 1988, p. 136）[14]。

両教派の原理主義者たちは結束し，機関誌を発行して近代主義派を攻撃した。1910年の長老派大会では，聖書の無謬性，イエスの神性など原理主義神学の基本原理とされた「5つの根本原理」を信じない牧師を資格認定しないことが決まった。さらに，教派系神学校から近代主義派教授を追放するなどの攻勢も強まった。これに対抗して，近代主義派が強い神学校は教派を離脱する動きを見せるなど，原理主義派と近代主義派は激しい対立を繰り広げ，それは一般メディアの注目も集めるようになってきた。1919年には原理主義グループの中核組織として世界キリスト教原理主義協会（World's Christian Fundamentals Association =

---

12) 米国主要教派のほとんどが南北戦争時に南部と北部に分裂し，別々の教派として存続していた。
13) 原理主義という名称は，1910年から5年間かけて12冊発行された「原理主義（The Fundamentals）」と題したパンフレットから生まれたものであり，この時代以降，明確な連携を組み始めた彼ら保守主義者は自らを原理主義者と呼ぶようになる。
14) 1860年から1900年までに米国人口は3100万人から7900万人に増加し，教会参加率も約20％から40％超にまで拡大した。教勢拡大とともに教派の官僚組織が拡充され，19世紀末の主要教派では伝道や牧師教育，教会建設，教派病院の管理など様々な組織や機構が形成されていた（Wuthnow, 1988, p. 21）。組織の指導部を握ることは，教会や伝道に派遣する牧師の資格認定などを通して教派全体に大きな影響力を及ぼすことになったのである。

WCFA）も結成された。

　論争のピークは1920年代で，北部長老派や北部バプテストの教派年次大会が戦いの舞台となった。近代主義派はハリー・フォスディック（Harry Emerson Fosdick＝1878-1969）を中心にして，5つの根本原理に対する抗議署名を集め，宗教的寛容性の重要性を主張して近代主義神学の正当性を訴えた。原理主義派はプリンストン神学校のジョン・メイチェン（John Gresham Machen＝1881-1937）が先頭に立ち，5つの根本原理を認めない牧師の追放を要求し，海外伝道ミッションに近代主義派が潜んでいると主張して調査委員会の設置を要求した。原理主義者の中にも教派の分裂を恐れて和解の道を探る穏健派が多数存在したが，強硬派は一切の妥協を許さず，フォスディックは長老派の教会から辞職を余儀なくされた。大会代表の間では原理主義強硬派が優勢であり，1925年には原理主義が北部長老派の実権を握る寸前まできていたのである。

原理主義者の敗退

　情勢が急展開し，原理主義勢力が劣勢となっていったのは，有名なスコープス裁判（1925年）がきっかけである[15]。テネシー州の田舎で行われた裁判は，全世界に配信され国民的な注目を集めた。裁判の過程で，原理主義者とは過去にしがみつく無知蒙昧な田舎者だという決定的なイメージが形成され，彼らは突然，あざけりの対象となってしまったのである。裁判の後もWCFAとそれに関連した反進化論連盟の活発な活動によって，原理主義の反知性的イメージはさらに強化され，反進化論運動には元クー・クルックス・クラン（Ku Klux Klan）の指導者も加わるようになってパラノイア的な色彩も強めていった。この結果，穏健な原理主義者は次々と運動から離反していった。

　翌1926年の北部長老派大会では，すでに原理主義者の劣勢は明らかだった。調査委員会は，メイチェンの主張を退けて宗教的寛容性を強調する答申を行った。長老派大会は，プリンストン神学校におけるメイチェンの理事職就任を拒否

---

15) 公立学校における進化論教育を禁じたテネシー州法に違反して，同州の高校生物学教師，ジョン・スコープス（John Scopes）が，進化論教育を行ったことに対する裁判。強力なリベラル団体だったアメリカ市民的自由連盟（ACLU）が，スコープスを支援し，原理主義者は民主党の元大統領候補，ウィリアム・ブライアン（William J. Bryan）を立てて正面対決を挑んだ。注目を集めた裁判はラジオ中継され「ノアの洪水の発生年代はいつか」などの質問が繰り返された。

し，1929年には事実上，辞職に追い込んだ。それでも，メイチェンらは海外伝道ミッションからの近代主義派排除などを要求して抵抗を続けていたが，ついに1936年には長老派を脱会し，Orthodox Presbyterian Church を結成して，教派を離脱したのである。しかし，多くの穏健な原理主義者は教派分裂を恐れ，彼についていくものはあまりいなかった。北部バプテストでも原理主義勢力は追い込まれ，1932年には強硬派が General Association of Regular Baptists という分派教派を発足させた。だが，こちらも一部の教会が参加しただけである（Wuthnow, 1988；Marsden, 2006）[16]。

プロテスタントの分裂

原理主義論争が教派分裂にまで突き進んだのは，北部長老派と北部バプテストなどいくつかの教派だけで，しかも，独立した分派教派の規模は大きくない。だが，原理主義論争は，プロテスタントの中に，近代主義と原理主義という明確な亀裂軸を生み出した。この結果，内部分裂しなかった教派では，教派全体が保守派であるか，近代主義派であるかの色分けが生まれていった。こうして，プロテスタントは二つの陣営に分裂していったのである。

教派全体が保守派の陣営に加わっていったのは，南部の主要教派だった。南部では，教義をめぐる原理主義論争はほとんど発生しなかった。そもそも保守的な南部に近代主義派の神学者はあまりおらず，少数の近代主義派も原理主義論争が起きる前から異端者として追放されていたため，北部のような厳しい内部対立は生まれなかったからである。そして原理主義運動が始まると，多くの教派が穏健な形ながら彼らの運動を支持する声明を採択して，保守派陣営の立場を示していった（Marsden, 2006, p. 179）。

それでも，南部最大の教派である南部バプテスト連盟では，小規模な対立が発生した。原理主義運動が広がると，過激な原理主義者のフランク・ノリス（Frank Norris＝1877-1952）らが，日曜学校教材のリベラル化などを批判して，教

---

16) このほかにも，復古主義の教派であるディサイプルズでは，伝統的な洗礼儀式の維持をめぐって内部対立が生まれた。1924年には，保守派が独自のグループを形成して事実上の分裂状態となり，のちに福音派陣営に加わることになる（正式な分裂は1960年代）。敬虔主義的な北部メソジストでも原理主義者が活動し，教派の出版活動からのリベラル派排除を要求していたが分裂には至らなかった。

派幹部への攻撃を開始したのである。だが彼らも，北部原理主義者と同じように，1931年には勢力を失って教派を離脱し，小規模で孤立主義的な分派教派を作った。

　もっとも，南部バプテスト連盟の信徒の大半は信条的には原理主義に近く，ノリスはその過激な言動と分裂主義的な傾向で反発を受けたにすぎない。南部バプテスト連盟大会は1920年代に，繰り返し聖書の無謬性や進化論批判を教派のコンセンサスとして採択し，その保守的な姿勢はもともと鮮明である（Farnsley, 1994, p. 9）。南部長老派や南部メソジストも，内部に近代主義派はほとんど存在せず，原理主義陣営に共感を抱いていた（Hill, Lippy, & Wilson, 2005, p. 27）。

三つの反近代主義潮流の合流

　近代主義への反動として生まれた残りの二つの潮流，つまりホーリネスとペンテコステ，そして孤立した民族集団である移民系教派など，米国社会の主流文化から疎外された集団も，次第に保守派の陣営に加わっていった。

　ホーリネスやペンテコステは，最初から原理主義運動と手を組んでいたわけではない。貧困層を中心とした両派の中には，大企業の搾取を攻撃する進歩派が多かったし（Marsden, 2006, p. 82），知的エリートである原理主義者は，伝統的な教義を逸脱したホーリネスやペンテコステを軽蔑の対象としていたからである。

　だが，原理主義論争が北部教派内部の神学論争を超えて，社会全体を巻き込む進化論論争に発展していくと事態は異なってきた。かつて大学でしか行われていなかった進化論教育は，この時代になると高校でも行われるようになり，しかも，高校進学率は急増していた。進化論教育を受けてきた子供たちは，両親の反近代主義的な信仰を蔑むようになる。それは何にもまして避けるべき事態だった。原理主義者は，民主党の元大統領候補，ウィリアム・ブライアン（William J. Bryan＝1860-1925）らを中心にして，各州議会で進化論教育禁止の州法制定に乗りだし，政治運動に発展していった。こうなると，それまで神学的な教義論争には関心を示してこなかったホーリネスやペンテコステも，部外者としてとどまることはできなくなり，NazareneやFree Methodist Churchなどが進化論批判の声明を相次いで出し，多数の牧師が反進化論の論陣を張って原理主義者と共闘するようになったのである（Numbers, 1992, p. 132）。

　孤立した民族集団で，アメリカの主流文化の外側にいた移民教派の中にも，原

理主義運動に共鳴するグループが多数存在した。大きな教派では Lutheran Church-Missouri Synod や Christian Reformed などがあり，北欧系の人々も独立した原理主義教会に引き寄せられていった人が多いと見られている（Marsden, 2006, p. 195）。

4 原理主義陣営の分裂と NAE の誕生

原理主義陣営の分裂

　三つの潮流が合流していった原理主義運動は，北部における既存教派での戦いに敗れたものの，衰退し消滅していったわけではない。むしろ，彼らは南部に拠点を移し，1930 年代を通して低所得層など非エスタブリッシュメントの中に確固たる基盤を確立し，勢力を拡大していった。

　1930 年代における原理主義運動の拠点となったのは，ボブジョーンズ（Bob Jones）大学や各地の聖書研究所[17]などの教育研究機関で，1930 年代から 1940 年代には約 50 校から 70 校に広がり学生数も倍加した。多くの聖書研究所は出版部門も抱えて，*Moody Monthly* などの定期刊行物を発行し，原理主義陣営の言論機関となっていった（Carpenter, 1980, p. 68）。

　既存の教派組織を失った原理主義者は，リバイバル集会の伝統を引き継いで，ラジオ放送による大衆伝道に関心をよせ，早くも 1932 年には約 400 もの伝道番組が始まった。原理主義者のチャールズ・フラー（Charles E. Fuller＝1887-1968）による "Old-Fashioned Revival Hour" は全国 456 局（1942 年）で中継され，最も人気のある番組の一つとなった。また，海外伝道は原理主義者が最も力を入れた分野であり，1930 年代には既存教派の海外宣教活動を，資金的，人数的にしのぐようになったほどである（Carpenter, 1980）。

　だが，原理主義運動は，このころ運動の方向性をめぐって三つのグループに分かれ，1930 年代を通してその亀裂が深まっていった。第一のグループは少数の神学者などを中心にした過激な原理主義者で，既存教派を割って独立教派を作った人々である。第二は原理主義に共感を寄せながらも，既存教派からの脱退は躊

17）聖書研究所は，既存教派の神学校に対抗して創設された原理主義者の神学校とも言える教育，研究機関。ムーディーが創設したムーディー聖書研究所（Moody Bible Institute）などが有名。

踏した穏健な多数の原理主義者である。第三は，南部やホーリネス，ペンテコステ，保守的な移民教派など，アメリカ文化の周辺部に位置するグループであり，彼らは神学的な原理主義論争には参加しなかったが，保守的な教義を持ち原理主義者にも心情的に共感していた人たちである（Marsden, 2006）。

　三つのグループの中に生まれた亀裂は，「分離主義」をめぐるものだった。第一のグループにいた過激な原理主義者は，論争の敗北で深い精神的な傷を受け，既存教派からの完全な分離を主張していった。背景にあったのはディスペンセーショナリズムに基づく前千年王国思想である。彼らは，近代主義者を追放できなかった既存教派は背教者に汚染されているので，自らの純粋な信仰を守るためには，既存教派とのつながりを一切断ち切るべきだと主張し，少数の地域教会を率いて孤立主義的な独自のサブカルチャーを形成していった。これらの教会では禁酒や禁煙が求められ，ダンスや観劇，華美な服飾などが拒否され，世俗とのつながりを断つことが信仰の証しとなった（Smith C., 1998, p. 9）。だが，こうした極端な分離主義についていく信徒は多くはない。彼らは次第に孤立し，アメリカ・プロテスタンティズムに対する影響力を失っていった。

　これに対して，第二のグループにいる穏健な原理主義者は，第一のグループの孤立主義への批判を強めていった。その代表的な人物はハロルド・オケンガ（Harold J. Ockenga＝1905-1985）やカール・ヘンリー（Carl Henry＝1913-2003），ビリー・グラハム（Billy Graham＝1918-）ら，原理主義の大学や聖書研究所で学びメイチェン[18]の継承者を自認する若い神学者や牧師らである。彼らは，世俗世界に深い懐疑を抱き孤立主義に走った原理主義運動を失敗と断定する一方で，欧州におけるファシズム，ロシアにおける共産主義の台頭など未曾有の脅威に直面する中，原理主義者は悲観主義的な前千年王国主義を捨てて，社会運動に乗り出し，積極的に社会に関与していくべきだと主張した（Henry, 1947）。彼らは決して近代主義派ではなく，教義の解釈は聖書の無謬性を強調する保守的，伝統主義的なものだったが，原理主義運動に新たなダイナミズムを吹き込む改革運動を提唱したのである（Murch, 1956 ; Hart D. G., 2005）。

　それは，「穏健な保守派」の運動だったと言えるだろう。近代主義的な価値観

---

18) メイチェンは原理主義論争では強硬な原理主義陣営のリーダーだったが，分離主義や孤立主義は主張していなかった。

を受容できない伝統主義的な人でも，一般社会の大多数の人々にとっては，社会からの孤立を強要する過激な原理主義についていくことは現実的ではない。オケンガやヘンリーは，そういう大衆に対して，穏健な保守派の選択肢を提供したのである。彼らの運動は大衆にアピールし，次第に広がりを見せていった。

穏健な福音派運動の誕生

オケンガやヘンリーたちは，教派を超えた保守的なプロテスタントの協力を訴え，1942年に，FCCに対抗して保守派陣営の超教派組織である全国福音派協会 (National Association of Evangelicals＝NAE) を発足させた。「原理主義」はすでにネガティブな言葉となっていたので，彼らが選択したのは，より積極的な意味を持つ「福音派（evangelical）」である[19]。オケンガは初代会長となり，ヘンリーは機関誌的な存在である *Christianity Today* 誌の初代編集長となって，社会への積極関与を主張する論陣を張った。こうして，原理主義の改革を目指す穏健派の「福音派運動」が始まったのである。

NAEに集結したのは，先ほどの分類で言えば第二と第三のグループである。NAEは緩やかな協力組織で，排他主義は取らなかったが，発足当初に参加していたのは約30の小教派（信徒合計約130万人，1947年時点）にすぎない。集まったのは，主流教派から分派した原理主義者の中でも穏健な教派と，ホーリネスのNazareneやWesleyan Methodists，ペンテコステのAssemblies of God，そして，移民系の教派であるSwedish BaptistsやEvangelical Free Churchなどである。大教派で敬虔主義的な南部バプテスト連盟やLutheran Church-Missouri Synodは，NAEとの協力関係は保っていたものの，独立志向が強いため正式には参加しなかった (Marsden, 1991, p. 70)。もちろんFCCに加盟している長老派や聖公会などの主要プロテスタント教派は参加しなかった。

---

19)「福音主義」と「福音派」は，英語では同じevangelicalである。福音主義は19世紀のアメリカ的プロテスタンティリズムの潮流を指す言葉であり，NAEの創設者たちも，その伝統を継承する趣旨でevangelicalという言葉を使用した。しかし，19世紀福音主義と20世紀の福音派運動は明白に異なった運動であり，米国でも異なった概念として扱われている。それゆえに，米国では同じ単語を使用することによって混乱が生じているという批判が存在する。幸い，日本語では，それぞれに福音主義と福音派という訳語があてられる慣習が定着したため，本書でも20世紀以降の福音派運動に絡む言葉の場合は「福音派」という訳語をあてることにする。また，福音派運動は，当初は「新福音派（Neo-evangelicalism）」運動と呼ばれていたが，次第に「新」をつけなくなった。

NAE 発足の動きに対抗して，第一のグループにいる過激な原理主義者たちは 1941 年，カール・マッキンタイア（Carl McIntire = 1906-2002）を中心にアメリカ・キリスト教会評議会（American Council of Christian Churches = ACCC）を結成した。マッキンタイアは，孤立主義を主張した原理主義者であり，ACCC は「5 つの根本原理」に基づく信仰基準を設け，NAE 参加者だけでなくホーリネスやペンテコステなどの教派も神学的な理由で拒絶する厳格な会員資格を定めた。このため，ACCC には少数の教派しか集まらず，発足当時の会員数は約 4 万人であった。彼らは独自のサブカルチャーを形成して存続はしていったが，内部は四分五裂し，第二次世界大戦が終了するころには，事実上，組織的な運動は消滅していった[20]。

　こうして原理主義者は舞台から退き，「穏健な選択肢」，すなわち福音派運動が保守派プロテスタントの流れを主導することになった。

福音派運動の拡大

　福音派運動は拡大していった。福音派は原理主義者よりも現実主義的で，組織建設に力をいれ，宗教的純粋さを保つよりも，世界への伝道に重きを置いた。セクト主義を否定する彼らは，近代主義的な教派との協力にも踏み込んでいった。

　ホーリネスのラジオ伝道者として有名になったフラーは，福音派運動の拠点としてオケンガとともにフラー神学校（1947 年創立）を建設した。同校は福音派牧師養成の中核機関となっただけでなく，各地の神学校から教授が招聘されて，孤立していた福音派運動を結びつける核ともなっていった。

　このほかにも，海外伝道組織としての Evangelical Foreign Missions Association（1945 年同），United World Mission（1946 年同），Christian Missionary Fellowship（1950 年同）などが誕生し，福音派運動を支えるネットワークとなっていった。大衆レベルでも，孤立主義的な原理主義者とは一線を画した動きが広がっていた。聖書研究所で学んだジャック・ウィルツェン（Jack Wyrtzen = 1913-1996）らによる若者向けリバイバル集会が，ニューヨークやシカゴで広がり始め，1945 年には各地の運動が Youth for Christ International に組織化された。集会は大きな

---

20) ACCC ホームページ（http://www.amcouncilcc.org/main.asp，最終アクセス 2013 年 2 月 25 日）のメンバーリストによると，9 教派が集まっているだけである。

成功を収め，この年だけで 900 回もの集会を開催して約 100 万人を動員し，福音派運動に全国的な広がりを持たせた。NAE は 1944 年に欧州復興支援組織として World Relief を発足させ，1950 年には，のちに世界最大級の民間援助組織になる World Vision[21] も Youth for Christ の関係者から生まれている（Marsden, 1991, p. 69）。

NCC の創設とプロテスタント分裂の定着

だが，福音派が拡大していったのは，南部やホーリネスなど，あくまで米国社会の周辺部である。社会の主流は FCC に連なる既存教派の本体ががっちりとつかんでいた。既存教派の信徒数は，メソジストが 894 万人，長老派が 236 万人，聖公会は 242 万人で（1950 年），北部バプテストも 154 万人（1947 年の分裂時）と巨大である[22]。分派していったのは一部の信徒にすぎず，FCC に集まっている既存教派は依然としてアメリカ・プロテスタントの主流であり続けたのである。

近代主義派が主導する教会統合運動も，次第に力を増してきた。ジョン・ロックフェラー・ジュニア（John D. Rockefeller, Jr.）は，キリスト教にとって儀式や教義の違いは本質的な問題ではないと主張して，超教派の世界教会を目指す動きに個人的な支援を約束し，これを受ける形で 1950 年に，FCC を発展させた全米キリスト教会評議会（National Council of Churches＝NCC）が発足した。1948 年には世界教会運動の成果として世界キリスト教会評議会（World Council of Churches＝WCC, 1948 年発足）が発足しており，WCC を国連とすれば，NCC はそのアメリカ代表部となる組織である。NCC には，聖公会や長老派など，ほとんどの既存教派と正教（4 教派）の合計 29 教派が参加した。組織は職員数百人を抱え，初会合にはトルーマン大統領やアチソン国務長官が出席する予定で[23]，アメリカ宗教界のエスタブリッシュメントを代表するものとして誕生したのである（Wuthnow, 1988, p. 81）。

NCC と NAE という二つの組織の誕生は，原理主義―近代主義論争で生まれた

---

21) World Vision（現 World Vision International）は，現在，年間寄付収入 26 億ドル，職員約 4 万人を抱える世界最大級の国際援助組織である。ホームページ（http://www.wvi.org/）から。最終アクセス 2011 年 9 月 25 日。
22) The Association of Religious Data Archives ウェブページ（http://www.thearda.com/）から。最終アクセス 2011 年 9 月 25 日。
23) 当日の豪雪でキャンセルされた。

亀裂によるプロテスタントの分裂が定着し，宗教界の再編成が確定した時代を象徴するものとなった。

5 主流派と福音派の形成

福音派

　福音派と主流派は，この時代に形成された。プロテスタント分裂で生まれた亀裂軸の保守＝伝統主義の側と近代主義の側に集まった教派には，それぞれに緩やかなアイデンティティーが生まれ，保守の側を福音派，近代主義の側を主流派というグループとして扱うのにふさわしい輪郭が誕生したのである。

　だが，注意しなくてはならないのは，誰かが福音派，あるいは主流派というグループの結成を宣言し，会員名簿を作成したわけではないということである。NAE と NCC は，決して公式の中央組織ではないので，NAE に参加していなくても福音派運動に同調する教派は多数存在する。このため，NAE と NCC の参加教派リストで福音派と主流派を定義することはできない。それでは，どの教派を福音派とするべきなのか，両派の形成過程を振り返りながら，本書における福音派の定義によって，ここで明確にしておこう。

　すでに述べたように，本書では「福音派」を敬虔主義の伝統を継承したり，宗教運動におけるセクト運動の影響を受けたりして，宗教伝統主義を共有する白人プロテスタント教派や教会の集まりと定義している。

　したがって，原理主義者たちの教派は典型的な福音派教派である。原理主義―近代主義論争は，米国プロテスタントにおける 20 世紀最大の宗教運動であり，そこに生まれた宗教的伝統主義と近代主義の亀裂軸が，プロテスタントを分裂させた。この宗教運動で，敬虔主義的な信仰を持って主流教派を飛び出すセクト運動によって生まれたのが原理主義者の教派だからである。さらに，南部バプテスト連盟のように，分裂や分派を経験せずに，もともとの敬虔主義的な教義から，亀裂軸の伝統主義の側に加わっていった教派も福音派である。

　だが，19 世紀後半に起きた反近代主義の宗教運動の中で，メソジストから分離していったホーリネスや，そこからさらに，スピリチュアルな側面を強めて分かれていったペンテコステも，セクト運動の結果として生まれた教派である。また，アメリカに移民した後，母国の伝統的な宗教文化を維持してきた移民教派

も，アメリカの主流教派に背を向けたセクト的な集団と言うことができるだろう。そして，これらホーリネスやペンテコステ，移民教派の多くも，亀裂軸の伝統主義の側に加わっていったのである。したがって，これら，反近代主義から生まれた三つの潮流と，もともと敬虔主義的な教義を持って伝統主義の陣営に加わった教派が，本書の定義に基づく福音派教派である[24]。

それは統一され，中央組織を持った集団ではなく，内部の意識も統一されたわけではない。原理主義者の多くは福音派運動の指導者に敵意を持ち，ペンテコステなどは蔑んで見ている。一方，南部バプテスト連盟などの大教派は，福音派というアイデンティティーを持ちながらも，何らかの組織の傘下にあるという意識はない。

だが，彼らの間には，保守的なプロテスタントの陣営にいるという緩やかなアイデンティティーがある。聖書の無謬性など伝統主義的な信条を共有する一方で，米国社会の主流文化となった近代主義的な価値観を受容できず，進化論論争などで深い精神的な傷を負うという歴史体験も伴にしているからである。

さらに，新しい福音派のアイデンティティーとなったのは，過激な原理主義者のように孤立主義に走ることはなく，社会改善に向けた積極的な社会関与の主張である[25]。その姿勢は，人道援助活動など福音派を母体とする大きな社会活動を生み出すと同時に，キリスト教倫理や伝統的な価値観の喪失が感じられた時には，その復活を求めて社会と政治に積極関与する姿勢も生み出すであろう。

この時点の福音派は，小規模な教派が集まった小さなグループにすぎない。表2-1は，1944年のギャラップ調査による各宗教伝統系列の人口比である。詳細な教派質問が行われていないので，大きな誤差があると思われるが，この調査で

表2-1　宗教伝統系列の人口比（1944年）

宗教伝統系列	成人人口比（％）
主流派	59.8
福音派	8.8
黒人プロテスタント	5.0
カトリック	19.1
ユダヤ	4.4
その他	2.9
合計	100

注）Gallup Poll, 1944年11月（USAIPO1944-0335），N＝2401。
1960年代以前の社会調査では，所属する宗教教派について，教派ファミリーレベルまでしか分類していない。このため，バプテストや長老派については，南部居住者は福音派，北部居住者は主流派として分類した。

---

[24] 宗教運動は原理主義論争の後にも続いている。特に1960年代には社会に広がった世俗的なリベラリズムへの反動から，多くの教派で離合集散の動きが活発化した。その中から，新たに福音派に加わっていった教派も少なくない。
[25] もちろん，孤立主義的な原理主義者は異なった意識を持っている。

は，福音派に分類される人口は 10% に満たないのである。

主流派

　一方，主流派は消去法の概念であり[26]，長老派の本体教派や会衆派，聖公会など，福音派に流れ込まなかったすべてのプロテスタント教派は，主流派に分類される。それらの教派の指導部は，近代主義派が実権を握り，信徒の多くは社会の中間層や上流階級に位置する白人プロテスタントである。彼らは世俗化の進む 20 世紀米国社会の主流文化の中におり，進化論を否定するような人は多くはない。したがって，主流派は明らかに亀裂軸の近代主義の側に存在したのである。

　だが，主流派の内実は複雑で，福音派ほど，その位置づけは明確ではない。主流派は積極的な宗教運動によって生まれたわけではなく，実態は 1940 年代の米国プロテスタントそのものと言っていいだろう（表 2-1 では全成人人口の約 6 割，プロテスタントの中では約 8 割）。したがって，信徒の意識は白人プロテスタント全体と同じようにバラついて，伝統主義者から近代主義者まで様々に散らばっていた。複雑な神学論争に関心を持たない多くの一般信徒は，たとえ伝統主義的な宗教信念を持っていても，あえて福音派教会に転向したわけではない。また，教派の幹部や牧師でも，教派離脱のリスクを恐れて主流派にとどまった人は少なくない。つまり，原理主義者が離脱していった後も，既存教派の中には近代主義者と伝統主義者が渾然一体となって存在していていたのである（Wuthnow, 1988）。敬虔主義的な福音派では，信徒の宗教信条が保守派に固まる傾向が強いのに対して，主流派信徒の意識はより雑多だと言えるだろう。

6　社会経済的特徴と党派性

　主流派と福音派は宗教伝統主義で異なっていただけでなく，所得階層などの社会経済的特徴も異なり，世俗的イデオロギーでも大きな違いがあった。しかし，福音派が生まれた宗教運動に党派対立は関わっておらず，福音派の政党支持傾向

---

26) 主流派という言葉は，傍流である福音派と対比して米国プロテスタントの mainstream を意味した言葉であり，本来は一つのグループを示す概念ではなかった。それが独自の宗教伝統系列として認識され始めたのは，福音派と主流派を区別して分析する必要性が指摘された 1970 年代以降である。

は，そこに加わった教派の 19 世紀以来の政党支持傾向がそのまま反映され，民主党支持の傾向が強かった。

重層的な亀裂

　福音派と主流派を分けたのは，明らかに宗教伝統主義と近代主義の対立軸である。だが，伝統主義の側に集まった教派は貧困層の教派が多く，地域的には南部に拠点があるなど，両者の間には，宗教にとどまらない重層的な亀裂が走っていた。

　アメリカのプロテスタント教派は，少なくとも 1940 年代頃までは明白に「階級別」の教派であり，信徒には所得階層の違いや文化的なインサイダーとアウトサイダーの違いなどがはっきりと存在した。伝統のある聖公会や長老派，会衆派などは所得や教育，職業などあらゆる面で社会的地位が高かったが，民衆の教派として出発したバプテストの信徒は依然として社会階層が低い。貧困層の教派として生まれたホーリネスはその下にあり，ペンテコステはさらにその下に位置づけられていた（Herberg, 1960, p. 212）。

　1940 年代にカリフォルニア州の田舎にあるサンホアキン渓谷（San Joaquin Valley）で行われた調査は，教会が階級別に明確に分かれていた実態を明らかにしている。それによると，地域社会は，白人の中・上層階層を中心とした「中核市民層」と，黒人やメキシコ人労働者のような「アウトサイダー」とに分かれていた。会衆派とメソジスト，バプテスト，Seventh-Day Adventist の 4 教会が中核市民層の教会であったのに対して，Nazarene や Assembly of God などペンテコステとホーリネスはアウトサイダーの教会だった。職業面でも，専門職や管理職の人は会衆派信徒の約 5 割に上ったのに対して，ホーリネスの Nazarene には 10% 程度しかおらず，Assembly of God, Church of Christ などペンテコステには存在しなかった。一方で，ペンテコステでは未熟練労働者が 8 割に上ったのに対して，会衆派やメソジストでは数 % しかなかった。社会的地位に応じて参加する教会がくっきりと分かれていたのである（Goldschmidt, 1944）。

　そして，福音派を構成した教派は，基本的に階級別教派の下層やアウトサイダーに位置していた。ホーリネスやペンテコステは社会階級の最下層に存在し，北欧などから到着したばかりでアメリカ社会への同化が進んでいない移民教派は，低所得層であると同時に，社会のアウトサイダーだった。原理主義者は知的

表 2-2　宗教伝統系列別社会階層

	社会階層†					電話の所有			政治的南部		
	富裕層(%)	中上層(%)	中間層(%)	貧困層(%)	N	Yes(%)	No(%)	N	非南部(%)	南部(%)	N
主流派	2	15	40	43	1333	59	41	1419	94	6	1435
福音派	2	9	34	55	195	39	61	208	51	49	212
黒人プロテスタント	1	2	18	79	109	23	77	117	76	24	119
カトリック	1	10	27	61	436	49	51	450	99	1	459
ユダヤ	6	17	35	43	103	67	33	106	100	0	106
その他	3	13	33	51	67	53	47	70	97	3	70
全成人人口	2	13	36	49	2243	54	46	2370	91	9	2401

注) Gallup Poll, 1944 年 11 月 (USAIPO1944-0335)。
　†：社会階層への区分けは質問者の主観的判断に基づくもので, 世帯収入に基づく階層ではない。

エリートだったが, 論争に敗北して主流教派から追い出されたアウトサイダーである。

　さらに, 南部最大の教派である南部バプテスト連盟が福音派に加わり, 北部で敗北した原理主義者たちが南部を拠点にして原理主義運動を拡大したことから, 福音派は南部と強く一体化していった。

　これに対して, 当時の主流派はアメリカの白人プロテスタントそのものであり, プロテスタントはアメリカのエスタブリッシュメントだった。主流派はその名前の通り米国社会と文化の主流を担い, 社会経済的にも中流以上の教派が中心だった。1980 年代に至るまで歴史上のほとんどの大統領は主流派教派から出ているし, 連邦政府が発足した 1789 年から 1992 年まで, 連邦最高裁の歴代判事 112 人のうち 55 人は聖公会か長老派である (Johnson, 1997, p. 969)。地域的にも, 主流派教派は北部中心に広がっていて, 開発が遅れ蔑んで見られていた南部にはあまり浸透していなかった。

　こうして, プロテスタント内部に走った亀裂の保守の側には, 貧困層やアウトサイダーと南部の教派が, 近代主義の側には中, 上層階級の教派が集まることになった。これにより, 表 2-2 で見られるように, 福音派と主流派の間では, 社会階層や地域においても深い亀裂が重なるようになったのである。

価値観における保守主義と宗教伝統主義

　原理主義―近代主義論争は, 当初は主要教派の内部で争われたアカデミックな

神学論争だったが，それが進化論論争に発展したのちは，大衆的な基盤を持つようになってきた。大衆のレベルでは，ウェストミンスター信仰告白[27]の解釈など複雑な教義に対する賛否が議論されたわけではなく，社会的価値観における伝統主義と近代主義の対立が強く反映されていたと言えるだろう。

　20世紀初頭のアメリカ人の心中には，急速に変容を遂げる社会と文化に対する戸惑いや葛藤が幅広く存在していた。1920年代のアメリカは未曾有の繁栄の中で新しいライフスタイルが広がり，大都市ではジャズが流行して女性の服装も開放的になってきた。人口の流動化が進み，都会的なワスプ（WASP）の主流文化と農村的な非ワスプの文化が接触するようになると，そこには大きなきしみが生まれてきた。原理主義論争は，漠然としていたそのきしみと内面の葛藤に姿と形を与え，宗教と文化の側面において，どこに亀裂が走っているのかを明確にする役割を果たしたのである。

　そして，進化論論争を経て主流派と福音派が形成されると，社会生活一般において伝統的な価値観を持った人が，自らをどのグループに同一化させるべきなのかが，明らかになってきた。福音派と主流派の形成は，神学的論争から始まったものの，次第に世俗的な社会全般における伝統主義と近代主義，そして保守とリベラルの対立軸と重なり合っていったのである。

政治イデオロギーと党派性

　社会全般に対する伝統主義的な価値観は，政治イデオロギーにも翻訳されていく。

　福音派は人種問題や秩序と自由といった価値観の問題に関して，極めて保守的で，具体的な政治的問題では反共主義と反カトリックが福音派の特徴だった。原理主義者は，無神論に立脚する社会主義，マルクス主義に強い反感を持ち，米国における労働運動の激化を，国外勢力，つまりボルシェビキの陰謀とするポピュリスト的な反共主義をあおっていた[28]。一方で，カトリック移民の急増はローマ

---

27) ウェストミンスター信仰告白とは，1643年に英国国教会再編のために集まった神学者の会議「ウェストミンスター会議」で作成された信仰告白だが，長老派が全面的に採用して同派教義の中核となった。三位一体やイエスの贖罪などキリスト教の一般的な教義に加えて予定説を採用しており，正統的カルヴァン主義の教義である。原理主義者は同告白の厳密な解釈を主張していた。

28) フランク・ノリスやマッキンタイアなど一部の過激な原理主義者は，原理主義運動が衰

教皇による米国乗っ取りの陰謀だという言説も，プロテスタント伝統主義者の間で常に人気のあるテーマであり，1928年大統領選挙では，カトリックの民主党大統領候補，アル・スミス（Al Smith）に反対する政治活動に原理主義者が流れ込んでいった。

こうした政治的側面があるものの，福音派を生み出した原理主義運動そのものは政治運動とは言えない。かつては，その反共主義的な傾向をとらえて，資本主義陣営が進歩派攻撃のために行った運動だ，という図式の政治的説明が行われたこともあったが，1960年代以降の研究では，原理主義運動の核心は神学とイデオロギーであり，政治思想ではないという説明で，研究者はほぼ合意している（Marsden, 2006, p. 208）。

同時に，そこには政党の党派性も絡んでいなかった。論争の初期に教派の内部で行われた神学論争は，もちろん政党が関与するような争点ではなかった。論争が進化論の是非に発展した後は政治的な色彩が濃くなったが，どちらかの政党が政策立場を明確にするような党派対立にはならなかった。南部諸州では反進化論の州法制定を求める運動が起きたが，多くの州議会は民主党一党支配の下にあり，党派対立の争点になったわけではない[29]。有名なスコープス裁判では民主党の元大統領候補，ブライアンが反進化論の立場から弁護士として法廷に立ったが，これは個人的立場からの行動である。カトリックとプロテスタントが，民主党と共和党の党派対立となっていた19世紀と異なり，宗教問題はもはや政党対立の争点ではなかったのである[30]。

福音派の民主党支持傾向

だが，原理主義論争に党派性がなかったからといって，福音派に党派的特徴がなかったわけではない。表2-3を見れば明らかなように，1944年の大統領選挙

退したのちには，政治的な反共右翼運動の指導者となっていった。
29) テネシー州の反進化論法は1925年に，州の上下両院の圧倒的賛成（下院71対5，上院24対6）で可決成立したが，当時の同州議会は民主党一党支配下にあり，各議員は自らの党派さえ明確にしていなかった時代である。1920年代の民主党，共和党綱領にも進化論法に関する記述はない。
30) 宗教的争点が政治化したものとしては，禁酒法問題があったが，共和・民主両党とも禁酒支持を表明したため党派的な対立争点にはなっていなかった。禁酒法運動には宗教的な背景だけでなく，飲酒で身を持ち崩す労働者を保護するための社会政策としての側面も強かったからである。

では，主流派の民主党投票率が42％であるのに比べて，福音派は61％と高く，同派は明らかに民主党寄りだった。

それは，福音派に流れ込んだ三つの潮流が，いずれも19世紀から強い民主党支持勢力だったからである。南部バプテスト連盟を含め，福音派の主要教派は南部が拠点である。その南部は歴史的に民主党の支配下にあったため，福音派の大多数の信徒は民主党の支持者だった。一方，19世紀の移民は米国の主流文化に溶け込むのが難しく，彼らに政治的庇護を与えた民主党の忠実な支持者となっていた。さらに移民系教派や，ホーリネスやペンテコステも，圧倒的に貧困層が中心で民主党支持が強かった。そして，貧困層と民主党の絆は1930年代のニューディール政策で，さらに深まっていたのである（Wald, 2003, p. 204）。

表2-3 大統領選挙投票結果（1944年）

	大統領選挙投票		N
	民主党(％)	共和党(％)	
主流派	42	58	1184
福音派	61	39	145
黒人	70	30	60
カトリック	66	34	364
ユダヤ	92	8	93
その他	56	44	54
全成人人口	52	48	1900

注：Gallup Poll, 1944年11月（USAIPO1944-0335）。投票者のうち，二大政党に投票した人（投票者総数のうち98％）に限定。

福音派のイデオロギー的な保守性は，本来，共和党支持を生み出していたはずである。しかし，共和党は原理主義論争や進化論論争を利用して，宗教伝統主義者を同党に動員するような政治運動を起こさなかった。この結果，福音派各教派が歴史的に持っていた民主党への親近感には変化が起きなかったのである。逆に言えば，保守的な福音派は，支持政党，つまり，リベラルな民主党との間で深刻なイデオロギー矛盾を抱え込んで出発したと言うことができるだろう。

共和党支持の主流派

これに対して，宗教的には近代主義の側に立った主流派は，政党支持では明白に共和党寄りだった。これも，19世紀の共和党が，社会のエスタブリッシュメントである北部白人プロテスタントを基盤にした政党だったという歴史的背景によるものである。当時の主流派とは，この北部白人プロテスタントそのものであり，その政党支持傾向は，この時代も変化がなかったのである。

それだけではない。ニューディール再編成を経て，政党対立の基軸は「大きな政府」と「小さな政府」をめぐる争点に移っていった。政党は所得階層に応じた支持基盤を持つようになり，共和党を支えたのは，資本主義的な自由市場を歓迎

し福祉政策に否定的な高所得層である。そして，主流派を構成する既存の大教派は，所得階層が高い白人プロテスタントだった。二つの要素が重なった主流派は，共和党支持基盤の屋台骨として出発した。

主流派ではイデオロギーと支持政党の矛盾は，福音派ほど大きなものではないだろう。宗教的・社会的価値観では近代主義的＝リベラルな人が多かったとしても，政治的イデオロギーでは，むしろ「小さな政府」を支持する保守派が多かったからである。

7　その他の系列

カトリック

カトリックは植民地時代にメリーランドを中心にして信徒がいたが，アメリカ独立時の総人口 220 万人のうち約 2 万 5000 人と極めて少数派だった。それが 19 世紀末には 623 万人という巨大な信徒を抱えるようになったのは，19 世紀に急増した移民によるものである。出身国はアイルランド，ドイツ，オランダ，ベルギー，ポーランド，ボヘミア，カナダなどで，中心となったのはドイツ系とアイルランド系である (Herberg, 1960, p. 15; Kleppner, 1979, p. 148)。

カトリックの新移民が洪水のように押し寄せるようになったのは 1820 年代からで，多くはアイルランド系だった。母国のポテト飢饉が始まった 1840 年代には 78 万人（総移民の約 45％），ピークとなった 1850 年代には 91 万人（同 35％）がアメリカに到着した[31]。一方，ドイツ系の移民も急増し，やはり 1850 年代のピークには 98 万人を記録した。ドイツ系移民のうち 3 分の 1 程度はカトリックだったと考えられている (Thernstrom, Handlin, & Orlov, 1980, pp. 528, 417)。移民の波は南北戦争で若干減少したものの，戦後には再び拡大した。1860〜1900 年に，プロテスタントは 500 万人から 1600 万人に増えたが，カトリックも 300 万人から 1200 万人に増えたのである (Thernstrom, Handlin, & Orlov, 1980; US Bureau of Census, 1949; Marsden, 1991, p. 14)。

新移民でもドイツ系カトリックは大きな問題を起こさなかった。確かに，アメリカの主流を占めていたイングランド系の福音主義プロテスタントは，安息日の

---

31) 1860 年時点での白人総人口は 2750 万人（黒人奴隷は約 395 万人）だった。

遵守を求める立場から，日曜日にビールを飲んで陽気なドイツ的日曜行事を行うドイツ系移民の習慣を批判的に見ていたが，彼らは上層階級が中心だったこともあって，アメリカ社会の中で大きな軋轢を生み出すことはなかったのである（柴田，1992；Herberg, 1960）。

これに対してアイルランド系のカトリックは，アメリカ社会に大きな対立を生み出していった。彼らはカトリックである前に，アイルランド人であることによって，強い偏見と敵意の対象となったのである。移民前のブリテン島で支配的な民族だったイングランド人は，本国において何世紀もの間アイルランドを侵略し，アイルランド人を無知で酒好きの乱暴者と蔑んできた。また，スコットランド人もアイルランド人への偏見を抱き，特にスコッチ・アイリッシュはアイルランドに移民したのち，現地人と激しい戦闘を続けてきただけに，アイルランド人を憎悪していた。こうしてブリテン諸島の出身者はウェールズ人も含めて，すべてがアイルランド人を嫌悪し，警戒していたのである（ケリー，1987, p. 250）。

一方で，アイルランド人は数世紀にもわたるイングランドやスコットランドとの戦いの中で，自らの民族集団に対する強い帰属意識を持ち，政治的で戦闘的な民族になっていった。彼らの民族意識の中核にはカトリック教会があり，それは支配者であるイングランドの英国国教会に抵抗し，独立運動を主導する政治的組織でもあった。そのアイルランド人が，米大陸に大量に上陸することによって，上記のようなブリテン諸島の伝統的な対立構図がアメリカ大陸で再現されることになったのである（柴田，1992, p. 102；ケリー，1987；Herberg, 1960）。

アイルランド系移民はアメリカに到着した後も，都市労働者となり，スラムで犯罪と暴力の中での生活を強いられ，貧困と無秩序の象徴とされた。この結果プロテスタントの心の中には，急増するカトリックがアメリカ社会を席巻してしまうのではないかという恐怖感に加えて，アイルランド移民への差別が重なり，強い反カトリック感情が生まれたのである（Thernstrom, Handlin, & Orlov, 1980, p. 533）。

カトリックと民主党

こうして，19世紀前半には，プロテスタントによるカトリック教会の焼き討ちなど暴力的な反カトリック暴動が起きてきた。さらに，ノーナッシング党と呼ばれた Native American Party（1855年から American Party）が結成されると，それ

は政治運動に発展した。その後，白人プロテスタントを基盤として共和党が発足すると，やはり反カトリックの姿勢を強めていったのである。

これに対し，人口の増加で政治力を強めていったカトリックは，公立学校におけるキング・ジェームズ版聖書[32]の使用やプロテスタント式の祈りの禁止を主張し，カトリックの教区学校に対する公的支援を求めるなどの政治運動を広げていった。だが，共和党は政教分離原則を盾にして立ちはだかり，全米各州で，宗教系教育施設に対する政府援助を禁止する州憲法修正を成立させた（Kleppner, 1979, p. 233）。

一方，民主党は拡大を続ける移民票を重要な政治基盤として取り込むため，アイルランド系カトリックや移民に政治的庇護を与え，大都市に根づいた民主党の"マシン"の組織を通して仕事や経済的支援を与えていった。共和党の反カトリック姿勢と民主党の政治的庇護を考えれば，移民系カトリックにとって支持政党の選択肢は一つしかなかった。移民は民主党の確実な票田として定着し，カトリックは同党の主要な支持基盤となっていったのである。つながりは19世紀前半には明確になり，リー・ベンソンは，1844年のニューヨーク州では，アイルランド系カトリックの，実に95％が民主党に投票したとしている（Benson, 1970, p. 185）。

もっとも，アイルランド系移民の民族共同体は時間の経過とともにアメリカへの同化が進み，アイデンティティーは希薄になっていった。だが第1章で述べたように，それはカトリックという宗教グループのアイデンティティーとして，強く生き残り[33]，民主党に対するカトリックの強い帰属意識は，民族共同体の記憶が失われた後でも続いていったのである。

黒人プロテスタント

黒人教会は，アメリカで生まれた特殊な存在である。主に南北戦争の後に生まれたものであり，参加者に白人はほとんど存在しない。教義も独自の発展を遂げていて，白人プロテスタントとは異なった宗教伝統系列と考えられている。

---

32) 英国国教会が1604年から編纂を始めた聖書の公式英訳版で，プロテスタント教派の聖書となっていた。

33) American National Election Studiesで集計すると，2008年でもカトリック同士の結婚は77％，プロテスタント同士は86％と高率が続いている。

黒人教会の誕生は，18世紀の第一次大覚醒運動の時代にさかのぼる。民衆への伝道を重視したバプテストやメソジストは，南部の黒人伝道にも力を入れ，多数の黒人を信徒として獲得していった[34]。このため，黒人の大多数はこのいずれかの教派のプロテスタントとなった。この時期には，奴隷所有者が黒人の独自集会を禁じていたため，彼らは，キャビンなどで隠れて集まり，黒人牧師から説教を聴いていた。

　次第に黒人による独自教会建設の願望が強まり，19世紀前半には小規模な教会が北部に誕生した。だが，本格的な展開は南北戦争による奴隷解放の後である。戦後，南部では，しばらく同じ教会に白人と黒人が参列していたが，席は明確に区別されるなど差別が続いていた。このため，1870年代半ばまでには，解放奴隷のほとんどが独自の黒人教会を作り，教会は人種別に分かれるようになった。黒人教会の信徒は，ほぼ100％が黒人であり，逆に白人教会に出席する黒人は1946年の統計でも0.5％にすぎない（Hill, Lippy, & Wilson, 2005, p. 20；Wuthnow, 1988, p. 19）。

　黒人プロテスタントの教義は，当初の伝道の経緯から，ほとんどがバプテストかメソジストである。両派とも敬虔主義的な教派であることから，黒人プロテスタントは敬虔主義，伝統主義が強い。だが，その教義の内容は，奴隷時代の経験から，解放の物語としての出エジプト記を強調し，神が抑圧者に審判を下すというような独自性が強い。一方，現在でも社会経済的地位は低く，差別問題には極めて敏感である。ここから，黒人プロテスタントは，信仰の面では極めて伝統主義的でありながら，社会経済問題では非常にリベラルであるという，独特な政治傾向が生まれてきた。

　奴隷解放後の黒人プロテスタントは，もちろん，強い共和党支持者だった。だが，1930年代のニューディール政策で，多数の黒人が民主党支持に変わり，黒人はニューディール連合の中核ブロックの一つとなった。だが，この時代でも伝統的な共和党との絆を捨てなかった黒人は少なくない。現在のように9割が民主党を支持する圧倒的な民主党支持層となったのは，1960年代の公民権運動以降である。

---

34) 米国独立後，両教派が獲得した新たな信者のうち4分の1は黒人だったと言われている（Hill, Lippy, & Wilson, 2005, p. 9）。

8 まとめ

　福音派は，20世紀初頭に起きた原理主義論争をきっかけにして誕生した。論争は大規模な宗教運動に発展し，プロテスタントは，伝統主義と近代主義の亀裂軸に沿って分裂した。そこで，主流派から分派していった敬虔主義的な教派や，過去の宗教運動で伝統主義的な教義を持って，主流教派から分かれていった教派が，プロテスタント亀裂軸の伝統主義，保守主義の側に流れ込み，一つのアイデンティティーを持ったグループを生み出していった。これが福音派である。一方主流派は，亀裂軸の近代主義の側にある教派の集りだが，福音派が離脱した後のプロテスタントの大半を占め，内部には様々な意識を持った人々が含まれていた。

　福音派は宗教的に保守的だが，形成の過程には政治的，党派的な要素はあまりない。このため，福音派は，構成する各教派の過去の党派性を反映して民主党支持傾向を持っていた。これに対し主流派は，プロテスタントの伝統を引きついで共和党支持が強かった。

第2節——リベラリズムの拡大と福音派の反応

　戦後アメリカの政治イデオロギーと政治構造に大きな影響を与えた第一の事件は，1960年代における政治，社会，文化の側面におけるリベラリズムの急激な拡大だった。公民権運動に始まりベトナム反戦運動や女性解放運動，既存の権威を否定する対抗文化の広がりによって，社会には大きな亀裂が走り，政党政治にも強いインパクトを与えていった。

　本節では，1960～70年代の社会的，政治的変動が，福音派と主流派に対してどのような衝撃を与えたのか，それは福音派をどのように変えていったのかを考察する。

1　リベラリズムの急進化と世論からの乖離

1950年代：調和の時代

　ニューディール政策以後のアメリカは，基本的に「リベラルの時代」である。ニューディールの伝統を継いだ「開明的な改革主義」としてのリベラリズムが，エリートの知的世界を席巻して社会のコンセンサスを形成する一方で，保守主義とはマッカーシズムに代表されるような後退的な病理現象としか見なされない傾向が強かった（中山, 2011, p. 23）。そこでは，保守とリベラルの対立図式そのものが意味を失いつつあったと言ってもいいだろう。

　それは，宗教の世界でも同じだった。近代主義を受け入れた主流派は圧倒的な信徒数を抱えて米国社会の中枢を握っていたが，穏健な保守派となった福音派は，主流派との対立関係にはなく，宗教の世界における保守派とリベラル派も，調和と協調の時代を迎えていたのである。

　第二次世界大戦の衝撃で，原理主義論争はすでに色あせた歴史の一コマとなっ

ていた。戦後，プロテスタント牧師たちの頭の中を占めていたのは，無神論の共産主義諸国の拡大や，その国内への浸透の恐れ，急増するカトリックの脅威などであり[35]，これらの問題がプロテスタントに団結を促し，積極的な伝道活動へ駆り立てていった。

一方で，1950年代は，冷戦に伴う愛国心の強調などを背景にして，議会が「忠誠の誓い（Pledge of Allegiance）」の中に"under God"という言葉を挿入したり，アイゼンハワー大統領も信仰の価値を強調したりして，宗教の権威が高まっていった時代でもある[36]。さらに，ベビーブームの到来とともに教会参加率は歴史的な高さに上昇し，信徒数も増加した[37]。これに合わせて教会建設ラッシュも始まるなど，宗教の世界には明るい楽観主義が広がっていた。穏健な保守派に率いられた福音派と主流派の間には，鋭い対立を生む要素はあまりなかったのである（Wuthnow, 1988, p. 38）。

そして，そもそも福音派は，まだ数万人単位の教派が20ほど集まった少数グループにすぎない。プロテスタントの大勢は主流派が握っており，彼らは主流派教派と対立しては伝道や布教活動が成り立たなかったのである。福音派の伝道活動の中核にあったクルセード集会[38]は，ほとんどが地元の主流派教会の支援を受けて開催されていたし，福音派運動を盛り上げたYouth for Christも主流派教会と協力しながら高校生への伝道活動を行っていた。

35）NAEは1950年の大会で「ローマ・カトリックが我々の政府の中で行っている戦闘的で攻撃的な戦術に対して深い懸念」を表明し，主流派の長老派や聖公会でも，信徒の若者にカトリック信者との結婚を避けるよう勧告した（Wuthnow, 1988, p. 73）。カール・ヘンリーは「ローマ・カトリックが米国を支配した時には，原理主義（まだ否定的な意味でなく使用されている＝引用者注）は軽蔑され，抑圧されるセクトにすぎなくなってしまうだろう」（Henry, 1947）と警告して原理主義の改革を訴えるなど，カトリックの攻勢に対する強い危機感を示している。
36）アイゼンハワー大統領は「我々の政府は，宗教と信仰に深く根ざしたものでなければ，何の意味もない」と述べて宗教の重要性を強調していた。だが，その言葉には「その宗教が何であるかは，私にとって関心はない」という言葉が付け加わり，政教分離原則を踏み外したわけではない。
37）教会参加率は1926年の宗教調査（Census of Religious Bodies）では46％だったが，1958年には，米国史上でもかつてない高率とされる63％にまで上昇した（Sullivan, 2008, p. 27）。
38）かつてのリバイバル集会形式で行われた大衆的な伝道集会。

リベラリズムの拡大と急進化

 だが，こうしたコンセンサスと協調の時代は1960年代には終わりを告げた。公民権運動の拡大によって，新たなリベラリズムの運動が社会に大きなうねりを作り上げた一方で，それがベトナム反戦運動や大学紛争，そして"性革命"から既成の価値観を否定するカウンター・カルチャー（対抗文化）へと急進化していくと，社会には深刻な価値観の亀裂が広がっていったのである。

 きっかけは公民権運動だった。1954年にはブラウン対教育委員会（*Brown v. Board of Education*）判決で人種隔離政策が違憲とされ，1957年にはアーカンソー州リトルロックで，白人高校に登校しようとした黒人生徒保護のために，連邦軍まで動員される対決が生まれてきた。多くの南部州政府は人種統合に抵抗し，黒人へのリンチや黒人教会の焼き討ちも相次いだ。1960年代には，黒人教会の牧師，マルチン・ルーサー・キング（Martin Luther King, Jr.=1929-1968）に率いられた公民権運動が，全国を巻き込んだ巨大なうねりを作り出し，1964年には，ついに民主党のジョンソン大統領の署名によって，公民権法が成立したのである。リベラリズムは人権を守り，平等を実現する輝かしい勝利を得たと言えるだろう。

 しかし，黒人差別撤廃運動が1960年代後半に北部の都市に広がると，様相は異なってきた。はじめは非暴力で進められた運動は，次第に都市暴動に発展した。ブラックパンサー党や「ネーション・オブ・イスラム」など急進的な黒人グループの運動は，国民の間に「人種戦争」の不安まで生み出すようになった。さらに，1965年には「少数派積極優遇政策（アファーマティブ・アクション）」が打ち出され，逆差別だと反発する白人と黒人の間には，深刻な亀裂が広がっていった。

 一方，平等を求める運動は女性解放（フェミニズム）運動に発展し，性差別を違憲とする「男女平等権修正（ERA）」も1972年に議会を通過した。同性愛者も差別撤廃に向けて立ち上がり，性の解放も主張された。フリー・セックスの風潮が広まるとともに人工妊娠中絶の自由化が進み，連邦最高裁のロー対ウェード（*Roe v. Wade*）判決（1973年）は，中絶を事実上合法と判断した。既成の秩序や価値観を否定する「ニューレフト」は，保守派に限らず既存のリベラル派さえも「体制側」として批判し，過激な大学紛争やベトナム反戦運動を展開していった。

 価値観のリベラリズムが急進化する一方で，ニューディール政策で生まれた本

来のリベラリズム，すなわち，市場経済活動に政府が積極介入を行って分配の平等を求める「大きな政府」の思想には，1970年代になると破綻が見え始めてきた。「偉大な社会」計画などで福祉政策が拡大したうえに，ベトナム戦費も重なって連邦予算の赤字が急増したからである。

　こうして，急進化したリベラリズムは社会の深刻な亀裂を生み出し，1960～70年代には，そのイメージを劣化させていったと言えるだろう。国民意識の中では，「リベラル」という言葉から進歩や平等，社会正義といったポジティブなイメージが脱落し始め，逆に社会混乱やフリー・セックス，財政赤字垂れ流しなどのネガティブなイメージが付着していったのである。

急進リベラルの乖離

　この結果，リベラリズムは穏健な国民意識から乖離していった。

　図2-1は，この時代に焦点となったいくつかの争点に対して，保守派やリベラル派が持っていた意識の平均値を比較したものである。イデオロギーのカテゴリーはリベラルと保守に対する感情温度（最もリベラル＝0度から最も保守＝97度を示す）を使用して作成したもので，リベラルに最も好感情を持つ上位10％の回答者を「急進リベラル」，保守に最も好感情を持つ上位10％を「急進保守」と名づけた。一方，「穏健・中道」は保守とリベラルにほぼ同程度の感情温度を持つ（45～53度）人であり，双方の急進派と「穏健・中道」の間に位置する回答者を「穏健リベラル」，「穏健保守」とした[39]。

　また，それぞれの争点に対する回答は3～7段階（感情温度は97段階）で，回答は数値が高いほど保守的であるように調整してある。それを年度ごとに標準化して，イデオロギーの各カテゴリーごとに標準化得点の平均値をグラフに記入した。標準化しているので，国民全体の平均値は常に0である。マイナスは国民平均値よりもリベラルであることを示す。

---

39) これは，一般的にイデオロギーの指標として使われるイデオロギー自己認識ではない。自己認識は，自分のイデオロギー的な傾向を答えるのに対して，感情温度は，保守派（あるいはリベラル派）に対して好感情を抱いているか悪感情を抱いているかを問うものである。このため，「自分はリベラルだが，現在のリベラル派には共感できない」という人の感情温度は保守的な方向に向かう。両方の指標を比較すると，ほぼ一致しているものの，政治的変化に対しては，感情温度の変化が自己認識よりも先行することが多い。これは，自己認識が比較的安定的な性格を持っているためであろう。

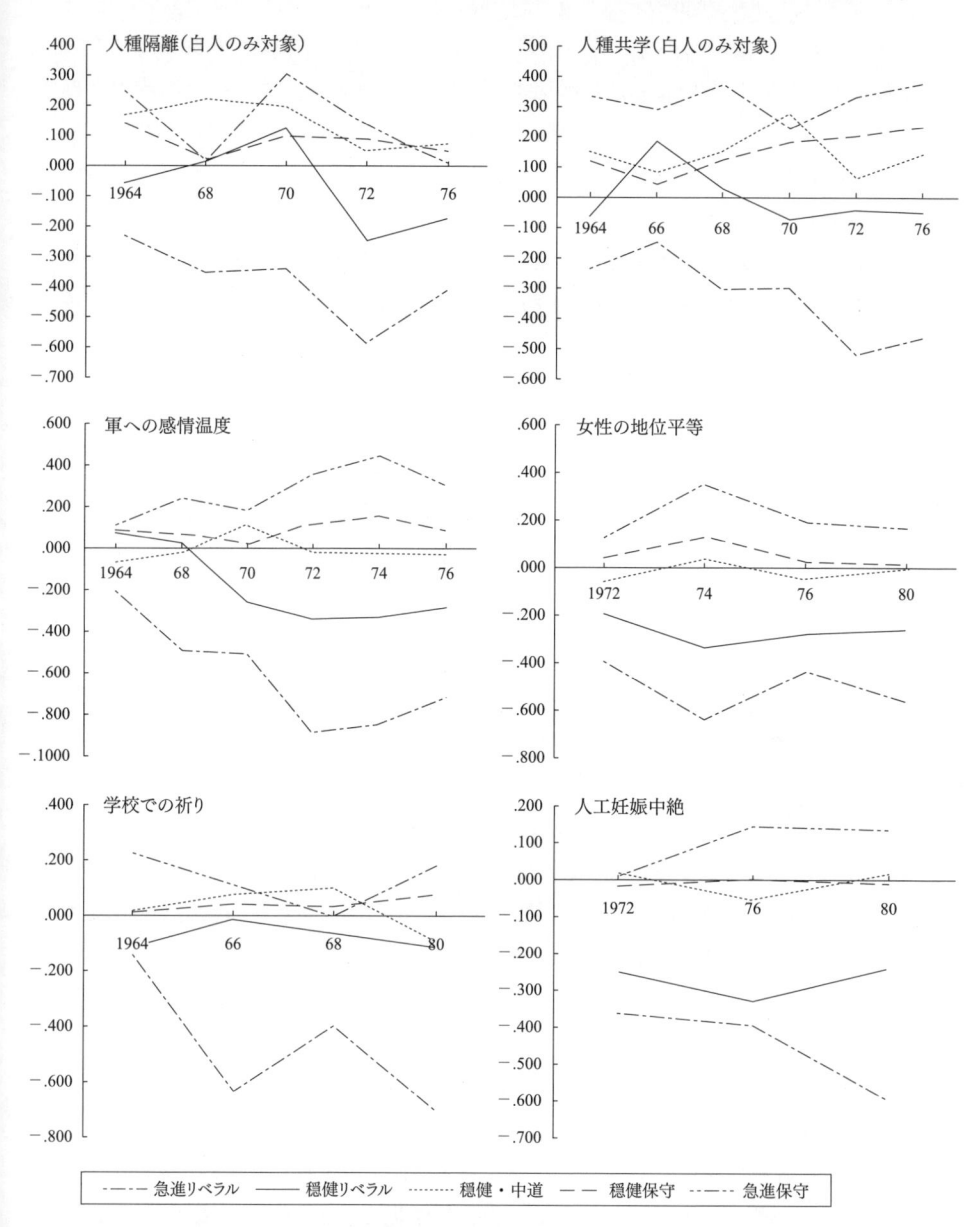

第 2 節　リベラリズムの拡大と福音派の反応　　95

図 2-1　リベラルの乖離

　——・— 急進リベラル　——— 穏健リベラル　……… 穏健・中道　— — 穏健保守　—・·— 急進保守

注）American National Election Studies Cumulative File 1948-2008 から作成。
　　縦軸は各争点に対する回答の調査年ごとの標準化得点平均値。横軸は調査年。争点の変数名は左上から右上，さらに下段に向かって，それぞれ VCF0815, VCF0816, VCF0213, VCF 0834, VCF9051, VCF0837 + VCF0838。争点の具体的な質問項目とイデオロギーの各カテゴリーは，補論 2 を参照のこと。

これを見ると，急進リベラル派と国民一般との意識乖離を明らかに見ることができる。どの争点においても，1960年代初期から保守とリベラルの意識乖離が拡大して行く傾向にあるが，人種隔離政策を見ると急進リベラル派は1960年代前半から穏健派意識との差が激しい。人種共学問題では急進保守派が穏健保守や中道派と離れているものの，急進リベラルの意識は突出してリベラルに傾いている。軍への感情温度には反戦リベラル派の意識が反映されると考えられるが，やはり1970年代には急進リベラル派の軍に対する反感が急激に高まっていることがわかる。

　左下のグラフタイトルにある「学校での祈り」とは，公立学校で，朝礼などにキリスト教の祈りを行うことの是非を問うものである。リベラル派は政教分離の立場から反対していた。しかし，1960年代までは，学校が祈りを指導するのは当然と考えられており，1964年には急進リベラル派も含めてイデオロギーによる意見の相違はほとんどなかった。さらに1960年代を通して，穏健リベラルより保守的な人は，国民平均（0）の前後に固まっており，ほとんどコンセンサスが存在していたと言えるだろう。それでも，急進リベラル派だけは，急速に祈りに対する反対姿勢を強めて，世論から乖離していったのである。人工妊娠中絶問題では，穏健リベラルと急進リベラル派が，穏健・中道派より，はるかにリベラルになっている。

　これらの比較を通して見えてくるのは，1960～70年代にアメリカのイデオロギー対立が急拡大していったこと，そして保守派は比較的中道・穏健派と同じような意識を持っていたのに対して，急進リベラルは国民多数派の世論から乖離していったことである。急進リベラル派は回答者の1割という少数派にすぎないが，急進保守派も同じように1割であるにもかかわらず，穏健派との意識乖離は大きくはない。

世論の保守化

　保守派に好感情をいだく人々も増えていった。これを示したものが図2-2である。これは，図2-1で示したイデオロギー感情温度のカテゴリーをリベラル派，穏健・中道派，保守派の三段階に簡素化したうえで，それぞれの人口比の推移を見た。

　これを見ると，1960年代を通して，保守に好感情を抱く人が上昇し，それと

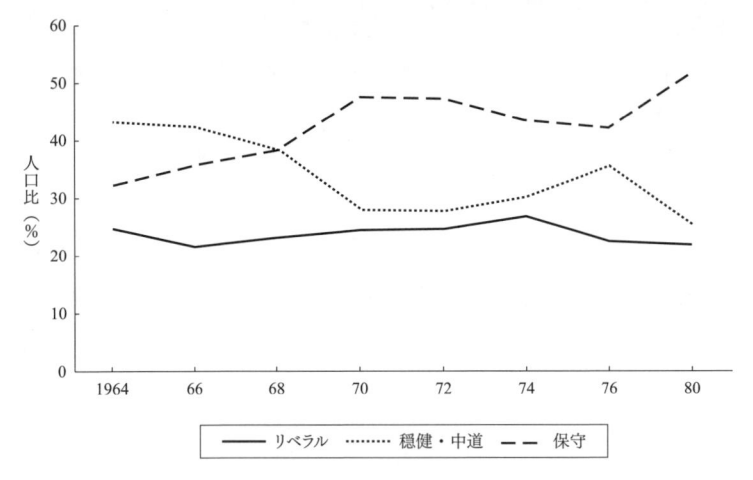

図2-2 イデオロギー感情温度の推移（1980年まで）

注）American National Election Studies Cumulative File 1948-2008 から作成。
各カテゴリーはイデオロギー感情温度（最もリベラル＝0度，最も保守＝97度）から作成。
45〜53度が穏健・中道で，44度以下がリベラル，54度以上を保守とした。

対称的な形で穏健・中道が大きく減少している。これは，急進リベラル派が国民意識から乖離し，リベラルのイメージが劣化した結果であることは明らかだろう。1960年代は，リベラルがその政治的影響力の絶頂期にあったが，その裏でリベラルのイメージは傷つき，国民意識は緩やかに保守との一体感を持ち始めたのである。

2 主流派

教派幹部や牧師のリベラル化

以上のようなリベラリズムの拡大と，それによって生まれた社会の亀裂は，プロテスタントの世界にどのような影響を与えたのだろうか。まず，主流派から見ていこう。

1960年代に公民権運動が熱を帯びてくると，社会正義の問題に敏感な主流派のリベラル派牧師たちの中から，運動への積極関与を主張する人々が増えてきた。彼らは人種隔離反対デモに参加し，逮捕される者も続出していった。ソーシャル・ゴスペル運動の伝統を引き継ぐ主流派系のNCCも，公民権運動支持の公式声明を出し，逮捕者の弁護費用を支出するなどしてリベラル派牧師を支え

た。1968年にカリフォルニアで行われた調査では，地域のプロテスタント牧師の約4分の1が何らかの公民権運動デモに参加したという結果も出ている（Wuthnow, 1988, p. 146）。さらに，長老派や聖公会の教派幹部を含む著名な牧師たちがデモの先頭にたって次々と逮捕されたことで，主流派教派幹部の急進化が印象づけられていった[40]。

1964年の公民権法採決の年には，司祭服を着た聖公会（主流派）の若い牧師が多数，議会に乗り込んで，中西部の共和党議員にターゲットを絞ったロビー活動を行い[41]，同法成立に大きな影響力を行使した。この時代の主流派は教勢のピークとも言える時期であり，共和党の強力な支持基盤でもあった。そうした戦略的な立場から行われたロビー活動は公民権法の成否を左右する力があったとされている（Fowler & Hertzke, 1995, p. 64）。

積極的な政治活動に乗り出した牧師たちは，ニューブリード（New breed）と呼ばれるようになった。彼らの多くは公民権法成立の後もベトナム反戦運動に加わり，ストライキに参加しピケットラインで体を張るなど，次第に急進リベラルの政治運動と一体化を強めていった。メソジストや会衆派，聖公会，長老派などの主要主流教派では，ニューブリードの牧師たちが説教の中に反戦や平和運動を取り入れ，教会内に学習グループを作り，政府に対する抗議レターを送りつける運動を組織するなどした。NCCも組織全体で左派的な傾向を強めていった。NCCは第三世界の解放を訴え，マルクス主義的な立場から，アメリカ資本主義への批判を強めた（Fowler & Hertzke, 1995, p. 64）。

活動家牧師の運動は政治的分野から社会的，文化的な改革にも広がっていった。差別撤廃の主張は男女同権とフェミニズムの運動に発展して，主流派の内部では女性の叙階をめぐってリベラル派と保守派が対立し，1970年代には聖公会やルター派，改革派などで女性の叙階が実現した。NCCは男女平等権修正の推進にも積極的で，中絶の権利，福祉拡大，環境保護，少数派優遇政策などリベラルな社会運動全般に強い支援を与えた。

---

40) 逮捕された者の中には，NCC元会長でUnited Presbyterian Churchのユージーン・ブレイク（Eugene Carson Blake）や聖公会主教のダニエル・コリガン（Daniel Corrigan）ら，主流派教派やNCCの多数の幹部が含まれている。
41) 南部民主党は公民権法反対で一致し，北東部議員は両党とも賛成で一致していたので，中西部を中心とした共和党議員の動向が法案の行方を握っていた。

主流派内部の亀裂

　だが，急進的なリベラリズムに走っていったのは一部のニューブリード牧師にすぎず，一般信徒がそれに引きずられてリベラル化したわけではない。むしろ，牧師のリベラリズムは，強い反感で迎えられたと言えるだろう。

　そもそも，主流派の一般信徒は社会階層が高く，ニューレフトが"体制側"と呼ぶ人々が最も多い集団である。過激なベトナム反戦運動にのめり込むニューブリードの運動に対して，強い共感を抱く人は多くはない。さらに，教会の政治色が強まったことに対する反発も広がっていった。かつてのソーシャル・ゴスペル運動をめぐる論争と同じように，教会の本来の任務は福音の伝道にあり，直接行動で社会正義を実現することではないという考えが，ニューブリードに対する批判的意見の中核を占めていた（Wuthnow, 1988, p. 148）。

　もちろん，主流派には多数の政治的リベラル派も存在した。しかし，北部を中心とした主流派にとって，人種問題は正義感に訴える問題であっても，南部白人のように自らを取り巻く社会秩序を揺るがす切実な問題ではなかった。より合理主義的な価値観を持つ主流派の人々にとって，現実味のある政治争点は経済や外交政策であり，性の解放や男女同権は，どちらかと言えば二次的な関心事である。

　この結果，ニューブリードの牧師たちは，所属する教会で信徒からの激しい反発に直面することになった。1960年代のカリフォルニアで牧師を対象にした調査によると，人種問題を説教のテーマに取り上げた牧師の83％は一般信徒からの抗議を受け，3分の1は，信徒による教会理事会との対立につながり，10分の1は理事会から解任要求を突きつけられたという（Wald, 2003, p. 273）[42]。

小規模な分裂

　一般信徒の反感に直面したニューブリードの教会付き牧師たちは，信徒からの圧力を受けないですむ教派の中央官僚組織や神学校，大学付き牧師などのポストに避難していった。この結果，これらの組織ではニューブリード牧師の比率が圧倒的に高まり，教派官僚組織のリベラル化がいっそう進んだ。これに対して，一

---

42) 会衆制をとる多くのプロテスタント教派では，教会運営は一般信徒の代表が集まる理事会などで行われており，理事会の決断によって牧師の解任が可能である。

般信徒と直接向き合い，その意見を反映する地域教会は反発し，教派中央組織との対立が進んでいった（Wald, 2003, p. 274）[43]。

1960年には，NCCの社会主義的傾向の強まりに抗議して，カンザス州のFirst Baptist Church of Wichitaが，所属教派であるAmerican Baptist Convention（主流派の北部バプテスト教派）からの離脱を決め，1960年代半ばには，カリフォルニア，アリゾナ，テキサスなど各州の聖公会，北部バプテスト，長老派，メソジスト教会から，教派中央組織の政治関与に対する抗議や，NCC批判の公式声明が相次いで出されるようになってきた（Wuthnow, 1988, p. 187）。

こうした不穏な空気の中で，一部の主流派教派では保守とリベラルに分裂する動きが出てきた。皮肉なことに明確な分裂が生まれたのは，教会統合運動が進んだ教派だった。教会統合運動は主にリベラル派の主導で行われたため，自分の教会がリベラルな組織に飲み込まれるのを嫌った保守的な牧師が，教派を飛び出していったのである。

長老派は，南北戦争以来，南北で分裂したままだったが，この時期には保守的だった南部長老派でもリベラル勢力が強力になってきた。これを背景に，南北再統合の協議が進展し始めると，南部長老派の中の保守的な教会は反発し，1973年にはPresbyterian Church in America（PCA）を結成して南部長老派から分派してしまったのである。こうして保守派が離脱したことにより，南部長老派はリベラル派が実権を握ったため，1983年，南北長老派の合併が実現してリベラルなPresbyterian Church（USA）＝PC（USA）が誕生した。長老派の内部対立構図は，かつての南北対立から，イデオロギー的な保守とリベラルの対立に変わっていったのである。

他の教派でも，教会統合の潮流は広がっていった。会衆派を中心にした統合によってUnited Church of Christ（UCC）が発足した。メソジストではブレスレン系の教派を吸収して信徒数1100万人を擁する巨大教派，合同メソジスト（United Methodist Church＝UMC）が発足した。出身民族によって150もの細かな教派に分

---

[43] 教派官僚組織の急進リベラル化の例としては，長老派主要教派の一つUnited Presbyterian Churchをあげることができるだろう。同教派は1971年，元ブラックパンサー党員で，判事に対する殺人を教唆した疑いでFBIに指名手配された元大学教員の弁護費用に，1万ドルの寄付を決定した。これに反発して，同教派傘下の教会の中からは教派中央組織への資金上納を停止するところが現れ，教派への寄付金は28％も減少した（Sullivan, 2008, p. 32）。

立していたルター派も整理統合が進み，二つの大教派が誕生した[44]。さらに，こうした統合の総仕上げとして長老派と聖公会，メソジスト，会衆派という主要教派の大合併を目指すための推進組織も1962年に誕生したのである[45]。

しかし，これらのリベラル派主導による教会統合運動が実現に近づくたびに，各教派では，保守派の一部グループが統合に反対して分派教派を結成し，福音派陣営に加わっていった[46]。もっとも，この分裂の規模は原理主義論争の時代よりはるかに小規模なものだった。最も大きな教派分裂は長老派で起きたが，誕生したPCAは約4万1000人の小教派であり，その他の分派教派は，さらに小さな規模である[47]。

パラチャーチ運動とカリスマ派

こうした保守派の分派の動きだけでなく，教派を超えたグループを作ってリベラル化した主流教派組織を批判する運動も広がってきた。1966年には長老派とバプテストの信徒によるSovereign Grace Movementが発足し，長老派内部ではPresbyterian Lay Committee, Presbyterians United for Biblical Concerns, Presbyterians for Democracy and Religious Freedom, Presbyterians Pro-Lifeなどが誕生して，長老派の「神学的，政治的左翼化」に対する抗議活動を展開した。特にPresbyterian Lay CommitteeはPresbyterian Laymanという機関誌を発行し62万人に無料配布するなど活発な活動を行った（Hunter, 1991, p. 92）。

一方で，主流派の世俗化とリベラル化に対する反動として，同派内部に新たな伝統主義の運動が広がった。彼らは，カリスマ派と呼ばれ，聖霊による洗礼と異

---

44) Lutheran Church in America（1962）とAmerican Lutheran Church（1960）。
45) "Ecumenism: From Handholding to Engagement," *Time*, May 15, 1966. http://www.time.com/time/magazine/article/0,9171,835526,00.html。この大合併は，各教派の所属教会の反対が強く実現しなかった。
46) 分派で生まれた教派の例は，会衆派：National Association of Congregational Christian Churches（1955），メソジスト：Association of Independent Methodists（1965），ブレスレン：Brethren Revival Fellowship（1959），Evangelical Church of North America（1968），ルター派：Association of Free Lutheran Congregations（1962），Concordia Lutheran Conference（1956）など。いずれも数万人から数千人の小教派である。
47) PCAは2002年現在では約33万6000人に拡大している。一方で，統合教派のPresbyterian Church（USA）は1983年に南北統合が実現したのち，312万人の信徒を抱えた巨大教派となったが，現在は約284万人。The Association of Religion Data Archives（http://www.thearda.com/）から。最終アクセス2011年9月30日。

言を重視するなどペンテコステ派と極めて近く，新ペンテコステ運動と呼ばれることもある。1960年に主流派の中でもエリート教派である聖公会の一人の牧師から始まり，長老派，ルター派などその他の主流派教派に広がったうえ，1960年代後半にはカトリックの中にも広まった。

彼らは独立教派を作ることなく，聖公会や長老派などの既存教派内部にとどまり，地域や全国規模で作られたグループなどを通して活動している。カリスマ派人口に関する信頼できる統計はあまりないが，1979年の調査では，カトリックの18%がカリスマ派だという。また，カリスマ派とペンテコステ派を合計すると全国民の19%にのぼるという数字もある（Marsden, 1991, p. 78）。カリスマ派は，名前の上では主流派教派の内部に存在するが，実質的には福音派的な運動であり，そこからはパット・ロバートソン（Pat Robertson＝1930-）など，テレビの宗教番組で大衆的人気を誇った宗教右派指導者が多数生まれた。

主流派の衰退

主流派の内部亀裂が広がる中で進行していったのは，主流派の劇的な衰退である。戦後，米国の総人口は増え続けているので，ほとんどの宗教伝統系列において信徒の絶対数は増加しているが，全人口に占める比率では，主流派は1944年に60%（福音派は9%，カトリックは19%）と国民の過半数を占めていたのに対して，1960年には37%（福音派20%，カトリック19%）となり，現在（2008年）は16%にまで落ち込んだ。

主流派が衰退し福音派が興隆した理由は，宗教社会学の大きなテーマの一つであり，ここで詳細に立ち入ることはできない。しかし，ディーン・ケリー（Dean Kelly）らが米国の歴史的経緯を踏まえて指摘しているのは，厳しい教義を掲げた教派の方が成長するという考え方である。保守的で厳格な教義を持った教派は，リベラルで寛容な教派よりも信徒により多くのことを求めることで，世界と社会への不安を持つ信徒に強い拠りどころを与えるからだという（Kelly, 1996 ; Fowler & Hertzke, 1995, p. 42）。

一方，福音派信徒では出生率が高く，主流派では低かったことも主流派衰退の大きな理由として考えられている。福音派は社会経済的階層や教育レベルが低く，人口の自然増のペースが主流派を上回っていたのである。ミッシェル・ハウト（Michael Hout）らは，宗教伝統系列の信徒数変化は出生率による人口学的な

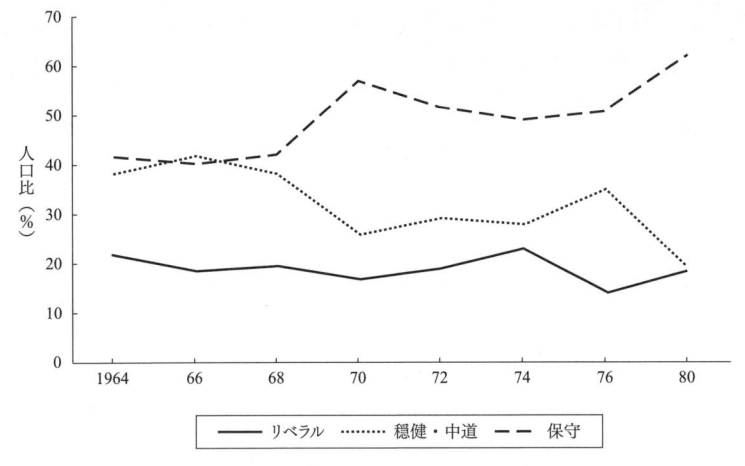

図2-3　主流派におけるイデオロギー感情温度の推移

注）American National Election Studies Cumulative File 1948-2008 から作成。
　　各カテゴリーはイデオロギー感情温度（最もリベラル＝0度, 最も保守＝97度）から作成。
　　45～53度が穏健・中道で, 44度以下がリベラル, 54度以上を保守とした。

要因で76％までが説明可能だとしている（Hout, Greely, & Wilde, 2001；Woodberry & Smith, 1998；Wuthnow, 2007a）。

　しかし, 衰退の理由として, 主流派のリベラル化に対する信徒の反発を無視することはできないだろう。人々が教会に求めるものは, 第一には神学的な導きと精神的な支援である。だが, リベラル化した主流派牧師は, 社会改革運動を最優先課題とした。平和や正義, 平等は社会にとって重要な価値であるものの, 多くのアメリカ人にとっては, 伝統的な神学の代わりとなって精神を支えるものではなかったのである（Wald, 2003, p. 276）。この結果, 多くの信徒が主流派教会から離れていったと考えることは無理がない。後に詳述するが, 主流派の中からは, 組織的な宗教を捨てて無宗教に走った人も多い[48]。

　リベラルな教派幹部と一般信徒意識の乖離は図2-3を見ても明白である。主流派信徒に限って, 1980年までのイデオロギー感情温度の推移を分析した同グラ

---

[48] 劇的な教勢の衰退に直面した主流派では, 次第に政治活動への参加も下火になってきた。リベラルな政治運動の先頭に立って保守派から批判を受けたNCCは, 1990年代になっても依然として湾岸戦争や福祉削減政策を攻撃するような政治的主張を続けてきたが, 現在では, メディアにおける性や暴力の過剰な露出を批判するなど, 穏健リベラル派の方向に舵を切り直している。ニューブリードと呼ばれた牧師たちは, 1960年代でも決して多数派ではなかったが, 現在では極めて少数派になってきた。

フを見ると，所得階層の高い主流派信徒は，もともと国民平均（図2-2）よりも保守的で，その意識は1960年代にはほとんど変化がない。そして，1970年代になると国民世論の動向と同じように，さらに保守への好感情が高まっている。ニューブリード牧師のリベラル運動が信徒の支持を得た形跡はほとんど見られないと言えるだろう。

3 福音派

福音派の成長と社会的認知

　福音派は，1940年代の形成時には成人人口比で9％弱の弱小集団だったが，1970年代には全成人の4分の1に近い巨大なグループに成長し，社会的認知も進んだ。急拡大した理由は，その穏健な保守主義にあったと言えるだろう。聖書を歴史的事実と信じる伝統主義的な人々は国民の半数に及ぶが[49]，その多くは普通の社会生活をおくる一般市民である。彼らの多くは世俗化した主流派教会には違和感を感じるが，社会から孤立した原理主義についていくこともできない。そういう人々にとって，福音派は，穏健で現実的な第三の選択肢だったのである。

　その福音派路線を知的な側面から支えたのは，ハロルド・オケンガやカール・ヘンリーらであり，福音派を個人的に象徴し福音派の人気を高めたのはビリー・グラハムだった[50]。彼らは *Christianity Today* 誌（1956年創刊）やフラー神学校，ホイートン大学（Wheaton College），あるいは大衆的なクルセード集会などを通して活動し，神学的な伝統主義を貫く一方で，原理主義者とは一線を画し，社会奉仕や国際協力など積極的な社会参加を強調していた（Wuthnow, 1988）。

　彼らの福音派運動は宗教運動であり，政治性を帯びたものではない。1950年代にはキリスト教十字軍（Christian Crusade）などのパラノイア的な反共運動が活発化したことから，宗教保守派と過激な右翼運動のつながりが注目されたが

---

49) ANESによる筆者集計。
50) 福音派の量的拡大と社会的地位の確立には，世界的に著名な宣教師となったグラハム個人の力が大きく働いている。彼は1957年にニューヨークで大規模なクルセード集会に成功して人気を高め，1960年代には，「福音派とはグラハムが好きな人」と言われるほど福音派運動を象徴する人物となった（Hart D. G., 2005）。国民的支持を背景に，グラハムは歴代大統領と個人的な関係を結び，実業界にも支持者を得て，福音派のイメージと社会的地位を高めていった。

(Jorstad, 1970, p. 88)，こうした反共運動を担っていたのは原理主義者のカール・マッキンタイアやビリー・ハーギス（Billy James Hargis＝1925-2004）らで，福音派のグラハムやヘンリーらは，宗教の政治関与を批判して，この時期にマッキンタイアら原理主義者との関係を断ち切っていった（Marsden, 1991, p. 73）[51]。

グラハムはベトナム戦争を支持して反戦運動を批判するなど，政治的意見は保守的で，ニクソン大統領と個人的な交友関係を結んだことも含めて，共和党に近い立場だったと言えるだろう。だが，彼の政治的意見は，無神論の共産主義に対する批判から生まれたもので，強い政治的党派性を持った立場ではなかった[52]。彼の交友はカーターやクリントンなど民主党の歴代大統領にも及び，のちには宗教右派運動を強く批判するなど，宗教の政治化には批判的だったのである[53]。

グラハムらが福音派のイメージを形成していたとすれば，組織の面で福音派の潮流を形作ったのは南部バプテスト連盟（以下，本章では SBC と略称）だった。SBC は 1962 年には約 1020 万人の信徒を抱え，Methodist Church を抜いてプロテスタント最大の教派となった。当時の福音派人口は約 2500 万人なので，その 4 割は SBC であり，SBC の動向は福音派全体の方向性を定める影響力を持っていたのである。その SBC も，フランク・ノリスなどの過激な原理主義者を追放したのちは，穏健な保守主義が教派の基調だった。過激な原理主義者は存在したが，傍流の立場に甘んじて組織に影響力を持つことはできなかったのである（Ammerman, 1990, p. 60）。

福音派は成長を続けて社会的認知が高まり，信徒の間には福音派であることの誇りも高まっていた。そうしたダイナミズムを背景に，福音派内部は，穏健な保守主義で調和が保たれていたのである（Marsden, 2006）。

---

51) のちに宗教右派運動の指導者となったジェリー・ファルウェルら，原理主義の陣営にいた牧師たちも，この時期には社会からの孤立を主張して政治への関与を否定し，マッキンタイアらには批判的だった（Wilcox & Robinson, 2010, p. 41 ; Marsden, 1991, p. 103）。
52) 反共主義は 1950 年代のアメリカでは国民的コンセンサスであり，反共主義の思想そのものに党派性があったわけではない。
53) Jon Meacham, "Pilgrim's Progress ; In the twilight, Billy Graham shares what he's learned in reflecting on politics and Scripture, old age and death, mysteries and moderation," *Newsweek*, August 14, 2006.

人種問題

だが，福音派においても，そうした調和の時代は1960年代に終わりを告げた。激震を生み出していったのは，まず公民権運動の広がりである。1960年代に高揚した公民権運動は，南部を基盤とするSBCの信徒にとって極めて深刻な問題だった。福音派の一般信徒と牧師の多くは人種隔離主義者であり，1964年の調査では福音派の半数近い47％が「厳格な人種隔離の継続」を望む保守派で，「人種隔離撤廃」を求めるリベラルな声は15％にすぎなかった[54]。大多数の教会は人種隔離を続け，公民権運動が始まると，あえて教会参加資格を変更して隔離を強化した教会も多く，人種隔離の徹底を声高に主張する牧師も少なくなかった[55]。黒人を受け入れた教会は嫌がらせの対象となり，時として殺害の脅迫まで行われた。

これに対してSBCは，公式的には人種隔離反対の立場であり，SBC幹部のレベルでは，人種差別に批判的な人々が主流を占めていたと言えるだろう（Ammerman, 1990, p. 65 ; Manis, 1999）[56]。こうしたSBCの姿勢に対して，人種隔離主義者からは，「（SBCが）南部の伝統に反する活動をやめないのなら，連盟への協力は不可能だ」という不満もあがっていたが（Ammerman, 1990），決定的な対立が生まれたわけではない。SBC幹部は，人種問題が生み出す亀裂の深刻さを知っていたため，教派分裂を避けるために，人種問題では積極的な活動や発言をせず，ひたすら，嵐が過ぎ去るのを待つ消極姿勢だったからである（エイミー，2004 ; Ammerman, 1990）。

それでも，公民権運動でSBCの信徒が受けた精神的な傷は深かった。人種隔

---

54) ANESによる筆者集計。質問は "Are you in favor of desegregation, strict segregation, or something in between?"。回答は "隔離撤廃（Desegregation），" "中間的意見（In between），" "厳格な隔離（Strict segregation）" の三種類。主流派では「厳格な隔離」が23％で「隔離撤廃」は27％であり，福音派の方が人種隔離主義者がはるかに多い。なお，南部に限定しても福音派は「厳格な隔離」が64％で「隔離撤廃」は6％，主流派はそれぞれ41％と10％。

55) SBCで最も人気のある牧師の一人だったウォーリー・クリスウェル（Wallie Amos Criswell）は1956年，最高裁が人種隔離教育に違憲判決を下した後，「彼らはすべて異端者の集まりだ」と批判した。テキサス州 First Baptist Church of West Dallas の牧師カレイ・ダニエル（Carey Daniel）は，"God the Original Segregator" とする説教を行って人種隔離を聖書から正当化した（Manis, 1999）。

56) SBCは1947年に，人種平等を主張する Charter of Principles on Race Relations を採択し，これが人種問題に対する公式的立場となっていた。

離に固執したことで，アメリカだけでなく世界中から罵倒と非難を受けたからである。

福音派リベラリズムの台頭

一方で，保守的な福音派の中にも1960～70年代のリベラリズムの潮流は，少しずつ流れ込んでいった。1960年代の福音派は，かつてのようなアウトサイダーではない。人口の流動化に伴い，南部人が北部文化と接触する機会も増え，福音派でも都市に住む人口が増えてきたことも背景にあるだろう[57]。

福音派リベラル勢力の台頭を象徴したのは，福音派を対象にした左派系雑誌の創刊である。1965年には *New Freedom*（のちに *The Other Side* に改名）が誕生し，1971年には福音派の著名な神学校，トリニティー福音神学校（Trinity Evangelical Divinity School）で，ジム・ウォリス（Jim Wallis＝1948-）らが反戦活動組織のキリスト教人民連合（The People's Christian Coalition）を結成し，地下出版物として *Post-American*（のちに *Sojourners* と改名）を発刊した[58]。

主流派に比べると，福音派では左派活動家と呼ばれるような人々は少数だったが，高等教育を受けた若者の間ではリベラルな意識が広がっていた。福音派神学の殿堂であるホイートン大学でも，1960年代には長髪学生とフォークソングがキャンパスにあふれていた。学生新聞は公民権運動への参加を学生に呼びかけ，民主党の急進リベラル派大統領候補，ジョージ・マクガバン（George McGovern）を支援する学生も増えてきた[59]。大学卒以上の学歴を持つ福音派は1960～72年にほぼ2倍に増加し[60]，世俗的な一般大学に進学した多数の学生は，急進的な学生運動に影響を受けていった（Sullivan, 2008, p. 29）。

---

57) 南部以外に住む南部バプテストは1936年に8％だったが，1952年には12％，1980年には18％になった。特にカリフォルニア州への南部人口の流出は大きく，ロサンゼルスとカリフォルニア州オレンジ郡には膨大な南部出身の白人人口が居住していた（Dochuk, 2007）。
58) ウォリスは公民権運動に参加して多くの逮捕歴を持ち，ベトナム反戦運動などにも活発に参加していた。*Sojourners* は現在も進歩的な福音派誌として有名で，同名の団体と一体となって活動しており，反核運動や南アフリカの黒人解放運動などを活発に展開してきた。
59) 1964年に保守的な共和党大統領候補，バリー・ゴールドウォーター（Barry Goldwater）が同大学を訪れた時には学生による抗議行動が広がったが，マクガバンは1972年に同大学内の教会における遊説を許可され，同候補を支援する学生組織も誕生した。
60) ANESで筆者集計。

こうしたリベラルの潮流は，SBC 教派組織の内部にも広がっていった。1960年代には日曜学校理事会を基盤にしてバプテスト学生組合（Baptist Student Union）が結成された[61]。彼らは保守的な SBC の教義を批判して日曜学校教材の見直しを主張し，ベトナム反戦を主張して沈黙の抗議行動を行った。その他の SBC 教派組織[62]でも平和運動や貧困救済運動，経済的正義などの問題でセミナーや集会が活発に開かれた。しかも，SBC 幹部は学生の運動を抑えるどころか，婉曲な表現ながらもベトナム戦争への懸念を表明するなど共感を示していたのである（Ammerman, 1990, p. 99）。

SBC の内部対立と原理主義派の後退

これらの運動は，主流派で発生した急進リベラル運動から見れば，はるかに穏健なものだった。それでも SBC の中で最も保守的な人々（原理主義派と呼ばれていた）にとっては，押し寄せるリベラルの津波の前兆であり，防波堤にあいた穴は小さくても危険である。原理主義論争後，傍流の立場に甘んじてきた原理主義派は，福音派リベラルの誕生に強い刺激を受けて再び胎動を始めた。

彼らは，日曜学校理事会の出版物が聖書の無謬性を否定したと批判し，著者の懲罰動議を提出するなどして，リベラル派への攻勢を強めた。そして，1970 年の SBC 年次大会では数千人を動員して闘争態勢に入った[63]。

だが，当時の原理主義派にはまだ力がなかった。原理主義派が持ち出した一連の動議は否決され，SBC 会長には依然として穏健派が選出され続けた。彼らは，穏健派が主流を占める SBC の潮流を変えることはできなかったのである（Ammerman, 1990, p. 68）。

こうした情勢を見て，原理主義者の中には SBC を見限って独立教会を設立し

---

61) 日曜学校は，SBC 拡大に大きな貢献をした同教派の中核活動とも言えるものであり，それを運営する日曜学校理事会は，SBC の極めて重要な組織だった。
62) キリスト教生活委員会（Christian Life Commission）や公共問題に関するバプテスト合同委員会（Baptist Joint Committee on Public Affairs）など多数の教派組織がある。
63) 福音派でリベラル派は極めて少数であり，リベラルと保守の対立による亀裂が生まれたというわけではない。1980 年代に行われた SBC 内部の意識調査では，自らをリベラル派と自己認識していたのは 1% にすぎない。これに対して自らを原理主義派としたのは 20%，保守派が 58%，穏健派は 21% だった。したがって，SBC の主流は「保守派」と「穏健派」であり，原理主義者に対抗したグループは主に「穏健派」だった（Ammerman, 1990, p. 77）。

たり，独自の原理主義グループを形成したりするものが現れてきた。1971年には原理主義者によるFellowship of Conservative Southern Baptistsが結成され，独自の神学校を開設し，機関誌 *The Southern Baptist Journal* を発刊してSBC批判を開始した（Wuthnow, 1988, p. 191）[64]。この時期に原理主義者が設立した独立教会は，多数の信徒獲得に成功して，のちにメガチャーチと呼ばれる巨大教会に発展するものも多かった。彼らはかつての原理主義者のように教派を離脱することはなかったが，SBCの教派組織に頼らない独自世界の建設を始めたのである。

同じような対立は，SBC以外の福音派教派でも発生したが，やはり教派を追い出されたのは保守派の方だった。主要な福音派教派の一つで，極めて宗教伝統主義の強かったルター派のLutheran Church-Missouri Synod（約250万人）[65]でも，1960年代には，聖書をリベラルに解釈するグループが多数派を占めるようになり，同じルター派で，より穏健な（決してリベラル派とは言えない）American Lutheran Churchとの合併協議を始めた。これに対してMissouri Synod内部の保守派は強く反発し，内部対立に発展したが，結局，劣勢となった保守派がMissouri Synodを離脱して，新たな分派教派を作ったのである。さらに北部バプテストや，南部メソジスト，原理主義者の独立教会などからも，教派のリベラル化，穏健化に反発した強硬保守派が独自教派を作って分派する動きが起きてきた[66]。

4　福音派運動の変質と指導者の交代

穏健な世論の衰弱

しかしながら，福音派はもともと保守的な人々のグループである。内部にはリベラル派の運動が生まれ始めたものの，福音派信徒全体を見れば，1960～70年代に急進化したリベラリズムに対する反感は高まっていった。福音派信徒を対象

---

64) さらに，1977年には超教派的な保守派交流組織としてInternational Council on Inerrancy (ICI) を発足させた。ICIには原理主義的なLutheran Church-Missouri Synodも参加し，リベラル勢力に対抗する教派横断的な共闘組織としての基盤を整えていった。
65) プルシアのConfessionalismの伝統を継承し，アメリカ文化への同化を拒んだ民族的，伝統主義的なグループが生んだ教派。
66) 分派運動の詳細は，補論1参照。主流派と同様，分派した教派の信徒数は数千人から数万人程度であり，その影響は大きなものではない。さらに，本書においてはこれらの分派教派も宗教伝統系列としては同じ福音派に分類されることから，これらの教派分裂が福音派全体の動向に変化を与えるものではない。

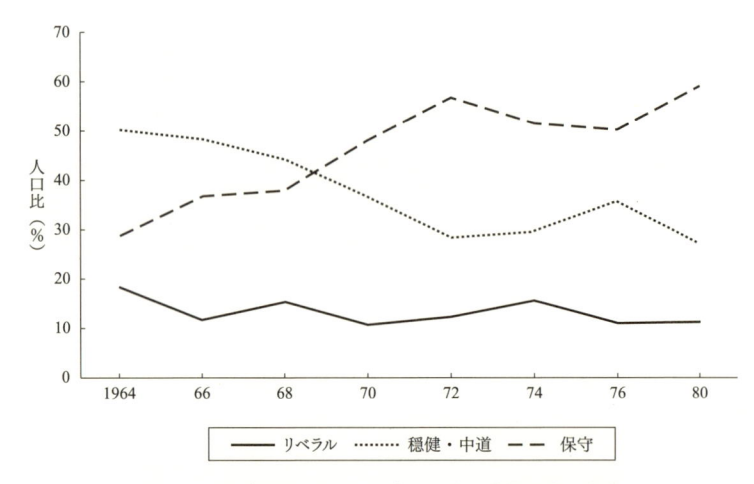

図 2-4　福音派におけるイデオロギー感情温度の推移

注）American National Election Studies Cumulative File 1948-2008 から作成。
　　各カテゴリーはイデオロギー感情温度（最もリベラル＝0 度，最も保守＝97 度）から作成。
　　45～53 度が穏健・中道で，44 度以下がリベラル，54 度以上を保守とした。

にしたイデオロギー感情温度の推移を図 2-4 で見ると，1960 年代に保守派が倍増して 6 割（1972 年）に近づき，この間に穏健派は約 2 割減少している。保守とリベラルに同程度の感情温度を持つ穏健な世論は衰弱して，保守派に好感情を持つ世論が急拡大していったということである。この世論の推移は，全国民を対象にした図 2-2 とほぼ同じで，福音派の方がわずかに保守派への好感情が強い。

第一世代指導者の衰退

こうした世論の変化は，福音派内部対立の勢力関係を大きく変えていった。福音派の基調を形成してきた穏健保守派の勢いは衰退し，傍流に甘んじていた原理主義派が勢いを増してきたのである。

この潮流の変化は，福音派世論をリードしてきた第一世代指導者の衰弱となって現れた。象徴的な出来事は，*Christianity Today* 誌のヘンリー編集長の更迭である。彼は創刊以来の編集長として，福音派の穏健な保守主義をリードしてきたが，1968 年には十分に保守的な姿勢を貫いていないとする批判を受け，編集長の座を追われた（Marsden, 2006, p. 241）。交代の背景には同誌の主要な支援者であるハワード・ピュー（J. Howard Pew）[67]の意向が働いていたと言われる。ピュー

は，かつてはオケンガらの福音派運動に共感し，同誌の最大の財政的支援者となったが，1960年代のリベラル派の台頭を受けて，より強固に保守的な姿勢を求めていたのである（Marsden, 2006, p. 241）。ヘンリーの後任編集長は，「聖書の無謬性を信じないものは福音派ではない」と主張する強硬な伝統主義者だった。

原理主義者たちは，オケンガやヘンリーらは福音派への左派勢力浸透を阻止できないリベラル勢力だったと攻撃し，グラハムさえも，公民権運動を支持したとして名指し批判の対象とした。フラー神学校に対しても，聖書の無謬性を厳格に教育しておらず，学生に対して寛容的すぎるとの非難が投げつけられた。

グラハムやヘンリーら第一世代指導者は，原理主義者からの攻撃を受けただけでなく，リベラル派からも批判された。グラハムはクルセード集会で人種別の座席指定を断固拒否したり，ジョンソン政権の「貧困との闘い」政策を支持したりするなど，リベラルの運動にも理解を示していたが，あくまで聖書の無謬性を信じる宗教伝統主義者であり，政治的にもベトナム戦争を最後まで擁護した保守派である。1960年代に台頭した急進的なリベラル派にとっては，グラハムらは，あまりにもナイーブで臆病な良心派であるか，あるいは仮面をかぶった体制側の右翼にすぎなかったのである。

こうして，穏健な保守主義を掲げた第一世代の福音派指導者は，左右両翼からの批判を受けて影響力を失い，権威を失墜していった。ニクソン大統領との深い交友関係が有名になったグラハムは，ウォーターゲート事件によって同大統領とともに深く傷ついた（Wuthnow, 1988, p. 191）。

原理主義派の勝利

一方で，原理主義勢力は，世論の保守化に勢いを得たうえ，組織面でも強化されてきた。ジェリー・ファルウェル[68]ら新世代指導者が台頭し，宗教円卓会議（Religious Roundtable）など原理主義派の超教派的な組織も生まれ，SBCの教派組織への影響力拡大を目指して運動を強化した。

歴史的な転換点は1979年の大会である。宗教右派団体と結びつきを持つテネ

---

67) サンオイル（Sun Oil Company）創業者の一人で慈善活動家。
68) バージニア州リンチバーグに Thomas Road Baptist Church を創設し，メガチャーチに成長させた原理主義者。テレビ番組 *Old-Time Gospel Hour* で人気を得て，福音派の新たな指導者として台頭していた。

シー州のメガチャーチ牧師，アドリアン・ロジャース（Adrian Rogers）がSBC会長に選出され，翌年にはファルウェルと強い結びつきを持った牧師，ベイリー・スミス（Bailey Smith）が会長に選ばれた。長く傍流の地位にいた原理主義派は，ついにSBCの会長ポストを獲得したのである。

　危機感を持った穏健派は，1984年の年次大会で大量動員をかけて反攻に出た。大会出席人数は通常の2倍以上となる約4万5000人にふくれあがり，会長選挙では買収や脅迫のうわさが飛び交い，教派の混乱を避けるために両派の和解委員会設立まで決まった。しかし，選挙の結果，穏健派は敗退し，これ以降会長ポストは原理主義勢力が独占するようになったのである（Farnsley, 1994, p. 25）。

　原理主義派が会長ポストを握ると，教派の主要組織幹部は次々と原理主義派に交代していった。リベラル化したとされていたキリスト教生活委員会（CLC）の会長には，のちに宗教右派運動の指導者となるリチャード・ランド（Richard Land）が就任した。その後，CLCは神学的伝統主義のみならず，信徒の政治的動員を目的としたパンフレットを多数発行するなど，宗教右派運動と一体化していったのである（Sherkat & Ellison, 1997）。

　一方，SBCと同じように保守派とリベラル派の対立が発生したLutheran Church-Missouri Synodでも，1969年の会長選挙で保守派が勝利して，リベラル派の衰退が明白になった。優勢になった保守派は，リベラル派の神学校学長を解任したため，抗議したリベラルな学生や教授らが1974年，神学校を分裂させて独自の"亡命学校（Seminexと呼ばれた）"を設立した。約150の教会がこの亡命学校を支持したことで，教派内の亀裂は先鋭化したが，これも，1976年にリベラル派がMissouri Synodから追い出される形で収束し[69]，保守派の勝利が固まったのである（Djupe & Olson, 2008, p. 262）。

新世代指導者の台頭とその権力基盤

　第一世代指導者衰退によって生まれた空白の中から台頭してきたのが，ジェリー・ファルウェル，パット・ロバートソン，ジミー・スワガート（Jimmy Swaggart），ジム・ベッカー（Jim Bakker）など新しい世代の指導者たちである。

---

69) リベラル派は，独自教派であるAssociation of Evangelical Lutheran Churches（分派時の信徒数約9万5000人）を作って，分派していった。

原理主義者のファルウェルを除いて，彼らは古い指導者との人脈的なつながりはほとんどなく，福音派運動の歴史とは断絶した世代である。

　新世代の指導者は，自らを原理主義者と呼ぶことを躊躇しなかったが，原理主義の第一世代指導者であるカール・マッキンタイアやビリー・ハーギスとのつながりもない。ファルウェルは原理主義グループの出身だが，孤立主義の伝統を破って宗教右派運動に乗り出したことで，ボブ・ジョーンズ（Bob Jones）ら第一世代の原理主義者から強い批判を受けた人物である。

　第一世代指導者の多くが博士レベルの高等教育を受け，ホイートン大学やフラー神学校などの神学校や *Christianity Today* 誌を拠点に活動を行い，伝統的な教派組織の役職などを通して影響力の基盤を築いていったのに対して，新世代指導者の神学的バックグラウンドは貧弱であり，彼らの権力と影響力の源泉はテレビの伝道番組やメガチャーチだった[70]。

　大衆とのコミュニケーション能力が高い新世代の指導者たちは，伝道番組とダイレクトメールをリンクした寄付集めで，短期間に膨大な資金力を形成していった。一方，この時代には都市中心部の荒廃を嫌った白人中間層の郊外移住が始まって，原理主義者が設立した独立教会の中からは数千人，あるいは数万人という信徒を抱えたメガチャーチが成長していった。テレビ伝道番組やメガチャーチで成功した牧師は，それを基礎にして出版事業や独自の神学校建設に手を広げ，自らの帝国を築いていった。

　こうして，既存教派組織に頼らない権力と影響力の基盤を獲得した新世代の指導者は，福音派教派組織の中でも発言力を強めていった。かつては神学校出身の神学エリートが就任するものだった教派組織の指導部は，次第にメガチャーチの牧師らによって占められていくようになるのである（Wuthnow, 1988, p. 197）。

ポピュリズム

　次章で詳述するように，この新世代指導者が宗教右派運動に乗り出し，それが福音派信徒に広くアピールしていったのである。その原因については，これまで様々な分析が行われてきたが，基本的な背景には，新世代指導者のポピュリスト

70）教派別で言えば，古い指導者が北部バプテストや長老派から分派した福音派教派に属しているのに対して，新しい指導者は成長が著しい南部のペンテコステや南部バプテスト，そしてカリスマ派である（Wuthnow, 1988, p. 194）。

的な権力基盤を指摘することが可能である[71]。

　図 2-1 で示したように，1970 年代には，急進的リベラリズムの拡大に反感を抱く人々が増えていった。特に，福音派信徒の中には，宗教伝統主義を嘲笑するメディアなどリベラル派が全盛となった社会潮流に，強い不満を抱く人々が多数存在していただろう。そして，その不満を代弁するメッセージを聞きたいという需要が高まっていたことは，彼ら新世代指導者のテレビ伝道番組が持った高い視聴率から実証されていた。

　新世代の福音派指導者は，教派組織の中でエリートの階段を上ってきた"社員"ではなく，独立してメガチャーチやテレビ番組を築いてきた"起業家"である。彼らの基盤は福音派を中心とした大衆から送られてくる寄付金であり，寄付金はテレビや説教の中で大衆の欲しているメッセージを発信し続けることによって生まれてくる。そのメッセージは簡潔で単純でインパクトが強いほど効果的である。新世代指導者の，過激でどぎついリベラリズムへの攻撃，大衆迎合的でポピュリスト的なメッセージは，こうしたマーケッティング戦略が背景に存在することは間違いないであろう[72]。

　ポピュリスト的な指導者とそれを受け入れる膨大な大衆の存在は，政治運動にとっては貴重な"資源"である。同時に，新世代指導者にとって，政治権力との結びつきや著名な政治家との交友関係は，彼らの地位を高め，ダイレクトメールやテレビ伝道番組を通した寄付の拡大にもプラスとなる。そして，その政治権力が，彼らの主張する宗教伝統主義を政治に反映してくれるのであれば，政治からの誘いを拒む理由は何もないであろう。

---

71) 宗教右派運動拡大の原因については，様々な説明が行われている。社会学からの分析では，キリスト教右派の指導者や支持者の社会的なステイタスの喪失感から説明する Status Politics 理論や Politics of Life Style Concern など，宗教右派現象を社会病理的に捉えた説明が中心となってきた（Wald, 2003）。一方で，新世代指導者が突然，政治的活動を始めた背景としては，宗教右派系の学校に対する免税措置撤廃の動きや，ケーブルテレビの宗教番組に対する規制強化の動きなど，宗教右派団体の資金基盤に対する干渉が高まったことが原因だとする指摘もある（Balmer, 2009, p. 95；Wald, 2003, p. 220）。

72) マーケッティング戦略を意図したものではなくても，本来の性格から過激なメッセージを発する人がテレビで人気を獲得し，著名になっていったという説明も可能であろう。いずれにしても結果は同じである。また，彼らは"社員"でなく"起業家"であることによって，教派官僚から台頭した旧世代指導者のように，彼らの発言を規制しコントロールする教派理事会や信徒の大会などが存在しないことも，新世代指導者の過激な発言や行動の背景にあるだろう。

5 ま と め

　1960〜70年代に起きたリベラリズムの拡大は社会に大きな亀裂を生み，急進化したリベラル派は穏健な世論から乖離して，保守派に好感情を抱く人々が増加していった。その潮流はプロテスタントの世界にも広がり，主流派では，急進リベラル化した教派幹部と，保守的な信徒の意識乖離となって，内部にきしみを生み出した。

　一方で，保守的な福音派でも一時期，小規模なリベラル派の運動が広がったが，それは，傍流に位置していた原理主義的な勢力を刺激し，彼らの活動を活発化させる結果となった。もともと保守的な福音派では，リベラリズムへの反感が広がり，次第に過激な保守派が力を蓄えて，1970年代末には福音派主要教派の実権を奪い取ったのである。

　こうした潮流の変化の結果，穏健な保守主義を主張してきた福音派第一世代指導者は衰弱し，その空白の中から新たな指導者が台頭してきた。旧世代の指導者が，政治への関与を避けていたのに対して，テレビやメガチャーチに基盤を置く新世代指導者は，過激な反リベラルのメッセージを通して影響力を維持した。彼らのポピュリスト的な基盤は，政治運動に容易に転化するものだった。

第 3 章

福音派と政党対立構造の変容

第1節——1960年代の政治変動と未完の政党再編成

　前章で1960～70年代に生まれた社会亀裂が，プロテスタントの世界に与えた衝撃を説明した。だが，この時代まで，宗教の世界における運動と政党政治の動きは，直接，交錯していない。次に1980年代以降，その二つが密接なつながりを持つ時代を記述していくが，その前に，1960～70年代に政治の世界では何が起きていたのかを概観しておかなければならない。この時代に生まれた社会亀裂は，政党再編成を生み出すような横断的な争点を生み出したのか，そして，両政党がその亀裂を政党政策に反映させることによって，新たな政党対立争点が生み出されていったのかが，この節の焦点となる。

1　1950年代の政党対立

一次元的な政党対立

　現代的な保守とリベラルのイデオロギーが誕生したのは，ニューディール政策の時代である。この当時の「リベラリズム」とは，もっぱら貧者救済のための連邦政府による所得の再分配や，企業活動規制を通した労働者保護など，連邦政府が市場と経済に積極介入する「大きな政府」の主張だった。一方で，「保守」とは市場や経済への介入，連邦政府の積極主義を批判する「小さな政府」の立場だった[1]。すでに述べたように，本書ではこの「小さな政府」と「大きな政府」の対立を「ニューディール争点」と呼び，同争点で保守的な立場（「小さな政

---

1) 当時の保守とリベラルというイデオロギー対立の内容が，経済的次元に限定されていたわけではない。言論の自由や黒人など少数派の権利擁護，外交的な孤立主義の排除などもリベラルに結びつけられた態度である。しかし，これらのテーマは政党対立の争点となってはいなかった（Lenski, 1961, p. 188）と言えよう。

表 3-1　主要な争点への賛否と政党政策への認識（1956 年）

(%)

		連邦政府の雇用保証	孤立主義	反共国際主義	対ソ連強硬外交	黒人の公平雇用[†1]	人種共学[†1]
賛否	賛成	62.7	28.4	72.7	76.4	70.3	49.0
	意見なし	7.6	6.2	11.1	6.9	7.5	7.1
	反対	29.7	65.4	16.2	16.8	22.2	43.9
支持政党別（賛成者の%）	民主党	73.7	31.2	82.8	78.3	73.7	56.1
	共和党	58.5	27.0	81.5	76.3	73.6	54.5
政策推進政党の認識[†2]	民主党	32.7	19.7	10.2	21.1	23.4	28.4
	差異なし	43.2	45.7	57.8	41.2	50.9	46.7
	共和党	24.2	34.6	32.0	37.7	25.7	25.0

注）American National Election Studies 1956 File から作成。
政党支持は，無党派で民主（共和）党寄りの有権者を含む（以下，特に断りがない限りは同様）。†1：人種問題に関する質問は白人のみを対象にした数値。†2：各争点について，どちらの政党が推進の立場であるか，という質問への回答。各項目の質問内容は以下の通り。（括弧内は 1956 年 File 内での変数番号）
政府の雇用保障（560032）"The government in Washington ought to see to it that everybody who wants to work can find a job."，黒人の公平雇用（560044）"If Negroes are not getting fair treatment in jobs and housing, the government should see to it that they do."，人種共学（560074）"The government in Washington should stay out of the question of whether white and colored children go to the same school."，孤立主義（560035）"This country would be better off if we just stayed home and did not concern ourselves with problems in other parts of the world."，反共国際主義（560056）"The United States should keep soldiers overseas where they can help countries that are against communism."，対ソ連強硬外交（560050）"The best way for this country to deal with Russia and communist China is to act just as tough as they do." 各質問に対する 5 段階回答を 3 段階にまとめた。

府」）を「ニューディール保守」，リベラルな立場（「大きな政府」）を「ニューディール・リベラル」と呼んでいる。

　リベラリズムはニューディール政策の成功によって圧倒的な正当性を獲得し，戦後の政治と思想潮流をリードした。こうした状況は表 3-1 に明確に示されている。表の上段を見ると，「連邦政府の雇用保証」への賛成は 6 割で，反対は 3 割にすぎない。「連邦政府の雇用保証」はニューディール争点への立場を測る代表的な指標とされ，質問は「連邦政府は仕事を求める人すべてに雇用が与えられるよう努力すべきか」という内容である。「努力すべき」を意味する賛成の答えはリベラルな立場を示し，「政府は国民の自己責任に任せるべき」という反対の回答は保守を示している。軍事・外交問題でも保守的な立場である孤立主義は否定され，反共国際主義や対ソ連強硬外交の主張にも国民的コンセンサスが存在する。同表で，国民意識が二分されているのは人種問題だけである。

　政党対立の構造にもこうしたイデオロギー状況は反映されていた。民主党はリベラル，共和党は保守的な政策立場だったが，1952 年に誕生した共和党のアイゼンハワー政権は，基本的にニューディール政策を踏襲し，民主・共和両党の立

表 3-2 各争点と政党帰属意識の相関

	ピアソンの相関係数	有意確率（両側）	N
政府の雇用保証	.170	.000	1529
黒人の公平雇用[†1]	.001	.968	1351
人種共学[†1]	.034	.200	1392
孤立主義	.041	.116	1487
反共国際主義	.023	.400	1372
朝鮮戦争への態度[†2]	.004	.867	1570

注）American National Election Studies 1952, 1956 File から作成。
政党帰属意識は Strong Democrat から Strong Republican まで7段階，各争点の回答は5段階の回答。
†1：人種問題に関する項目は白人のみを対象，†2：朝鮮戦争への態度（520054）"Do you think we did the right thing in getting into the fighting in Korea two years ago or should we have stayed out." は1952年。その他は1956年。

場は接近していた。表3-1の中段を見ると，ほとんどの争点に関して，両党支持者の態度はうり二つである。唯一，両党対立の基本である「連邦政府の雇用保証」に関しては，民主党支持者の73.7%が「賛成」であるのに対して，共和党支持者では58.5%と異なるが，大きな差ではない。最後に，下段を見ると，各争点で，どちらの政党が積極的な政策を打ち出しているかという質問では，両党に「政策差異なし」という回答が最も多い。また，表3-2は，各争点と政党帰属意識の相関関係を調べたものである。これによっても，政府の雇用保証以外は政党帰属意識と全く相関関係がなかったことが明らかである。

以上の分析から，1950年代における政党対立はニューディール争点を基軸とする一次元的な構造で，その他の争点では，両党支持者の意識はほとんど変わらなかったことがわかる。そして，そのニューディール争点に関しても両党にそれほど明確な対立はなかったのである。

2　人種問題

横断的争点

こうしたコンセンサスの時代は，1960年代の政治的動乱で終わりを告げた。すでに述べたように，1950年代にも人種問題で世論は二分されていたが，民主・共和両党の政策差異が明確でなかったために，政党対立争点にはなっていなかった（Carmines & Stimson, 1989, p. 116）。

人種問題に関して、民主党は、北部ではリベラル派だったが、南部には厳格な人種隔離を訴える保守的な"デキシークラット（Dixiecrat）"の地盤があった[2]。だが、民主党指導部は、南部の地盤喪失を恐れる北部民主党と、連邦レベルでの発言力を失うことを恐れる南部民主党の妥協を図るため、人種問題が争点化するのを避けてきたのである[3]。民主党の1952年党綱領は末尾で「人種、宗教、出身国による差別の撤廃に向けた努力を続ける」と述べただけであり、人種隔離政策を違憲と判断した画期的なブラウン対教育委員会判決（1954年）の後の1956年綱領でも、賛否の判断を一切示していない[4]。

これに対して、リンカーンの政党である共和党は、むしろ人種問題ではリベラルな姿勢だった。1952年綱領は、南部の人種差別廃止のために連邦政府の行動を促し、1956年綱領では最高裁判決に明確な支持を打ち出した。

それでも、公民権法が成立した1964年時点で、人種隔離撤廃の支持者は、民主党支持者の中で25%、共和党支持者では30%であり、共和党支持者が少し人種リベラルだったものの、大きな違いではない[5]。人種問題の亀裂は政党間ではなく南部と北部の間に走っており、それは既存の政党対立に対して、完全に横断的な争点だったのである。

亀裂勢力の台頭と政党の態度表明

だが1960年代に入り、公民権運動が大きな盛り上がりを見せると、民主党内では、人種問題の政党対立争点化を目指す「亀裂勢力」が、北部リベラル派議員

---

2) 南部を示すDixielandと民主党（Democrat）を掛け合わせた政界用語である。
3) 1948年の民主党大会では北部リベラル派が優位に立って、党綱領における人種差別反対姿勢を強めた結果、南部の代表が党大会から席を立ち、第三党結成の動きが表面化した。南部は民主党の強固な選挙地盤であり、南部の反乱の結果、1948年選挙では南部で39票の選挙人票が失われた。これは民主党幹部に対する強い警告となり、人種問題は党分裂を生み出す危険な争点として表面化を避ける努力が続けられた（Sundquist, 1983, p. 354）。民主党は、1933年から1964年までの人権平等を求める26本の主要な公民権関連法案のうち、8割の法案で反対投票を行ってきた。
4) 1956年綱領で判決について述べた内容は、同判決が「国家と、直接関係する地域社会に重大な結果をもたらした」と述べるだけである。以下、両党綱領はThe American Presidency Project (http://www.presidency.ucsb.edu/platforms.php) から。最終アクセス2011年10月22日。
5) ANESによる筆者集計。人種隔離問題（VCF0815）の回答（1. Desegregation, 2. In between, 3. Strict segregation）中、1の回答の比率。白人のみを対象。

を中心に台頭してきた。党分裂を恐れず，デキシークラットとの妥協の歴史に終止符を打ち，民主党を明確な人種リベラル政党に脱皮させることが目標である。党内力学を熟知したジョンソン大統領は，上院院内総務の時代から民主党内融和のために人種問題の争点化回避に力を入れてきたが，1964 年になると，公民権運動の巨大な圧力によって，もはや亀裂勢力を抑える力がなくなってきた。その結果，同年に行われた公民権法の下院投票で，民主党は明確に人種隔離撤廃を支持したのである。民主党の賛成票は北部議員を中心に 153 で，反対票の 91 はほぼすべて南部議員だった。ここにきて，ジョンソン大統領は，南部民主党の離反を覚悟のうえで，民主党を人種リベラル派に変身させる戦略的決断を行った[6]。同大統領が全国向けのテレビ中継で，人種差別反対のプロテスト・ソング，"We Shall Overcome" を歌うようになったとき，民主党が人種リベラル政党であるイメージは固まっていったのである。

　それでも，共和党が従来からの人種政策を変えて人種保守主義を打ち出さなければ，人種問題は政党対立争点にはならなかった。共和党は 1933 年から 1964 年まで，公民権関連法案の 9 割以上に賛成投票を行い，1964 年の公民権法でも下院で 136 人が賛成し，反対は 35 人だけだった。少なくとも公民権法投票の時点で，共和党はまだ人種問題でリベラルな姿勢を保っていたのである。

　だが，共和党の内部にも既存の党指導部に不満を持つ亀裂勢力が育っていた。1964 年大統領選挙予備選で共和党候補に選出されたバリー・ゴールドウォーター（Barry Goldwater）は，公民権法に反対したわずか 6 人の北部上院議員の一人であり，人種保守主義を強くアピールしていたのである。彼の候補選出を反映して，同年の共和党綱領は，人種差別撤廃を訴える従来の手厚い項目が消滅し，差別反対を数行の記述で主張しただけだった[7]。同年の選挙をきっかけにして，

---

6) ジョンソン大統領は 1964 年に公民権法に署名した際「南部を長期にわたって共和党に明け渡すことになるだろう」と述べた（Balmer, 2009, p. 53）。

7) 民主，共和両党が人種リベラル，保守の政党に変化していった以上のプロセスは，カーマインとスティムソンが主張するように，政党対立争点の進化（Issue Evolution）には，偶然の作用が大きく働いていることを示している。共和党が人種保守主義に傾いたのはゴールドウォーターが大統領候補になったことが大きな原因だが，彼は，共和党主流派のネルソン・ロックフェラー（Nelson A. Rockefeller）が再婚問題でつまずかなければ，共和党候補に選出される可能性は極めて低かった。ゴールドウォーターはイデオロギー的には非主流の弱体グループを率いていたにすぎないのに，偶然の積み重なりによって，共和党の人種政策を大きく転換したのである（Converse, Clausen, & Miller, 1965, p. 321 ;

共和党は，突然のように人種保守政党として位置づけられることになったのである（Carmines & Stimson, 1989, pp. 50-54 ; Pomper, 1972, p. 420）。

こうして1964年大統領選挙は，20世紀になって初めて，二大政党が人種問題で明白な政策態度を表明する選挙となった。民主党が人種リベラル化したことで，南部白人は同党から離反し，1968年の大統領選挙では第三党のジョージ・ウォレス（George Wallace）に流れていった。そして，この"ウォレス・ウィング"は，ウォレスが敗北した後も二度と民主党に戻ることはなかった。既存の政党対立争点を横断する争点の登場で，政党支持基盤が組み替わっていったのである。

人種問題とニューディール争点の一体化

だが，ゴールドウォーターが共和党を人種保守主義の政党に変えた時に，大きな論理の転換があったことを忘れてはいけない。デキシークラットが主張したのは，白人優越主義に基づくあからさまな「人種隔離主義」だったが，ゴールドウォーターが主張したのは，「連邦政府が州政府の人種政策に介入することは憲法違反だ」という，「小さな政府」＝ニューディール保守の主張に基づく人種保守主義だったのである。

ゴールドウォーターは，アイゼンハワー大統領の穏健保守路線に不満を持つリバタリアン的なニューディール保守派だったが，人種差別主義者ではない。彼は，人種共学を支持し1957年と60年の公民権法には賛成した。1964年の公民権法には反対したが，その論理は，連邦政府の権限を制限し，州権を尊重すべきだというものであって，白人優越主義や人種差別を正当化したわけではない[8]。

そもそも，白人優越主義に基づく人種差別など，責任を持った政党の掲げる政治的主張とはなり得ないだろう。だが，ゴールドウォーターの論理転換によって，共和党は，人種保守主義を政治的立場として正当化する論理を発見した。この後の同党は，州権の尊重というニューディール保守の論理から，人種保守主義

Carmines & Stimson, 1989）。
8) ゴールドウォーターが人種保守主義を鮮明にしたのは，民主党との対決姿勢を際立たせて，同党からの離反票獲得を目指す政治的判断もあったと考えられる。彼は1962年に，「カモのいるところには，狩りに行かなくてはいけない」と述べて，南部白人票の獲得戦略を主張していたのである（Converse, Clausen, & Miller, 1965 ; Sager, 2006, p. 44）。

を主張していくことになるのである（Carmines & Stimson, 1989, p. 44 ; Sager, 2006)[9]。

　この結果，人種保守とニューディール保守の立場は一体化を始めた。それは，ジョンソン大統領が少数派の積極的優遇措置（アファーマティブ・アクション）を定め，「偉大な社会」計画によって福祉政策の大幅拡大を行ったことによって，さらに進んでいった。福祉の主要な受給者は黒人であり，積極的優遇措置で，黒人は雇用や大学入学で優先的立場に立った。こうした制度に対する白人の反感は強かった。その反感の中に人種差別意識が隠れていたとしても，もはや人種問題ではなく，福祉政策や積極的優遇措置というニューディール争点の枠組みの中で論議されることになったのである。そして，共和党はニューディール保守の立場から，次第に人種問題でも保守的な姿勢を強めていった。

　もっとも，厳格な人種隔離を主張するデキシークラットが，共和党のこのような"微温的"な人種保守主義に満足したわけではなかった。彼らは，民主党を離反したものの，共和党に流れていったわけではない。第三党のウォレスが敗北した後は，無党派に漂流していく人が多かったのである。

3　リベラリズムの拡大と民主党のリベラル化

ベトナム反戦運動

　公民権運動で社会に広がったリベラリズムのエネルギーは，若者を中心としたベトナム反戦運動のうねりにつながっていった。だが，当初の反戦運動は，政党対立の問題とはならなかった。民主党は，そもそもベトナム戦争を拡大した政党であり，決して反戦の立場にあったわけではない。議会の民主党と共和党は，ベトナム問題で超党派的な対応を続けていたのである。

　だが，1968 年になると，民主党の中に，党の政策立場をベトナム反戦に変えようとする亀裂勢力が生まれてきた。民主党上院議員の中に，反戦運動に同調するハト派が登場し，反戦派学生の強い支援を受けたユージーン・マッカーシー（Eugene McCarthy）が，同年の大統領選挙に向けた民主党予備選に挑戦した。そして，その流れを受けて，有力者であるロバート・ケネディ（Robert Kennedy）

9）ニクソン大統領は 1972 年選挙において，「学校の人種統合，そしてあらゆる人種統合の問題に関して，連邦政府からの（州への）圧力をなくすよう努力する」と主張していた（Carmines & Stimson, 1989）。

が反戦派としての予備選出馬を決意すると，民主党内でハト派とタカ派の亀裂は明白になってきた。

ジョンソン大統領は，戦争拡大政策を続けるタカ派だった。だが，軍事戦略が行き詰まり，かつベトナム政策が党分裂の危険を生み出していることが明らかになっていくと，ハト派とタカ派の融和を図る穏健派勢力として動き出した。彼は，民主党予備選でほぼ当確と見られていたにもかかわらず，突然，北爆停止を発表するとともに，選挙戦からも撤退してしまったのである。

それでも，シカゴで行われた1968年の民主党大会は，反戦派学生と警官隊の衝突で大混乱し，民主党は分裂寸前の危機に陥った。だが，ジョンソン大統領の推薦したヒューバート・ハンフリー（Hubert Humphrey）が，戦争継続を貫きながらも平和運動に理解を示す穏健派路線を示すことで，かろうじて党大会を収拾した。

リベラリズムの拡大

公民権運動やベトナム反戦運動に歩調を合わせて，社会にはフェミニズムやフリー・セックスなど文化や価値観のリベラリズムも広がっていった。その経緯は前章で述べたので繰り返す必要はないだろう。

すでに述べたように1950年代のイデオロギーは，主にニューディール争点をめぐる一次元的な対立であり，リベラルとは，もっぱら福祉拡大を求める「大きな政府」の主張だった。だが，1960〜70年代を通して，人種差別や戦争に反対し，性の解放を求めることも，リベラルであることの重要な構成要素となってきた。こうして，リベラルと保守のイデオロギーは，人種問題や，軍事・外交，文化や価値観の問題を含んだ多次元的な対立に広がっていったのである。

政党予備選のオープン化

民主党は，その拡大したイデオロギー対立の中で，人種問題，反戦などいずれの側面でもリベラルな立場を取り，次第に急進化していった。その背景には，1960年代末に両党で行われた予備選改革がある。

1968年民主党大会の混乱は同党内に大きな衝撃をもたらした。リベラル派は，一度も予備選に参加しなかったハンフリーが，党幹部の政治的駆け引きによって大統領候補に選出されたプロセスを非民主的と糾弾し，マクガバンとドナルド・

フレイザー（Donald M. Fraser）による党改革委員会が予備選制度の改革を行うことになった。それまで，党の大統領候補を決定する全国党大会の代議員選出は，地域の政党ボスによる談合で決められることが多かったが，党改革委員会は，談合を排し，予備選もしくは党員集会のような民主的方法によって代議員を選出することを決めたのである。

　改革は，アメリカの政党制に大きな変化を与えることになった。代議員選出過程が極めてオープンになったため，ベトナム反戦や人工妊娠中絶問題など，党内亀裂をもたらす争点を抱えた勢力が，政党幹部の支持を得なくても，草の根運動の支持で党政治に浸透することが容易になったのである。

　これがもたらしたのは，政党指導部が党内政治や政党対立争点をコントロールする能力の低下だった。人種問題が表面化しない限り南北の民主党は団結が可能だったが，それが争点化することで両者は敵同士になったように[10]，争点を管理する力は，誰を敵とし，誰を味方にするのかを管理する力でもある（シャットシュナイダー，1972）。だから，既存秩序を維持しようとする政党指導部は，既存の政党支持基盤の分裂を避けるために，党内に持ち込まれる争点を慎重に管理してきた。だが，候補選出過程への影響力が低下したことで，党指導部には亀裂勢力の党内浸透を阻む力が失われてきたのである。

　しかも，党支持者内部の人気投票である予備選では，イデオロギー的に過激な候補ほど選出されやすいという傾向も生まれてきた。こうした傾向が，民主党の急進リベラル化を生み出していった。そして，共和党も同様の予備選改革を実施したことで，のちには宗教右派運動の共和党浸透が容易になるという結果が生まれていった。

民主党の急進リベラル化

　1972年大統領選挙は，予備選改革の結果が如実に現れたものだった。反戦派学生やリベラル派の草の根的な支持を得て，ベトナムからの即時無条件撤退を主張した急進リベラル派のマクガバンが，民主党指導部の支援を得た穏健派の有力候補，エドモンド・マスキー（Edmund Muskie）を抑えて予備選に勝利したので

10）逆に言えば，水と油の関係にある南北民主党を離反させて，民主党を純正なリベラル政党に変えようとする亀裂勢力は，人種問題を争点化することで目的が達成される。

ある。民主党指導部は，1968年には亀裂勢力の台頭を混乱の末に何とか抑え込むことができたが，予備選改革後の1972年には，もはやその力はなかったのである。

マクガバンを支えた若者の中にあったのは反戦リベラリズムである。それは，かつて第二次世界大戦の時に参戦派と孤立主義者が対立したのとは全く異なって，「正しい戦争」の存在そのものを否定し，あらゆる戦争と軍事的なもの全般に反発する平和主義だった。こうした反戦リベラリストは1960年代末からマッカーシーやマクガバンの運動を通して，民主党支持基盤の構成要素の一つとなり，民主党のイメージを反戦リベラル勢力と一体化させていった。表3-3で明らかなように，1972年には政党帰属意識とベトナム政策の相関が急に高まり，この問題が明確に政党間対立として位置づけられたのである。

表3-3 ベトナム戦争政策と政党帰属意識の相関

年	政党帰属意識との相関		
	ピアソンの相関係数	有意確率	N
1968	.030	.298	1230
1970	.084	.001	1438
1972	.208	.000	2274

注）American National Election Studies Cumulative File 1948-2008 から作成。
ベトナム戦争政策（VCF0827a）は，ベトナム戦争に関して "1. Immediate withdrawal" から "7. Complete military victory" までの7段階尺度。

さらに，マクガバンは女性解放運動やニューレフトの運動に同調し，人工妊娠中絶の自由化や同性愛者の権利を訴えるなど，あらゆるリベラリズムの潮流をまとめ，最左翼のイデオロギーを体現していた。彼の立場が，民主党支持基盤の世論を反映していたわけではないが，新しい予備選制度では，過激なイデオロギーが大きな声を獲得し，若者や反戦学生らの草の根活動がインパクトを持っていた。政党ボスの手の届かないところで，民主党政治が動き始めたと言えるだろう。

こうして民主党は，反戦リベラルや急進的な若者文化のイメージと一体化したリベラル政党として鮮明に位置づけられていった（Sundquist, 1983）。1976年には倫理問題で極めて保守的なカーター大統領が民主党から誕生したものの，マクガバンの時代に生まれた民主党のリベラル・イメージは国民意識の中に定着していったのである。

4 共和党の曖昧な対応

ゴールドウォーター後の共和党

　このように民主党は急速にリベラル化したが、それに対抗して共和党が急速に保守化したわけではなかった。1964年大統領選挙で、ゴールドウォーターは鮮明な保守主義を掲げたものの、彼を支えた保守主義運動は、党内の弱小な傍流グループにすぎず、同選挙での敗退とともに弱体化していったからである。依然として、共和党主流を握っていたのは穏健保守派であり、1968年に民主党から政権を奪還したニクソン大統領は、保守派をアピールして出馬したものの、実態は穏健派だった。

　人種問題に関してニクソン政権は、人種共学の学校統合を進展させ、積極的優遇措置を本格実施に移すなど、リベラルな政策を引き継いでいた。ニューディール争点においても、ニクソン政権は決して保守派ではない。彼の経済政策の基本には、ニューディール・リベラリズムのケインズ政策があり、ジョンソン大統領の掲げた「偉大な社会」計画は撤回されず、黒人を主要な受給者とする福祉政策も拡大を続けていたのである。

　ニクソン大統領のベトナム政策は、反戦リベラル派から見れば後ろ向きのイメージだったが、彼はバランス・オブ・パワーを重視する現実主義者であり、劇的対中復交で中ソ間にくさびを打ち込むことによって、着実にベトナム撤退を実現していった。さらに、対ソ軍備管理交渉やデタント外交を進めたのはニクソン政権であり、軍事・外交政策で民主党と共和党の政策に明白な差異はなくなっていったのである。

保守主義運動

　リベラリズムの拡大で生まれた社会亀裂は、急進リベラル派を生み出しただけでなく、それに反発する世論の広がりを背景に、強硬な保守勢力も生み出していった。そして、リベラル派が民主党への浸透を図ったのと同様に、保守勢力は共和党を鮮明な保守政党に変えることを目指す亀裂勢力となっていった。

　保守主義運動の源流にはウィリアム・バックリー・ジュニア（William F. Buckley Jr.）がいる。彼は1955年に *National Review* 誌を創刊し、反ユダヤ主義や極端

な反共主義など過激な右翼分子を排除して，知的な保守主義の存在空間を築くとともに，正統性を持った政治運動として認知させる運動を開始したのである。

保守主義運動に流れ込んでいったのは，第一に政府の積極主義を否定する「小さな政府」の「リバタリアニズム」であり，第二には共産主義との平和共存ではなく，打倒を目指す「反共主義」だった。第三に，社会秩序と伝統的な価値観の復権を目指す「伝統主義」の潮流も重要な柱である。バックリーの支援の下で1960年には，青年組織である Young Americans for Freedom が発足し，自由と限定的な政府，市場経済，共産主義への勝利を基調とする「シャロン声明」が保守主義運動の原則として確認された[11]。

保守主義運動の大きな画期となったのは，先に述べた1964年の大統領選挙である。運動の三つの潮流はゴールドウォーターの支持で一つにまとまり，彼の選挙運動からロナルド・レーガン，フィリス・シャラフリー（Phyllis Schlafly），ポール・ウェイリッチ（Paul Weyrich），リチャード・ビグリー（Richard Viguerie），ハワード・フィリップス（Howard Phillips）ら，ニューライトと呼ばれた保守主義運動の活動家が成長していった。

これらのニューライト活動家の目から見ると，ニクソン政権は過剰な"リベラル"派であり，ゴールドウォーターが生んだ保守主義路線に対する裏切りだった。彼らは，穏健保守派が主流を占める共和党の現状に強い不満を持っていたが，まだ亀裂勢力としては弱体だった。ゴールドウォーターの敗北で勢力は衰え，しかもインテリを中心とした彼らの運動は，急進リベラル派にとっての反戦学生のような，草の根運動の基盤を持っていなかったのである。民主党と同じように，1960年代末には共和党でも予備選改革が行われたが，保守主義運動は，オープン化した制度を利用して共和党に浸透する実力も備わっていなかった。

5 まとめ──未完の争点進化

1960年代から1970年代にかけて，米国は激しい変動の時代を迎えた。そこで生まれたのは，人種問題やベトナム戦争，そして，人工妊娠中絶や同性愛の解放

---

11) Young Americans for Freedom ウェブページ（http://www.yaf.org/sharon_statement.aspx）から。最終アクセス2011年10月8日。

などをめぐる社会亀裂である。これらの争点は亀裂勢力によって民主党の中に持ち込まれ，1960，1970年代を通して，民主党の急進リベラル化が進展していった。

だが，共和党は南部民主党に代わるような人種隔離政党になったわけではなく，戦争拡大路線を取ったわけでもなかった。そして，文化や価値観の問題で民主党と対立することもなかったのである。

したがって，この時代に新たに生まれた争点は，民主党のリベラル化をもたらしただけで，共和党の保守化は進まなかった。その意味で，政党対立争点としての"進化"は未完成に終わったのである。

この結果，民主党は多数の支持層を失ったが，彼らの多くは共和党に流れずに無党派に漂流した。1960～70年代の政党支持基盤変化は，政党再編成（realignment）よりも，無党派層が急上昇する政党解体（dealignment）として特徴づけられるようになった（Sundquist, 1983；Shafer, 1991；Beck & Jennings, 1991）。

第2節──宗教右派運動と政党再編成

　次に，宗教右派運動が始まった1980年代以降の政党対立プロセスを観察していく。政党再編成が発生するメカニズムは，古い政党対立争点に対して横断的な新争点が登場し，それを政党に持ち込む亀裂勢力が台頭するところから始まる。亀裂勢力の影響力が拡大し，政党が新争点に対する政策立場を変化させれば，政党再編成の条件が生み出されていく。

　前節で述べたように，1960～70年代の政治動乱は，民主党のリベラル化を生み出しただけで，共和党の保守化は未完成だった。それでは，1980年代以降の宗教右派運動は，新たな争点を共和党に持ち込み，共和党の政策を転換させて，政党再編成を生み出す力となったのだろうか。

1　亀裂勢力の台頭

ニューライトのフラストレーション

　"リベラル"なニクソン政権と共和党に対するニューライトのフラストレーションは，1970年代を通して高まっていった。当初はニクソンを保守候補として支持したバックリー保守主義運動の指導者は，1971年になると支持を撤回した。ビグリーとフィリップスは同大統領を引きずり下ろすキャンペーンを始め，1976年選挙に向けて元民主党の人種隔離主義者，ウォレスの擁立を画策するなど，共和党主流への挑戦を強めていったのである（Bruce, 1988, p. 58 ; Sager, 2006, p. 46）[12]。

---

12) ロナルド・レーガンは，すでに保守主義運動の希望の星として注目を集めていたが，1976年選挙では，レーガンは副大統領候補にリベラル派を選んだため，ビグリーらの反発を受けていた。このため，ニューライトは不満を持ち，より明確な保守であるウォレ

ニューライトの運動基盤も次第に拡大していった。彼らはヘリテージ財団 (Heritage Foundation) や保守派コーカス (Conservative Caucus)，イーグル・フォーラム (Eagle Forum) など，シンクタンクやロビー・グループ，大衆運動組織を網の目のように広げていった。資金は，ダイレクトメールによる資金集めに成功し，保守主義運動の "funding father" として君臨したビグリーや，大企業をバックにした保守系財団などから潤沢に流れていった。

ニューライトはあくまで世俗的な政治運動であり，思想運動だった。そこには宗教的価値観を重んじる伝統主義の潮流が流れてはいたものの，牧師や福音派の指導者など，宗教者が直接関与するような運動ではなかった。

だが，ビグリーとフィリップス，そしてウェイリッチらに共通するのは，北部エスタブリッシュメントが支配する共和党指導部に対する強い反発である。彼らには，急進的リベラリズムに反感を持つ大衆の中に，社会問題や倫理問題を通して "保守的な多数派" を形成しようとするポピュリスト的な志向が存在した (Sundquist, 1983-84, p. 579 ; Bruce, 1988, p. 57)。そして，その志向は，前章で述べたように，福音派の中に台頭した新たな指導者のポピュリスト的な反リベラリズムのメッセージと強く波長が重なっていたのである。二つの流れが合流していった背景は，そこにあったと言えるだろう。

福音派の政治的覚醒

もっとも，福音派の方にはリベラリズムへの反発が広がっていたものの，まだ党派的な政治運動への関心が高まっていたわけではない[13]。彼らが政治的に "覚醒" し，大きなインパクトを持つことが明らかになってきたのは，1970年代後半になってからである (Marsden, 2006)。

注目を集めたのは，1970年代半ばにウエストバージニア州で起きた草の根保守運動だった。原理主義派牧師の妻が，郡教育委員会採択の国語推薦図書を「宗教を侮蔑し，ポルノ的だ」と主張し，これに保守的な市民が同調して大規模な学校ボイコット運動が生まれた。一方，1977年にはフロリダ州でも草の根保守運動が広がった。同州が同性愛者の雇用差別禁止条例を定めたことに対し，保守系

ス擁立に向かったのである。
13) 多くの社会調査は，1970年代まで，宗教的に保守的な人ほど政治参加を嫌う傾向が強かったことを確認している (Wuthnow, 1988, p. 198)。

市民が「同性愛者が学校教師に採用される」と反発して住民投票を要求し，条例反対派が大勝したのである。同じような保守運動は，全国に広がっていった。

　さらに，ニューライトのフィリス・シャラフリーが世俗的な政治運動として始めた，憲法の男女平等権修正（ERA）に反対するStop-ERA運動でも，福音派の多くの教会から参加者が現れた。そして，原理主義教派の信徒や教会出席率が高い人は修正反対派が多いなど，Stop-ERA運動と宗教的保守主義との結びつきも注目されたのである（Wald, 2003, p. 207）。こうして各地に広がった草の根保守運動は，様々なテーマを扱っていたが，そこに共通していたのは，宗教的，伝統的価値観を否定するリベラリズムに対する強い反感だった。

　一方で，1976年選挙におけるカーター大統領の当選は，票田としての福音派の潜在力をまざまざと見せつけるものだった。福音派の多くの新世代指導者は，南部バプテストの敬虔な信者であるカーターの出馬を歓迎した。著名なテレビ伝道師のジェリー・ファルウェルは視聴者に向かって，「カーターは私の大統領であり，私の尊敬と支持を受けるであろう。私は彼のために毎日祈りを捧げる」と述べ，南部バプテスト連盟の原理主義派牧師，ベイリー・スミス[14]も，「我々はボーンアゲインの男をホワイトハウスに必要としている」と演説した。キリスト教連合の創設者パット・ロバートソンが政治運動に関わったのも，カーターの選挙運動が最初である（Sullivan, 2008, p. 35 ; Wuthnow, 1988, p. 204）。旧世代指導者のグラハムは，宗教者が選挙運動に関与することに慎重な姿勢を示していたが，カール・ヘンリー編集長が更迭された後の*Christianity Today*誌は，政治参加の重要性を信徒にアピールしていた[15]。11月の本選挙では，福音派の民主党票は1972年から倍増し，カーター当選の帰趨を決める力を持った[16]。当時，一般市民の間では福音派という言葉すらあまり知られていなかった。*Newsweek*は突然とも言える福音派の政治的台頭に驚き，1976年を"福音派の年（The Year of the

---

14) すでに述べたように，ベイリー・スミスは1980年に原理主義派の運動によって南部バプテスト連盟の会長に選出され，同連盟の保守化を決定づけた人物である。

15) 1969年から1970年にかけての*Christianity Today*誌の記事の中で政治問題を扱ったのは5.5％しかなかったが，10年後にはこの比率は約3倍にまで拡大していた（Wuthnow, 1988, p. 342）。

16) 1972年大統領選挙では，福音派の民主党投票率が2割に落ち込んでいたが，1976年は約5割に回復した。3割の福音派票の上積みは，選挙の帰趨に大きな影響を与えたと言えよう（ANESから筆者集計）。

Evangelical)"と名づけたのである。

 だが、カーターと福音派指導者の蜜月は短期間に終了した。激しいインフレの進行などの政策的失敗がカーターの支持率を落としただけではない。カーター大統領は憲法の男女平等権修正批准促進を訴え、ホワイトハウスにおける家族に関する会議（White House Conference on Families）には同性愛者を招待し、原理主義派の拠点であるボブジョーンズ大学で続く人種差別を攻撃した。彼は宗教的には保守であっても、政治的にはリベラルだったのである。福音派指導者は"倫理を逸脱した"カーター大統領に対して、今度は反感を強めていった。

宗教右派運動の誕生

 ウェイリッチらニューライトは、こうした動きを注視していた。政治的に覚醒し、大きなインパクトを持ちながら、どちらの政党からも票田として開拓されていなかった福音派は、「政治風景の中で最大の処女森林の広がり」（Sullivan, 2008, p. 42）だったのである。彼らは、福音派のエネルギーを保守主義運動に振り向けるための活動を開始した。1978年には、ウェイリッチが創設したヘリテージ財団に本拠を置いて、宗教右派団体の草分けであるキリスト教徒の声（Christian Voice）が誕生し、倫理争点に関する議員の活動評価を行うスコアカード運動を展開した。

 決定的な転換点となったのはウェイリッチ、フィリップス、エド・マッカティア（Ed McAteer）、ロバート・ビリングス（Robert Billings）らが1979年5月、ジェリー・ファルウェルと会談し、福音派を共和党に動員することを目的とした政治運動団体であるモラル・マジョリティー（Moral Majority）の創設を要請したことである。原理主義者のファルウェルは、かつては教会の政治参加に否定的だったが、1970年代半ばから自らの教会を基盤にして政治運動に乗り出しており、要請に即座に同意した。マッカティアはさらに宗教円卓会議を結成して、キリスト教徒の声やモラル・マジョリティーなどとの共闘態勢を作り上げていった（Wuthnow, 1988, p. 204）。

 福音派に根強い反リベラリズムの意識を基盤に、宗教右派運動は急成長していった。中核となったモラル・マジョリティーは、ファルウェルの属していた原理主義教派であるBaptist Bible Fellowshipの独立教会を主軸にしてメンバーやリーダーを集め、ダイレクトメールを中心とした資金集めに成功し、誕生後2年

間で 400 万人の会員を集め，1000 万ドルもの予算を獲得したのである（Sullivan, 2008, p. 43）。

このように，宗教右派運動は世俗的なニューライトからのリクルートを受けて誕生したのであり，それは，宗教運動ではなく政治運動である。

彼らの目標はリベラリズムとの対決だが，目指したものは，まず穏健派が主流を占める共和党を，鮮明な保守政党に変えることだった。つまり，彼らは共和党の保守化を目指す亀裂勢力としての活動を開始したのである。それは，民主党がリベラル化したにもかかわらず，共和党の保守化が進まなかった1970年代の，未完の政治変動を完成させるための運動だったと言えるだろう。同時に，宗教右派は，保守主義運動の中で唯一，教会の信徒という草の根運動基盤を持ち，選挙で実働部隊を動かす力を持っていた。その機動力で，保守主義の中核的な運動体となっていったのである。

新争点の登場

こうして，亀裂勢力としての宗教右派が誕生した。彼らは政党再編成のきっかけとなるような，新たな争点を，政党対立に持ち込んできたのだろうか。

宗教右派運動が掲げた争点は，人工妊娠中絶問題，同性愛結婚の否定，公立学校における祈りの許容などである。いずれも，1960〜70年代に拡大したリベラリズムへの反発から生まれた。だが，この時代には，社会亀裂を生んだとしても，政党対立争点に進化した問題ではなかった。民主党は1970年代にリベラルな立場を打ち出していたが，共和党の方はまだ，対抗する保守政党になっていなかったからである。

有権者の意識の中でも，宗教右派運動が広がる前は，これらの問題をめぐって両党が対立的な立場にあるという認識は広がっていなかった。全国党大会に出席する両党の代議員は，政党の政策的立場に詳しく，政党対立争点の内容もよく知っている人が多い。だが，彼らへの意識調査の結果は，1972年から1980年まで，両党代議員の間で中絶問題に対する考え方に違いがないことを示している（Carmines & Woods, 2002, p. 361）。反中絶を訴えた生命重視団体も，1970年代には党派を問わずに反中絶候補を支援していた（Green, Rozell, & Wilcox, 2003, p. 147）。

したがって，倫理争点は，1970年代までは政党対立争点ではなかった。宗教右派が掲げたのは，これまでにない新争点だったのである。

横断的な争点

　だが，新争点が登場しても，それが旧争点に対して横断的でなければ，政党再編成には至らない。倫理争点と既存のニューディール争点の間にはそうした横断的な関係があったのだろうか。

　両争点には重なる部分が少なくない。それは，ニューディール・リベラルが進めた政府の積極主義が，経済的領域から文化や価値観の問題に広がったところにある。特に，リベラル派優勢の連邦最高裁による司法の積極主義が焦点の一つとなった。連邦最高裁は，中絶を合法化し，厳格な政教分離原則に基づいて，公立学校における祈りの指導や聖書教育を違憲とした。これらの判決を宗教右派は，連邦政府のリベラルな価値観を州や地域に押しつけるものだとして反発したのである。これは，ニューディール・リベラルの好む「大きな政府」が，経済だけでなく文化や価値観の問題にまで介入を始めたという批判であり，倫理争点も「大きな政府」と「小さな政府」の対立の一貫としてとらえる論理である[17]。

　しかしながら，倫理争点とニューディール争点は，本質的には横断的である。第一に，文化・価値観における保守主義とは，基本的には伝統主義のことであり，彼らが価値を置くものは階級的な秩序や社会的な権威の受容，そして神の権威に従属することである。そして，宗教右派が求めたものは，中絶を許可しない，つまり連邦政府権力が私的問題に干渉していくことでもある。これは，「政府からの自由」を求めるニューディール保守の思想とは本質的には相入れないものと言うことができよう。

　それゆえに，伝統主義の極にある宗教右派とニューディール保守の極にあるリバタリアンとの間には，世界観と価値観に大きな対立が存在している。「自由」に最大の価値を置くリバタリアンは，伝統主義者を「神の権威に人々を従属させようとする小さな独裁者」と感じ，伝統主義者の方はリバタリアンを「人間を共同体から疎外するアナーキストのまねごと」と見ていたのである（Sager, 2006, p. 21）。

　思想的な矛盾だけではない。宗教右派と，ニューディール保守である既存の共和党主流の人々の間には，社会階級的な溝も存在した。個人のイデオロギーは脳

17）宗教右派運動発足後，共和党が，倫理問題でリベラル派を批判する論理も同じだった。それは「最高裁判所による家族の問題への介入（人工妊娠中絶問題に関する 1980 年綱領）」や「積極主義的な背景を持つ強硬左派の裁判官」への批判（2004 年綱領）として提起されてきたのである。

細胞の中だけから生まれるわけではなく，人間の居住空間や帰属集団など様々な要素から発生する。1970年代まで，共和党支持者の多くは北部の中間層より上の社会階層の人々で，進化論など信じない主流派プロテスタントが中心であり，コスモポリタンな価値観を持つ人が多かった。これに対して，倫理争点を掲げて共和党になだれ込んできた宗教右派は，基本的に福音派プロテスタントで進化論を否定する聖書無謬派であり，所得階層は比較的低く，教育レベルも高くはない。彼らは，財政や外交問題に関心を払わず，人工妊娠中絶問題だけに固執して政治を語るシングル・イシューの集団だった。端的に言うと，彼らは既存の共和党支持者のサークルから見れば，異質な世界からの闖入者だったのである。

2 亀裂勢力の浸透と共和党の保守政党化

レーガン革命とモラル・マジョリティー

1976年の大統領選挙で共和党が敗北すると，党内部では責任追及の論争が始まり，ニューライトは共和党指導部に対する追及を強めていった。ニューライトの陣営は，共和党のリベラル・ウィングを攻撃し，共和党の復権は，経済，外交，倫理問題すべての面で旗幟鮮明な保守主義を掲げることにあると主張した。そして，モラル・マジョリティーの誕生などで宗教右派の支援を得たニューライトの陣営は強力な地盤を獲得し，1980年大統領選挙では，ついに，保守主義運動の"希望の星"だったレーガンをホワイトハウスに送り込んだのである。

選挙の争点は経済再建や均衡予算，冷戦政策などが中核を占めていたが，レーガンは「家族の価値」などの倫理争点に対する保守的な態度も鮮明にした。そして，レーガン支援で宗教保守層の大規模な動員運動を展開したモラル・マジョリティーや宗教右派は，一躍メディアの注目を集めた。

この選挙を通じて，宗教右派は共和党の中に確固とした地位を獲得していった。共和党のニュート・ギングリッチ（Newt Gingrich）下院議員は，倫理問題が共和党の勝利を招いたと宣言し，ウェイリッチは人工妊娠中絶問題だけで3％の票を獲得したと主張した[18]。1980年選挙の後も，共和党主流は依然として穏健派

---

18) 3％の根拠は明らかでないものの，ニューヨーク州で選出された共和党のアルフォンス・ダマト（Alphonse D'Amato）議員のように，反中絶グループからの膨大な得票が明白に勝敗を決めたケースも少なくなかった（Sundquist, 1983-84, p. 580）。

が握っていたが、亀裂勢力として登場した宗教右派は、共和党の中に橋頭堡を築いたのである。

だが、脚光を浴びたモラル・マジョリティーに関する分析が進められていくと、それは、驚くほど薄い大衆的基盤しか持たず、レーガンの勝利に対しても限定的な役割しか果たしていなかったことが明らかになった（Bruce, 1988；Manza & Brooks, 1997）。モラル・マジョリティーが依存したのは原理主義教会のネットワークだが、原理主義者は自分以外のすべての教派に対して敵対的であり、しかもファルウェル自身の攻撃的姿勢もあって、ペンテコステやバプテストなど多くの福音派教会は協力的ではなかったのである。

このため、モラル・マジョリティーの草の根運動組織は貧弱で、有権者とのパイプはダイレクトメールによる間接的なコンタクトしかなかった。確かに、ダイレクトメールの登録会員は膨大な数にのぼり、寄付は潤沢な資金をもたらしたが、その基盤は薄弱だった。1980年代末にテレビ伝道師のセックス・スキャンダルが相次ぐと寄付は激減し、1989年には、モラル・マジョリティーが解散に追い込まれてしまう。寄付減少の背景には、レーガン政権の発足によって、宗教保守層の中で、リベラリズムの拡大に対する危機感が薄らいだことも指摘されている（Wilcox & Robinson, 2010, p. 43）。

キリスト教連合と草の根保守運動の拡大

だが、モラル・マジョリティーの後を受けて宗教右派運動を担った「キリスト教連合」は異なっていた。戦略を担ったのは、弱冠28歳で同連合の事務局長に抜擢されたラルフ・リード（Ralph Reed）である。彼は、ダイレクトメールやテレビ伝道番組に頼る"空中戦"的な運動だけではなく、生身の運動員を抱えた同連合の支部を全国のすべての郡（County）に設置する、巨大な草の根ネットワークの形成に乗り出していった。しかも、支部のトップには牧師などの宗教者でなく、選挙キャンペーンのノウハウを学んだ政治活動家をすえた。リードが目指したのは、宗教をテーマにした「選挙運動組織」にほかならない。さらにリードは、福音派を運動の中核的な基盤にしながらも、教派色を薄めてカトリックやユダヤ教徒などを含めた幅広い動員運動を目指した[19]。

19）バージニア州のキリスト教連合では、当初の指導者はカトリックだったし、多くの州で

リードの戦略は成功し，絶頂期である 1996 年の報告によれば，キリスト教連合は，全米 50 州の全てで合計 2000 の地域支部を持ち，190 万人の登録会員を持つ巨大組織に成長した（Rozell & Wilcox, 1997, p. 5）。特に，1993 年のクリントン政権発足後，リベラルな政権運営に反発した宗教保守層からの寄付が拡大し，キリスト教連合は成長の速度を早めていった（Vaughan, 2009, p. 53）[20]。

したがって，宗教右派運動が本格化し，草の根的な影響力を持ったのは，キリスト教連合発足後の 1990 年代のことだったのである。

既存勢力との衝突と共和党への浸透

キリスト教連合は急速に広がった支部組織を通して，州や地域レベルの共和党への浸透を図った。目標は共和党主流を握っていた穏健派を排除して，共和党予備選で宗教右派候補を勝利に導き，中央委員会などの党組織に宗教右派を送り込むことである。

彼らの力の源泉は予備選戦略にあった。主要な武器は投票ガイドである。選挙前の教会などで運動員から手渡しされる投票ガイドは，予備選に出馬した共和党候補を中絶問題への賛否などによって「親宗教的候補」か「反宗教的」かに色分けをする。共和党支持者は基本的に保守的であり，「反宗教的」という烙印を押された候補は，共和党予備選で大きなダメージを受ける。宗教右派は，自らの支援候補を確実に当選させる影響力を持っていたわけではないが，こうして，彼らが排除したい穏健派候補に"拒否権"を行使する力を持ったのである。

投票ガイドだけではない。宗教右派運動に呼応して，福音派教会の多くの牧師が政治的に活発化し，牧師による宗教保守候補の支援も行われた。1980 年代末に実施された社会調査で，福音派教会では，人工妊娠中絶や同性愛問題が説教の中に取り入れられることが，主流派教会よりもはるかに多かったことが明らかに

カトリックや主流派の牧師が郡レベルのトップだった（Wilcox & Robinson, 2010, p. 49）。
20）宗教右派団体の盛衰は，宗教保守層が抱くリベラリズム拡大への危機感と密接に結びついている。キリスト教連合への寄付は 1992 年には 800 万ドルだったが，クリントン政権発足後の 1993 年には，1200 万ドルまで跳ね上がった。そして中間選挙の 1994 年には 2200 万ドルとピークに達したが，1995 年には再び 1800 万ドルに下落した。連盟に参加していたジョエル・ボーガン（Joel Vaughan）は，この下落は，中間選挙による"保守革命"の達成で，宗教保守層の危機感が急速に低下したのが原因と分析している（Vaughan, 2009, p. 53）。

されている（Welch, Leege, Wald, & Kellstedt, 1993）。多くのメディア報道からも，福音派教会の牧師が政治的に活発になり，あからさまな党派的発言も少なくなかったことが明らかだろう[21]。

こうした戦略によって，宗教右派は各州で共和党の地方組織への攻勢を強め，ニューディール保守的であっても倫理問題ではリベラルな既存指導部と衝突したり，時には協調したりしながら，党組織に根を張っていった。

浸透の過程は州によって大きく異なっている。サウスカロライナ州では，キリスト教連合が活動を始めると，企業家などを中心とした"ビジネス・ウィング"である既存の州党組織幹部との対立が激化した。同連合は急速に力を強め，1993年の州党大会では同連合の活動家がなだれ込んで委員長ポストを獲得し，党組織の実権を掌握した。そして，1996年になると，共和党全国大会への同州からの代議員を，キリスト教連合がほとんど指名するまでの力を持つようになったのである（Green, Rozell, & Wilcox, 2003, p. 31）。

テキサス州では，党組織がもともとオープンだったこともあって，宗教右派勢力が地区党大会などを短期間に掌握した。だが，カンザス州では，ビジネス・ウィングの既存勢力と宗教右派の間で党組織の争奪戦が続いた。一方，バージニア州では，当初は宗教右派の非妥協的な姿勢が共和党内に亀裂を走らせたが，次第に宗教右派が成熟し，共和党主流とのパートナーシップが成立していった（Green, Rozell, & Wilcox, 2003）。

こうした様々なプロセスを経ながらも，宗教右派は1990年代半ばには，共和党組織の主要な派閥として確固たる地位を築いていた。ジョン・グリーンらが党組織や宗教右派などへのインタビューから推計したところによれば，1994年までに，宗教右派は南部やアイオワなど18州の共和党委員会で「強い」支配力を持つようになり，13州でも「中程度」の影響力があるとされた。一方で北東部のコネチカット，マサチューセッツ，ニューヨークなど20州では「弱い」影響力とされている（Conger & Green, 2002）[22]。

---

21) David Kirkpatrick, "The Evangelical Crackup," *New York Times*, October 28, 2007.
22) 全米50州で合計395人の政党幹部，宗教保守団体，政治評論家，ジャーナリスト，学者などにインタビューし，州共和党中央委員会における宗教保守派，宗教右派組織メンバーの比率を質問した結果。宗教右派の影響が「強い（strong）」とは宗教右派メンバーが中央委員会の50%以上，「中程度（moderate）」は25〜49%，「弱い（weak）」は25%以下。あくまで識者の主観的評価に基づくものであることに注意する必要がある。

キリスト教連合は，選挙運動において実際に歩兵を提供して草の根キャンペーンを展開できる組織だった。このため，共和党の選挙運動は同連合の巨大な動員力に強く依存するようになり，1990年代には，宗教右派を除いた選挙戦略はあり得ないほど，共和党の屋台骨になっていったのである。

倫理問題への態度表明と争点の持続性

新たな争点が誕生し，亀裂勢力が政党内で影響力を拡大しても，最終的に政党が政策態度を鮮明にしなければ，政党再編成は発生しない。倫理争点に対して，共和党と民主党の政策態度はどのように変化したのだろうか。

政党の態度表明は，政党綱領をフォローすることによって容易に確認が可能である。綱領は政党の実際の政策を拘束するものではなく，一般市民がその内容を吟味するものでもない。しかし，政党綱領の表現は党内派閥の厳しい駆け引きで決まっていく。完成した綱領には，党内に新争点を持ち込む亀裂勢力と，反発する既存指導部との党内抗争の結果が反映されていると言えるだろう。以下に文化や価値観の問題に対して，両党の綱領の変遷を追いかけてみよう。

1972年の民主党綱領では，急進的リベラル派のマクガバンが大統領候補に選出されたことを反映して，文化や価値観の問題で強いリベラリズムを打ち出している。綱領の中には "The Right To Be Different"，"Rights of Women"，"Family Planning" などの項目が並び，個人が自らのライフスタイルを選ぶ権利を強調し，家族計画では子供の数を自由に選択する権利，すなわち，人工妊娠中絶の完全な自由化を主張した。これに対して，共和党は文化や価値観の問題にほとんど関心を払っていない。例外は公立学校における生徒の自発的な祈りを許容すべきだと保守的な姿勢を示した点だが，男女平等権修正の問題では批准推進を主張してリベラルな姿勢を示すなど，態度は一貫していない。

1976年の民主党綱領は，倫理問題で保守的なカーターの候補選出によって，文化・価値観の問題でリベラル色が薄くなり項目も激減した。連邦最高裁が中絶を合法とした1973年のロー対ウェード判決を受けた最初の綱領だが，中絶問題の内容は極めて曖昧だった。わずか43単語のパラグラフがあてられただけで，中絶問題に宗教的・倫理的な観点から関心を持つ人への配慮を示す必要を述べた後，最高裁判決を覆す憲法修正の試みは「望ましいこととは感じられない」と，控えめな表現でリベラルな立場を示しただけである。

同年の共和党綱領も曖昧さではひけをとらない。中絶問題に関しては2パラグラフをあて、最高裁判決を批判する人と、賛成する人、そしてまだ態度を決めていない人がいることを認めて、党内の意見対立に対する配慮がにじみ出た表現になっている。その後、最高裁の積極主義を批判しながらも対話の継続を主張し、最後に、胎児の権利を守る（中絶を違法化する）ために憲法修正を求める人の「努力を支援する」と述べている。この腫れ物に触るような表現からは、亀裂勢力としての保守主義運動と、穏健・リベラルな既存の共和党主流派が、文化・価値観の問題で党内対立している状況が明確に見えてくる。一方で男女平等権修正の問題に関しては、レーガン派の強い反対にもかかわらずリベラルな批准推進の立場が盛り込まれた。

1980年の民主党綱領でも、中絶問題は大きな扱いではない。ようやく二つのパラグラフが割り当てられ、中絶を違法化する憲法修正に反対の立場を明確にしたものの、1976年と同様に賛否両論の立場への配慮が示されている。

だが、レーガンが候補となった共和党は、この年から鮮明な保守主義の立場を打ち出していった。共和党は初めて、中絶問題に独立した一項目を割り当て、中絶問題は「疑いなく」法の下の生命の平等に関わる問題であると主張し、異なった意見が存在することを認めながらも、胎児の生命の権利を守るための憲法修正を「支援することを確認する」と結んでいる。一方、男女平等権修正に関しても初めて批准反対の立場を打ち出していった。こうして、共和党綱領は明らかに1980年に変化を遂げた。保守主義運動がついに文化・価値観の問題における共和党の政策的立場を変えていった結果である。

1984年の綱領は、文化・価値観の問題における両党の対立がさらに鮮明化し、政策的立場として確立されたものと言えよう。共和党綱領は、中絶問題で党内に意見対立が存在するという表現は取り下げてしまい、「（胎児は）根源的な生命の権利を持ち、それは犯すことができない」と強烈な言葉で中絶に反対した。さらに、中絶禁止の憲法修正や政府予算の中絶手術への使用禁止に加えて、裁判官任用では「伝統的な家族の価値と、汚れのない生命の尊厳」を守る人、すなわち、中絶反対派を支持する、と断言した。さらに、公立学校での祈り、反ポルノなど宗教右派の様々なテーマがまんべんなく盛り込まれたのである。

曖昧だった民主党綱領も宗教右派の活動活発化に対抗して、倫理問題でのリベラル色を強めてきた。「宗教の自由と政教分離」の項目を新たに設けて、政教分

離原則を強調すると同時に，同性愛者の権利を主張し，生殖の問題に関する「女性の根源的な権利」という言葉で中絶の自由を擁護している。

　この後，共和党綱領における倫理問題の項目は，基本的に宗教右派勢力の"専有領域"となってきた。1992年は，人工妊娠中絶禁止の合衆国憲法修正支持を再確認し，同性愛者の軍入退を「秩序と規律の観点」から反対するなど，まるでキリスト教連合が執筆したような内容である。これに対して，民主党綱領は「合法的で安全な中絶」が女性の権利であることを主張した。

　こうして，倫理問題への政策的立場は一時的な変化ではなく，両党綱領の中で定着した。21世紀に入っても，濃淡や表現の強度が変動することがあっても，基本的な変化はない。それは，持続的な争点の変化だったのである。

　政策変化は綱領に書かれただけでは有権者に伝わらない。しかし，1990年代になると選挙運動でほぼすべての共和党候補が，中絶や同性愛などの問題で保守的な立場を打ち出し，選挙遊説では倫理問題が定番テーマとなっていった。共和党の宗教保守政党としてのイメージは鮮明になり，定着していったのである（Green, Rozell, & Wilcox, 2003 ; Green, Rozell, & Wilcox, 2006）。

財政保守主義と軍事・外交問題

　こうしてレーガン政権以後，中絶問題を中心とする倫理問題は両党対立の焦点の一つとなっていった。だが，それによって伝統的なニューディール争点が政治の焦点からはずれていったわけではない。倫理争点で明確に保守的な立場を打ち出した1984年の共和党綱領でも，トップに掲げられた項目は「自由企業，民主主義，政府の役割」である。レーガン大統領のメッセージの中心には，常に「政府こそが問題だ」とするリバタリアン的なニューディール保守の主張がすえられていた。レーガン政権も，2000年以降のブッシュ政権においても，最大の公約の一つは減税であり，ニューディール争点は常に政治の焦点にあったのである。

　同時に，軍事・外交問題でも，反戦リベラリズムを掲げた民主党に対し，レーガン政権は，ソ連を「悪の帝国」と主張する強硬な冷戦政策を進めて，政党対立が深まっていった。

　したがって，倫理問題は既存の争点と交代したわけではない。保守主義運動に流れ込んだ三つの潮流である財政保守主義，反共主義，伝統主義のすべての側面で，1980年代以降，共和党は鮮明な保守主義を打ち出していったのである。

3　争点の融合と拡大

保守革命の失敗と保守主義運動の亀裂

　1994年中間選挙は，キリスト教連合のパワーを見せつける選挙となった。共和党は，民主党の牙城だった下院を40年ぶりに奪還し，上院や州知事選挙でも大勝した[23]。宗教右派運動には陶酔感が高まり，人工妊娠中絶問題での憲法修正など要求実現への期待が高まった（Vaughan, 2009）。

　だが，勢いにのって過激な"保守革命"を矢継ぎ早に進めたギングリッチ下院議長に対して，世論は逆に反発を強めた。財政均衡の実現を要求して予算法案を通過させず，連邦政府を機能停止（シャットダウン）にまで追い込んだ同下院議長への支持率は急落し，議長は，事実上，クリントン大統領に全面降伏せざるを得なかったのである。これに対して，リベラル政策への傾斜が中間選挙敗北の要因と考えたクリントン大統領は，同大統領本来の中道・リベラル路線に回帰して，支持率を上昇させ，1996年大統領選挙を圧勝で飾った（飯山, 2008）。

　追い詰められた保守派は，クリントン大統領への敵愾心をむきだしにして同大統領の不倫疑惑を持ち出し，独立検察官を任命して激しい追及を行った。だが，保守派の執拗な追及はかえって世論の反発を生み，皮肉にも，不倫疑惑追及が激しさを増すにつれてクリントン人気は上昇した。共和党が多数党である下院が大統領弾劾の投票を行った時に（1998年12月），クリントンは任期中最高の73％の支持率を誇ったのである[24]。

　過激な保守革命を進めたギングリッチの失敗は，共和党の中に激しいトラウマを生み出し，保守主義運動の中の財政保守派と宗教保守派の間に亀裂をもたらし

---

23) 共和党の勝利はまさしく歴史的なものだった。共和党は下院で，1946年以来，中間選挙では最大の54議席上積みを達成した。上院でも9議席追加し，州では10州の知事が追加されて30州の知事が共和党になった。キリスト教連合自身の報告によれば，投票日直前に全国6万か所の福音派を中心とした教会周辺で配った投票ガイドは合計3300万枚に上り，共和党下院の新人議員73人のうち44人，上院議員11人のうち8人が同連合の支援で当選し，中絶反対を表明しているとした。さらに，下院に投票した33％の有権者が宗教保守的であり，そのうち69％が共和党に投票したとしている（Jacobson, 1996, p. 211）。

24) ギャラップ社のウェブページ（http://www.gallup.com/poll/124922/Presidential-Job-Approval-Center.aspx）から。最終アクセス2011年10月16日。

た。1996年大統領選挙では，リバタリアン的な財政保守主義者はスティーブ・フォーブス（Steve Forbes）支持に走り，宗教右派は倫理と価値観の問題で過激な文化戦争を訴えるブキャナンを支えていた。その間隙を突いて共和党の穏健派勢力が力を盛り返した。結局，予備選を勝ち抜いたのは，穏健派で宗教右派からは距離を置くボブ・ドール（Bob Dole）上院院内総務だったのである。1994年の中間選挙勝利で，陶酔感に沸いた宗教右派の中では，共和党に対する失望感が広がっていった。

宗教右派の不満とキリスト教連合の衰退

この結果，宗教右派の内部では，選挙勝利を優先して妥協を躊躇しない"現実派"，あるいは政治活動の"プロフェッショナル"と，選挙結果よりも宗教右派の理念を重視する"純粋派"，あるいは政治的"アマチュア"の間に亀裂が広がった。"アマチュア"である"純粋派"は，宗教保守票の大量動員で共和党に大きな力を与えたのに，共和党が均衡予算など財政保守主義の政策に力を注ぐばかりで，中絶違憲化など宗教右派の課題には真剣に取り組んでいないという不満を抱いていた。そして，宗教右派に対して敵対的と見られていたドールが共和党候補となり，クリントン弾劾にも失敗すると，共和党に対する不信感は急速に高まっていったのである。

宗教右派を生み出した保守主義運動のイデオローグ，ウェイリッチは，クリントン弾劾が不可能とわかったとき，「我々は文化戦争に敗退した。家族の価値は失われた」と宣言し，宗教右派は政治活動をあきらめて孤立主義に戻るべきだとまで宣言した[25]。フォーカス・オン・ザ・ファミリーの指導者，ジェームズ・ドブソン（James Dobson = 1936-）も1998年の国家政策評議会（Council for National Policy）[26]で，共和党が選挙支援ばかりを要請して宗教右派の課題を取り上げないのであれば，第三党を作って対抗すると脅迫した（Sager, 2006, p. 145；Wilcox & Robinson, 2010, p. 13）。

キリスト教連合内部でも，1996年大統領選挙への対応をめぐって，鋭い亀裂

---

25) Robert Stacy McCain, "Titanic Loss of Family Values," *Washington Times*, June 1, 2001 での引用。
26) 著名な宗教右派や保守主義運動活動家のネットワーク組織として1980年代に設立された会議。招待者だけで集まる非公開の会合で，共和党に強い影響力を持った。

が走っていた。過激な文化戦争を扇動するブキャナンは，共和党予備選はともかく全国民対象の本選挙を戦える候補ではなかった。このため，宗教家である前に選挙戦略家である事務局長のリードは，現実的な選択肢として穏健派のドールを支援したが，"純粋派"の草の根宗教保守を基盤に持つキリスト教連合地域支部の多くは，これに強く反発した。そして本選挙でドールが敗退すると，地域支部からはリード批判が高まり，ダイレクトメールによる草の根支援者からの寄付は激減した。この結果，リードは辞任に追い込まれていったのである（Vaughan, 2009, p. 161）。

　リードを失ったキリスト教連合は，急速に衰退を始めた。同連合中央組織は債務問題を抱えて，1990年代末には事実上機能しなくなり，地方組織もアイオワなど強力な基盤を持った一部の州を除いて解体していった（Green, Rozell, & Wilcox, 2003）。宗教右派を強力な選挙マシンに成長させたのは，何よりもキリスト教連合である。その衰退は，1990年代末に宗教右派運動の停滞を生み出した。

宗教右派と共和党の融合

　だが，1990年代後半に同時進行していったのは，"プロフェッショナル"な宗教右派活動家と共和党との一体化とも言えるプロセスである。

　共和党に浸透し，幹部に就任してエスタブリッシュメントに加わっていった宗教右派活動家は，次第に政治的に洗練され現実主義的になってきた。初期の宗教右派は，運動内部から過激な独自候補を擁立して，共和党主流にいた既存の穏健派勢力と衝突することが多かった。だが，彼らも共和党内の主要な勢力となり，幹部として選挙の勝利に責任を持つようになっていくと，独自候補の擁立は抑えて，経験を積んだ政治家の中で宗教右派運動に同調する人物を支援したり，ベストでなくベターな選択肢として穏健派候補を選択したりすることが多くなってきた。彼らは過激な宗教右派活動家から脱皮して，共和党の普通の政治運動家として党組織の中に組み込まれていったのである（Wilcox & Robinson, 2010, p. 101；Green, Rozell, & Wilcox, 2003, p. 13）[27]。

---

27) アイオワ州の宗教右派は，その典型的な例と言えるだろう。1980年代の彼らは，共和党に浸透を図る亀裂勢力で，既存の主流穏健派と激しく衝突した。その後20年間で，彼らは州の党組織を郡レベルにいたるまで掌握したものの，宗教右派活動家自身は次第に熟練した政治家になり，共和党勝利のため妥協を躊躇しない現実主義的な傾向が高まって

一方で，解体が進んだキリスト教連合の活動家やスタッフは，州や全国レベルの共和党幹部に就任したり，選挙に出馬して政治家になったりして，共和党の組織そのものに流れ込んでいった（Vaughan, 2009, p. 196）。もはや宗教右派は共和党の外側にいて，共和党の変身を迫る亀裂勢力ではなく，利害を共有した運命共同体のようになっていったのである。

争点の融合と拡大

それは，逆に言えば，宗教右派の浸透を受けて共和党そのものの性格が変化し，財政保守主義だけでなく，倫理，宗教的な保守主義が共和党の中に根づいていくプロセスだったとも言えるだろう。共和党の政策立場は，財政保守主義と宗教保守主義の融合が進み，1990年代には，共和党のほとんどすべての候補が，人工妊娠中絶反対を強調する一方で，財政保守主義の主張も強めていた。双方の争点で保守的な姿勢を示すのが，共和党政治家の典型的な姿となっていったのである（Green, Rozell, & Wilcox, 2006）。

争点の融合は，財政保守派と宗教保守派の双方から行われたであろう。倫理問題に関心のない財政保守主義者にとっても，予備選で宗教右派に「反宗教的」の烙印を押されることは，致命的なダメージだった。一方で，宗教右派にすり寄って，その支援を受ければ巨大な動員票が手に入るのである。もともと保守的な共和党候補にとって，中絶問題で保守的な立場に立つことに強い抵抗感はないので，宗教右派に敬意を表することは，彼らにとって最適戦略である[28]。

宗教右派の方も，倫理争点だけでなく共和党本来のイデオロギーである財政保守的な姿勢を強めていった。ポピュリスト的な新世代福音派指導者たちは，倫理問題に限らず，財政保守主義と軍事問題で常に右派的，タカ派的なアピールを続けていたのである（Wilcox & Robinson, 2010, p. 44）。

こうして，共和党政策の中では，倫理争点と財政保守主義，軍事・外交問題[29]

きた。彼らは次第に倫理争点に特化した政治家ではなく，経済，財政問題，すなわちニューディール争点における保守主義も強調する，普通の共和党政治家と変わらなくなってきたのである（Green, Rozell, & Wilcox, 2006, p. 130）。
28）2012年大統領選挙で共和党予備選に出馬したミット・ロムニー（Mitt Romney）のように，中絶容認的な立場から反対の立場に態度変更した政治家は少なくないし，かつては宗教右派に敵対的な姿勢を示していたジョン・マケイン（John McCain）は，2008年大統領選挙では自分の宗教保守的な姿勢を強くアピールしていた。

のすべての側面で過激な保守主義が一つのパッケージとして定着した。第1章第4節第3項で述べたアブラモウィッツの仮説が示したように，保守主義運動が1960年代から掲げ続けてきた三つの争点は，「イデオロギー争点」として融合していったのである。

だが，これはあくまで，共和党の政治家，共和党の公式政策の中で起きたことである。この政策パッケージが，有権者の意識の中で融合したのかどうかは，実証的なデータで検証されなければならない。共和党政治家が一つのパッケージとしてアピールをしても，有権者がそれに「束縛」されるとは限らないからである。

4 まとめ——争点進化の完成

1960～70年代のリベラリズムの拡大に曖昧な対応を続けた共和党の政策態度は，1980年代のレーガン大統領の登場で大きな変化を遂げた。ニューディール争点，軍事・外交争点，そして価値観の争点を含めて，リベラル化した民主党に対抗する鮮明な保守政党に変化していったのである。その背景にあったのは，共和党の保守化を目指す亀裂勢力だった保守主義運動の強化である。そして，彼らに決定的な力を与えたのは，宗教右派運動だった。政治から遠ざかっていた福音派プロテスタントは，リベラリズムへの反発を通して変容を遂げ，台頭した新世代のポピュリスト的な福音派指導者が，保守主義運動からの働きかけを受けて，過激な政治運動に乗り出していったからである。

こうして，1960～70年代に民主党のリベラル化だけで未完成に終わった争点の進化は，1980年代の共和党の保守政党化によって完成した。そして，その対立基軸は，長期にわたって持続してきた。さらに，レーガン政権の誕生によって，共和党指導者の性格も大きく変化し，同党から選出される議員のイデオロギー傾向も，1980年代から倫理問題を含めた保守化が急速に進展してきた。この結果，政党再編成を生み出す基盤ができあがってきたのである。

---

29) 軍事・外交問題は，国際情勢によって関心レベルが大きく変動する。第二次冷戦と言われた1980年代には，対ソ連外交が大きな関心を集めたが，冷戦終結後には軍事・外交問題への関心レベルは大幅に低下した。このため，1990年代の主要争点は，倫理問題とニューディール争点の二つに絞られていったと言えるだろう。もちろん，同時多発テロ後には軍事問題が再び大きな焦点となる。

第3節──イデオロギー対立の激化と福音派の新たな変容

　民主党のリベラル化と共和党の保守化という潮流は，レーガン政権以降，基本的に変化はしていない。起きたのは，史上最も保守的と言われたブッシュ政権によって，その対立がさらに激化し，かつてないほど両党のイデオロギー的分極化が指摘されるようになったことである。だが一方で，2000年代後半になると宗教右派運動の衰退傾向が指摘され，福音派にも新たな変容の兆しが報告されるようになった。そして，2010年の中間選挙では，突然，登場したティーパーティー運動がリバタリアン的なニューディール保守主義を掲げて，政治対立の焦点が変化していった。1980年代から現在まで，政党対立構造には，新たな変化があったのかどうかを，本章の最後に観察しておく必要がある。

1　イデオロギー対立の激化

急進保守の世論からの乖離

　1990年代前半に強力なパワーを発揮した宗教右派運動には，大きな限界があった。彼らの過激で急進的な姿勢は，1970年代の急進リベラル派と同じように，穏健派の世論から乖離が進んでいったのである。

　図3-1は，前掲図2-1で行ったのと同じ変数を使用して，保守派とリベラル派の争点態度平均値を，1980年代以降で比較したものである[30]。

　図3-1と図2-1を比較すると，1970年代には穏健・中道の世論から乖離していたのは急進リベラル派だったが，1990年代以降は急進保守派の意識も過激化

---

30) 前述のように，ここで表記したイデオロギーのカテゴリーは，通常使われているイデオロギー自己認識のカテゴリーとは異なっている。具体的な説明は補論2を参照のこと。

150　第3章　福音派と政党対立構造の変容

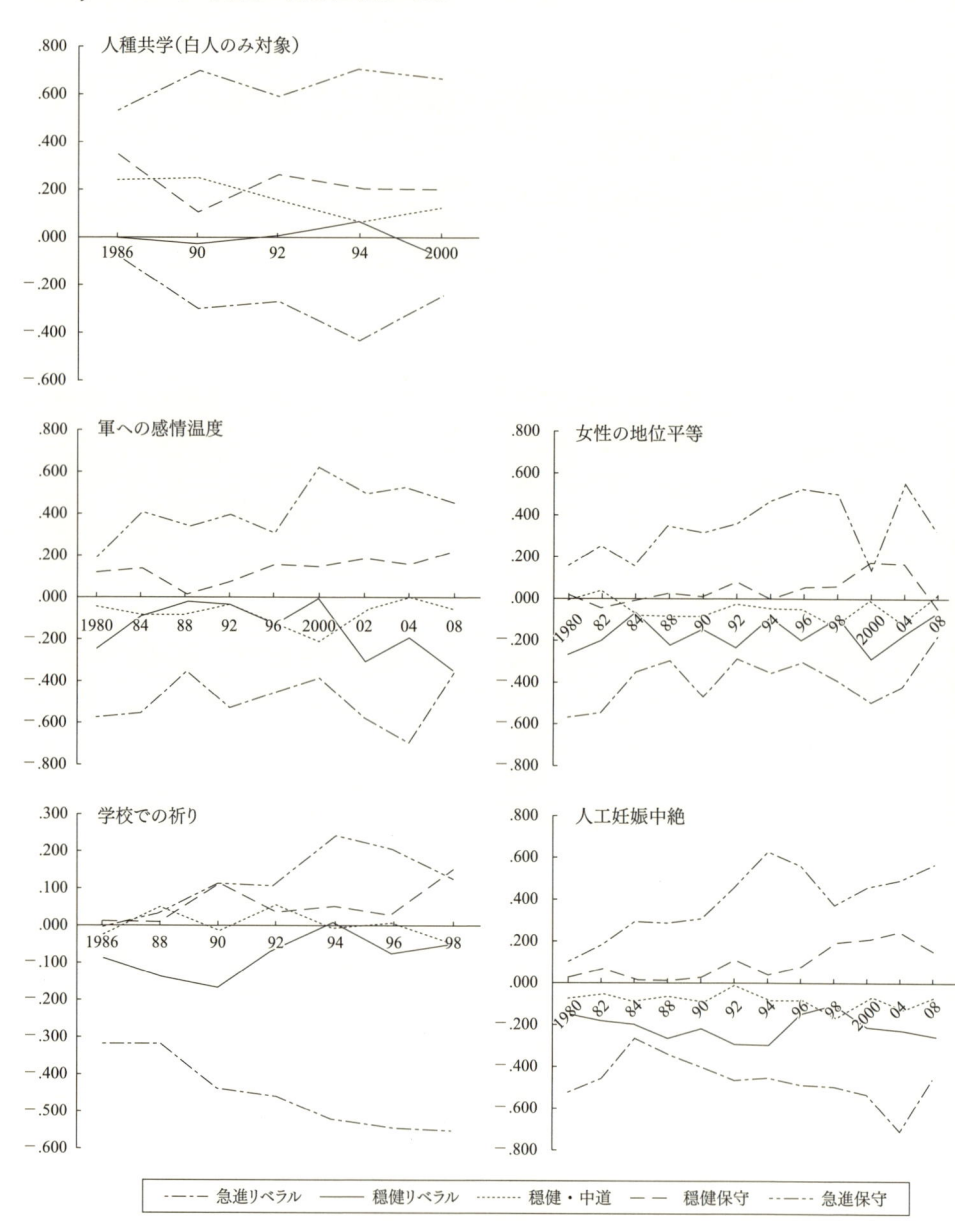

図 3-1　急進保守の世論からの乖離

注) American National Election Studies Cumulative File 1948-2008 から作成。
縦軸は，各争点に対する回答の調査年ごとの標準化得点平均値。横軸は調査年。争点の変数名は左上から右上，さらに下段に向かって，それぞれ VCF0815, VCF0213, VCF 0834, VCF9051, VCF0837 + VCF0838。争点の具体的な質問項目とイデオロギーの各カテゴリーは，補論2を参照のこと。

し，穏健・中道派の世論から乖離していったことがわかる。人工妊娠中絶問題に関して見ると，1982年時点では，急進リベラル派以外の世論は，穏健・中道付近でまとまっていた。ところが1990年代には，急進保守派が穏健派世論から急速に乖離を始めていった。急進リベラル派のリベラル化もいっそう進行したため，争点態度のイデオロギー的両極分化が激化していったのである。

人種共学問題に関しては1976年の時点では急進リベラル派だけが突出したリベラル意識を持っていたが，1990年代になると急進保守の突出した保守化が目立つようになった。穏健派が，よりリベラルな方向に傾いていったからである。軍への感情温度でも急進保守派の保守化が進展し，依然としてリベラルに突出する急進リベラル派との分極化が進んだ。女性の地位平等では急進リベラルが中道意見に近づいていったのに対し，急進保守派はいよいよ保守化して乖離が進んでいる。学校での祈りに関しては，相変わらず急進リベラル派が突出してリベラルである。

分析をまとめれば，急進保守派の穏健派世論からの乖離が，1990年代以降の傾向である。かといって，急進リベラル派が中道に近づいたわけではなく，左右の急進派におけるイデオロギーの分極化が進行していったと言えるだろう。

穏健派の核

しかし，左右両翼の急進派におけるイデオロギー乖離は，世論全体を分極化していったわけではない。図3-2は，1970年代までのイデオロギー感情温度の推移を見た図2-2の続きで，1980年代以降のリベラル，保守，穏健・中道派の動向を分析したものである[31]。これを見ると1980年代は，まだ保守に好感情を抱く人が増加しているが，キリスト教連合が活動を始め過激な宗教右派の活動が活発化した1990年代になると，保守に好感情を持つ人は逆に減少し始め，ピークの1988年には47.9％だったものが，2008年には38.9％に下落している。これに対して穏健・中道はそれぞれ28.5％から33.1％，リベラルに好感情を持つ人は23.6％から28.0％に上昇した[32]。過激な宗教右派運動の活発化は，国民の保守化

---

31) 図3-1と同様，イデオロギー感情温度から作成したカテゴリーで，リベラル派，保守派に対して好感情を抱いている人の比率を示したものである。
32) 保守に好感情を持つ人は，保守革命と言われた中間選挙の1994年には一時的に好転しているが，その後は下降傾向が戻っている。また，倫理問題が大統領選挙の大きな争点と

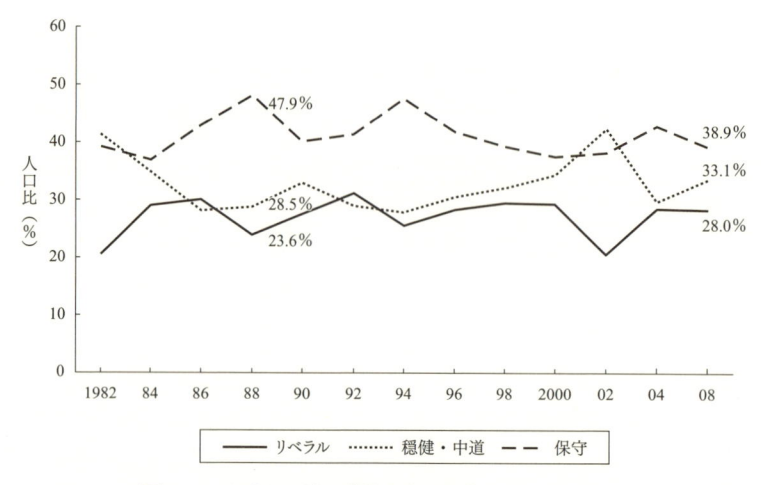

図 3-2 イデオロギー感情温度の推移(1980 年代以降)

注) American National Election Studies Cumulative File 1948-2008 から作成。
　各カテゴリーはイデオロギー感情温度(最もリベラル＝0 度,最も保守＝97 度)から作成。
　45〜53 度が穏健・中道で,44 度以下がリベラル,54 度以上を保守とした。

を進めるよりも,むしろ,保守への感情を悪化させ,穏健派とリベラルへの好感情の増大をもたらしたのである。

　図 2-2 とあわせて浮き上がってくるのは,アメリカの世論における「穏健派の核」とも言うべき有権者層の存在である。1970 年代にリベラリズムが過激になると,彼らに対する反動から保守に好感情を持つ人が増えていった。だが,1990 年代に保守の行き過ぎが明白になってくると,今度は彼らへの反発から保守への感情が悪化し,穏健派とリベラル派が上昇していったのである。左右両翼の急進派でイデオロギー的な分極化が進む一方で,保守,リベラルがいずれの方向に向かっても,過激な運動にはついていけない多数の国民が存在するということである。

　宗教と政治の関わりから見れば,これは政教分離を建国以来の政治理念とするアメリカ人の,宗教に対するアンビバレントな感情の発露ととらえることもできる。他の先進国に比べて信仰心が極めて強いアメリカ国民は,彼らの指導者は信仰の人であって欲しい,あるいは少なくとも宗教に敵対的でない人であって欲しいという気持ちを持っている。だが一方で,あまりにも政治家が宗教的言辞を弄

　なった 2004 年には,保守への好感情が若干高まったが,2008 年には再び下降した。

したり，教会の説教壇から牧師が政治の話をしたりすると，「これはアメリカ文化の伝統ではない」という不安感が高まってくるのである（Sager, 2006, p. 149 ; Wilcox & Robinson, 2010, p. 5)。

この「穏健派の核」は，ほぼ有権者の3分の1に達している。民主党も共和党も，この3分の1を無視しては世論の多数派を勝ち取ることはできない。

2　宗教右派の衰退

共和党のジレンマと強硬保守イメージの選択

急進保守の世論からの乖離は，1990年代後半の共和党選挙戦略に大きな影響を与えた。穏健派の有権者が急進保守化した共和党のイメージを嫌い，本選挙では大きな票田である穏健派票を失う危険性が高まったからである。ギングリッチ下院議長による"保守革命"の失敗を受けた1996, 1998年の敗北はそれを実証し，穏健派票の回復が共和党の目標となった。このため，2000年の大統領選挙で共和党候補となったジョージ・ブッシュは，敬虔な信仰をアピールし，宗教右派にはきちんと目配りをしていたものの，決して宗教右派候補ではなく，穏健派の改革派知事として出馬したのである。彼の掲げたテーマは，「思いやりのある保守主義（compassionate conservatism）」とビッグテント[33]の共和党だった[34]。ブッシュ選挙戦略を取り仕切ったカール・ローブ（Karl Rove）は2000年夏，共和党候補が同性愛など倫理問題の保守派として戦うのは，もはや「古びたパラダイムだ」とまで述べている[35]。

だが，こうした戦略は，すでに共和党票の屋台骨となっていた大量の宗教保守票，福音派票を失わせる結果となった。ローブは2000年選挙後，1900万人の白人福音派有権者のうち400万人が棄権したと分析した。その根拠は明らかでないが，筆者の集計でも白人ボーンアゲイン有権者における共和党投票率は，ピークだった1994年の62％から2000年には52％にまで落ち込んでいる[36]。

33）保守派だけでなく穏健派も含めた多様な国民層を，大きなテントの下に包容できる政党という趣旨で使われた言葉である。
34）Dan Gilgoff, "Winning With Evangelicals," *U. S. News & World Report*, March 5, 2007.
35）Thomas B. Edsall, "Bush Abandons 'Southern Strategy'; Campaign Avoids Use of Polarizing Issues Employed by GOP Since Nixon's Time," *The Washington Post*, August 6, 2000.
36）American National Election Studies Cumulative File 1948-2008 から筆者集計。

2000年の選挙は，共和党のジレンマを浮き彫りにしたと言えるだろう。穏健派票を獲得するには，ビッグテントを広げて中道的な姿勢を示さなくてはいけないが，宗教保守票は，そんな曖昧な態度では手に入らない。倫理問題で鮮明な保守主義を掲げなければ宗教右派はついてこないのである[37]。

2000年選挙の結果を分析したブッシュ大統領とローブは，政権発足後，ブッシュ・イメージを急速に宗教保守路線に移行させていった。就任後は中道穏健路線を歩むと予想されていたブッシュ大統領は，ホワイトハウスに入ると聖書研究会を開催し，ペンテコステ派の宗教右派を司法長官に登用するなど，鮮明な保守主義を打ち出していったのである。それは，宗教右派運動を創設したウェイリッチが，「これまで経験したことがない」と驚くほどの変身ぶりだった[38]。

さらに，ブッシュ政権は，公約だった大減税を実施し，新保守主義者の主導の下で強硬な対テロ戦争とイラク戦争に乗り出すなど，ニューディール，軍事・外交とあらゆる側面で強硬保守路線に走っていった。8年間の政権運営を通して，ブッシュ大統領が発し続けたのは，史上最も保守的な大統領というメッセージである。宗教保守層は諸手をあげてブッシュを歓迎する一方で，リベラル派は宗教右派によるアメリカ政治支配に深刻な恐怖を抱いた。レーガン政権の時代に始まったアメリカ政治のイデオロギー的分極化は，ブッシュ政権の時代に，加速度的に進行していったと言えるだろう。

ブッシュの中道右派路線

だが，ブッシュ政権は宗教右派に操られていたわけではない。政権の強硬保守のイメージとは裏腹に，個別政策への対応を詳細に検討していくと，ブッシュ政権は，穏健の核から乖離した急進保守的な政策立場を慎重に避けていたことが明らかになる。彼は，クリントン政権が実施した有名な「三角測量戦略」の保守版を進めていったとも言えるだろう（Wells & Cohen, 2007, p. 130；Sager, 2006, p. 150）。

---

37) 同時にこの選挙は，最強の選挙マシンだったキリスト教連合の解体が進行していることも明白にした。同連合の後に宗教右派運動の中核となったフォーカス・オン・ザ・ファミリーは巨大な力を持っていても，基本的には宗教組織であり，選挙運動に特化して草の根の活動家ネットワークを全国にはりめぐらせたキリスト教連合のような集票能力はなかったのである。

38) Dana Milbank and Ellen Nakashima, "Bush Team Has 'Right' Credentials," *The Washington Post*, March 25, 2001.

ブッシュ政権が，最もホットな対立である人工妊娠中絶問題で行ったのは，中絶の完全拒否か完全容認かという議論を避け，「部分的妊娠中絶禁止」にスポットを移動させたことである。部分的妊娠中絶は，胎児の頭蓋骨を壊して取り出す手術で，反倫理的で禁止すべきだという世論が強かった。このため，この手術に限定して禁止法を成立させた共和党は「中道右派」のイメージを獲得し，あくまで「中絶は女性の権利であり，いかなる場合でも選択の権利がある」と主張した民主党は過激なリベラル派のイメージに追いやられてしまった。

　同性愛問題では，宗教右派の大目標は，同性愛結婚禁止の合衆国憲法修正だった。2004年選挙を前にブッシュ大統領は，宗教右派の圧力を受けて憲法修正を公約したが，合衆国憲法修正に対する世論の支持は極めて低かった。このため，公約はリップサービスにとどまり，大統領は実現に向けて自らの政治的資源を使うような冒険には乗り出さなかった。一方で，世論が推進を支持していた胚性幹細胞研究問題でも，ブッシュ政権が下した結論は，既存の胚性幹細胞による研究は推進するものの，新たな細胞の採取は禁止するという中道路線である（Wells & Cohen, 2007 ; Sager, 2006）。

　もちろん，宗教右派の要求を受け入れた政策も多い。連邦最高裁判事指名問題では，宗教右派の圧力で，一旦発表した指名を撤回してまで宗教右派にサービスした。だが，最終的にブッシュ大統領が指名したジョン・ロバーツ（John Roberts）とサミュエル・アリトー（Samuel Alito）は保守的であっても，世論の反発を受けるほど極端な選択ではない。このように，個別の争点に対するブッシュ政権の態度を分析していくと，宗教右派の圧力によって，ブッシュ政権が明白に宗教右派の立場に立ったのは，サチボ事件など，いくつかの失敗したケースにすぎないのである（Jelen, 2007）。

　一方で，財政保守主義の面でも，ブッシュ政権は保守の理念を逸脱した政権だったのではないかという評価が広がっている。ブッシュ大統領は就任早々に「落ちこぼれゼロ法（No Child Left Behind）」を実施して教育省予算を2倍以上に増やしたり，巨大な補助金を交付する農業法に署名し，メディケアのカバー範囲を大きく拡大したりするなど，「大きな政府」の政策を展開した。この結果，イラク戦費も含めて，ブッシュ時代に連邦予算は3割以上拡大したのである。強固な財政保守主義者であるディック・アーミー（Dick Armey）元共和党下院院内総務らは，ブッシュ政権に「苦い失望」を表明し，ジョージ・ウィル（George

Will）など保守派の論客からも，ブッシュ批判が生まれてくるようになった。リバタリアンの目から見れば，ブッシュ政権は"モラル・マイノリティー（Moral minority）"にすぎない宗教右派に対するサービスばかりで，「小さな政府」の理念を忘れた政権に映っていたのである（Sager, 2006, p. 94）[39]。

宗教右派運動の衰弱

こうしたブッシュ政権の姿勢に対し，宗教右派の立場は微妙だった。宗教右派と同政権は常に親密な関係にあり，エスタブリッシュメントとなった宗教右派指導者はホワイトハウスに赤絨毯で迎えられて，政権支持を続けていた。だが，性急な目標実現を迫る宗教右派の中では，リップサービスばかりを繰り返す共和党に対する1990年代からの不信感がさらに広がっていたのである[40]。胚性幹細胞研究問題では，保守主義運動の中核団体であるイーグル・フォーラムやアメリカを憂慮する女性の会（Concerned Women for America）などから，ブッシュ政権の判断は「ナチスが行った生体実験と変わらない」などの激しい批判も飛び出していた（Jelen, 2007）。

2004年大統領選挙では，同性愛結婚問題が政局の焦点に急浮上した。このため，ブッシュ再選に向けた宗教右派運動も活気づき，福音派の共和党投票率が76％に上昇して「福音派の勝利」とまで言われた。だが，選挙が終わってしまうと憲法修正問題に真剣に取り組まないブッシュ大統領に対して，宗教右派の不満は爆発した。宗教右派の連合団体であるアーリントン・グループ（Arlington Group）に集まったウェイリッチやドブソン，ファルウェルらは2005年，ブッシュ政権が同性愛問題に真剣に取り組んでいないと非難し，支持撤回の脅迫文書まで送り出したのである（Wells & Cohen, 2007）[41]。

だが，この時代の宗教右派には，かつてのように共和党をねじ伏せる力はなかった。宗教右派の力の源泉は，宗教保守層を選挙動員する草の根の実働部隊を

---

39) こうしたリバタリアンの不満は，2010年の中間選挙で台頭した茶会（Tea Party）運動の源流にあり，アーミーは運動の主要な支援者となっていった。
40) ジェームズ・ドブソンは共和党に対して，2年ごと（国政選挙のたびに＝引用者注）に電話をかけてくるのに，こちらの要望は聞かないと不満をぶつけ，「もう電話をかけてくるな，必要なときは，こちらからかける」と話していた（Sager, 2006, p. 193）。
41) David D. Kirkpatrick and Sheryl Gay Stolberg, "Backers of Gay Marriage Ban Use Social Security as Cudgel," *The New York Times*, January 25, 2005.

持っていたことである。しかし，共和党は，すでに自ら宗教保守的な有権者層の巨大なデータベースを構築し，ダイレクトメールで直接彼らに呼びかけるシステムを作り上げていた（Sullivan, 2008）。キリスト教連合は解体しており，宗教保守層を共和党に動員する選挙運動のプロフェッショナルは，宗教右派団体の中ではなく共和党の中に組み込まれていたのである。

　それでも，カリスマ的な宗教右派指導者は大きな影響力を持っていたが，その第一世代指導者が高齢化していくと，宗教右派運動には衰退の兆候が現れてきた。2007年にはモラル・マジョリティーを創設したファルウェルと，著名なテレビ伝道師のジェームズ・ケネディ（James Kennedy＝1930-2007）が死亡し，パット・ロバートソン（1930年生まれ）は，もはや政治的道化師のような存在になっていた。キリスト教連合解体後，宗教右派運動の中核を担ってきたフォーカス・オン・ザ・ファミリーも寄付収入が減少し，スタッフや予算の削減を行ったうえ，2009年には，ドブソン（1936年生まれ）も辞任を余儀なくされた[42]。

　宗教右派の衰退が鮮明に現れたのは，2008年の大統領選挙である。宗教右派は統一した支持候補を選ぶことができず，共和党予備選では，各団体や宗教右派指導者がばらばらな候補を推薦して影響力を失い，最も宗教右派に敵対的だったジョン・マケイン（John McCain）の共和党候補選出を許すという"失態"を演じた。そして，2012年の大統領選挙でも，宗教右派は，彼らが"カルト"視して嫌うモルモン教徒のミット・ロムニー（Mitt Romney）が，共和党候補となるのを妨げなかったのである。

3　福音派の新たな変容

福音派内部の亀裂

　一方で，福音派の内部でも，世論から乖離した急進的な宗教右派運動への反発が生まれ，地球環境問題やアフリカのAIDS患者救済運動，さらに貧困の問題などに福音派運動を拡大する新たな指導者が誕生し，内部に亀裂が走るようになってきた。

　かつて過激な中絶反対運動が展開されたカンザス州では，強硬な中絶反対派で

---

42) Eric Gorski, "Dobson Resigns as Chairman of Focus on the Family," *AP*, February 27, 2009.

地域の宗教右派運動を牽引していたバプテスト牧師らが，2006年に信徒総会で相次いで解任され，穏健派や左派系の牧師に交代させられるような変化が報道された[43]。さらに同年には，福音派の著名な指導者86人が集まって，連合組織「福音派気候問題構想」を発足させた。発表された声明文は「神が創造した世界を傷つけることは，神への挑戦である」と述べて，政府に対して温室効果ガス排出に厳しい制限を設けるよう求めていた。署名運動を担ったのは福音派の代表団体，全国福音派協会（NAE）のリチャード・サイジック（Richard Cizik）である。

ドブソンやゲリー・バウアー（Gary Bauer）ら宗教右派の旧世代指導者は，そろってサイジックに激しく反発し，連名でNAEに対してサイジック罷免を求めた。だが，NAE理事会はサイジックを支持したうえ，地球環境問題への取り組みを宗教者の倫理として肯定したのである。福音派内部の亀裂はメディアの注目を集め，サイジックらは「緑の福音派」と呼ばれるようになった。

福音派の最大教派で，1980年代以降，保守派の牙城となっていた南部バプテスト連盟も変化しはじめた。2006年6月の会長選挙では，原理主義派幹部が内々に決めていた会長が落選し，同連盟の保守派支配に批判的なフランク・ペイジ（Frank Page）が当選した。彼は，自らの会長当選の意味を，南部バプテストの信徒が「行きすぎた保守支配」を懸念している明確な証拠だとしている[44]。

新世代の指導者の中で注目を集めているのは，メガチャーチの牧師であるリック・ウォレン（Rick Warren）やビル・ハイベルズ（Bill Hybels）である。彼らは中絶や同性愛の問題では保守派だが，貧困問題やアフリカのAIDS患者救済，識字率向上運動などの社会運動に取り組み，クリントン元大統領を教会に招待するなど，従来の宗教的保守派とリベラル派の枠にはまらない活動で，高い人気を持つようになった。

民主党の変化

一方で，1970年代に過激なリベラルのイメージに結びついた民主党でも，穏健派の票を回復しようとする動きが始まった。

きっかけは2004年大統領選挙の敗北である。福音派の大量動員による共和党

---

43) David D. Kirkpatrick, "The Evangelical Crackup," *The New York Times*, October 28, 2007.
44) *Ibid.*

の勝利で，民主党はパニック・モードに陥ったと言っても過言ではない。ブッシュ大統領の選挙戦略を指揮したカール・ローブは，宗教保守政党になった共和党が，民主党の伝統的支持基盤であり宗教保守的な人が多い貧困層や労働者を奪い取った結果，今後は，長期的な共和党優位の時代が到来すると予言した。リベラル派の間では，信仰を持ち教会に通う人はすべて共和党に奪われるという危機感が強まった。

翌年1月の民主党全国委員会では，宗教票奪回を目指して中絶問題でも穏健姿勢を示すべきだという意見が高まった。議長に選出されたハワード・ディーン（Howard Dean）は選択重視（中絶容認）派だったが，生命重視（中絶反対）派の民主党員を「深く尊敬する」と述べた。民主党中道派の民主党指導者評議会（Democratic Leadership Council = DLC）会長となったアル・フロム（Al From）も，「教会に行く人を，すべて共和党に奪われるわけにはいかない」と主張して，宗教票対策の強化を訴えた（Sullivan, 2008, p. 158；Lambert, 2008, p. 244）。

危機感を持った民主党は，宗教票にアウトリーチするためのコンサルタントを採用し，中絶問題でも「生むかどうかを選択するのは女性の権利」という急進リベラル派の主張が影を潜めていった。2008年大統領選挙では，予備選候補となったヒラリー・クリントン（Hillary Clinton）やバラク・オバマが「我々はこれまで，アメリカ人の生活で信仰が持っている力を理解してこなかった」と，宗教票を意識した発言を繰り返した。民主党議員のスピーチには，聖書からの引用がちりばめられるようになってきた（Dionne, 2008）[45]。

だが，こうした動きが，民主党の大きな変化につながるかどうかは，まだ不明である。リベラル派の抵抗は根強く，選択重視派は中絶問題に対する民主党の姿勢軟化を攻撃している。民主党最大のリベラル派資金援助団体の一つ，「エミリーのリスト（EMILY's List）」の会長は，ディーンを「民主党の核心的な信念を放棄し，女性の権利を投げ捨てた」と名指しで批判した（Sullivan, 2008, p. 159）。これまでのところ，宗教票重視に向けた民主党の変化は鮮明なものではなく，民主党の政策変化を目標とした強力な亀裂勢力が台頭したわけでもない。2008年大統領選挙では，反戦リベラル勢力がオバマ大統領誕生に大きな力を与え，伝統

---

45) David D. Kirkpatrick and Jason DeParle, "For Conservatives, It's Back to Basics," *The New York Times*, November 12, 2006.

的な民主党のリベラル勢力は，依然として強い影響力を行使していると言えるだろう。

若い福音派の共和党離れ

　最後に指摘しておかなくてはいけないのは，こうした潮流の変化の中で，福音派の信徒に再び変容の兆しが見えているということである。社会学者のワスナウが2003〜04年に，ベビーブーム後の世代である20〜30代の福音派を対象に行った調査では，若い福音派は，環境問題や貧困の問題などリベラルなものも含めた幅広いテーマに関心を持ち，中絶問題ではより保守的であるものの，同性愛問題では穏健な傾向が出てきている。さらに一つの教会に固執せず，好みに応じて所属教会を変え，音楽や芸術などを通してスピリチュアルなものへの関心が高まっているという（Wuthnow, 2007）。

　こうした若者に対する政治的動員は容易ではない。宗教右派団体は，メンバーが高齢化して若いメンバーの勧誘に困難を感じているとされる。弱小組織として残っているキリスト教連合のジョエル・ハンター（Joel Hunter）は2006年に，若者をリクルートするために，同連合の主張する政策テーマを環境問題などにも拡大しようとしたが，メンバーの抵抗で失敗した。一方で，新しい福音派指導者であるウォレンらは，宗教伝統主義を維持しながらも，こうしたテーマに手を広げることによって，支持基盤を拡大していった（Wilcox & Robinson, 2010, p. 54）。

　様々な側面から報告されている福音派の変容が，どれだけの規模を持っているのか，明らかではない。だが，若い福音派の共和党離れの傾向は明確に現れてきた。ピュー研究センター（Pew Research Center）の調査では，18〜29歳の白人福音派における共和党支持率は2001年には55％だったのに対して，2007年には40％にまで下落した。一方，民主党支持率は26％から32％に上昇している[46]。

4　まとめ

　1990年代以降に起きた政治変化は，急進保守派が世論から乖離していったこ

---

46) Dan Cox, "Young White Evangelicals: Less Republican, Still Conservative," *Pew Research Center Publications*, September 28, 2007 (http://pewresearch.org/pubs/605/young-white-evangelicals-less-republican-still-conservative). 最終アクセス2011年10月29日。

とによって，イデオロギーが左右両翼に分極化していったことである。その結果，過激な宗教右派運動は大衆的基盤を失っていき，共和党は，宗教右派にサービスをしながらも，中道・穏健派の世論にも目配りをしなくてはいけないという，ジレンマの中で政策運営を続けてきた。2004年には再び宗教右派の活発化が注目を集めたが，本格的な復権ではなく，2008年には弱体化が明確に現れてきた。2004年大統領選挙の後には，福音派の新たな変容の兆しが注目を集めるようになるとともに，若い福音派の共和党離れの傾向が生まれてきたのである。

第 4 章

政党再編成
イデオロギー争点の形成と福音派の変容が生んだ政党支持基盤の変化

第1節──争点と政党再編成

　前章まで，福音派の形成から発展，宗教右派運動の拡大とその共和党への影響を述べてきた。本章からは，この歴史的変化を踏まえて，実証データに基づく統計的分析を行っていく。ここで最初に答えるべき「問い」は，この歴史的な変化によって，政党対立の構造には本質的な変化が起きたのかどうか，つまり政党再編成と呼べるプロセスが進行したのかという問題，そして，福音派の変容がその変化にインパクトを与えたのかどうかという問題である。

　まず，本節では，1960年代以来の争点の変化によって，政党再編成が発生したのかどうかを検証する。

　繰り返しになるが，政党再編成は，古い政党対立争点に対して横断的な新争点が登場し，新しい争点に沿って政党支持基盤が組み替えられることによって発生する。前章までに明らかにしたのは，1930年代以来，政党対立の基軸にあったニューディール争点に対して，1960年代以降，人種問題，軍事・外交問題，倫理問題という新争点が登場し，政府の中の政党，組織の中の政党のレベルで対立争点となっていったことである。

　しかし，一般有権者がその変化を認識しなければ，政党支持基盤の組み替えは発生しない。本節で行うのは，この一般有権者レベルの分析である。分析は，まず，有権者の中で上記の争点が認識され，政党対立争点として"進化"していったのかどうか。そして，それらの争点は有権者の意識の中で融合し，アブラモウィッツが言う「イデオロギー争点」と呼べるものが形成されていったのか，最後にその争点に沿って，政党支持基盤の組み替えが発生したのかどうか，という順序で進めていく。

1 争点の進化

常に対立基軸であるニューディール争点

　人種問題，軍事・外交問題，倫理争点などが，一般有権者のレベルで，政党対立争点として進化していったのかどうかという問題は，これらの争点態度と民主党と共和党への支持傾向の相関関係を調べることによって分析を行う。表4-1は，政党帰属意識と各争点の争点態度との，二変量相関係数を求めたものである。政党帰属意識は「強い民主党支持＝1」から「無党派＝4」を経て「強い共和党支持＝7」に至る7段階の変数である。記入したのはピアソンの相関係数で，係数はプラス1からマイナス1の値をとり，プラス（マイナス）1であればそれぞれの争点と政党帰属意識が完全な正の相関（負の相関）関係にあることを示し，0であれば両変数が完全に独立（無関係）していることを意味する。それぞれの争点変数は，保守的な立場と強い共和党支持がプラスに相関するよう調整してあり，係数の絶対値が高いほど両党支持者間で争点対立が強まっていることを示している。

　ニューディール争点の代表的変数は「政府雇用保証」である。雇用と生活に関する連邦政府の役割を尋ねるもので，「政府が雇用と生活レベルを保証すべき」という回答がリベラル，「個人に任せるべきだ」が保守の立場となる[1]。すなわち，この変数で相関係数がプラスで有意であれば，「個人に任せるべきだ」という保守的意見を強く持っている人ほど，強く共和党を支持するという相関関係が存在することを意味する。回答は，1964年は5段階で1968年は3段階，1972年以降は7段階のスケールである。したがって，係数の厳密な経年比較ができるのは1972年以降だが，質問内容はほぼ一致しているため，単年度ごとの相関分析では，比較上，大きな誤差は生じないと見られる[2]。

　同表を見ると，両党対立争点の基軸には，常にニューディール争点が存在する

---

1) 変数名は1964年＝640078，1968年＝680066，1972年以降はVCF0809。VCF0809の回答原文は1. Government see to job and good standard of living から，7. Government let each person get ahead on his own まで7段階。
2) 3段階尺度を二変量相関に使用するのはあまり適切ではないが，比較のために掲載している。

表 4-1　政党帰属意識と争点

年	全有権者							
	イデオロギー	政府雇用保証	ベトナム・ソ連政策	軍感情温度	中絶	人種隔離	黒人支援	
1960		.192**						
1964	.319**	.258**	.079*	−.107**		−.033		
1966	.286**		.076*					
1968	.266**	.201**	.047**	−.080**		.034		
1970	.339**		.084**	.013		.044	.180**	
1972	.311**	.195**	.208**	.042	−.056**	.030	.139**	
1974	.342**	.244**		.034			.178**	
1976	.354**	.256**		.013	−.058*	.014	.143**	
1980	.425**	.316**	.079**	.010	−.036*		.246**	
1982	.423**	.305**			−.058**		.208**	
1984	.424**	.279**	.179**	.089**	.059**		.230**	
1986	.406**	.265**	.134**		−.025		.181**	
1988	.440**	.305**	.061*	.086**	.002		.216**	
1990	.369**	.225**			.035		.192**	
1992	.476**	.287**		.083**	.116**		.218**	
1994	.512**	.323**			.097**		.281**	
1996	.570**	.335**		.054*	.135**		.288**	
1998	.440**	.314**			.122**		.305**	
2000	.503**	.273**		.107**	.121**		.231**	
2004	.552**	.396**		.230**	.182**		.383**	
2008	.554**	.437**		.208**	.221**		.362**	

注）American National Election Studies Cumulative File 1948-2008 と 1964, 1968 から作成。
記入したのは各争点と政党帰属意識とのピアソンの相関係数。イデオロギー（感情温度）=VCF0801, 政府雇用保証=VCF0827（1966 年まで），VCF0827a（1968～72 年），VCF0841（1980 年以降），軍感情温度=VCF0213，各争点は保守的な態度と共和党支持の強さがプラスに相関するよう調整。N は平均 1477。＊＊：p≦.01,

ことが明らかである。政府雇用保証は 1960 年代から相関関係が常にプラスで有意であり，その他の争点と比較して最も強い係数である。同時に注目すべきことは，時代とともに係数が強まり，厳密に比較可能な 1972 年と 2000 年代を比べれば，両党支持者の間でニューディール争点の対立が先鋭化していった経過が明らかである。

さらに，白人のみを対象にした分析で見ると，1980 年代から係数が急速に強まっている。1970 年代に白人中間層の間では，少数派優遇政策などのニューディール・リベラリズムに対する反発が蓄積していったが，これを受け止める政党が存在しなかった。だが，レーガン政権後の共和党が鮮明なニューディール保守主義を打ち出したことから，政党間の違いが明確になり，相関係数が高まった

態度の二変量相関係数

	白人のみ					
イデオロギー	政府雇用保証	ベトナム・ソ連政策	軍感情温度	中絶	人種隔離	黒人支援
	.195**					
.315**	.212**	.068*	−.108**		−.105**	
.292**		.057				
.255**	.119**	.012	−.075**		−.038	
.332**		.053	.017		−.083*	.092**
.262**	.148**	.197**	.027	−.043*	−.026	.055*
.333**	.196**		.056*			.107**
.337**	.197**		.033	−.041	−.031	.057*
.407**	.269**	.078*	.050	−.030		.173**
.431**	.252**			−.033		.146**
.438**	.250**	.197**	.124**	.090**		.171**
.414**	.230**	.164**		−.006		.142**
.445**	.248**	.064*	.112**	.033		.135**
.397**	.224**			.060*		.164**
.489**	.285**		.134**	.167**		.175**
.535**	.281**			.123**		.226**
.606**	.327**		.124**	.184**		.287**
.458**	.290**			.146**		.268**
.538**	.293**		.117**	.203**		.180**
.623**	.372**		.275**	.249**		.325**
.596**	.409**		.270**	.288**		.319**

雇用保証は 1964 年＝640078, 1968 年＝680066, 1972 年以降は 1948-2008 の VCF0809, 戦争・ソ連政
中絶＝VCF0837 (1978 年まで), VCF0838 (1980 年以降), 人種隔離＝VCF0815, 黒人支援＝VCF0830。
＊：p≦.05。

という解釈が可能である。

1980 年代に進化した軍事・外交争点

「ベトナム・ソ連政策」は, 1960 年代はベトナム撤退の是非, 1980 年代からは対ソ連政策への態度と政党帰属意識の相関関係を分析したものである。異なったテーマと質問であり, 係数をそのまま経年比較することはできない。

1960 年代には, ベトナム問題が極めて深刻な社会亀裂を生んだにもかかわらず, 相関係数は低く, 白人では有意でないことが多い。これは, 両党の政策差異が鮮明でなかったからである。ところが, マクガバンが民主党候補となり, 民主党が明確に反戦リベラルの立場を打ち出した 1972 年には, 相関係数は急上昇し

明白に有意になる。一方で，1980年代のレーガン政権時代の対ソ連外交問題では，ベトナム戦争に比べれば社会亀裂は深刻でなかったが，共和党が強硬な対ソ連対決姿勢を打ち出して両党の政策態度が鮮明になったので，相関係数は高まった。

戦争政策は国際情勢や戦況（泥沼化したのかどうか）によって，是非の判断が大きく異なってくる。だが，1970年代に生まれたベトナム反戦運動は，"あらゆる戦争"に反対する反戦リベラリズムを生み出していった。これは，戦況や国際情勢にかかわらず，戦争政策への態度を根底から規定する心理的な変数と言えるだろう。反戦リベラリズムを正確に把握する調査は行われていないが，「軍への感情温度」は反戦リベラリズム思想が内包する反軍感情を反映したものとなるであろう[3]。

このため，軍感情温度と政党帰属意識の相関係数を分析すると，1960年代には民主党支持者の方が軍への感情温度が高く（係数がマイナス），有意な関係があった。だが，1970年代には有意な関係が失われている。民主党が反戦リベラル化したものの，共和党の保守化が進まなかったため，両党の差異が明確でなかったことが原因だろう。ところが，レーガン時代以降は共和党支持者の軍感情温度が高い形で有意となり，特に白人では係数が強まっていった。対テロ戦争でブッシュ政権が強硬な戦争政策を展開し始めた2000年代からは係数が急速に高まり，反戦リベラリズムをめぐる政党対立が激しくなっていったことが明らかである。

この時代に社会の亀裂を生んだのは，こうした個別の争点だけでなく，既成の価値観そのものを否定する，全般的な"リベラリズム"と，それに反発する"保守"的な態度の対立でもある。これを測定できるような質問は行われていないが，軍感情温度は，それに近い意識を反映しているだろう。伝統的に米国では軍に対する尊敬と信頼があついので，軍に反感を持つ意識自体が，既成の価値観を拒否する姿勢につながっていると考えられるからである。

---

[3] 軍感情温度は1960年代から継続的に調査されており，軍事・外交問題への態度を長期比較するのに適している。その他個別の外交問題や戦争政策への態度は，国際情勢が変化したり戦争が終結したりすると調査されなくなるので，長期的に比較できない。例外的に「防衛予算に関する意見」は継続調査されているが，これはニューディール争点との関係が極めて強いため，軍事・外交問題への態度を図るうえでは適切ではない。

1990年代に進化した倫理争点

「人工妊娠中絶」は倫理争点の代表的変数である。このほかにも,「同性愛」や「学校における祈りの是非」が倫理問題あるいは宗教的問題として大きな争点になってきたが,人工妊娠中絶問題は,1970年代に宗教右派運動が勃興した時から中核的な倫理争点で,かつ現在に至るまで政治焦点の一つである。これに対して,同性愛問題が強いスポットライトを浴びたのは1990年代以降と比較的新しい[4]。また,学校における祈りに関しては,1984年でも,祈りを許容する意見が国民的コンセンサスに近く,民主党,共和党支持者の傾向も大きく異ならない[5]。このため,倫理争点に関して長期間の変化の特徴をつかむためには,人工妊娠中絶の変数が最適である。中絶問題は中絶容認派に女性が多く,それが女性の共和党支持低下を引き起こすというバイアスが生じるが,福音派の変容に焦点をあてた本書の分析では,大きな問題を引き起こすものではないと考えられる。

この変数は,人工妊娠中絶の是非を問うもので,1980年に質問と回答形式の改訂が行われた。1978年までは,「いかなる中絶も許容されるべきではない」という最も保守的な回答から,「母体の健康上必要な時は容認」「養育が困難な時は許容」を経て,最もリベラルな「中絶はいかなる時でも禁止されるべきではない」という回答までの4段階である[6]。1980年以降は,法的に「中絶は許容されるべきでない」「暴行の結果や母体の危険がある場合は許容」「明確に必要性がある場合は,暴行などの結果でなくても許容」「中絶は常に個人の選択として許容されるべき」の4段階での回答である[7]。

---

4) このため,ANESが同性愛問題に関して調査を開始したのも1990年代からである。もちろん,同性愛問題も宗教右派運動発足当初から争点とはなってきたが,比較すれば中絶問題の方に重点が置かれていた。

5) 祈りを許容する意見(Schools should be allowed to start with prayer)が71.5%,否定意見(Religion does not belong in the school)が28.5%。また民主党支持者の許容意見は66.7%,共和党支持者は77.7%。ANESから筆者集計。

6) ANESの変数名はVCF0837。回答原文は1. Abortion should never be permitted. 2. Abortion should be permitted only if the life and health of the woman is in danger. 3. Abortion should be permitted if, due to personal reasons, the woman would have difficulty in caring for the child. 4. Abortion should never be forbidden, since one should not require a woman to have a child she doesn't want.

7) 変数名はVCF0838。回答原文は1. By law, abortion should never be permitted. 2. The law should permit abortion only in case of rape, incest, or when the woman's life is in danger. 3. The law should permit abortion for reasons other than rape, incest, or danger to the woman's life, but

中絶問題の調査が始まったのは 1972 年だが，1990 年代までは，ほとんど政党対立争点の要素ではなかったと言えるだろう。係数は極めて低く，白人では有意な関係もほとんど生まれていない。しかも，1970～80 年代は，民主党支持者の方が中絶問題で保守的な立場なのである。1980 年代にはモラル・マジョリティーが反中絶で有権者を共和党に動員する運動を展開したが，彼らはダイレクトメールとテレビ伝道番組での呼びかけに頼った"空中戦"を戦っていただけで，草の根運動の実態はなかったことが，この数値からも明らかである。

中絶問題が本格的な政党対立争点として進化したのは，1990 年代であり，キリスト教連合の活動が始まった後である。相関係数は 1990 年と 1992 年の間でジャンプがあり，高まった数値のまま持続する。白人では，ブッシュ政権後の 2000 年にも再度のジャンプがあって，そのまま上昇を続けている。中絶問題は，全く存在しないところから突然発生し，宗教右派運動の政治動員の活発化と密接に関連しながら進化し，変化が持続した争点なのである。

人種問題

人種問題は，すでに述べたように 1960 年代は人種隔離の是非をめぐる争点だった。「人種隔離」の変数は「厳格な人権隔離」を求める保守的な意見と「人種隔離撤廃」を求めるリベラルな意見，そして，その「中間的意見」の 3 段階で回答を求めている[8]。テーマの性質上，白人と黒人の意見は全く異なるので白人のみを見ると，1964 年には隔離主義者の民主党支持が高く有意である。これは南部民主党が人種隔離主義を鮮明に掲げていたからにほかならない。だが，民主党が人種リベラル化した後，係数は有意ではなくなり，政党対立の問題ではなくなった。共和党は人種保守的になったが，人種隔離主義を正当化したわけではなかったからである。

しかし，この時代に人種問題の論理は転換され，黒人への福祉政策の是非など，ニューディール争点と一体化した争点として扱われるようになった。この政

---

only after the need for the abortion has been clearly established. 4. By law, a woman should always be able to obtain an abortion as a matter of personal choice.

8) 変数名は VCF0815. "Are you in favor of desegregation, strict segregation, or something in between?" という質問に対して，回答は "desegregation," "in between," "strict segregation" の 3 段階である。

策を示す「黒人支援」の変数[9]は，調査が始まった1970年から有意である。特に，黒人は人種リベラル化した民主党に圧倒的な支持を寄せたため，全有権者で見ると係数はそれなりに高い。しかし，白人のみを対象にしたものでは，1970年代の係数は低い。これは，共和党がニューディール争点に関しても明確な保守政党に脱皮していなかったことの現れだろう。ところが，レーガン政権によって共和党のニューディール保守主義が鮮明になると，1980年にジャンプして，その後は高い数値のまま持続した。1994年中間選挙の保守革命で共和党のニューディール保守主義がさらに鮮明化すると，係数は急速に上昇している。そして，2000年代には鋭い政党対立として拡大していったのである。

最後に，「イデオロギー」の変数を見てみよう。ここに示したのは，リベラルに最も強い好感情を抱くのが0度，保守に最も強い好感情を抱くのが97度というイデオロギー感情温度と政党帰属意識の相関関係である。イデオロギーはこれらのすべての争点態度が総合されて生まれるものであり，政党選択の指針ともなる。このため政党帰属意識との相関係数は，常に最も強い。だが，あらゆる争点が，次第に政党帰属意識との相関を強めていった経過を反映して，全有権者でも，白人のみでも，係数の経年的な上昇は著しい。1980年に大きなジャンプがあり，1990年代には直線的に上昇し，2000年代にも上昇があった。2000年代には，両党の間には.5〜.6という極めて先鋭的なイデオロギー対立が生まれてきたのである。

争点進化のまとめ

以上の考察をまとめよう。1960〜70年代にリベラリズムの拡大によって，軍事・外交，倫理問題，人種問題をめぐる新たな争点が発生したが，既存争点であるニューディール争点を除いて，この時代には各争点が厳しい政党対立争点に発展していたわけではなかった。民主党がリベラルの立場に転化したものの，共和党の保守化が進まなかったことが原因であろう。

だが，レーガン政権以降の1980年代には，争点対立は新たな"進化"を遂げ

---

9) 黒人支援の変数名はVCF0830。「連邦政府が黒人と少数民族の社会的経済的地位向上のためにあらゆる努力を払うべきか」という質問に対して "Government should help minority groups/ blacks" から "Minority groups/ blacks should help themselves" まで7段階スケールで回答を求めている。

表 4-2 ニューディール争点と他

年	全有権者					
	イデオロギー	ベトナム・ソ連政策	軍感情温度	中絶	人種隔離	黒人支援
1964	.272**	.209**	.021		.058*	
1968	.182**	.158**	.058*		.174**	
1972	.325**	.226**	.121**	−.025	.150**	.377**
1974	.294**		.054*			.411**
1976	.273**		−.034	−.069**	.104**	.400**
1978				−.097**	.097**	.410**
1980	.377**	.250**	−.008	−.060*		.426**
1982	.342**			−.018		.462**
1984	.305**	.190**	.051*	−.070**		.360**
1986	.242**	.132**		−.039		.359**
1988	.254**	.051*	.059*	−.039		.459**
1990	.223**			−.075**		.429**
1992	.269**		.031	.009		.432**
1994	.333**			−.009		.443**
1996	.349**		.026	.028		.518**
1998	.268**			.021		.470**
2000	.149**		.015	−.007		.358**
2004	.344**		.180**	.107**		.471**
2008	.303**		.168**	.086**		.570**

注）American National Election Studies Cumulative File 1948-2008 と 1964, 1968 から作成。記入したのは各争点と政府による雇用保証（VCF0809）とのピアソンの相関係数。イデオロ以降は 1948-2008 の VCF0809, 戦争・ソ連政策＝VCF0827（1966 年まで），VCF0827a 年まで），VCF0838（1980 年以降），人種隔離＝VCF0815, 黒人支援＝VCF0830。質問の詳細相関するように調整してある。＊＊：$p \leq .01$, ＊：$p \leq .05$。

た。共和党の保守化が鮮明になり，両党は各争点に対して両極から明確な立場を示すようになったのである。このため，軍事・外交，倫理問題に関する相関係数は上昇して有意なものが増えてきた。争点対立が本格化したのは，キリスト教連合が活動を始めた1990年代で，倫理争点も含めてすべての争点が有意となり係数も強まっていった。ブッシュ政権の2000年代にはいっそう鋭い対立が生まれ，イデオロギー的分極化が進んだのである。

だが，こうした新しい争点の登場は，決して旧争点であるニューディール争点を，舞台から引きずり下ろしたわけではない。ニューディール争点は，常に政党対立の基軸として存在し，あらゆる争点の中で最も強い係数を持った争点として，同時に進化を続けてきたのである。

第 1 節　争点と政党再編成　173

争点態度の二変量相関係数

白人のみ					
イデオロギー	ベトナム・ソ連政策	軍感情温度	中絶	人種隔離	黒人支援
.241**	.193**	.008		−.028	
.177**	.145**	.068*		.116**	
.263**	.181**	.112**	.005	.094**	.277**
.283**		.071**			.343**
.256**		.020	−.020	.048*	.339**
			−.057*	.070**	.355**
.364**	.274**	.031	−.028		.359**
.345**			.013		.362**
.337**	.196**	.083**	−.026		.289**
.264**	.104**		−.036		.304**
.245**	.035	.082**	−.015		.375**
.249**			−.026		.428**
.276**		.069**	.046		.378**
.340**			.036		.433**
.369**		.130**	.075*		.500**
.271**			.031		.436**
.164**		−.026	.010		.319**
.411**		.215**	.185**		.390**
.344**		.198**	.164**		.522**

ギー（感情温度）＝VCF0801，政府雇用保証は 1964 年＝640078，1968 年＝680066，1972 年（1968〜72 年），VCF0841（1980 年以降），軍感情温度＝VCF0213，中絶＝VCF0837（1978 は補論 2 を参照のこと。それぞれの争点は，保守的な態度と共和党支持の強さがプラスに

ニューディール争点との二変量相関

しかし，新たに登場した争点が，既存の争点に対して横断的でなければ，政党再編成は発生しない。既存争点と相関が高ければ，既存の対立軸に沿って亀裂が拡大するだけで，政党支持基盤を組み替えていくわけではないからである。このため，1930 年代から両党対立の基軸にあったニューディール争点と，各争点の間の相関関係を調べたのが表 4-2 である[10]。

10) もちろん，既存の両党対立争点はニューディール争点だけではない。争点は無数に存在し，両党はそれぞれに対立的な政策立場を示している。したがって，既存の対立争点とは，これらの立場を総合した亀裂軸のことだが，それを代表する便利な総合指標の変数は存在しない。一方で，両党対立の基本軸には常にニューディール争点が存在し，1950 年代には，それ以外の争点は両党支持者の間で大きな意見対立をもたらしていなかった。したがって，既存争点の代表としてニューディール争点を使用することは正当である。

注目されるのは中絶問題である。キリスト教連合以前の1980年代までは相関係数はマイナスであり，現在とは逆に，中絶保守派はニューディール争点ではリベラルな傾向が存在したことを示している。
　1990年代になると係数はプラスとなるが，まだ，ほとんどの年で有意ではない。この時代になると，少なくとも共和党議員のレベルでは財政保守と宗教保守の融合が進んでいったが，有権者レベルでは，この時代でも中絶に反対する宗教保守層は，必ずしも小さな政府を求めるニューディール保守層と重なっていたわけではない。両者の融合が進み始め，相関係数が有意になるのは2004年以降である。したがって倫理争点は，ニューディール争点に対して極めて横断的であり，歴史的に相関関係の方向性自体が変化していった争点と言うことができる[11]。
　人種問題は人種隔離主義と黒人支援での二つの変数を掲載したが，この変数の傾向は全く異なっている。白人のみを見ると，人種隔離主義は1964年にはニューディール争点と有意な関係になく，しかも係数はマイナスだった。つまり人種隔離主義は，倫理問題同様，ニューディール争点と横断的な争点だったのである。人種隔離問題における亀裂は，その他の政策対立とは無関係に南部と北部の間に走っていたことの反映であろう。だが，民主党の人種リベラル化イメージが定着した1968年には，ニューディール争点との相関が有意となり，以後その傾向は変わらない。
　一方，人種問題は，論理転換が行われて黒人支援の是非という，ニューディール争点と一体化した争点になっていった。その黒人支援とニューディール争点の相関関係は明確である。「黒人支援」は，すべての年で統計的に有意であるだけでなく，係数は極めて強い。黒人支援の争点は，ニューディール争点と横断的でないことは明らかである。
　軍事・外交問題では，ベトナム・ソ連政策との相関が有意だった。しかし，軍感情温度の方は係数が高くなく，全有権者では有意でない年も多い。それでも，白人では一時期を除いて有意な関係が続き，少なくとも係数は2000年を除いて常にプラスである[12]。そして，2004年以降は有意で係数も高まり，相関関係が強

---

11) 宗教右派が共和党への浸透を始めたとき，"ビジネス・ウィング"である既存の党組織幹部との間で激しい衝突が生まれた背景もここにあったと言えるだろう。既存の党指導部にとって，新たな争点は既存の支持基盤に亀裂を生む危険な存在だったのである。

まっていったと言えるだろう。したがって，軍感情温度は，ニューディール争点に対してある程度横断的な側面があったが，倫理争点のように方向性が逆転するほど，強く横断的だったとは言えない。

以上の分析をまとめると，倫理問題と人種隔離主義は，ニューディール争点に対して横断的だが，「黒人支援」はニューディール争点と一体化していた。そして，軍感情温度は黒人支援のように明確に一体化していたわけではないが，倫理問題ほど明確に横断的な争点ではなかったと言えるだろう。

多変量回帰分析

最後に，見かけの相関を排除して，それぞれの争点が政党帰属意識に対して与える独立した効果を調べるため，4つの主要争点を投入した多変量回帰分析を行ったのが表4-3である。従属変数は政党帰属意識で，ニューディール争点の変数は「政府雇用保証」，軍事・外交は「軍感情温度」，倫理争点は「中絶問題」，人種問題は「黒人支援」であり，すべての調査が始まった1972年が分析の出発点となっている[13]。同年から2008年まで，年ごとに独立して行った回帰分析をまとめ，上段には偏回帰係数を，下段には変数間のインパクトを比較する参考値として標準偏回帰係数を記入した。

多変量回帰分析は，従属変数の変化に影響を及ぼしている複数の説明変数の関係を分析するものである。それぞれの説明変数の偏回帰係数は，その他の説明変数の効果を一定にし影響を除去したうえで，その説明変数の1単位の増加が従属変数の変化に与える影響を示す数字となる。たとえば，軍感情温度の偏回帰係数が.010であれば，軍感情温度が1度上がったときに，7段階の政党帰属意識は0.01だけ共和党支持に近づくと解釈できる。

一方，標準偏回帰係数は，変数をすべて標準化したうえで同じ多変量回帰分析を行った結果である。すべての変数が同じ尺度になることから，変数間の効果の強弱を比較することが可能となる。軍感情温度の標準偏回帰係数が.100で，政府

---

12) 1990年代に全有権者で有意でない年が多いのは，黒人が，ニューディール・リベラルに対する支持率が高い（1990年代で白人のニューディール・リベラル支持率が2～3割に対して，非白人は4～5割）のに対して，軍感情温度は白人よりもやや高い（感情温度が高い人は白人で3割強，非白人で4～5割）傾向があることの影響であろう。

13) これらの争点態度に関する変数の他に，制御変数として年齢，性別，人種など一般的なものをすべて投入している。

表 4-3 政党帰属意識を従属変

偏回帰係数

年	定数	年齢	性別[†1]	人種[†2]	居住地ダミー[†3] 郊外	居住地ダミー[†3] 農村	南部[†4]	世帯収入[†5]
1972	1.302**	.005	−.040	−.526**	.172	.223	−.654**	.085
1976	.583	.003	.034	−.978**	.109	.283*	−.490**	.160**
1980	1.223	−.005	−.162	−.953**	.248	.327	−.404**	.177**
1982	1.634*	−.002	−.007	−1.133**	−.043	−.065	−.504**	.168**
1984	−.280	−.006	−.039	−.897**	.215	.375*	−.207	.211**
1986	3.314**	−.011*	−.264	−1.245**	−.083	.071	−.326*	.133
1988	1.407*	−.004	−.125	−1.228**	.122	.422*	−.574**	.110
1990	1.251*	−.011**	−.058	−.868**	.648**	.578**	−.281*	.169**
1992	.175	−.011**	−.147	−1.009**	.532**	.568**	−.192	.149**
1994	.486	−.011**	−.228*	−.953**	.250	.299*	−.022	.320**
1996	.273	−.006	−.365**	−1.013**	.408**	−.042	.016	.167**
1998	2.551**	−.011**	.009	−1.432**	.434**	.253	.213	.005
2000	.187	−.009	−.204	−1.603**	.593**	.152	.361	.048
2004	1.660*	−.008*	−.233	−1.376**			.098	.079
2008	1.242	−.012**	−.015	−1.321**			−.124	.224**

標準偏回帰係数

年	年齢	性別[†1]	人種[†2]	居住地ダミー[†3] 郊外	居住地ダミー[†3] 農村	南部[†4]	世帯収入[†5]	組合加入[†6]
1972	.040	−.010	−.078**	.041	.055	−.145**	.048	.148**
1976	.025	.009	−.140**	.027	.068*	−.105**	.090**	.177**
1980	−.044	−.041	−.148**	.061	.077	−.091**	.099**	.132**
1982	−.013	−.002	−.170**	−.010	−.015	−.112**	.096**	.135**
1984	−.051	−.009	−.134**	.051	.085*	−.044	.109**	.168**
1986	−.087*	−.065	−.215**	−.020	.016	−.074*	.072	.126**
1988	−.028	−.029	−.201**	.029	.095*	−.125**	.057	.130**
1990	−.098**	−.014	−.151**	.156**	.133**	−.062*	.094**	.122**
1992	−.089**	−.036	−.171**	.129**	.131**	−.042	.081**	.109**
1994	−.085**	−.054*	−.151**	.058	.065*	−.005	.169**	.158**
1996	−.050	−.085**	−.161**	.094**	−.009	.004	.086**	.106**
1998	−.095**	.002	−.235**	.103**	.058	.048	.003	.017
2000	−.079	−.050	−.265**	.144**	.033	.080	.026	.172**
2004	−.069*	−.054	−.244**			.021	.045	.041
2008	−.103**	−.004	−.228**			−.030	.119**	.046

注）American National Election Studies Cumulative File 1948-2008 から作成。
　　従属変数は，政党帰属意識（VCF0301）。†1：性別は 1＝男性，2＝女性，†2：人種は 1＝白人，2＝非白人，非南部，1＝政治的南部（南北戦争時の連合国加盟 11 州＝Alabama, Arkansas, Florida, Georgia, Louisiana, 標．†6：組合加入は世帯の中で労働組合に加入している人がいるかどうか。1＝加入，2＝非加入，†7：教育レ軍感情温度は 0 度から 97 度まで。＊＊：p≦.01，＊：p≦.05．空欄は，その年に調査されていない変数。

数とする多変量回帰分析

組合加入†6	教育レベル†7	争点態度				Adj. R2	N
		政府雇用保証	軍感情温度	中絶	黒人支援		
.683**	.136**	.123**	.006**	−.086	.057*	.112	1547
.808**	.202**	.167**	.006**	.040	.025	.166	1431
.596**	.128*	.245**	.004	.033	.102*	.201	867
.673**	.071	.230**		.025	.098*	.171	911
.818**	.125*	.211**	.012**	.195**	.153**	.199	1229
.615**	−.021	.189**		−.003	.111*	.148	774
.689**	.112*	.248**	.011**	.165**	.028	.195	1107
.663**	.126*	.131**		.206**	.103**	.170	1248
.587**	.180**	.241**	.013**	.326**	.064*	.238	1469
.843**	.111*	.182**		.347**	.176**	.254	1249
.570**	.115*	.263**	.008*	.354**	.186**	.266	986
.092	.177**	.173**		.319**	.180**	.225	808
.943**	.256**	.183**	.008*	.366**	.106*	.253	477
.222	.052	.247**	.011**	.365**	.240**	.331	646
.284	.015	.260**	.009**	.495**	.152**	.360	694

教育レベル†7	争点態度			
	政府雇用保証	軍感情温度	中絶	黒人支援
.092**	.122**	.071**	−.042	.056*
.134**	.166**	.066*	.021	.024
.083*	.224**	.042	.017	.079*
.045	.199**		.013	.078*
.071*	.174**	.121**	.098**	.116**
−.013	.170**		−.001	.089*
.066*	.210**	.104**	.082**	.023
.079*	.117**		.107**	.089**
.112**	.208**	.123**	.169**	.054*
.063*	.156**		.178**	.144**
.065*	.214**	.072*	.183**	.139**
.108**	.158**		.167**	.154**
.147**	.153**	.085*	.200**	.087*
.025	.214**	.105**	.186**	.196**
.008	.230**	.088**	.261**	.134**

†3：居住地は「都市」,「郊外」,「農村」の3つでダミー変数は「都市」を基準とした。†4：南部は0＝Mississippi, North Carolina, South Carolina, Tennessee, Texas, and Virginia）, †5：世帯収入は，5段階の指
ベルは小学校卒から大学院卒まで6段階。争点態度では，政府雇用保証と黒人支援は7段階，中絶は4段階,

雇用保証が.250であった場合，政府雇用保証の方が政党帰属意識に与える効果が強いと解釈ができる。

表4-3の偏回帰係数の表を見ると，ニューディール争点である「政府雇用保証」は，係数が常に有意で，この間政党対立の基軸であり続けたことが見てとれる。だが，政党帰属意識との二変量相関を分析した表4-1では，相関係数が上昇を続け，30年あまりで2倍以上に増える上昇傾向が明らかだったものの，他の争点態度を制御したこの分析では，偏回帰係数は上昇を続けたわけではない。1970年代より1980年代の方が高いが，それ以降は，短期的な変動があるだけである。したがって，表4-1の二変量相関の方で係数が高まっていったのは，他の争点における保守主義者がニューディール争点においても保守的な態度を示し，争点が融合した影響を受けたものであることを示唆しているだろう。

「軍感情温度」の係数は，有意ではあるものの強い係数ではない。政党帰属意識との二変量相関を分析した表4-1では，経年的に係数が上昇していったが，他の争点を制御するとそうした変化も見られない。むしろ，第二次冷戦が激化した1980年代には強まり，冷戦終結後の1990年代には弱まって，対テロ戦争が始まると再び強まるなど，国際情勢によってインパクトが左右される傾向が現れている。

軍感情温度よりも，もっと直接的な政策課題である「防衛費拡大への賛否」などを使用した回帰分析も行ってみた[14]。しかし，変数の効果が，国際情勢に応じて増減する傾向は同じで係数もそれほど強くはない。すなわち，軍事・外交問題は，両党の政策的立場だけでなく，国内政治の外側にある要因（戦争の泥沼化，冷戦の終結など）にも強く左右される変数であり，政党対立争点としての変化は，持続的ではないのである。

一方，「黒人支援」はニューディール争点と一体化した争点だったが，同争点を制御したうえでも，独立した効果を持っていたことがわかる。だが，標準偏回帰係数の表でインパクトの程度を比較すると，中絶やニューディール争点より強いものではない。

政党対立争点として，最も大きな変化を遂げたのは「中絶問題」である。1970年代には統計的に有意ではなく，1972年にはマイナスの係数だった。しかし，

---

14) 表は掲載していない。

1980年代に有意となって係数が急増し，キリスト教連合の活動が活発化した1990年代には再びジャンプして，ブッシュ政権の2000年以降にもさらに係数が強まっている。下段の標準偏回帰係数によって，それぞれの争点の影響力を比較すると，中絶争点のインパクトは，1990年代からニューディール争点を上回る年が多くなってきた。

多変量回帰分析の結果は，以下のようにまとめることができる。ニューディール，軍事・外交，倫理，人種の各争点は，政党帰属意識に対してそれぞれに独立した効果を持っている。だが，その効果の経年的変化を見ると，最も大きく，持続的な変化を遂げたのは中絶問題に代表される倫理問題である。それは，1970年代には効果が全くなかったにもかかわらず，2000年代にはニューディール争点に匹敵する政党対立争点に進化していったのである。だが，ニューディール争点は消滅したわけではなく，その他の争点も係数は強まる傾向にあった。

イデオロギー再編成と争点拡大

上記の多変量回帰分析で，4つの主要争点はそれぞれに独立して政党帰属意識に影響を与えていることが明らかになった。倫理問題は強力な政党対立争点となったものの，既存の争点であるニューディール争点は依然として政党対立基軸の中核に存在し，「争点交代」は発生していないのである。それでは，有権者の中で，4つの争点はどのように共存しているのだろうか。共和党がすべての争点で保守的な立場をアピールしたことで，4つの争点は融合し，すべてに保守的な有権者が増加したのだろうか。それとも，横断的な側面が強い倫理保守派とニューディール保守派は異なった有権者で，異なった理由で共和党を支持しているのだろうか。前者はアブラモウィッツらのイデオロギー再編成仮説が想定するものであり，後者はレイマンらの争点拡大仮説の想定である。そのいずれかによって，再編成が発生していたとしても，姿は異なってくるであろう。

どちらであるかは，有権者の信念の体系の中で，争点の束縛がどれだけ進んでいるかを調べることで検証できる。

図4-1は，上記4つの代表的争点と，政党帰属意識，イデオロギー感情温度を投入した主成分分析を行ったものである[15]。主成分分析とは，複数の変数を合成

---

15) すべての争点は数値が高いほど保守的な態度であるように調整されている。

第一主成分

‥‥‥ 政党帰属意識　　‥‥‥ イデオロギー　　―― 中絶

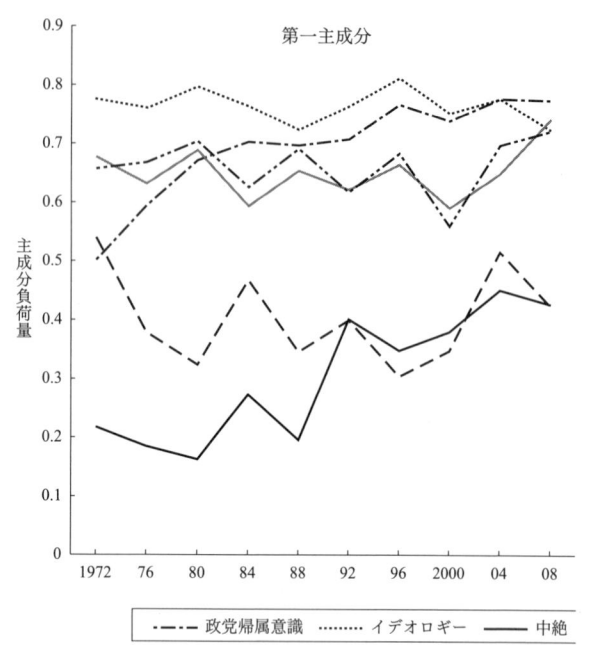

図 4-1　主要争点によ

注）American National Election Studies cumulative file1948-2008 から作成。
年ごとに主成分分析を行い，それぞれの争点の主成分負荷量を記入した。

して，データが持つ情報を少ない変数で説明できるようにする手法である。作成された新たな変数（主成分）は，もとの複数の変数それぞれに異なった重み（負荷量）をつけて合成されたものであり，その主成分に強い関係を持っている変数の負荷量は高くなる。たとえば，数学，物理，国語，英語の試験結果を投入した場合，理系の能力を示す主成分には数学や物理，文系の能力を示す主成分には国語や英語の点数が高い負荷量となるであろう。

したがって，政党帰属意識と代表的争点を投入した主成分分析を行うと，個人が持つ信念の体系の中で，同じ亀裂軸の中に位置づけられている争点は，同じ主成分の中に高い負荷量を示すはずである。たとえば，軍事・外交争点で保守的な人がおしなべて宗教的にも保守的であるならば，軍感情温度と人工妊娠中絶は同じ主成分でともに高い負荷量を示すだろうが，軍事・外交で保守的でも宗教的にはリベラルな人が多数であれば，同じ主成分でこの二つの変数がともに高い負荷量を示すことはないであろう。このため各変数の負荷量を見ることで，各種争点

第1節　争点と政党再編成　181

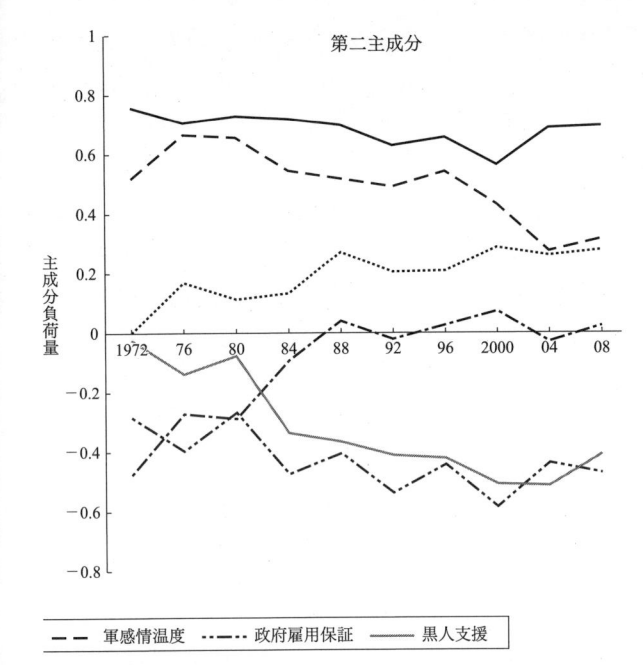

第二主成分

― ― 軍感情温度　…… 政府雇用保証　── 黒人支援

る主成分負荷量の変化

が一群の政策パッケージとして認識されているかどうか，つまり争点が融合したのかどうかを調べることが可能である。図4-1は，1972年から2008年まで，年ごとに独立した主成分分析を行い，抽出された主成分に対する変数の負荷量をグラフにまとめたものである。それぞれの主成分の寄与率[16]は表4-4に別途記載している。

固有値[17]の下限を1として分析を行った結果，各年とも二つの主成分が抽出された。第一主成分は，イデオロギーと政党帰属意識が主軸となっているので，政党対立の基本的な亀裂軸を示した指標と考えることができる。1972年時点で，

---

16) 主成分の説明力を数値化したもの。たとえば，第一主成分の寄与率が45％であれば，全体の情報量のうち45％をこの主成分が説明していることになる。
17) 各主成分の分散に対応した数値で，その主成分がどの程度，もとの各変数が持っていた情報を保持しているかを示す。固有値が1より少ない主成分は，もとの変数1個分よりも情報量が少ないので無視することが多い。

表 4-4 主成分分析における両主成分の寄与率とN

年	抽出後の負荷量平方和　分散の%		N
	第一主成分	第二主成分	
1972	34.426	19.616	1475
1976	32.344	20.779	1438
1980	36.224	19.601	919
1984	35.038	20.406	1394
1988	34.175	19.085	1265
1992	36.072	19.394	1680
1996	39.265	19.237	1190
2000	33.899	20.023	630
2004	42.985	17.452	795
2008	42.441	17.426	835

注) American National Election Studies cumulative file 1948-2008 から作成。

そこに高い負荷量があるのは，ニューディール争点と黒人支援，軍感情温度である。ニューディール争点は伝統的に政党対立の基軸争点であり，人種問題もニューディール争点と一体化した争点に転化したので，当然の結果であろう。軍感情温度の負荷量が高いのは，ベトナム反戦運動の高まりと同時に，この年にマクガバンが民主党候補となって反戦リベラリズムと民主党の結びつきが強まった結果であろう。

これらの争点が一群のパッケージとして認識されているのに対して，中絶問題の負荷量は著しく低い。政党対立争点として，ニューディール争点や人種問題と同じ亀裂軸にあるものという認識はほとんどなく，中絶問題はこれらの争点に対して極めて横断的だったのである。

だが，それ以降の歴史は明白に争点の融合の方向に向かっている。ほかの争点から孤立していた中絶問題は，レーガン政権発足後の1984年に負荷量が高まり，キリスト教連合が活動を始めた1992年には負荷量が急増して，2008年時点では.423にまで上昇した[18]。

もっとも，争点の融合は完全ではない。中絶問題の負荷量は高まったものの，2008年でも，その他の争点に比べて明らかに低レベルである。さらに，第一主成分と直交する第二主成分の主軸は常に中絶問題であり，倫理争点が横断的な性格を失ったわけではないことがわかる。この第二主成分では，その他の争点と政党帰属意識の多くはマイナスの負荷量である。つまり，この亀裂軸で保守的な人は，倫理保守派だがニューディール争点と人種問題ではリベラルであり，民主党支持者が多かったことがわかる。

この分析結果から，次のことが言える。倫理争点は，1970年代には既存の争

---

18) 一方，軍感情温度は国際情勢の変化に影響を受け，冷戦終結後は負荷量が減り，イラク戦争が始まると高くなった。

点に対して極めて横断的だったが,次第にその他の争点と融合し,一つの「イデオロギー争点」の中に組み込まれていった。共和党が,人種,ニューディール,倫理,軍事あらゆる側面で保守的になったことで,有権者の信念の体系も束縛のレベルが高まったのである。これは,方向性としては,イデオロギー再編成の前提となる仮説が支持されたものである。ただし,融合は完全ではなく,倫理争点は,いまだにイデオロギー的な保守とリベラルとは異なった次元の亀裂軸を形成しているため,「争点の拡大」が一部で発生しているが,その亀裂軸は次第に弱まっていった。

2　争点による政党支持基盤変化

全有権者における政党支持率の変化

前項で,主要な対立軸であるニューディール争点,軍事・外交問題,人種問題,倫理争点が,それぞれに政党対立争点として"進化"を遂げ,独立した影響を持つと同時に,有権者の信念の体系の中で,融合が進んできたことを明らかにした。次に,これらの争点進化が政党支持基盤の変化にどのような影響を与えたのかを検証する。

まず図4-2で,この間の政党支持率変化を確認しておこう。

民主党は1930年代のニューディール再編成によって優位政党となり,1960年代まで共和党に2,3割の支持率差を誇っていた。

だが,民主党支持率は,1960〜70年代と1980年以降の2段階のプロセスで低下してきた。民主党のリベラリズムへの傾斜が鮮明になった1960年代に,同党支持率はピークだった1964年の61.6%から,1972年には51.2%に急減した。1950年代に比べて民主党の共和党に対する優位は半減したと言えるだろう。だが,共和党は30.5%から33.9%に支持を伸ばしただけである。民主党を離反した多くの有権者は無党派に流れ,無党派層は7.9%から14.8%に大幅増加している。

第二段階は,1980年代のレーガン政権発足だった。共和党が鮮明な保守政党に変身し,政党対立には倫理争点が加わるとともに,ニューディール,軍事・外交の面でも対立が先鋭化していった。この共和党の保守化イメージが有権者に浸透した1984年には,共和党支持が1982年の31.8%から39.6%に急増し,民主党支持は55.2%から47.8%に急減した。民主党の優位(民主党支持率-共和党支持

(%)

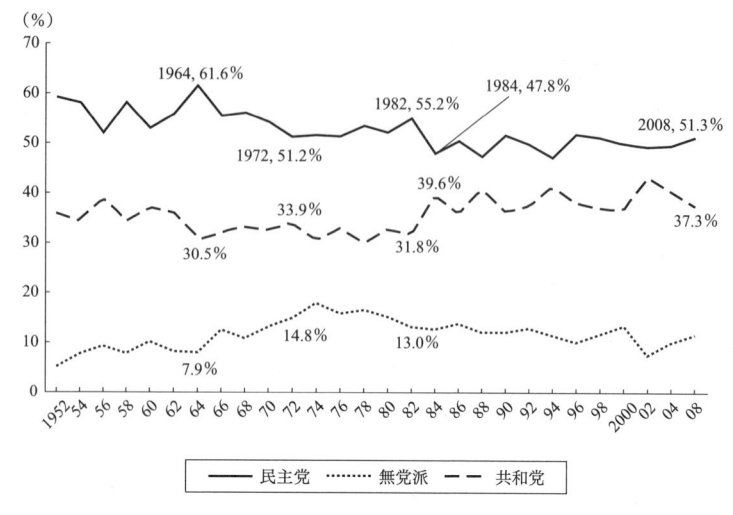

図 4-2　政党支持率の推移

注）American National Election Studies Cumulative File 1948-2008 から作成。
民主党支持者は Strong Democrat, Weak Democrat, Independent (leaning Democrat)，共和党支持者は Strong Republican, Weak Republican, Independent (leaning Republican)。

率）は，この2年間で23.4％から8.2％へと15.2％も縮小する激変が起きた。この変化は一時的なものではなく，短期的な変動[19]がありながらも2008年まで，その趨勢が定着している。一方，無党派層は急激な変動はないが，両党の鮮明なイデオロギー的分極化が進んだ時期以降，長期的な減少傾向は明らかである。

したがって，政党支持構造の分析は，1960〜70年代と1980年以降の2つの段階に分けて行うべきだろう。

1960〜70年代：未完の政党再編成

まず，第一段階の1960〜70年代において，個別の争点ごとに，政党支持人口の変動を見ていくことにする。

図4-3は，この時代に焦点となった人種問題と反戦リベラリズムに関する態度別に，政党支持人口の推移を観察したものである。このグラフに記入したのは，全有権者を100％とした各争点態度別の政党支持人口比である。人種隔離問題を例にとれば，人種隔離問題への争点態度（人種隔離容認＝保守か，撤廃＝リベラ

19）短期的な変動は，主に中間選挙年と大統領選挙年の違いである。

第 1 節　争点と政党再編成　185

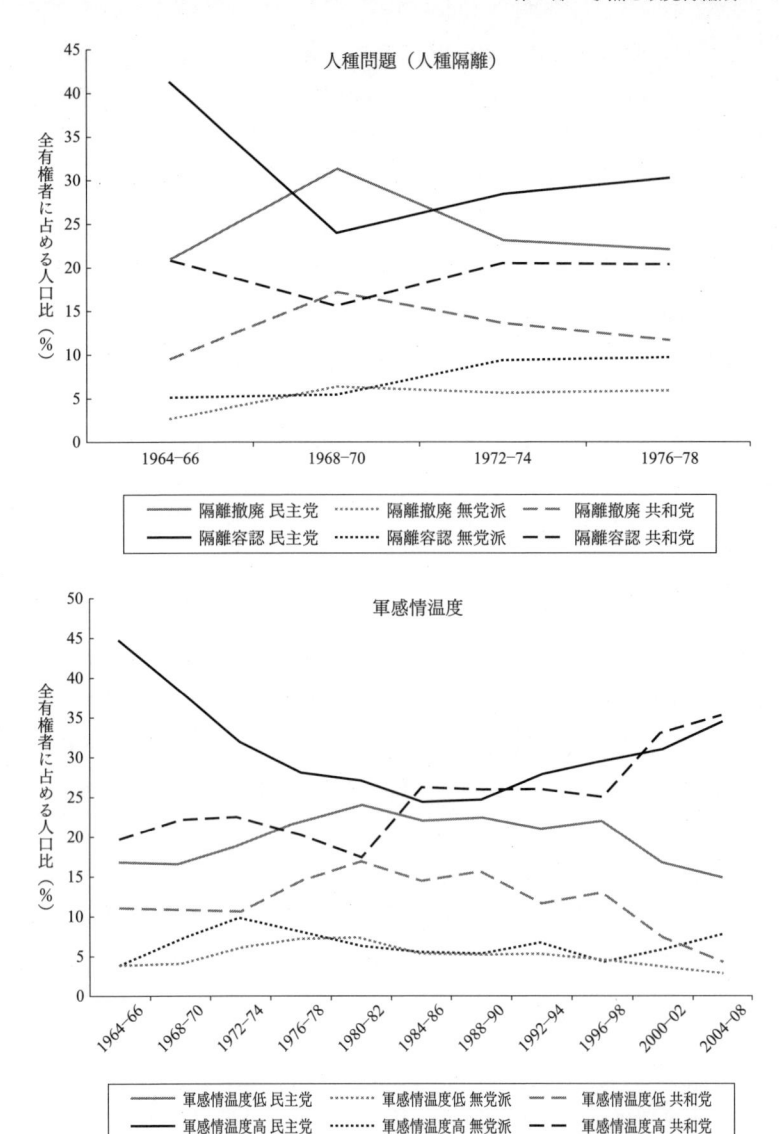

図 4-3　主要争点態度における政党支持人口の推移 (1)

注) American National Election Studies Cumulative File 1948-2008, 1964, 1968 file から作成。
　　軍感情温度 (0〜97 度) は，61〜69 度を平均として，それ以上と以下の 3 段階で尺度を作成。
　　グラフの簡素化のため 2 段階目の党派別表示していない。質問の詳細は補論 2 を参照のこと。

ル）と政党支持傾向（民主，共和，無党派）を掛け合わせた6種類のカテゴリーで全有権者を分類し，その比率を調べたものとなる。これによって，全有権者の争点態度と政党支持状況の全容が把握できるようになる。

　人種隔離[20]のグラフを見ると，民主党の人種リベラル化が同党支持率に与えたダメージは明白である。1964年の公民権法制定後，人種隔離を容認する"人種保守派"の民主党支持者は急落した。その規模は全有権者の15%以上であり，膨大な人数である。もっとも，彼らは民主党を支持したまま，隔離容認から撤廃に意見を変えたのかもしれない。だが民主党支持で人種隔離撤廃を主張する"人種リベラル派"は1968～70年にかけて急増しているが，それは短期的なものにとどまり，1972～74年以降は1964年当時との違いはあまりない。したがって，民主党を支持したまま人種保守からリベラルに態度が変わった人は一部にすぎず，多くは民主党支持を撤回したと考えられる。この間，民主党支持者は純減しているわけで，その減少の大半は人種保守派であろう。

　だが，この人種保守派は，共和党に転向しなかった。共和党支持人口を見ると，人種保守派と人種リベラル派ともに，1968～70年に短期的に増減しているが，それを除くとほとんど変化がないからである。代わって増大していったのは，人種保守派の無党派であり，1964～66年の5%から1970年代後半には10%にまで倍増した。ここから，民主党支持をやめた人種保守派の多くは，無党派に流れていったと考えることができる。

　反戦リベラリズムの感情を反映すると考えられる軍感情温度[21]でも，まず，1964～78年を観察すると，人種問題と同じように，軍感情温度の高い"軍事保守派"の民主党支持者が激しい勢いで減少している。だが，彼らがすべて共和党に転向したわけでないことは，軍事保守派の共和党支持者で，それに見合う増加

---

20) すでに述べたように質問は「人種隔離撤廃，あるいは厳格な隔離政策の継続を望むか (Are you in favor of desegregation, strict segregation, or something in between?)」で，回答は「隔離撤廃」，「中間意見」，「厳格な人種隔離」の3段階である。だが，公民権法成立後には「厳格な人種隔離」は絶対悪とされ，この回答が急減する一方で，これに見合った形で「中間意見」が増加しており，両者を合計すると経年変化はほとんどない。このため人種隔離主義に関する亀裂線は「隔離撤廃派」と，中間意見を含めた「隔離容認派」の間に存在すると考え，二分類とした。

21) 各年における軍感情温度の平均値は60～70度の間である。このため，グラフでは61～69度を平均とし，それより高い人と低い人で3分類とした。61～69度の感情温度を持つ人は毎年1%以下なので，グラフの複雑化を避けるために表記していない。

がないことから明らかである。一方で，軍事保守派の無党派では4%強の増加があり，人種問題で見たときと同様に，保守派が民主党を離れて無党派に漂流していったことが推測される。もっとも，軍感情温度に関しては，両党とも軍感情温度の低い"軍事リベラル派"が顕著に増加しているので，政党支持が変わらずに，争点態度が保守からリベラルに変わった人も多いであろう。

こうして，人種，軍事保守派の多くが1960年代に，民主党から離反し，無党派に流れていった。図4-2から全有権者レベルの政党支持率を見ると，この時期に民主党支持率は10%以上減少したにもかかわらず，共和党の支持率は3%強しか上がっていない。これに対して，無党派は約7%の上昇である。

民主党を離反した保守派を，共和党が受け止められなかった理由は明瞭である。共和党は，"ウォレス・ウィング"と呼ばれた人種保守派にとって，かつての「南部民主党」の代わりになるような，鮮明な保守政党ではなかったからである。軍事保守派も，民主党に付着した反戦リベラル政党のイメージを嫌ったが，デタントを進め，米中復交を進めたニクソンの共和党は，彼らが好むような軍事タカ派ではなかった。

民主党のリベラル化は明確だったものの，共和党の保守化が不十分だったために，政党支持基盤の組み替えは，不完全に終わったのである。

人種問題と軍事問題の2つから分析してきたが，1960～70年代に起きたことは，この2つだけではない。公民権運動をきっかけにして，1950年代の社会にあった政治的コンセンサスが崩壊し，アメリカ社会が既成の価値観そのものをめぐって，鋭い対立の時代に入っていったということである。保守的な価値観を持った人々は，反戦運動やヒッピー，フリー・セックスなど社会に広がったリベラリズムの風潮そのものに対する反発を抱いていただろう。そして，民主党がそのリベラリズムに近づいていったことが，保守派の民主党離れにつながったと考えるのが自然である。だが，それを測定する適当な変数が見あたらないので，これ以上の分析は難しい。

1980年代の政党支持変化

これまでに見た1960年代の争点による政党支持基盤の動揺は，1970年代後半には落ち着いていった。第二段目の変化が発生したのは，共和党がついに明確な保守政党に変化し，これまで政党対立争点ではなかった倫理問題でも，鮮明な保

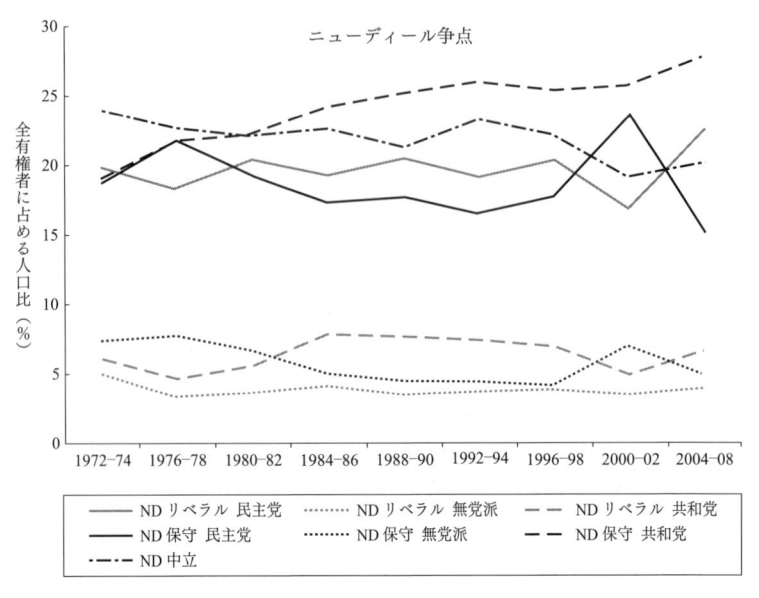

第4章　政党再編成

ニューディール争点

全有権者に占める人口比（%）

凡例
── ND リベラル 民主党　　…… ND リベラル 無党派　　--- ND リベラル 共和党
── ND 保守 民主党　　…… ND 保守 無党派　　--- ND 保守 共和党
―・― ND 中立

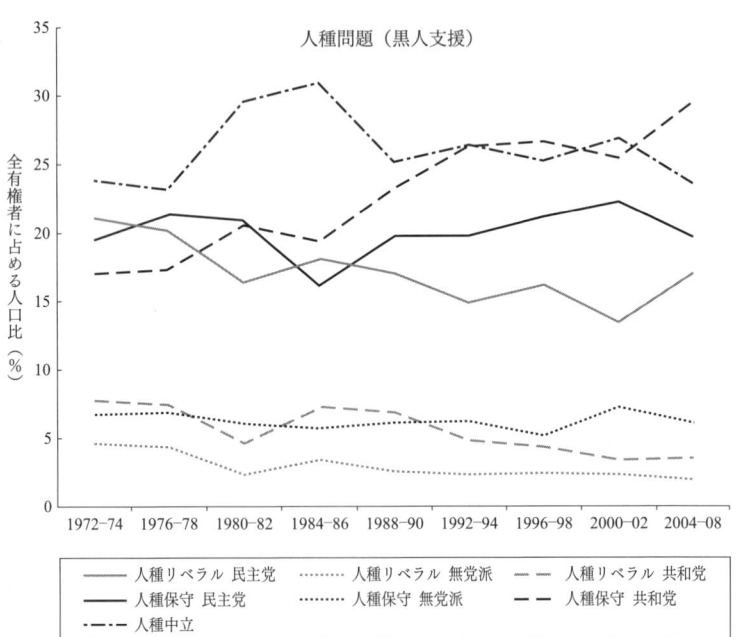

人種問題（黒人支援）

全有権者に占める人口比（%）

凡例
── 人種リベラル 民主党　　…… 人種リベラル 無党派　　--- 人種リベラル 共和党
── 人種保守 民主党　　…… 人種保守 無党派　　--- 人種保守 共和党
―・― 人種中立

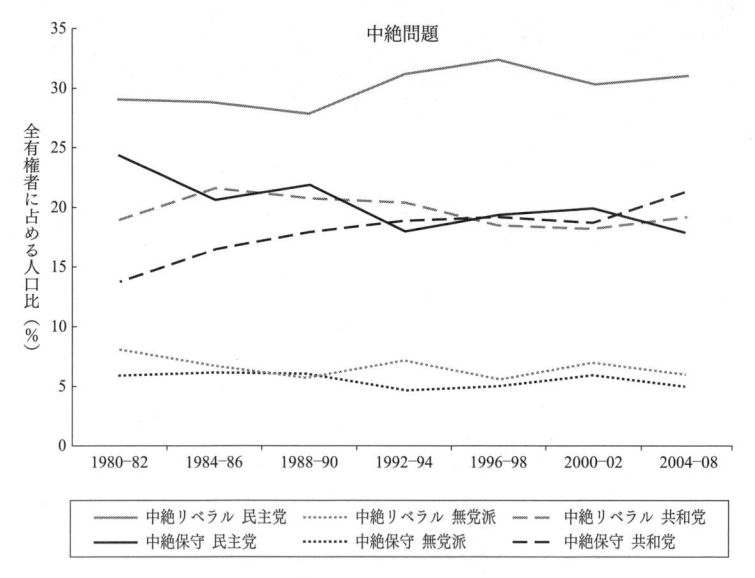

図 4-4　主要争点態度における政党支持人口の推移 (2)

注）American National Election Studies Cumulative File 1948-2008 から作成。
　　ND：ニューディール争点。ニューディール争点は VCF0809（7 段階），黒人支援は VCF0830（7 段階）からそれぞれ 3 段階尺度を作成。中絶問題は VCF0838（4 段階）を 2 段階にまとめた。3 段階尺度では，グラフの簡素化のため 2 段階目の党派別表示していない。質問の詳細は補論 2 を参照こと。

守主義を掲げた 1980 年代である。図 4-4 は，この時代を中心とした主要争点における政党支持人口の推移である。まず，1980～2000 年までの流れを見ていこう。

　一番目のニューディール争点[22]は 1930 年代以来，政党対立の基軸争点である。しかし，1970 年代になっても同争点の保守とリベラルが，それぞれ共和党支持者と民主党支持者に明確に分かれていたわけではない。この図からわかるように，ニューディール保守派であるにもかかわらず民主党を支持する"ねじれ"た有権者が多数存在していたのである。だが，1980 年代以降に共和党がニューディール争点でも明確な保守主義を打ち出すと，ニューディール保守派は，本来支持すべき共和党に整序されていった。つまり，1930 年代に誕生したニューディール政党制の姿が，ようやく完成に近づいたものであり，これは新たな変動

---

22) ニューディール争点は代表的変数である「連邦政府による雇用保証」を使用した。質問形式，回答形式が統一された 1972 年以降を分析の対象としている。回答は 7 段階で，4 番目を中立として 3 段階変数を作成した。

というよりは，ニューディール再編成の"余震"（Sundquist, 1983）である。

1970年代でも，このような政党支持の"ねじれ"が起きていたのは，保守派だけだった。ニューディール・リベラルの方では，1970年代から民主党支持者が共和党を圧倒的に上回っており，すでに本来の政党支持構造が生まれていた。このため，ニューディール・リベラルは，2000年まで政党支持人口にほとんど変動がない。

ニューディール争点とほぼ歩調を合わせて変化していったのが，二番目の黒人支援の争点である。この争点はニューディール争点との相関関係が極めて強く，1980年代以降の変化のパターンは，ニューディール争点とよく似ている。リベラル派の方では変化があまりないのも同じである。

1980年代に，新たに登場したのは三番目の倫理争点である。第1項で見たように，中絶問題[23]に代表される倫理問題は，1970年代までは政党帰属意識との間にほとんど相関関係はなく，両党内の中絶保守派とリベラル派の比率はほとんど変わらなかった[24]。

だが，図4-4を見ると，宗教右派運動が始まり，レーガン政権が倫理保守的な政策立場を鮮明にしていくと，中絶問題にそって政党支持人口が変動し始めた。1980年代から2008年まで，中絶保守派では，共和党支持者が13.7%から21.2%に上昇し，民主党支持者は24.3%から17.8%に減少した。中絶リベラル派の方では政党支持があまり変化していないので，争点態度の変化を考慮しても，中絶保守派の多くが民主党から共和党陣営に移行していったと考えることができる。

軍事問題はどうだろうか。前掲図4-3から，軍感情温度による1980年代以降の政党支持人口変動を見ると，1984年に保守派の共和党支持人口が急上昇した。共和党は，1980年代以降，対ソ連強攻策を打ち出すなど軍事問題でも鮮明な保守化が進んだので，軍事保守派の共和党陣営移行が進んだ結果と言えるだろう。この後，冷戦終結で軍事問題への関心が低下した1990年代には，軍感情温度に基づく政党支持人口は比較的安定した。

---

23) 中絶問題は1972年から調査されているが，1980年に質問と回答形式が改訂されたため，同年が分析の出発点となる。変数は（VCF0838）は4段階回答だが，グラフでは中絶保守と，中絶リベラルの2段階にまとめた。

24) 1980年における民主党内での中絶リベラルと保守はそれぞれ54.5%と45.5%，共和党は58.1%と41.9%で，両党で中絶問題への争点態度にはほとんど違いがない（筆者集計）。

この間，無党派はどうなったのだろうか。両党のイデオロギー対立が激しくなるに従って無党派層は減少し続けたが，減少幅は多くの争点で保守派の方が大きい。民主支持人口が減少しているので，減少した無党派の向かった先は，共和党と考えるのが妥当だろう。1970年代までに民主党のリベラル化を嫌って無党派になった人々は，1980年代以降の共和党保守化によって，同党支持に流れていったと考えられる。

2000年以降の潮流の変化

各争点ともに，2000年以降に再び潮流の変化が観察される。明白に現れたのは軍感情温度であり，両党ともに感情温度の高い保守派人口が増え，リベラル派人口が減少した。これは，政党支持が変化したというよりも，2000年の同時多発テロ以降，世論全体で軍に対する好感情が高まったため，両党支持者ともに軍事リベラルから軍事保守に意見を変えた人が多数存在したためと考えられる。だが，グラフには示されていないが，軍事リベラル派内部では民主党支持率が急上昇し共和党支持が下落した[25]。これは，対テロ戦争突入で軍事問題が再びに両党対立の焦点に浮上した結果であろう。反戦リベラリズムは再び，政党対立で大きな焦点になってきた。

ニューディール争点（図4-4）でも2000年以降，増減が激しくなり，2004～08年ではニューディール争点と政党支持の関係が激しく動揺している。この動きは，政党支持が変わったのか，同じ政党を支持している人の争点態度が変わったのか，解釈することは難しい。中絶問題では潮流の変化は大きくない。

2000年以降，これらの争点に対して，民主党と共和党の基本的な政策態度に変化はないので，国際情勢やリーマンショックなど，新たな情勢の変化から生まれた変動と考えられるだろう。

"ねじれ"保守派の民主党離れ

以上の分析をまとめよう。1980年代以降，ニューディール，軍事，人種，倫理問題とすべての争点の保守派は，民主党支持人口が減少し共和党支持人口が増

---

25) 軍事リベラル派の民主党支持率は1996～98年の55%から2004～08年には69%に上昇，共和党支持率はそれぞれ33%から18%に減少した。軍事タカ派の方はあまり政党支持率の変化はない。

大していった。以前の保守派には民主党を支持する"ねじれ"人口が多数存在したので、彼らは、共和党の保守化が鮮明になると、民主党を離れて共和党支持に移っていったのである。

これに対してリベラル派では、あまり大きな変化がなかった。リベラル派はすでに民主党支持者が圧倒的に多かったため、"ねじれ"が生じていなかったからである。

各政党支持人口の移動を総合すると、この変化は共和党に有利に働いた。図4-2で見た全有権者の政党支持率変化は、1980年代前半に共和党支持が10％程度上昇したことを示しているが、これは、主に各争点の保守派が共和党に移行した結果と言えよう。

だが、個別争点における政党支持変化は、他の争点の影響が含まれている。争点は融合しつつあるので、一つの争点での保守派における共和党支持率が増えたのは、他の争点の保守派の同党支持率増加を反映しただけかもしれない。

3 イデオロギー争点による政党再編成

本節の最後に、これらの争点を総合した分析を行い、各争点の融合による「イデオロギー争点」軸が形成されたのかどうか、そして、有権者はその争点軸によって組み替えられ、政党再編成が発生したのかどうかを検証しよう。

サンドクィストの政党再編成モデルは、旧争点に対して横断的な新争点が登場し、政党対立の主要争点が交代することによって、政党支持基盤が組み替えられていくとしていた。しかし、すでに見たように、争点は交代してはいない。1980年代以降、倫理争点が新たに登場し、それは旧争点であるニューディール争点に対して横断的だったが、ニューディール争点は決して消滅したわけではない。むしろ、新旧両争点は、次第に融合していったことが明らかになっている（本章第1節第1項）。

したがって、政党再編成が発生したとすれば、新たな争点軸となるのは倫理問題などの個別争点ではなく、イデオロギー争点であろう。本項では、前項で見た各争点の分析を総合し、実際にイデオロギー争点軸が形成されたのかどうかを調べるとともに、その争点軸の保守派とリベラル派における政党支持人口の変化を観察していくことで、政党再編成と呼べる変化が起きたのかどうかを調べていく。

イデオロギー争点軸の形成

図 4-5 は，1980 年代以降の主要な政党対立軸とされるニューディール争点，軍事・外交，倫理それぞれの争点における態度を組み合わせた争点態度ブロックごとの政党支持率を集計したものである。個別争点における政党支持状況はすでに確認したが，3 つの争点態度を組み合わせることによって，それぞれの争点が政党支持率の変化にどのような影響を与えているのかを評価することができるだろう。

ニューディール争点では「連邦政府による雇用保証」，軍事・外交問題は「軍への感情温度」，倫理問題は「中絶争点」を代表変数として使用した。以後，表現が煩雑になるので，ニューディール争点は「ND (New Deal)」，軍事問題は「M (Military)」，中絶問題は「A (Abortion)」とし，それぞれに保守派は「C (Conservative)」，リベラル派は「L (Liberal)」，中立は「N (Neutral)」と表記することにする。例えば，NDC × MC × AC とは，ニューディール争点，軍感情温度，中絶問題すべてで保守的な態度を取る有権者ブロックのことを示し，これを「争点態度ブロック」と呼ぶことにする。図 4-5 に示した数値は，各争点態度ブロックの構成人口を 100% とした政党支持率を計算し，共和党支持率から民主党支持率を差し引いた共和党「純」支持率である。プラスは共和党，マイナスは民主党が優勢であることを示す。各ブロックの人口比と N は表 4-5 に記載しておいた。

図 4-5 は，両党対立争点が，ニューディール争点から，ニューディール，軍事，倫理がすべて融合した「イデオロギー争点」へと変化していった様子を明瞭に示している。まず，1980～82 年を見てみよう。両党支持者の間に存在した亀裂は，基本的にニューディール争点だけである。NDC を含んだ争点態度ブロックは共和党支持，NDL を含んだブロックは民主党支持で明確に二つのグループに分かれ，それ以外の争点が政党支持率に与える影響は強くはない。しかも，NDC×MC×AC，つまりすべての争点で保守的な有権者は，わずかながら民主党支持率の方が高かったのである。

だが，1980 年代以降，ニューディール保守とリベラルの内部は，軍事争点と倫理争点への立場によって，政党支持率が大きく変わるようになってきた。両方とも，ニューディール争点を横断する争点だったからである[26]。

---

26) 第 1 項で見たように，倫理争点はニューディール争点と相関関係が存在せず，軍事争点も弱い相関しかなかった。

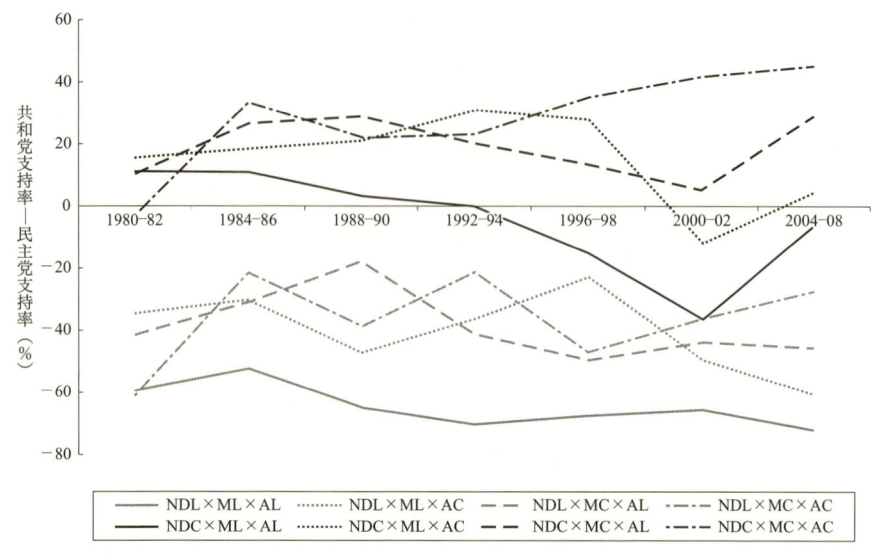

図 4-5　争点態度ブロックにおける共和党純支持率の変化

注）American National Election Studies Cumulative File 1948-2008 から作成。
　ND：ニューディール争点，M：軍事問題，A：中絶問題，C：保守，L：リベラル，N：中立。グラフの複雑化を避けるため，NDN や MN は表示していない。

　最初に大きな変化が起きたのは，1980〜84 年である。争点ブロックごとの支持率を見ると，変化の軸には軍事争点があり，MC を含んだブロックの多くは共和党純支持率が急増していった。詳しく見ると MC×AL は上昇しているが，ML×AC では上昇していない。つまり，第二次冷戦の激化と共和党のタカ派路線が明白になったこの時期の同党支持率上昇は，中絶問題よりも軍事問題がより強く説明していると言えるだろう。

　次の変化は，キリスト教連合の活動が活発化した 1990 年代である。1988〜98 年の変化を見ると，軸となったのは中絶争点である。AC のほとんどのブロックで共和党純支持率が上昇し，AL ブロックではすべて減少している。NDC や MC でも AL は減少し，ML ブロックでも AC は増加していることから，この時期には中絶問題への態度が政党支持率の変化を最も強く説明していると言えるだろう。宗教右派活動の本格的な影響が出始めたのは，1990 年代からなのである。

　2000 年以降は，再び変化の主役が交代し始めた。1996〜02 年に起きた変化の主軸は，軍事問題である。ほとんどの ML ブロックでは共和党純支持率が減少し，MC ブロックで増加した。同時多発テロと対テロ戦争への突入がもたらした

表 4-5　争点態度ブロックの人口比と N

	年	NDL					NDN	NDC					総計
		ML		MN	MC			ML		MN	MC		
		AL	AC		AL	AC		AL	AC		AL	AC	
全有権者を一〇〇％とした各争点態度ブロックの人口比	1980-82	8.7	5.3	0.1	8.1	8.2	20.8	16.2	8.2	0.1	14.4	10.1	100.0
	1984-86	9.9	4.4	0.4	8.2	8.5	24.2	12.0	5.1	0.6	15.3	11.4	100.0
	1988-90	7.3	4.7	0.1	6.9	7.5	21.5	13.2	7.9	0.4	15.4	15.0	100.0
	1992-94	8.8	3.6	0.2	9.7	7.6	22.5	11.5	5.2	0.6	16.6	13.7	100.0
	1996-98	7.6	3.1	0.2	7.6	7.8	20.7	12.2	7.9	0.8	16.3	15.7	100.0
	2000-02	5.4	2.1	0.0	8.3	9.6	18.4	11.1	7.1	0.3	18.8	18.8	100.0
	2004-08	6.7	2.8	0.0	13.8	8.7	19.9	5.0	3.3	0.0	20.0	19.6	100.0
N	1980-82	96	58	1	89	90	229	178	90	1	159	111	1102
	1984-86	157	70	6	130	136	385	191	81	10	244	181	1591
	1988-90	107	69	2	102	110	317	194	117	6	227	221	1472
	1992-94	168	69	4	184	145	429	219	99	11	316	262	1907
	1996-98	100	41	3	101	104	273	162	105	11	215	208	1322
	2000-02	39	15		60	69	133	80	52	2	136	136	723
	2004-08	124	52	1	256	162	370	93	62	1	371	363	1856

注）American National Election Studies Cumulative File 1948-2008 から作成。
ND：ニューディール争点，M：軍事問題，A：中絶問題，C：保守，L：リベラル，N：中立。

インパクトと言えるだろう。これに対して，2000〜08 年は，再びニューディール争点が軸になり，すべての NDC が上昇した。この背景に，リーマンショックなどの経済情勢の変化を指摘することは間違いではないだろう。

この結果，2004〜08 年の有権者はどうなったのだろうか。共和党純支持率が最も高いのは，すべての争点で保守的な NDC×MC×AC である。そして，3 つの争点のうち，L の数が増えるに従って民主党純支持率が高まり，すべてリベラルな NDL×ML×AL は最も民主党純支持率が高い。前者はイデオロギー争点の最右派で後者が最左派であり，その両極の政党支持率には著しい格差が生まれてきた[27]。つまり，3 つの争点の融合レベルが高まった結果，「イデオロギー争点」軸が形成され，政党対立の基軸は，ニューディール争点から「イデオロギー争

---

[27] 共和党純支持率の変動が最も大きいのはイデオロギー最右派の NDC×MC×AC で，1980〜82 年の −2.7％ から 2004〜08 年には 59.4％ に上昇した。だが，イデオロギー最左派の NDL×ML×AL ではあまり大きな変化はない。すでに述べたように，各争点のリベラル派はすでに民主党陣営に整序されていたので，政党支持に大きな変化がなかったからである。大きな変化は，保守派であるにもかかわらず民主党を支持していた "ねじれ" 保守派の中から生まれてきたと言えよう。

点」に変化したのである[28]。

イデオロギー争点による政党再編成

それでは、政党対立争点がイデオロギー争点に変化したことで、両党の支持基盤には組み替えが起き、政党再編成が発生したのだろうか。

各争点態度ブロックにおける政党支持率の変化では、実際にどれだけの人口が政党支持を変えていったのか把握はできない。人口の少ない争点態度ブロックで支持率の大きな変化が起きても、実際に移動した人口は大きなものではないかもしれないからである。政党支持人口の変化は、全有権者を100％とした人口比から観察するべきであろう。

図4-6は、各争点態度ブロックにおける両党の支持人口変化をグラフ化したものである。見やすくするため民主党と共和党に分けて掲載したが、記入したのは全有権者を100％として、各争点態度ブロックにどれだけの人口がいたのかを計算したものであり、民主党支持者、共和党支持者の内訳比率ではない。グラフ中、全共和党、全民主党とあるのは、この期間における両党全体の支持人口であり、1980～82年を基準にして、その後の増減を記入した。

全共和党、全民主党の支持人口の変化を見ると、1980～86年の間に、共和党支持人口が5.5％上昇し民主党は4.5％減少した（無党派は記入していないが、この間に1％の減少）。共和党は民主党に対して10％の純増を果たしており、この間に政党支持を変えた人が多数存在したのは間違いない。その後、全共和党、全民主党支持人口は定着し、2004～08年まで大きな変化はない。

そこで、大きな変化のあった1980～86年に注目して図4-6を見てみよう。共和党支持人口の増加は、どの争点態度ブロックから来たのだろうか。軍事保守派（MC）が含まれたブロックはすべて増加している。倫理保守派（AC）が含まれたブロックは、MCであれば増加したが、MLでは減少した。ニューディール保守派（NDC）も同様に、MCの含まれたブロックだけ増加している。軍事保守派が、共和党支持人口増加に大きく貢献したことは明らかである。

---

28) この数値の変化は、有権者が争点態度に沿って政党支持を変えた結果と、同じ政党の支持者が争点態度を変えた結果の双方が含まれている。いずれにしても両党支持者のイデオロギー的な構成の変化を見るうえでは、結果は同じである（第1章第4節第4項参照）。

だが，争点態度の組み合わせを見ていくと，増加率が大きいのは二つ以上の争点で保守的（Cが二つ以上）な争点ブロックであり，すべての争点で保守的なNDC×MC×ACが最大の増加を示している。つまり，イデオロギー争点の右派ほど共和党支持人口が増え，最も増加したのはイデオロギー最右派だったということである。

一方で，民主党支持人口の減少はどこから来ているのか。ほとんどのブロックで減少しているが，大きな支持人口減少は二つ以上の争点で保守的なブロック（NDC×MC×AC, NDC×ML×AC, NDL×MC×AC）で起き，一つの争点で保守的なブロックの減少は緩やかである。逆に，すべての争点でリベラルなブロック（NDL×ML×AL）だけは，支持人口が増加した。民主党は，イデオロギー争点の右派ほど支持人口が減少し，イデオロギー最左派だけが支持人口を伸ばしたということである。

この支持人口変化には，同じ政党を支持しながら争点態度が変わった人の影響も含まれている。しかし，1980～86年に，共和党支持人口が純増したことを考えれば，争点態度変化の影響を差し引いても，イデオロギー右派が民主党を離脱して共和党支持になったり，無党派から共和党を支持するようになったりして，政党支持基盤の組み替えが発生したことは明らかだろう。そして，その組み替えられた政党支持基盤は，その後も持続的に維持されている。1986年以降2004～08年まで各争点態度ブロックの人口は様々に変化し，全共和党と全民主党の人口は短期的な変動はあるが，基本的な趨勢の変化は見られないのである。

分析をまとめよう。1980～82年時点での政党対立はニューディール争点を主軸にしていた。だが，倫理，軍事争点が政党対立の焦点として登場したことによって，1980年代前半に，イデオロギー右派が民主党や無党派から共和党へと政党支持を変えていった。この結果，イデオロギー争点に沿った形で政党支持基盤の組み替えが発生した。そして，それは現在も持続している。これは「イデオロギー争点」による「政党再編成」の発生と呼ぶべきものである[29]。

29) この政党再編成には，決定的選挙というものがあったのだろうか。このグラフはNを確保するため，2回の調査をまとめた平均値を出しているので，正確な年はわからない。しかし，第2項の全有権者における政党支持率の長期的変化（図4-2）を見ると，共和党支持が急増したのは1984年である。そして，その趨勢は長期的に維持されている。決定的選挙を特定することに大きな意味はないが，レーガン再選の1984年選挙が，この支持基盤組み替えに大きな影響を与えたことは間違いないだろう。それでは，なぜ，レーガン

198　第4章　政党再編成

共和党

全共和党

全有権者における人口比（％）

1980-82　1984-86　1988-90　1992-94　1996-98　2000-02　2004-08

NDL×ML×AL .... NDL×ML×AC
NDC×ML×AL ------- NDC×ML×AC

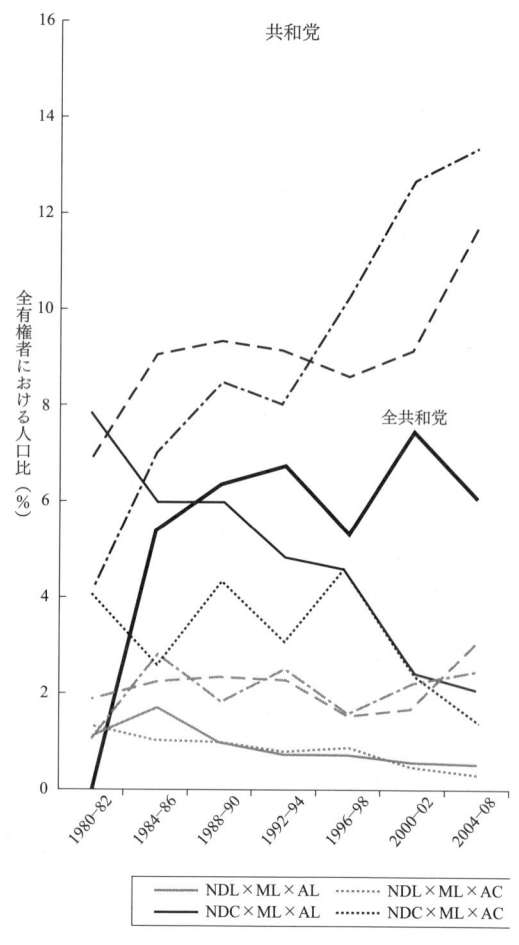

図 4-6　ニューディール，軍事，倫
注）American National Election Studies Cumulative File 1948-2008 から
ND：ニューディール争点，M：軍事問題，A：中絶問題，C：保
や MN は表示していない。

　この再編成の結果，共和党支持基盤の性格は大きく変化し，極めてイデオロギー右派に偏った政党に変身していった。1980〜82年時点の共和党は，NDC×

　大統領が誕生した1980年選挙の時ではないのか。それは，1980年の選挙では，レーガンは，強い保守派として登場したものの，共和党穏健派にも配慮した選挙戦を戦っていたからである。彼の保守姿勢の全容が明らかになったのは政権発足後であり，その最初の審判となった2期目の大統領選挙で，有権者は強く反応したのである。

第 1 節　争点と政党再編成　199

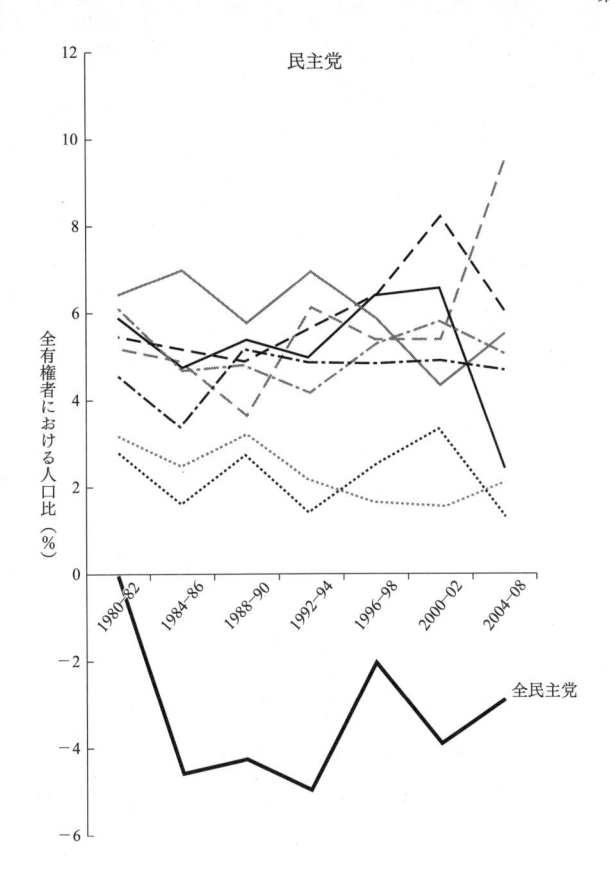

民主党

全民主党

- — NDL×MC×AL　-・-・- NDL×MC×AC
-- — NDC×MC×AL　-・--・ NDC×MC×AC

理問題における政党支持人口の変化
作成。
守，L：リベラル，N：中立。グラフの複雑化を避けるため，NDN

ML×AL の比重が 22%[30]，NDC×MC×AL が 20% で合計 4 割を占めて最大勢力だった。一方で，倫理保守派の NDC×MC×AC は 12% しかいなかった。つまり，1980 年時点でも，共和党はニューディール保守だが倫理リベラル派の政党だったのである。だが，2004～08 年の共和党は，ニューディール争点，倫理争

---

30) 共和党支持人口を 100% として再計算した結果で，以下同じ。表は掲載していない。

点などすべてに保守的なイデオロギー最右派（NDC×MC×AC）が支持人口の32%を占めて最大勢力となった。

それでも倫理リベラル派のNDC×MC×ALは28%で，伝統的な共和党主流のイデオロギーは健在である。だが，かつての最大勢力であるニューディール保守でありながら軍事，倫理両方ともリベラルな穏健派の支持層（NDC×ML×AL）は5%の少数派に転落した。

4 まとめ

本節では，1960年代から2008年まで，争点の変化による政党支持基盤の組み替えを観察した。変化は二段階で発生し，第一段階は民主党のリベラル化が進んだ1960〜70年代，第二段階は共和党の保守政党化が鮮明になった1980年代以降である。

第一段階では，人種隔離問題，反戦リベラリズムや文化・価値観におけるリベラリズムが社会の亀裂を生んだ。これに応じて民主党がリベラル化していくと，反発した保守派の民主党離反が発生した。だが，共和党はこの保守派の期待に沿うような保守政党ではなく，彼らの多くは無党派に漂流していった。政党再編ではなく政党解体（Sundquist, 1983；Shafer, 1991；Beck & Jennings, 1991）の方向に向かったのである。

ところが，1980年代のレーガン革命によって共和党がニューディール，人種，軍事・外交，そして倫理とあらゆる争点で鮮明な保守主義を掲げると，第二段階の変動が生まれてきた。新しい争点として登場した倫理争点は，既存争点であるニューディール争点に対して横断的だったが，次第にその他の争点との融合を高め，一つの「イデオロギー争点」と言うべき争点軸が形成されてきた。そして，政党対立基軸はイデオロギー争点に変化し，それに沿って政党支持基盤が組み替えられ，政党再編成が発生したのである。この再編成で共和党に転向していったのは，イデオロギー右派の有権者であり，最も大きな転向はイデオロギー最右派で発生した。

1930年代のニューディール再編成と比較すれば，この再編成で組み替えられた有権者人口の規模は小さく，共和党が支持を伸ばしたものの優位政党の交代は起きていない。だが，新しい亀裂軸の誕生は，両党の政党対立構造を大きく変え，米国政治に激しいイデオロギー対立を持ち込んできたのである。

第2節──福音派の変容と政党再編成

　前節では争点態度レベルの分析によって，争点の変化で政党の支持基盤が組み替えられたことを示した。本節では，集団レベルの分析を行い，その政党再編成によって共和党に流れ込んでいったイデオロギー右派とは，"誰"なのかという問題を分析する。

　焦点となるのは，1980年代以来大きな注目を集めてきた，福音派の政治化と共和党化の進行である。その福音派の変容はなぜ起きてきたのか，そして，それは前節で述べた政党再編成に対して，どのようなインパクトを与えたのかという問題を分析したのち，福音派の変容が，ほかの要因で生まれた変化の反映なのかどうかを分析する。福音派の変化が，独自のダイナミズムによって生まれたのであれば，政党再編成には宗教の要素が影響を与えたということになる。

1　宗教への帰属

各宗教伝統系列の社会経済的属性

　第1章で述べたように，宗教への「帰属」は宗教伝統系列による分類に従って行う。分析に入る前に，各系列の人口比や所得階層など社会経済的属性の特徴を把握しておくことが必要である。

　図4-7で，主要な宗教伝統系列の人口比率の推移を観察すると[31]，1944年にお

---

31) ANESを含め，ほとんどの社会調査で宗教教派への詳細な帰属を調べ始めたのは1960年代以降であり，以下の分析は1960年代を出発点にしている。一方，1944年のギャラップ調査でバプテストや長老派などの教派ファミリー名を調査したものがあったため，これも併記した。同調査では教派ファミリー内部の個別教派名（南部バプテスト連盟など）を特定していないため精度にかけるが，1944年時点での教派分裂は現代ほど複雑でないことから，誤差はそれほど大きなものではないと考えられる。グラフは1944年から1960

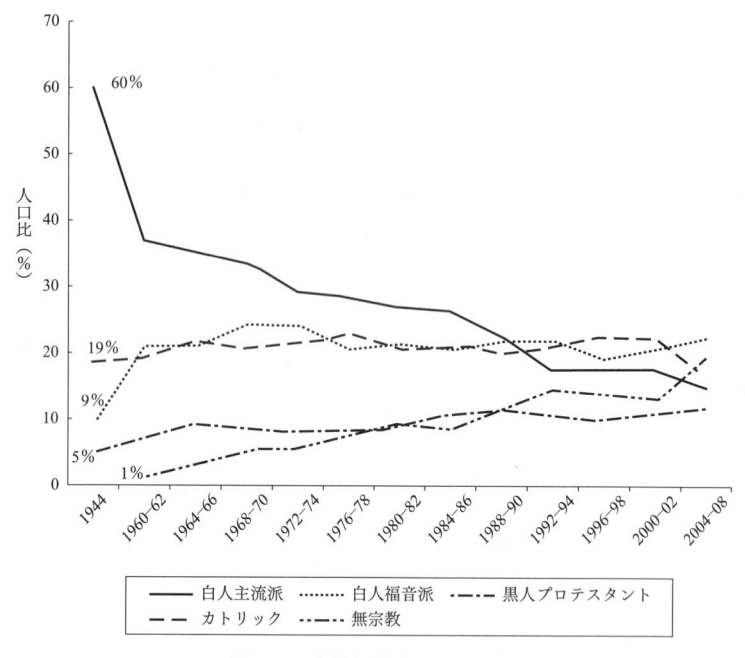

図 4-7　宗教伝統系列の人口比

注）American National Election Studies Cumulative File 1948-2008 から作成。1944 年は Gallup Poll # 335, USAIPO1944-0335。
カトリックはヒスパニックを除く。1944 年から 1960 年に飛んでいる点に注意されたい。

いて主流派は人口の半数以上に上り，福音派は 9% しかいなかった。主流派は，まさにアメリカにおける宗教の主流だったのである。しかし，主流派はその後一貫して減少し，現在では 16% に激減した。これに対して，福音派は 1950 年代に教勢をのばし，1960 年代以降は 20～24% の人口比を占めるようになった。カトリックは，グラフに示したのは中南米移民を中心とするヒスパニック系を除いたものなので，人口比はほとんど変化がない。一方，グラフに出ていないヒスパニック系カトリックは，近年急速に増加している[32]。注目されるのは無宗教の人

年に飛んでいるので注意されたい。
32）多くの研究では，カトリックにヒスパニック系を含めた人口比を掲げているが，ヒスパニック系と白人では社会経済的属性や政治行動が大きく異なるため，前述のように本書ではカトリックと呼ぶ場合は白人だけに限定し，それ以外は非白人カトリックとして別のカテゴリーにしている。このカテゴリーの人口比は 1970 年代までゼロ％に近かったが，1980 年代から 2000 年代までに 1% から 5% にまで上昇した。このため，本書におけるカトリックの人口比は，ヒスパニックを含めたものに比べて，近年の数字では数％低

第 2 節　福音派の変容と政党再編成　203

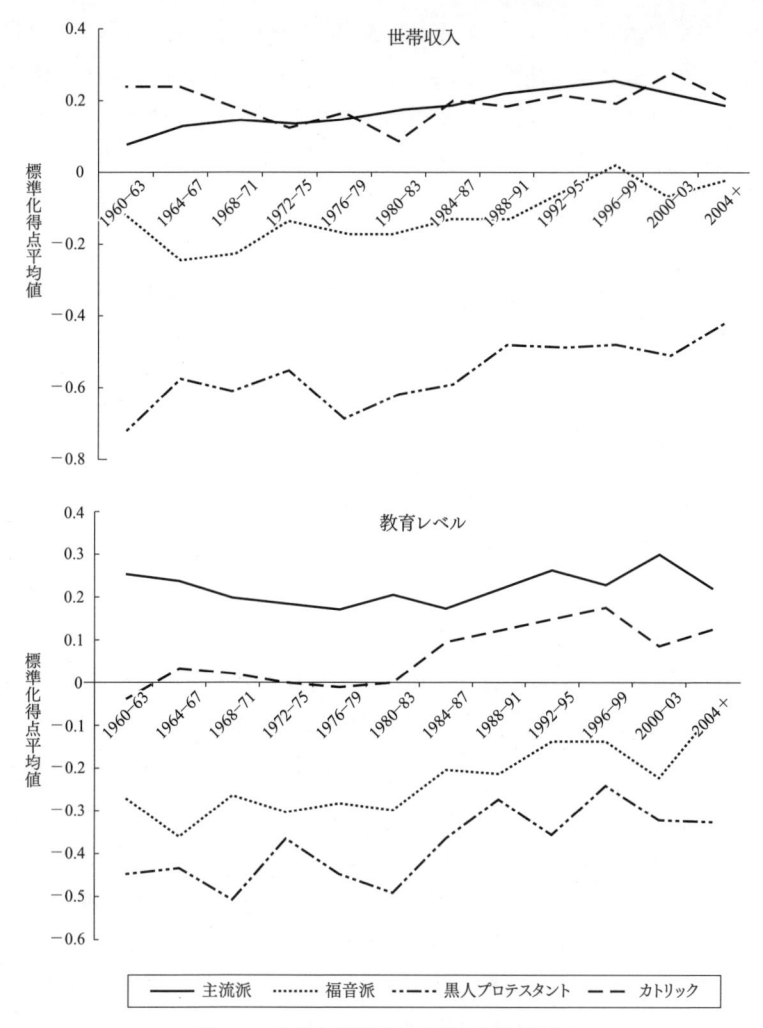

図 4-8　宗教伝統系列別の社会経済的属性

注) American National Election Studies Cumulative File 1948-2008 から作成。
　　各系列における標準化得点平均値を記入。

口であり，1960 年代までは，ほとんど存在しなかったのに対して，1980 年頃から増加の速度を速めて，現在では 19％に達している[33]。

い。最も大規模に行われた宗教調査の一つである Pew Forum's U. S. Religious Landscape Survey（N＝35556, May 8 to Aug. 13, 2007, http://religions.pewforum.org/affiliations）では，2007 年のカトリック人口を 24％としている。

これらの宗教伝統系列は，それぞれの歴史的な形成過程を反映して，世帯収入や学歴などの社会経済的属性が大きく異なっている。図4-8は1960年以来の各系列における世帯収入と教育レベルの推移をグラフ化したものである。

　社会経済的地位が歴史を通して最も高いのは主流派である。一方，かつては都市スラムの住民で貧困にあえいでいたカトリックも，ケネディ大統領が選出された1960年代にはアメリカ社会への同化が進み，世帯収入では，時に主流派をしのぐほどに成長していた。もっとも教育レベルで見ると主流派の優位は揺るがない。

　同じ白人プロテスタントでも福音派になると，世帯収入，教育レベルともに主流派を大きく下回っていた。だが近年は，1960年代に比べて世帯収入，教育レベルともに顕著に改善傾向して，ほぼ国民平均に近づき，主流派との格差も縮まる傾向にある。黒人プロテスタントの社会経済的地位は，向上しているものの常に最も低い立場にある。

　一方で，政治的南部は保守的な文化を持ち，非南部との間で政治行動の違いを生み出している。表4-6は，各系列人口のうち政治的南部に居住している人口の比率を示している[34]。福音派は誕生の歴史的経緯から南部に人口の重心があり，1960年代には国民平均の2倍近くの比率で南部居住者が多かった。

　もっとも，福音派というとほとんどが南部に居住しているイメージが強いが，ほぼ半数は非南部に居住していることにも注目すべきである。1940年代以降，南部から非南部に向かう大規模な移住が発生して，南部人はカリフォルニア州のオレンジ郡などを含め全国に散らばっていったのである（Dochuk, 2007）。福音派の南部居住率は1960年代から，次第に高まっていく傾向にあるが，これは南部の発展によって南部そのものの人口が増えた結果であろう。国民平均において南部人口の比率は，1960年代から現代までに11％上昇しているが，福音派の南部居住率は同レベルで増加していない。このため，南部人口における福音派の比重という側面から見れば，若干減少したとも言えるだろう。

---

33) これ以降の分析では，白人主流派，福音派，黒人プロテスタント，カトリックと無宗教を中心に行っていく。ユダヤ教徒やその他の宗教，教派はサンプル数が少なく有意な分析が困難であるとともに，以上4つの宗教伝統系列で人口比の9割以上を占めているためである。
34) これは調査が行われた時点で住んでいる場所であり，出身地ではない。

表 4-6　政治的南部への居住比率

(%)

年	宗教伝統系列					平均
	主流派	福音派	黒人プロテスタント	カトリック	無宗教	
1960-67	21	46	46	6	18	24
1968-75	20	50	52	9	18	27
1976-83	21	48	52	14	22	28
1984-91	19	55	61	8	22	31
1992-99	28	50	61	16	28	34
2000-08	30	53	58	16	27	35

注）American National Election Studies Cumulative File 1948-2008 から作成。
　　政治的南部は南北戦争における連合国加盟の 11 州。

宗教伝統系列別政党支持率の推移

　それでは，このような属性を持った各宗教伝統系列の政党支持傾向はどのように変化してきたのだろうか。図 4-9 は各系列の政党支持率の推移である。

　このグラフで印象的なのは，福音派とカトリックが 1960 年代以来，政党支持傾向に著しい変化があったのに対して，主流派と黒人プロテスタントではほとんど変化がなかったということである。

　福音派はかつて，社会経済的地位が低く南部を中心としていたことから，ニューディール連合の重要な構成要素であり，1960 年代には民主党支持率が 60％を超えるほど，同党に対する強い帰属意識を持っていた。ところが，民主党がリベラル化した 1960 年代を通して同党支持率は急落し，1974 年には 49％に落ち込んでいく。この時に民主党離れした福音派は，共和党陣営に移ったものもいるが，多くは無党派層にとどまり，1964 年に 7％だった無党派は 1974 年には 20％にまで急上昇した。

　その後 1970 年代を通して，福音派の両党支持率はほぼ安定する。だが，共和党が保守化した 1980 年代前半には同党支持率が急増し，1982 年の 35％が 1984 年には 47％にジャンプして，初めて民主党を上回った。そして，キリスト教連合の活動が活発化した 1990 年代前半に，再び共和党支持が上昇して 2004 年にはピークの 65％に達した。民主党支持率は低下を続ける一方，無党派も 1974 年をピークに減少していった。

　これに対して，主流派も 1960 年代には民主党支持が減少し無党派層が伸びているが，変動幅は小さい。その後は 1990 年代以降，政党支持率の短期的変動が

206　第 4 章　政党再編成

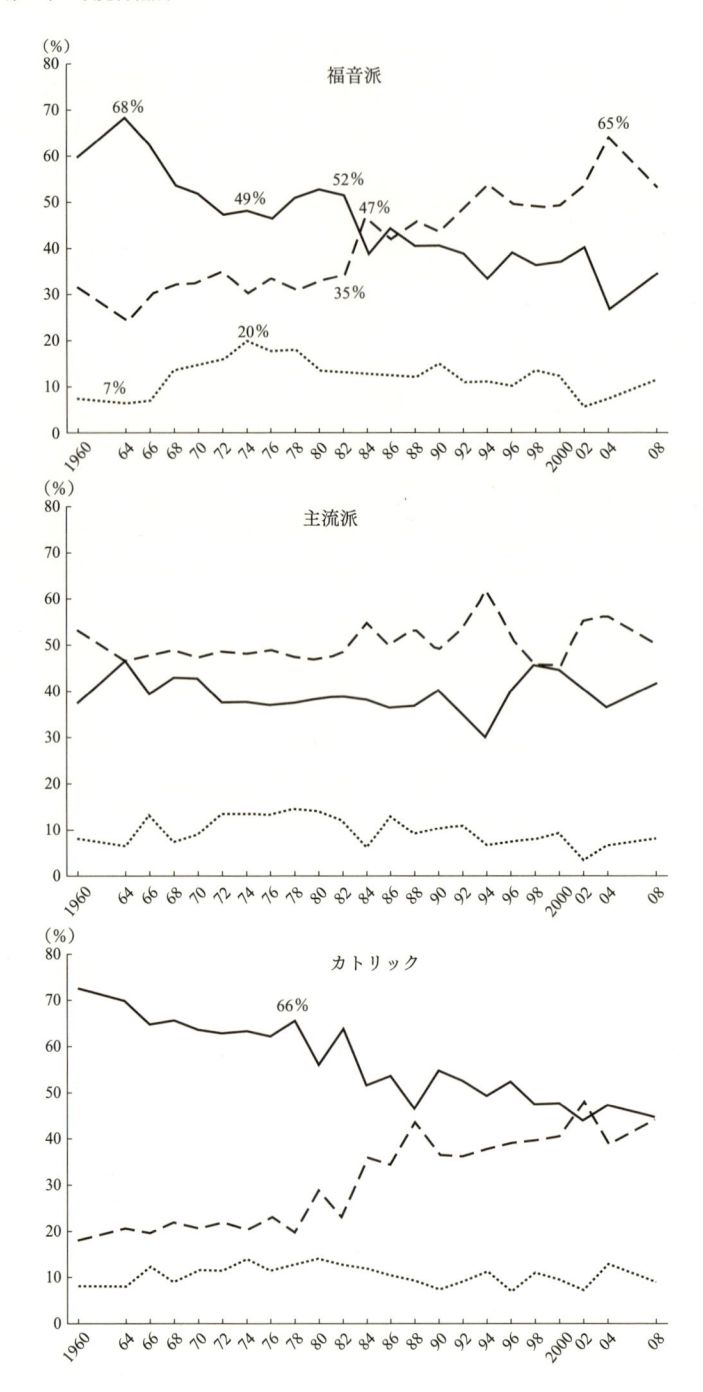

福音派

(%)
68%
49%
52%
47%
35%
65%
7%
20%

1960 64 66 68 70 72 74 76 78 80 82 84 86 88 90 92 94 96 98 2000 02 04 08

主流派

(%)

1960 64 66 68 70 72 74 76 78 80 82 84 86 88 90 92 94 96 98 2000 02 04 08

カトリック

(%)
66%

1960 64 66 68 70 72 74 76 78 80 82 84 86 88 90 92 94 96 98 2000 02 04 08

第 2 節　福音派の変容と政党再編成　207

(%)
黒人プロテスタント

24%

無宗教

60%

44%

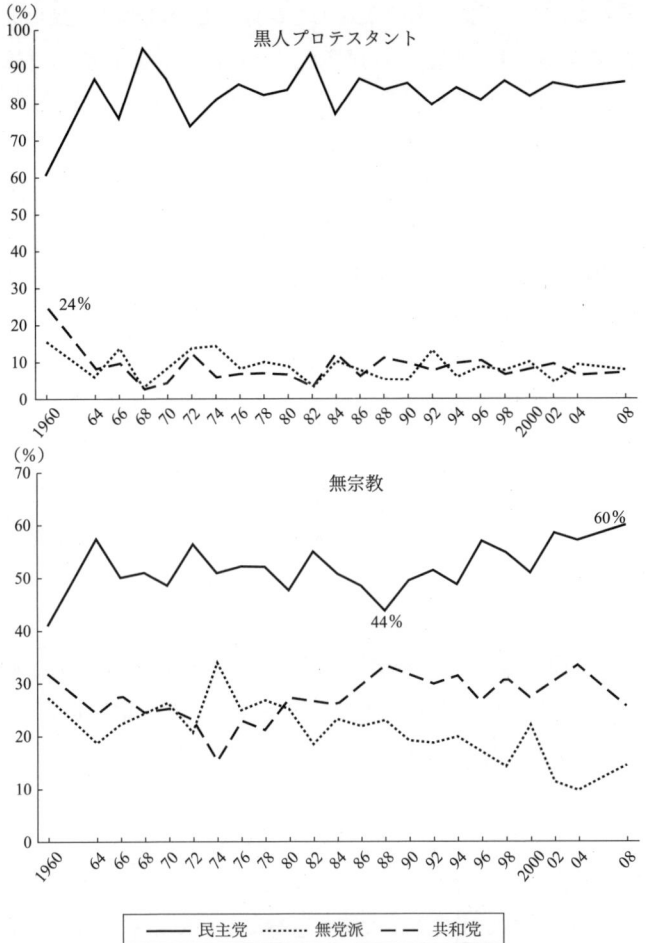

―― 民主党　……… 無党派　― ― 共和党

図 4-9　政党帰属意識の変遷（宗教伝統系列別）

注）American National Election Studies Cumulative File 1948-2008 から作成。
民主党支持者は Strong Democrat, Weak Democrat, Independent（leaning Democrat），共和党支持者は Strong Republican, Weak Republican, Independent（leaning Republican）。カトリックはヒスパニックを除く。

大きくなるが，系統的な変化は見られず，50年間の歴史を通してみれば，政党支持傾向は極めて安定的と言える。経済的地位が高く社会のエスタブリッシュメントを占める主流派は，各派の中で最も共和党支持率が高かったが，福音派の共和党支持率急増によって，2000年代には福音派に同党支持率で追い抜かれることになる。

カトリックはアイルランド系移民などを母体にした教派で，長い間アメリカ社会の底辺にあえぎ，19世紀から民主党との強い絆を築き上げるとともに，ニューディール政策でも恩恵を受けた。この結果，民主党の強い支持基盤であり1960年代には約70％が同党支持者である。ところが，同年代以来，民主党支持率は漸減し，2000年代には民主，共和両党の支持率が拮抗状態となった。だが，政党支持率の歴史的な推移は福音派と異なって，長期的でなだらかな変化である。1960年代の政治変動に強く反応した様子はなく，1980年代には変動の振幅が広がるものの，1990年以降は，再び緩慢な変化に戻っている。

黒人プロテスタントもニューディール連合の重要な構成集団だったが，1960年時点では共和党支持率も24％に上っていた。この時点では，まだリンカーンの党である共和党への支持は消滅していなかったのである。しかし，1964年公民権法で民主党が人種リベラル政党となったことは決定的であり，それ以降，民主党支持が急増して，現在に至るまで8〜9割という支持率で忠実な民主党支持グループである。

近年，注目されているのが無宗教のグループである。もともと世俗的な人は民主党支持傾向が強かったが，1980年代以前は人口比が1割に満たず，政治的なインパクトはあまりなかった。しかし，1990年代から人口比が急増したうえに，民主党支持率が高まったことから（1988年＝44％，2008年＝60％），民主党の世俗化とも絡んで政党支持傾向が注目されている。

選挙投票率の推移

次に，政党帰属意識ではなく，大統領選挙において各宗教伝統系列の有権者がどのような投票行動を取ったのかを，図4-10からたどってみよう。使用したのは，二大政党への投票に限定して，両党の比率を算出するtwo party voteの変数（VCF0704a）であり，共和党投票率と民主党投票率の合計は100％となる[35]。

政党帰属意識が比較的安定的なのに対して，投票率は短期的に変動する。だが，長期的に見ると，福音派の共和党投票率は着実に高まっている。同派では，1936年には共和党投票率が36％なので民主党は64％であり，ほぼ2対1の割合

---

35) 第三党が無視できない票数を獲得した大統領選挙（1968年など）は存在するが，二大政党の党勢に関して長期的観点から分析するためには，第三党の影響を排除したtwo party voteの変数が適している。

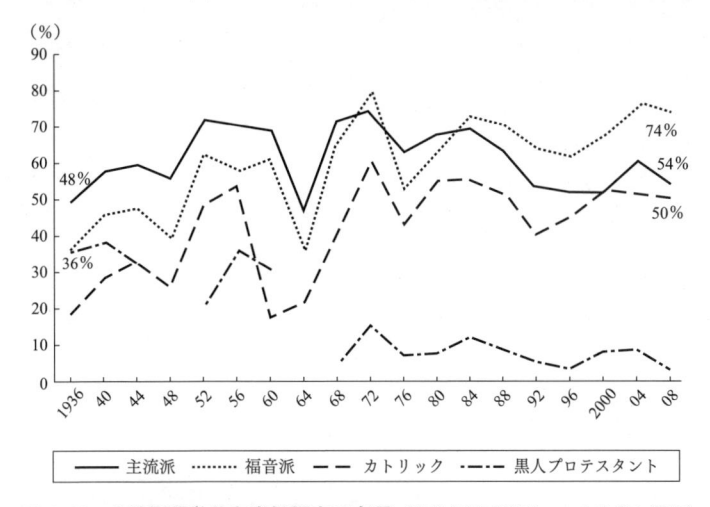

図 4-10 大統領選挙共和党投票率の変遷（宗教伝統系列別，二大政党に限定）

注）1960 年以降は American National Election Studies Cumulative File 1948-2008 から作成。1956 年は NES American panel study: 1956-1958-1960 から，1936～52 年は Kellstedt et.al, "Faith Transformed Religion and American Politics from FDR to George W. Bush" in *Religion and American Politics*, edited by Mark A. Noll and Luke E. Harlow, p272 から引用。
黒人プロテスタントで N が少ない年は記入していない。各宗教伝統系列における共和党投票率（二大政党に限定），カトリックはヒスパニックを除く。

で民主党が優勢だが，1950 年代には，すでに共和党投票率が 60% 前後に上昇していった。そして，1980 年代に福音派の共和党投票率は主流派を抜き，2008 年には 74% と圧倒的な共和党優勢となるのである。

これに対して，かつて共和党陣営の要だった主流派は，1980 年代以降，共和党投票率が減少し，両党の投票率が拮抗している。

カトリックの投票率で注目されるのは，1960 年の大統領選挙である。カトリックのケネディが民主党候補となったことで，カトリックは圧倒的に民主党に投票し，プロテスタントとの投票率格差は極端に広がった。宗教が投票行動に大きな影響を与えた明確な例と言えよう。だが，ケネディ就任後にカトリックとプロテスタントの対立は急速に消滅していった。

大統領選挙投票で注目すべきは，福音派とカトリックにおける政党支持率と大統領投票率の大きな格差である。両派とも 1980 年代まで共和党支持率は 2～3 割にすぎないのに，大統領選挙では，福音派は 4～6 割，カトリックは 2～5 割が共和党に投票しており，その乖離は大きい。大統領選挙投票は，激しい選挙キャンペーンが展開されるため，候補イメージや争点態度に対するイデオロギー的な選

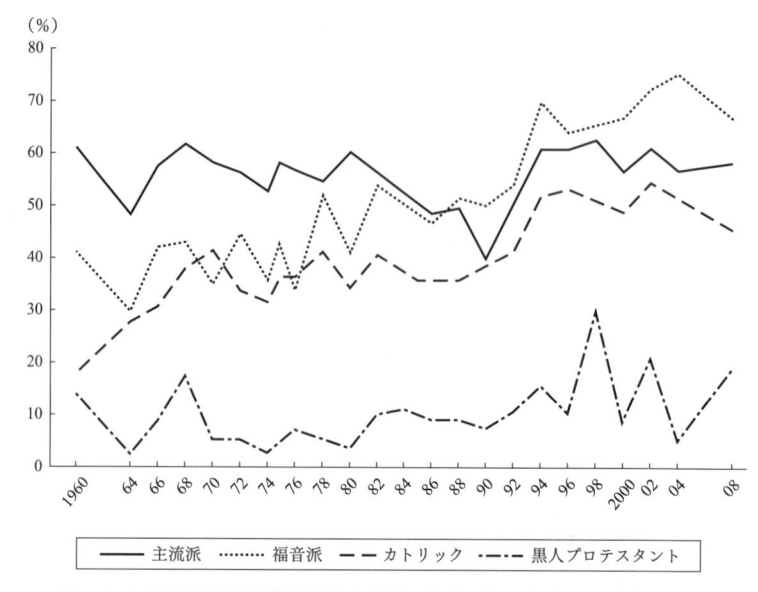

図 4-11　下院選挙共和党投票率の変遷（宗教伝統系列別，二大政党に限定）

注）American National Election Studies Cumulative File 1948-2008 から作成。
各宗教伝統系列における共和党投票率（二大政党に限定），カトリックはヒスパニックを除く。

択が強まってくる。一方，政党帰属意識は安定性が高く急激には変化しないことから，その差が現れたものだろう。

この差は，連邦下院選挙では縮小する。図 4-11 を見ると，下院選挙では，各系列とも図 4-8 に示された政党支持率との乖離は少なく，大統領選挙に比べて短期的な変動幅も少ない。これは，選挙運動の規模や注目度において大統領選挙よりはるかに目立たず，地域に密着した下院選挙では，有権者が自らの帰属意識に近い投票を行う結果と考えられる[36]。

本項の観察をまとめよう。宗教伝統系列の違いは，政党支持率や政党への投票率に大きな違いを生み出している。最も明白な違いを生み出しているのは人種の違いで，黒人と白人の政党支持傾向は全く異なるが，同じ白人でも宗教伝統系列

---

36) 一方，リチャード・ニーミ（Richard Niemi）らは連邦レベルと州レベルで政党帰属意識が異なる有権者（multiple identifier）の存在を指摘しており，それが政党帰属意識の測定に影響を及ぼしているとしている（Niemi, Wright, & Powell, 1987）。だが，二つのレベルを区別した政党帰属意識の調査は行われていないので，検証はできない。

によって，政党支持率には大きな格差があるだけでなく，その歴史的変遷のパターンも異なっている。

　福音派は強い民主党支持グループだったが，1960年代に急激な民主党離れが起き，1980年代前半には共和党支持率が急増して，共和党化が進んだ。カトリックも伝統的に民主党支持ブロックの中核にいたが，民主党支持減と共和党支持拡大が続いた。だが，カトリックの変化は，福音派のような時代的特徴は少なく，なだらかな民主党離れである。そして，主流派では，政党支持率が極めて安定的だった。

　しかし，イデオロギー色が強まる大統領選挙では，福音派の共和党投票率は1960年代から高かった。これは，本来，保守的な福音派がイデオロギー的に政党を選択すれば，共和党寄りの傾向が強まることを示していると言えるだろう。

2　争点の変化と宗教集団の反応

福音派とカトリックの民主党離れ：1960～70年代

　こうした政党支持傾向の変化は，どこから生まれてきたのだろうか。前節と同様，1960～70年代と1980年代以降の二段階に分けて，争点の変化に各宗教伝統系列がどのように反応したのかを観察していこう。

　1960～70年代の主要争点は，人種隔離問題と反戦リベラリズムである。図4-12は，人種隔離問題への争点態度別に見た，各宗教伝統系列の政党支持率である。

　注目を引く変化は，南部白人が多い福音派の人種隔離容認派が，1960年代に急速に民主党離れしていることである。1964年には，民主党支持率が72％と異常な高さだったが，1968年には55％へと，短期間に17％もの急減があった。人種隔離撤廃派の民主党支持率には変化がないので，容認派が撤廃派に争点態度を変えたのではなく，民主党から離反した結果であることが明らかである[37]。だが，離反した隔離容認派はすべて共和党に転向したわけではなく，多くが無党派に流れていった。容認派の無党派は1976年には18％にまで上昇したのである。

---

[37] これは，福音派が南部白人を中心としていることから，当然の結果とも考えられるが，南部でも福音派以外では，このような急激な変化は見られなかった。福音派の変化に南部の変化がどのように影響しているのかは，後に詳述する。

212　第4章　政党再編成

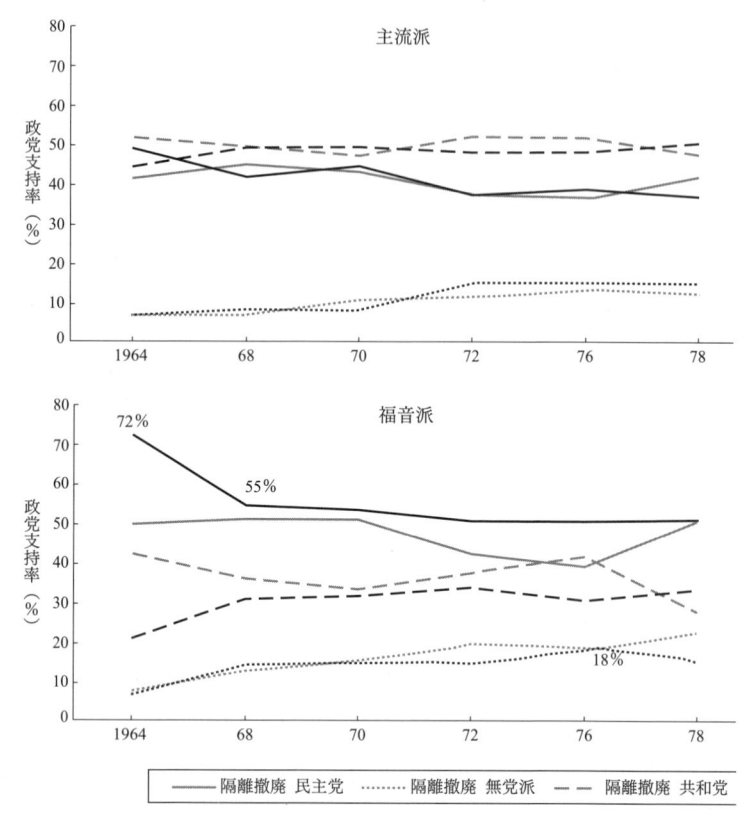

図4-12　宗教伝統系列別,
注）American National Election Studies Cumulative File 1948-2008 から作成。

　全有権者で観察した人種隔離問題への反応は，福音派で典型的に現れていると言えるだろう。
　これに対して，主流派とカトリックでは大きな変化は現れなかった。隔離容認派の民主党支持は減少しているが，大きなものではない。カトリックでは南部人口が少なく，人種隔離問題は政治態度に影響を与える問題ではなかった。
　反戦リベラリズムが与えた影響はどうだろうか。図4-13 から，まず1960〜70年代の変化を観察してみよう。主流派とカトリックでは軍感情温度の高い"保守派（MC）"の民主党支持率が減少し，リベラル派（ML）では上昇，あるいは横ばいだった。共和党支持率はこの逆の動きをしている。つまり，この両派では軍事保守派の民主党離れが生まれてきたのである。人種隔離問題では無反応だった

第 2 節　福音派の変容と政党再編成　213

カトリック

政党支持率（％）

1964　68　70　72　76　78

その他

政党支持率（％）

1964　68　70　72　76　78

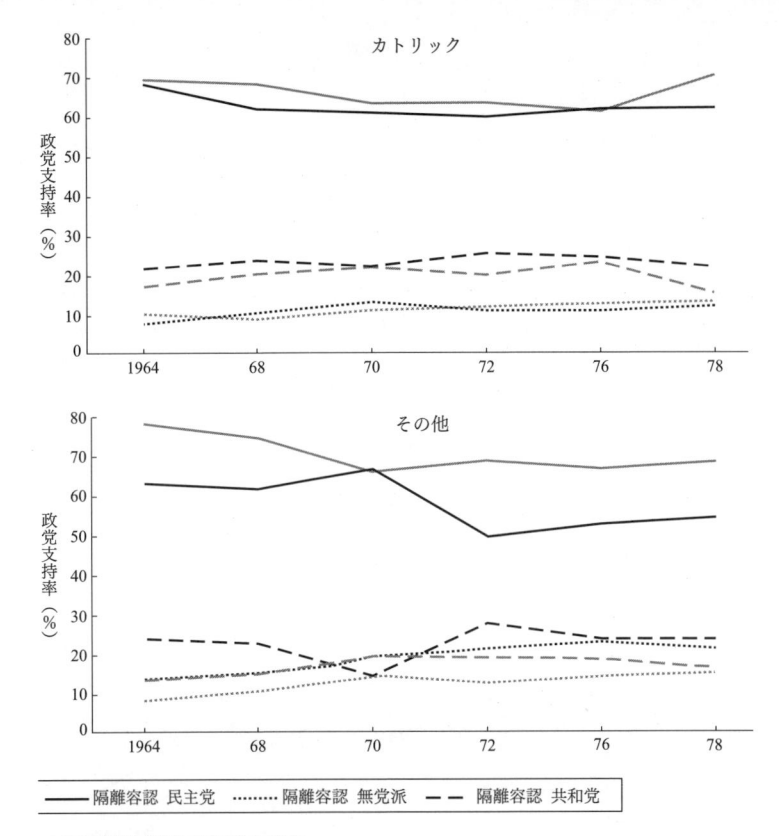

――― 隔離容認 民主党　……… 隔離容認 無党派　― ― 隔離容認 共和党

人種隔離問題別の政党支持率

カトリックも，反戦リベラリズムに対しては反発が生まれたのである。

これに対して，福音派では，変化の幅は大きいが，民主党支持率は MC と ML に関わらず減少し，共和党支持率は上昇している。したがって，反戦リベラリズムは両党支持率の変化をあまり説明しておらず，福音派の変化は人種隔離問題の影響の方が大きかった。

それでは，こうした争点への反応の結果，それぞれの系列における保守派，リベラル派の政党支持人口はどのように変化していったのか。図4-14 は，各宗教伝統系列における軍感情温度と人種隔離問題への争点態度ブロックにおける共和党純支持人口（共和党支持人口−民主党支持人口）を分析したものである。見やすいように4つのグラフに分けたが，記載した数値は，すべて全有権者を100％と

214　第4章　政党再編成

主流派

福音派

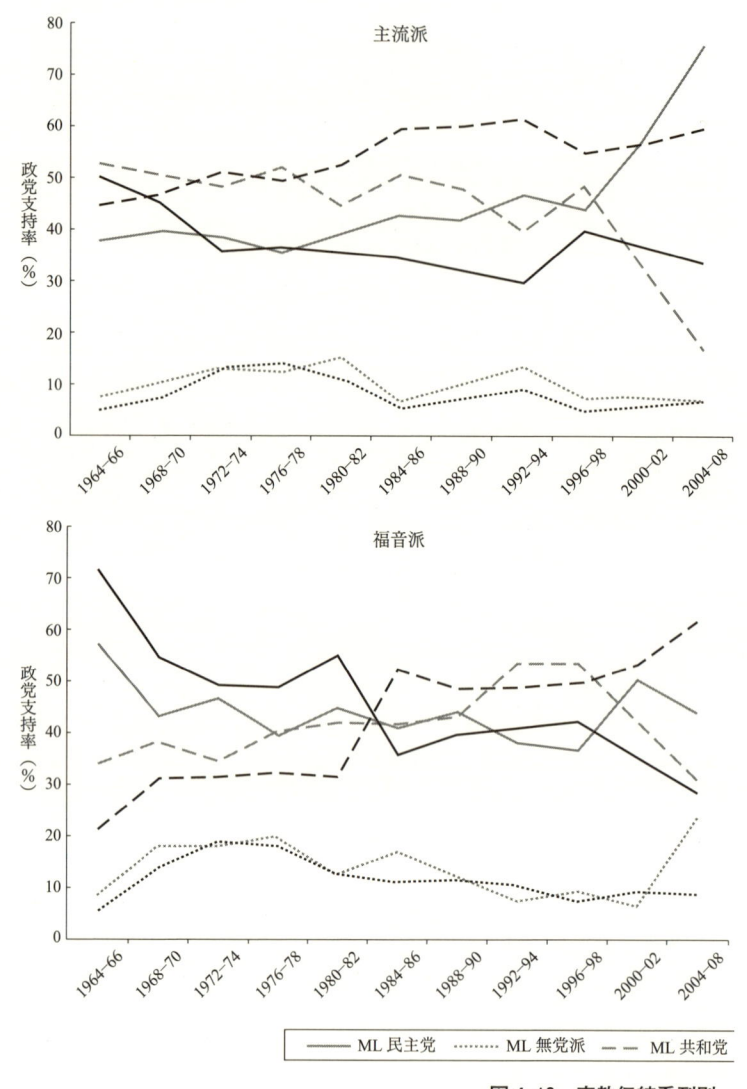

――― ML民主党　………… ML無党派　――― ML共和党

図4-13　宗教伝統系列別，

注) American National Election Studies Cumulative File 1948-2008 から作成。
　　M：軍感情温度，L：リベラル，C：保守。

第 2 節　福音派の変容と政党再編成　215

カトリック

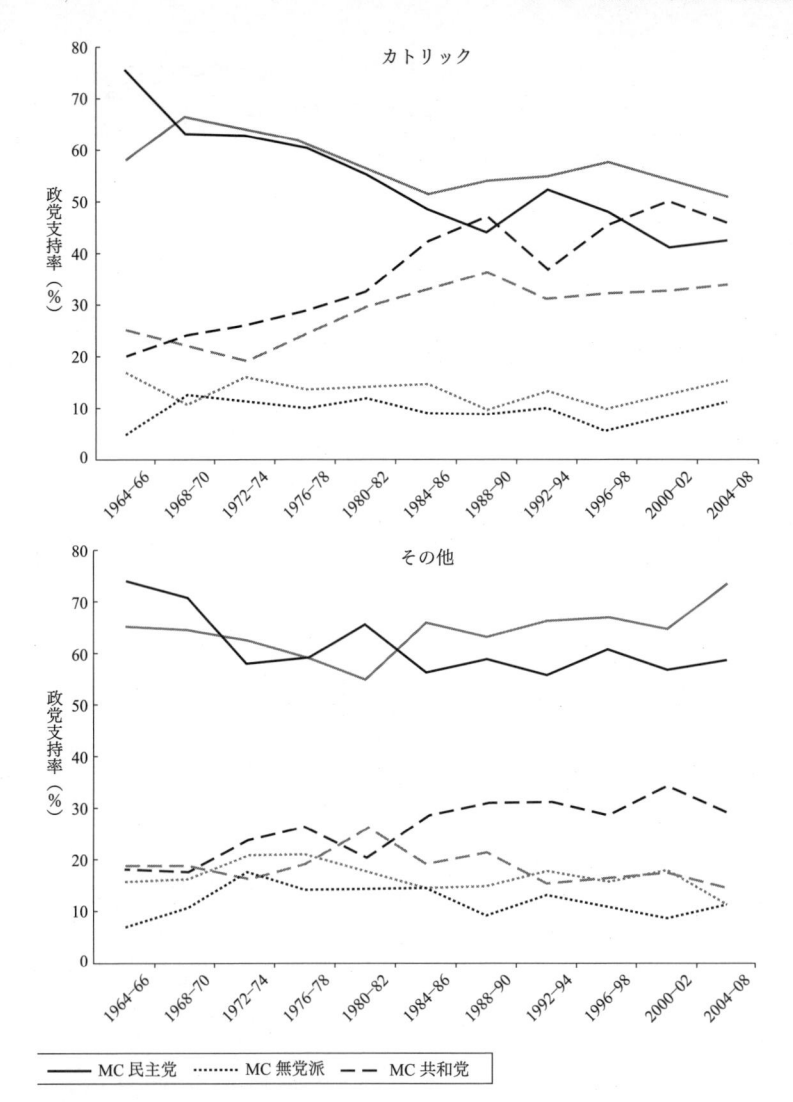

その他

―― MC 民主党　……… MC 無党派　― ― MC 共和党

軍感情温度別の政党支持率

216　第4章　政党再編成

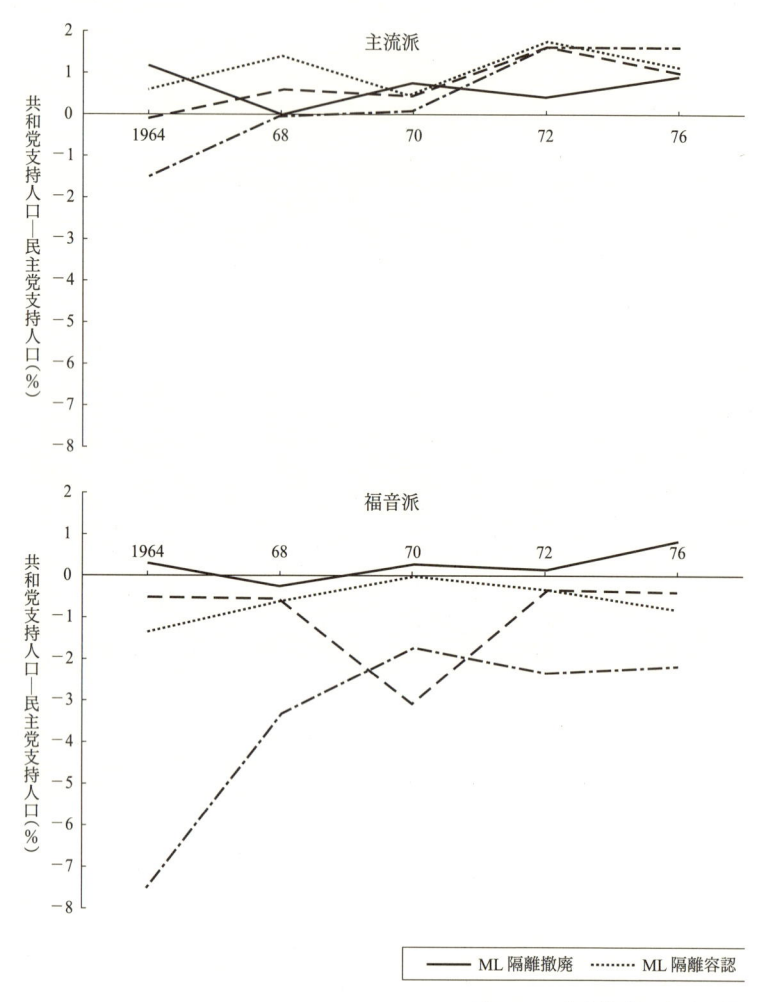

図4-14　全有権者における共

注）American National Election Studies Cumulative File 1948-2008 から作成。
　　M：軍感情温度，L：リベラル，C：保守。全有権者を100%とした各争点態度ブロックの共

した支持人口であり，宗教伝統系列の人口を100%としたものではない。

　このグラフからわかることは，1960年代に起きた民主党支持の急減は"誰に"よって引き起こされたのか，ということである。そして，それは明確に示されたと言えるだろう。福音派とカトリックの軍事と人種保守（MC隔離容認）派である。この二つのブロックだけ，1964〜68年の間に急激に共和党純支持人口が増

第 2 節　福音派の変容と政党再編成　217

カトリック

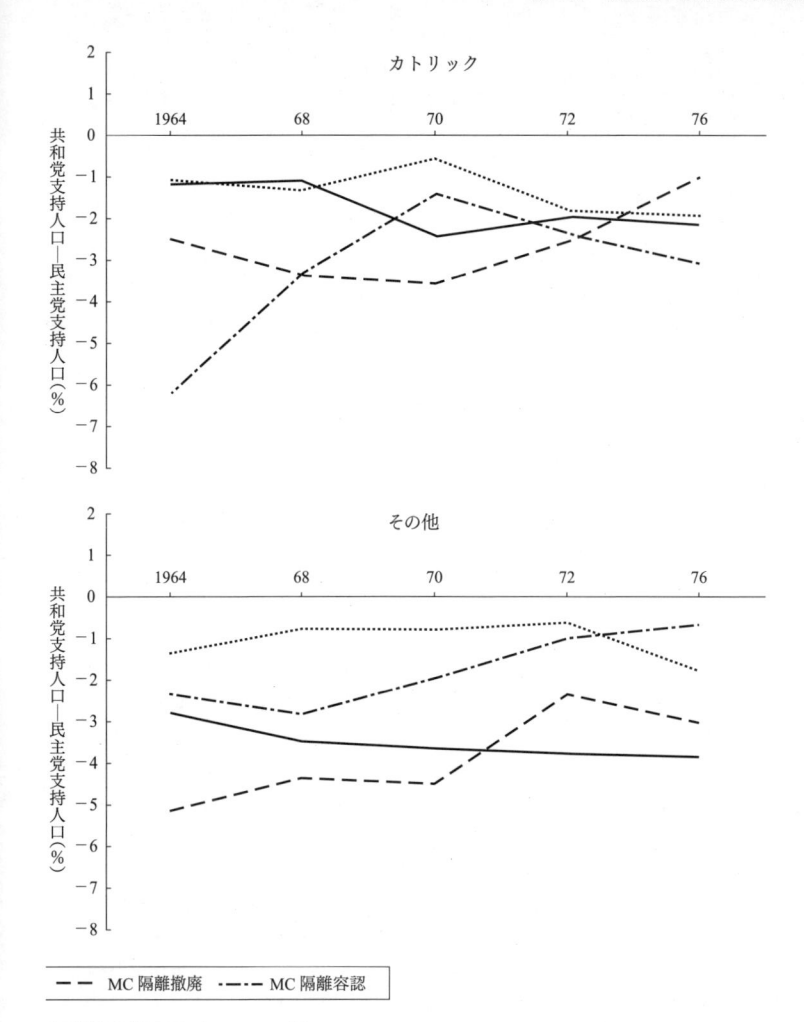

その他

- - - MC 隔離撤廃　-・-・- MC 隔離容認

和党純支持人口（1964～78 年）

和党純支持人口（各宗教伝統系列人口を 100% としたものではない）。

加している。これに対して，両派の他の争点態度ブロックでは，変化があまりない。つまり，この変化は，争点態度が変わったのではなく，多くは民主党から共和党に転向した結果なのである。両派を合計すると，この間の変化は 9% 弱の人口に上っている。これは 1964 年から 1968 年に起きた共和党純支持率の上昇（−31.1% から−22.7%）の多くを説明している。

主流派

福音派

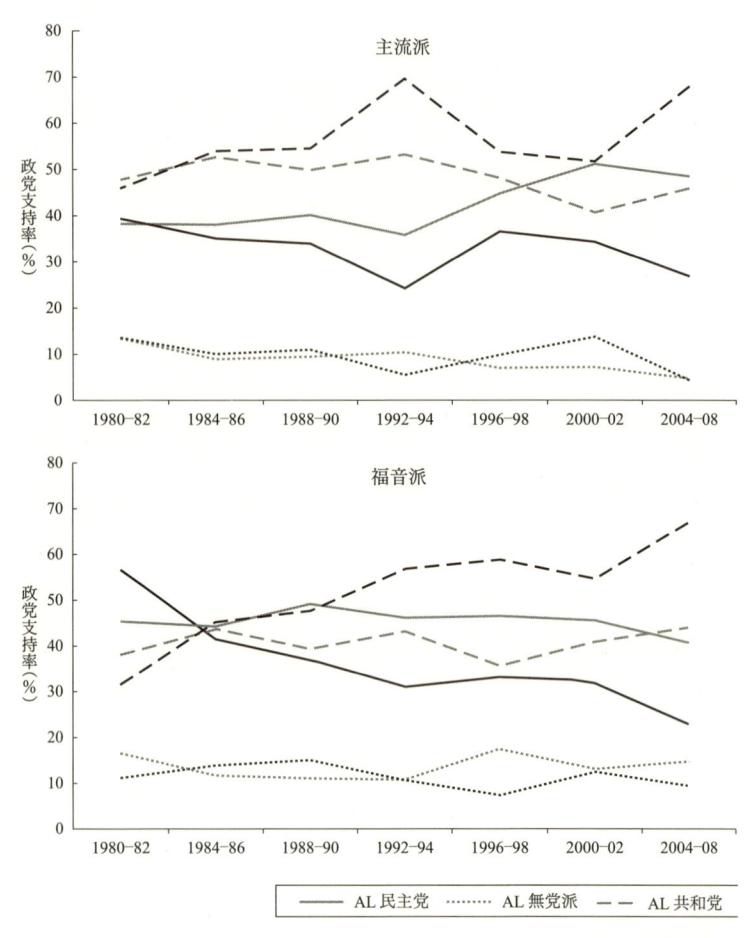

——— AL 民主党　　　……… AL 無党派　　－－ AL 共和党

図 4-15　宗教伝統系列別，

注）American National Election Studies Cumulative File 1948-2008 から作成。
A：中絶問題，L：リベラル，C：保守。

倫理問題への反応：1980 年代以降

次は 1980 年代以降の分析である。

図 4-15 は，中絶問題への態度別で見た宗教伝統系列の政党支持率である。福音派のグラフを見ると，中絶保守派（AC）は，1980～82 年には民主党が圧倒的に優勢だった。だが，レーガン革命後の 1984～86 年には民主党支持が急減し，共和党支持が急増して拮抗した。その後も AC における共和党と民主党支持率の乖離は拡大し，2004～08 年では 4 割以上の差をつけて共和党優勢となった。主

カトリック

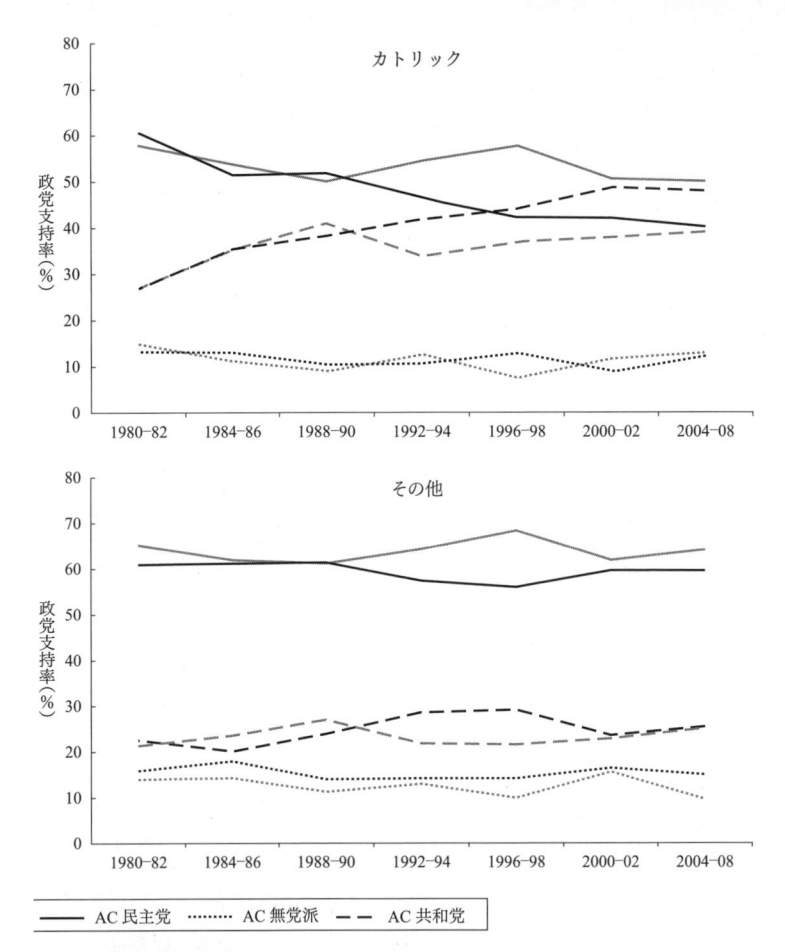

その他

― AC 民主党　……… AC 無党派　－－ AC 共和党

中絶問題別の政党支持率

流派でも，同じように中絶保守派の共和党優位が拡大していったが，福音派のように中絶保守派が民主党から共和党へ支持傾向が逆転するほどの激変はなく，長期的な変化の幅は小さい。

　意外なのは，中絶反対が公式教義に含まれているカトリックでも，中絶問題に関する反応が強くないということである。1990年代になるまで，AL と AC の共和（民主）党支持率には，ほとんど違いはなく，中絶問題は政党支持率に影響を与えていなかった。キリスト教連合の活動が活発化した1990年代になると，中

220　第 4 章　政党再編成

図 4-16　宗教伝統系列別，ニュ

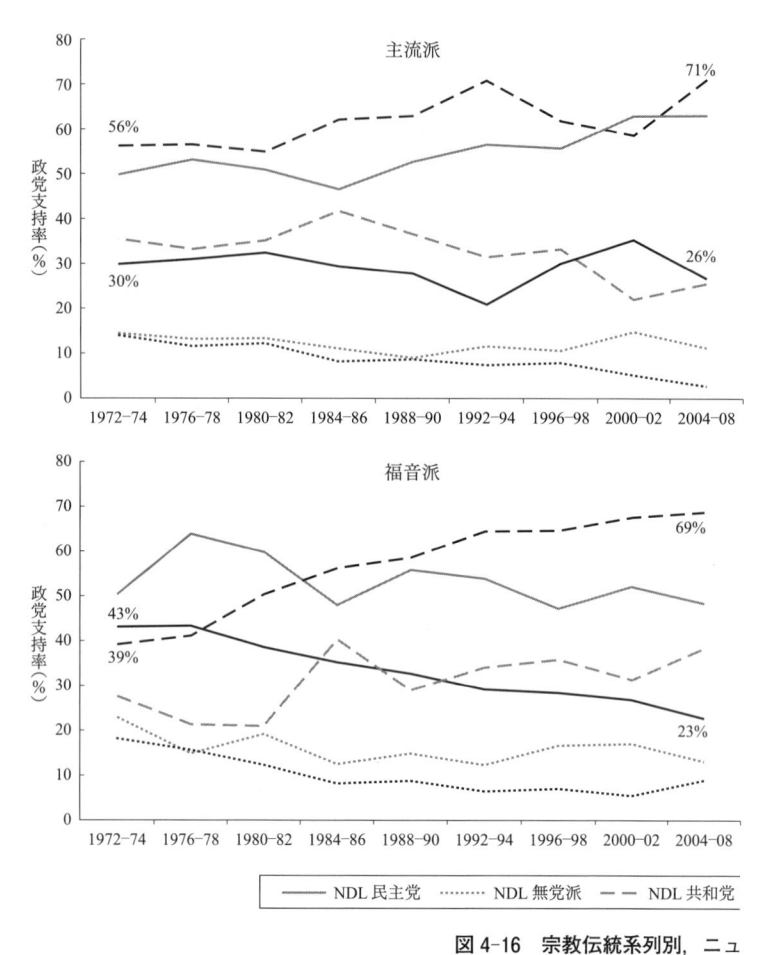

注）American National Election Studies Cumulative File 1948-2008 から作成。
ニューディール争点は政府雇用保証（VCF0809）。ND：ニューディール争点，L：リベラル，

絶問題に沿って政党支持率の変化が生まれてくるが，その違いは，やはり大きなものではない。

　ニューディール争点（図 4-16）はどうだろうか。どの系列でも，1970 年代以降ニューディール保守の共和党支持が上昇し，民主党支持が減少していったのは同じである。だが，1970 年代のカトリックと福音派では，NDC でも民主党支持が強かったため，逆転して共和党支持が高まった変化の幅は極めて大きい。これに対して，主流派ではもともと NDC は共和党支持者が多かったため，変化の幅

第 2 節　福音派の変容と政党再編成　221

カトリック

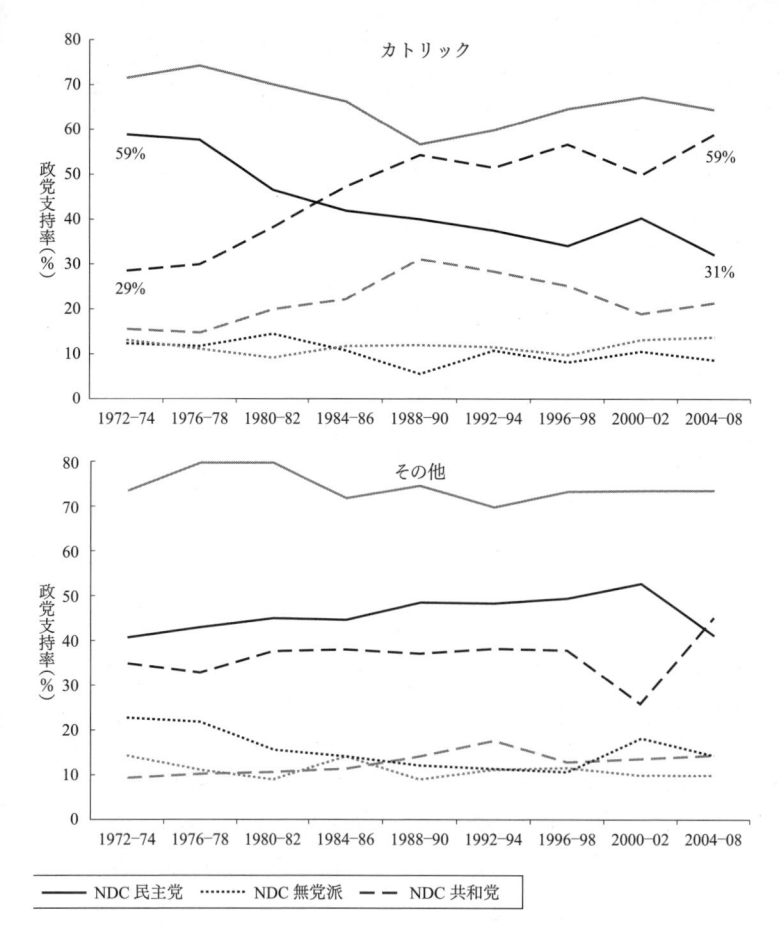

31%
59%
29%
59%

1972-74　1976-78　1980-82　1984-86　1988-90　1992-94　1996-98　2000-02　2004-08

その他

1972-74　1976-78　1980-82　1984-86　1988-90　1992-94　1996-98　2000-02　2004-08

──── NDC 民主党　　……… NDC 無党派　　── ── NDC 共和党

ーディール争点別の政党支持率

C：保守。

は小さい。

　図 4-13 に戻って，1980 年代以降の軍感情温度別の政党支持率も観察しておこう。福音派では 1980～82 年では軍感情温度の高い保守派（MC）でも民主党支持の方が高かったが，1984～86 年までに共和党支持が 2 割急増し，民主党支持が 2 割急減して勢力逆転となる激変があった。カトリックでも同じころに同様の変化が起きているが，福音派ほど劇的な変動ではない。主流派では，やはり軍事保守はすでに共和党陣営にいたので，この時期に大きな変化は起きていない。主流派

で顕著なのは、2000年以降リベラル派（ML）の政党支持率が激変したことである。MLの民主党支持率は急増して2004〜08年には8割近くに上り、共和党支持率は10％台半ばに落ち込んだ。対テロ戦争やイラク戦争の影響であるとともに、2008年選挙で反戦リベラル派がオバマ支持で集結したことを強く物語っている。だが、この傾向が主流派以外では全く見られないことも印象的である。

以上の分析をまとめよう。伝統的に民主党帰属意識の強かった福音派とカトリックでは、1970年代まで、中絶、軍事、ニューディール各争点で保守的な人でも、民主党支持が共和党を大きく上回っていた。前節で述べた保守派の"ねじれ"民主党支持者は、この二つの系列の中に存在したのである。だが、1980年代になって、共和党がこのすべての争点で保守的な政策立場を打ち出し、それと一体になった宗教右派運動が活発化すると、同運動の主なターゲットとなった福音派では、中絶問題、軍事、ニューディールとすべての争点に関して強く反応し、それぞれの保守派が急速に共和党陣営に移っていった。その変化は1980年代前半に集中的に起きている。その結果福音派では、どの争点でも、保守派の両党支持率が逆転し、共和党支持率が民主党を大きく上回った。

カトリックの変化も福音派と同じパターンで、"ねじれ"民主党支持者が共和党に移行しているが、中絶問題に関してはインパクトが大きくなかった。宗教右派運動は超教派的に行われたものの、カトリックでの活動は低調だったことが、その理由であろう。一方、共和党支持率が高かった主流派では、もともと保守派は共和党陣営に属していたため、それぞれの争点の保守派における共和党支持率は高まったものの、大きな変化が生まれたわけではない。

3　政党支持変化の理由

福音派に強い政党選択の"ねじれ"

福音派とカトリックの政党支持傾向が、1960年代以来、大きな変化を遂げてきたことがわかった。その著しい変化の理由は何だろうか。

注目すべきは、1960年代の両派民主党支持率は、ともに7割前後という高率だったということである。福音派とカトリックの政党支持変化は、その異常な民主党支持傾向が、時代とともに消えていった歴史とも言えるだろう。

誕生の経緯からしても保守的な福音派が、リベラルな主流派よりもはるかに民

主党寄りだった理由は，基盤である南部に由来することは間違いない。この時代までの南部は，民主党の一党支配体制下にあり，民主党は州や地域議会のほとんどの議席を独占して，地域の権威と尊敬のシンボルだった（Green, Palmquist, & Schickler, 2002, pp. 154, 156）。これに対して，共和党は南部に組織基盤はなく，人材もヒーローもいなかった（Sundquist, 1983）。保守的な南部と民主党のミスマッチは明白だったが，北部の穏健派勢力が主流だった共和党は，南部有権者を引き寄せるような政治家を生み出してこなかったのである（Converse, Clausen, & Miller, 1965, p. 327）。こうした状況の中で，南部人にとって民主党への帰属意識とは，イデオロギーに基づく意識的な選択というよりは，心理的愛着心の結果であると同時に，親から子供に引き継がれていく地域の伝統でもあったのである。

だが，この強い民主党帰属意識は，南部白人一般に存在するものではなかった。表4-7は，1960～72年において，「どちらの政党が保守的か」という質問に対して「共和党」と（正しく）答えた人を対象にした政党支持率の集計である。1964～68年の南部福音派を見ると，保守派に好感情を抱いているにもかかわらず，民主党を支持する"ねじれ"た支持者が61.6%と異常に高く，共和党支持は

表4-7 共和党が保守的と考える有権者の政党支持率

	イデオロギー／時代		南部				非南部			
			民主党(%)	無党派(%)	共和党(%)	N	民主党(%)	無党派(%)	共和党(%)	N
主流派	保守	1964-68	31.6	6.6	61.8	76	20.7	3.7	75.6	242
		1970-72	28.3	10.0	61.7	60	12.6	5.1	82.2	214
	リベラル	1964-68					68.6	5.1	26.3	118
		1970-72					66.7	9.5	23.8	84
福音派	保守	1964-68	61.6	11.0	27.4	73	39.4	4.5	56.1	66
		1970-72	40.7	15.1	44.2	86	20.0	11.4	68.6	70
	リベラル	1964-68					63.2	7.9	28.9	38
		1970-72								14
カトリック	保守	1964-68				11	41.9	5.1	53.0	117
		1970-72				7	40.0	9.2	50.8	130
	リベラル	1964-68					79.2	4.2	16.7	96
		1970-72					80.0	4.0	16.0	75

注）American National Election Studies Cumulative File 1948-2008 から作成。
「どちらの政党がより保守的か」とする質問（VCF0502）に対して「共和党が保守的である」と考える人における政党支持率。保守，リベラルはイデオロギー感情温度（VCF0801）において45～53度を穏健・中道とし，それより保守かリベラルで分類。ケース数が少ないカテゴリーは非掲載。

27.4％にすぎない。だが，南部主流派の保守派では民主党支持が31.6％，共和党が61.8％で，イデオロギーに沿った政党選択に近くなっている[38]。つまり，異常な民主党支持傾向は，南部人一般でなく福音派だけに存在したのである。

イデオロギーは政党選択の最も強い基準であり（ダウンズ，1980, p. 101），それに沿った政党を支持するのが合理的であるとすれば，共和党を保守政党と認識する保守派で，民主党支持率が共和党の2倍になるというのは，著しく非合理的である。非合理的選択が福音派に極めて多い理由としては，主流派と福音派の所得階層や学歴の違いなどの社会経済的背景が指摘できるだろう。だが，そうした社会経済的属性によって生まれた民主党帰属意識が，福音派の政治文化として定着し，帰属メンバーの政治傾向に強い影響を与えるアイデンティティー・ポリティクス（identity politics）が強く働いていたことも間違いない（Manza & Brooks, 1997, p. 53）。第1章で述べたように，宗教集団はメンバーに強い帰属意識を生み出し，その集団の歴史体験や固有の政治文化が世代を超えて引き継がれていく側面を持っているのである。

ねじれの解消による政党支持変化

福音派の政党支持率変化は，この特異な民主党帰属意識が消滅し，イデオロギーに沿った政党選択が高まることによって生まれてきた。表4-8は，全国を対象にして，宗教伝統系列別に保守派とリベラル派の政党支持率推移を分析したものである。やはり，保守的な政党は「共和党である」とした回答者だけを対象にしている[39]。

1964年における両党支持率を見ると，主流派では，保守派は共和党を，リベラル派は民主党を支持し，イデオロギーに整合的な政党選択の姿である。だが，福音派の保守派では，全国レベルでも民主党と共和党の支持率が54％対43％で，

---

38) 非南部では，カトリックの民主党支持率が4割と高いが，南部福音派ほどの強い民主党支持があるわけではない。
39) どちらの政党が保守的かという質問に対して，「共和党」と答えたのは，各調査年ともに，回答者の約6割，1～2割が「民主党」と答え，2～3割が「どちらも同じ」あるいは「わからない」との回答である。また，ここで示したイデオロギーは，イデオロギー自己認識ではなく，イデオロギー感情温度から分類したものである。つまり，自らを保守，リベラルと考えるかどうかではなく，保守派，リベラル派のいずれに好感情を持っているかという視点からの分類である。分類の詳細は補論2を参照のこと。

表 4-8　共和党が保守的と考える人の政党支持率（全国，宗教伝統系列別）

	年	主流派				福音派				カトリック			
		民主党(%)	無党派(%)	共和党(%)	N	民主党(%)	無党派(%)	共和党(%)	N	民主党(%)	無党派(%)	共和党(%)	N
保守	1964	26	3	71	159	54	4	43	56	42	5	53	64
	1968	21	6	74	159	49	11	40	83	44	6	50	64
	1970	16	7	78	147	26	15	59	88	38	10	52	71
	1972	17	6	78	127	38	12	50	68	41	8	52	66
	1976	18	7	75	220	33	11	56	132	33	5	62	112
	1984	8	0	92	75	19	11	70	54	18	11	72	57
	1988	14	5	81	181	20	5	75	135	20	2	78	98
	1990	18	4	79	56	19	7	74	43	17	3	81	36
	1992	11	7	82	147	14	5	81	182	22	9	68	107
	2004	5	2	93	56	6	4	90	84	10	4	86	70
穏健	1964	47	3	50	96	67	7	26	73	74	8	18	61
	1968	44	8	49	101	57	7	35	54	63	12	25	52
	1970	42	12	46	52	47	12	42	43				26
	1972	39	15	46	41				24				25
	1976	32	10	59	104	33	20	47	60				76
	1984	20	8	73	40				23	38	15	46	26
	1988	30	11	60	47	44	7	49	43	46	17	37	35
	1990				16				21				18
	1992	33	7	61	46	38	6	56	48	38	14	48	64
	2004				22	37	6	57	35	43	22	35	37
リベラル	1964	70	4	27	79	73	7	20	30	83	4	13	52
	1968	75	8	17	63	62	15	23	26	74	4	22	50
	1970	78	6	17	54				12	81	3	17	36
	1972	56	15	29	41				10	78	7	15	46
	1976	68	7	25	71	65	6	29	31	79	10	11	71
	1984	71	5	24	42				13				27
	1988	78	7	15	60				27	77	2	21	52
	1990				27				13				23
	1992	74	8	18	73	74	10	17	42	82	7	11	99
	2004	74	9	18	34				20	93	2	5	43

注）American National Election Studies Cumulative File 1948-2008 から作成。
「どちらの政党がより保守的か」とする質問（VCF0502）に対して「共和党が保守的である」と考える人における政党支持率。保守／穏健／リベラルはイデオロギー感情温度（VCF0801）において 45〜53 度を「穏健」とし，それより保守／リベラルで分類。小数点以下を四捨五入しているため，政党支持率の合計は 100 にならない場合がある。ケース数が少ないカテゴリーは非掲載。

民主党支持率の方が高い"ねじれ"た状態になっている。カトリック保守派でも民主党支持率は 42％ と高率で，多数のねじれ民主党支持者が存在する。これも，19 世紀から続く民主党との強い絆が，カトリックの政治文化として定着したアイデンティティー・ポリティクスの形態であることは間違いないが，共和党支持

率は53％に上り，福音派のように逆転しているわけではない。

　一方，リベラル派の方は各宗教伝統系列とも民主党支持が圧倒的に高かった。つまり，保守でありながら民主党を支持する"ねじれ"は，主に福音派とカトリックの「保守派」の中に存在したのである。

　福音派の変化が始まったのは1960年代だった。民主党が人種隔離擁護の政党でなくなり，軍事・外交も含めて全般的なリベラリズムへの傾斜が明確になると，1964年から1970年の短期間に保守派の民主党支持率は54％から26％へと28％も激減した。比較的安定的な政党支持率で，このような激しい変化は，通常見られるものではない。福音派コミュニティーの伝統の中で，保守派でありながら民主党に強い帰属意識を持っていた人々が，民主党の"裏切り"に激しく反発したという説明が可能だろう。この結果，福音派の保守派は，民主党の呪縛とも言える帰属意識から"覚醒"した。そして，よりイデオロギーに沿った政党選択が始まったのである。

　ただ，この間に民主党を捨てたすべての保守的福音派が共和党に移っていったわけではない。民主党支持率は28％減少したが，共和党支持率は16％しか伸びていない。代わって，無党派が11％上昇した。何度も指摘したように，保守的福音派にとって共和党の保守主義は不完全で，かつての南部民主党の代替物とはならなかったからである。このため，民主党から離脱した保守的福音派は，拠るべき新たな政党を見つけられずに漂流を始めたのである。

　一方，保守的カトリックでは，1960年代の変化は大きなものではない。かつては少数派で差別の対象だったカトリックには，人種保守主義者はあまりいない。1960年代における民主党の人種リベラル化は，歓迎こそすれ民主党離れを促す要因ではなかったと言えるだろう。彼らは反戦リベラリズムには反応し，恐らくは民主党のリベラリズム全般への反発が高かったと考えられるが，それは，人種問題ほど衝撃的な政党支持変化をもたらしたわけではなかった。

イデオロギー的選択の定着

　福音派における1960年代の変化は定着し，保守的な福音派の民主党支持率はもとに戻ることはなかった。そして，次の大きな変化は，政党再編成の画期となった1984年に発生した。表4-8を見ると，保守的福音派の民主党支持率は，1976～84年の間に33％から19％に減少した一方で，共和党支持率は56％から

70%に急増したのである。無党派に漂流していた保守的福音派も1970年には15%に達していたが，1988年には5%に減少し共和党陣営に移っていった。この段階で，福音派の特異な民主党帰属意識は，ほぼ一掃されたと言えるだろう。こうして，大きな"ねじれ"があった保守的福音派も，2004年には民主党支持は6%，共和党支持が90%という極めてイデオロギー的な政党選択をするようになったのである。

福音派同様のねじれがあった保守的カトリックでも，1976〜84年に民主党支持率が33%から18%に減少し，やはり，特殊な民主党帰属意識は衰退していった。一方，保守的主流派も民主党支持が急減しているが，彼らには，もともと強い民主党帰属意識があったわけではない。この時期の民主党不人気を反映して，保守派の民主党嫌いがさらに強まったと言うべきであろう。

これに対して，リベラル派では，どの系列でも系統的な変化は生まれていない。リベラル派は，もともと民主党支持が高かったため，民主党のリベラル化と共和党の保守化は，政党支持傾向に大きな影響を与えなかったのである。

以上の分析から，福音派とカトリックの持っていた強い民主党帰属意識の衰弱が，両系列の政党支持変化に強い影響を与えたことは明白である。極めて"ねじれ"た政党支持傾向を持っていた保守的な福音派とカトリックが，イデオロギー的な政党選択を始めた結果，本来の姿である共和党支持陣営にシフトしていったのである。

カトリックと福音派の違い

だが，前項で見たように，福音派は争点の変化による政党支持傾向の変化が全般的に急激だったのに対して，カトリックではなだらかだった。この違いはどこから生まれてきたのだろうか。それぞれの争点の特徴による説明は前項で行ったが，全般的な傾向は，両派におけるイデオロギー別人口の違いから説明が可能である。

表4-9で宗教伝統系列別の保守派，リベラル派の比率を比較すると，どの時代でもカトリックは福音派よりもリベラル派人口が明らかに多い。一方で保守派人口は，1970年以降，福音派がカトリックを大きく上回っている。そして，前項で述べたように，1960年代以降の様々な争点変化に反応して民主党から共和党にシフトしていったのは，リベラル派ではなく保守派だった。したがって，争点

表 4-9 宗教伝統系列におけるイデオロギー分布

	年	リベラル(%)	穏健(%)	保守(%)	N
主流派	1964-66	20.2	39.3	40.5	1002
	1968-70	18.6	32.8	48.7	937
	1972-74	21.2	28.8	50.0	1006
	1976-78	14.4	35.1	50.5	476
	1980-82	17.3	29.2	53.5	699
	1984-86	26.6	29.5	43.9	991
	1988-90	21.9	27.5	50.6	786
	1992-94	23.3	24.5	52.2	712
	1996-98	23.6	30.1	46.3	525
	2000-02	23.5	32.2	44.3	562
	2004-08	27.3	29.2	43.5	359
福音派	1964-66	15.7	50.9	33.4	580
	1968-70	13.8	41.7	44.5	659
	1972-74	14.8	29.9	55.3	684
	1976-78	11.6	36.3	52.1	326
	1980-82	10.2	36.9	53.0	472
	1984-86	20.1	32.9	47.0	721
	1988-90	14.0	32.4	53.6	713
	1992-94	15.2	29.0	55.8	822
	1996-98	15.2	28.3	56.4	504
	2000-02	16.3	35.4	48.3	548
	2004-08	18.4	28.5	53.1	552
カトリック	1964-66	26.2	42.3	31.5	610
	1968-70	24.5	31.2	44.3	567
	1972-74	23.5	31.1	45.4	716
	1976-78	22.0	38.2	39.8	362
	1980-82	22.5	36.1	41.4	512
	1984-86	30.7	31.7	37.6	798
	1988-90	27.8	31.1	41.1	669
	1992-94	29.9	28.2	41.8	782
	1996-98	29.5	30.2	40.3	599
	2000-02	22.6	40.2	37.2	631
	2004-08	20.5	34.8	44.7	444

注) American National Election Studies Cumulative File 1948-2008 から作成。
保守／穏健／リベラルはイデオロギー感情温度 (VCF0801) において45～53度を「穏健」とし、それより保守／リベラルで分類。

変化に対するカトリックの反応が鈍かったのは、福音派よりも保守派の比重が少なかったからと言えるだろう。逆に、保守派が多い福音派は、争点変化に敏感に反応し、共和党シフトが急激だったのである。特に、その違いは倫理問題に対する変化で大きく現れた。

カトリックの政党支持傾向が変化した理由として、これまで行われた主要な説明は、その社会経済的地位の向上である（Manza & Brooks, 1997, p. 44）。カトリックの所得水準や学歴が向上し、プロテスタントとの同化が進んだ結果、特異な民主党帰属意識が希薄化していったというのが、変化の理由とされてきた。恐らく、これが最も大きな要因であろう。しかし、保守派とリベラル派の比重の違いは、福音派とカトリックの争点態度変化を比較するうえで、重要な説明要因である。

本項の分析をまとめよう。福音派とカトリックには歴史的、社会経済的背景から生まれ、定着した政治文化、すなわち特異な民主党帰属意識が存在し、保守派であっても圧倒的に民主党を支持するという支持傾向の"ねじれ"が存在した。しかし、それは、1960年代以降の民主党のリベラル化と共和党の保守化の進行によって、次第に希薄化し、保守派がイデオロギー

的な政党選択を進めるようになった。これによって、両系列の共和党シフトが起きてきたのである。

　だが、福音派はカトリックに比べて保守派の比重が高く、争点変化に対する反応がカトリックよりも激しかった。これは、次項で述べるイデオロギー的な政党再編成において、福音派が果たした大きな役割を説明するものである。

4 政党再編成と福音派の影響

福音派、カトリックの変化と政党再編成

　各宗教伝統系列における政党支持動向の変化、そして争点変化への反応が明らかになったところで、彼らが1980年代の政党再編成に与えた影響を調べていこう。政党支持基盤の組み替えを観察するためには、表4-10によって、全有権者を100％とした人口比の変化を分析する必要がある。

　これを見ると、共和党と民主党の支持基盤における宗教伝統系列の構成は、1984〜86年を画期に、大きく変化したことが明らかになる。福音派の共和党支持人口は1960〜70年代は5.6〜7.9％の間で安定的である。しかし、1984〜86年には1980〜82年より2.0％上昇して9.3％にジャンプし、そのまま上昇傾向が生まれて2004〜08年には12.7％に増大した。一方、民主党支持人口は1984〜86年に2.5％の急減があり、そのまま減少傾向となる。1980年代以降、福音派人口そのものにはほとんど変化がないので、これは福音派の有権者が政党支持を変えた転向の結果と言える。

　一方、カトリックの政党支持人口も同じように変化し、1984〜86年には共和党支持人口が1.9％増加して、民主党は1.4％減少した。カトリックも宗派人口に大きな変化はないので、政党支持が変わったのである。両系列はその後も共和党支持人口が拡大し民主党支持人口は減少していった。

　一方、主流派は1984〜86年に共和党が0.9％増加、民主党が0.7％減少しているが、福音派やカトリックに比べて変化は少ない。そして、その後は両党支持人口がともに減少を続けている。これは、小計を見ればわかるように、主流派人口そのものが減少したためである。主流派を100％とした政党支持率は安定的だったので、主流派では大規模な政党支持の変化は起きなかったと考えられる[40]。

　これは何を意味するのか。政党再編成の画期となった1984〜86年には、共和

表 4-10 宗教伝統系列

年	主流派			小計	福音派			小計	カトリック			小計
	民主党	無党派	共和党		民主党	無党派	共和党		民主党	無党派	共和党	
1960-62	14.2	3.4	20.2	37.8	12.6	1.7	6.8	21.1	14.0	1.7	3.6	19.3
1964-66	15.6	3.4	17.0	36.0	13.6	1.4	5.6	20.7	15.0	2.5	4.7	22.2
1968-70	14.5	2.9	16.3	33.7	12.6	3.6	7.8	24.0	13.4	2.4	4.9	20.6
1972-74	11.2	4.1	14.4	29.8	11.6	4.5	7.9	24.0	13.6	2.9	5.0	21.6
1976-78	10.7	4.0	13.8	28.6	10.2	3.8	6.8	20.8	14.5	3.0	5.3	22.8
1980-82	10.5	3.7	12.9	27.1	11.2	2.9	7.3	21.4	12.5	2.9	5.6	21.0
1984-86	9.8	2.5	13.8	26.2	8.7	2.8	9.3	20.7	11.1	2.6	7.5	21.2
1988-90	8.6	2.3	11.6	22.5	9.2	3.1	10.0	22.3	10.1	1.9	7.9	20.0
1992-94	5.9	1.7	10.2	17.9	8.1	2.5	11.2	21.8	10.7	2.5	7.7	20.9
1996-98	7.6	1.5	8.8	17.9	7.5	2.3	9.8	19.6	11.5	2.3	9.1	22.9
2000-02	7.5	1.2	8.8	17.5	8.0	2.1	10.5	20.6	10.4	2.2	10.1	22.7
2004-08	6.2	1.2	8.0	15.4	7.3	2.5	12.7	22.5	7.6	1.9	7.1	16.6

注）American National Election Studies Cumulative File 1948-2008 から作成。
　　示したのは，全有権者を 100％とした人口比。

党全体で支持人口が 5.5％上昇したが，そのうち 3.9％は，福音派とカトリック（2.0％＋1.9％）だけで起きたということである。民主党の方でも 4.5％の支持人口減少の内訳は，両系列で 3.9％（2.5％＋1.4％）を占めていた。つまり，この政党支持基盤の組み替えの大部分が，福音派とカトリックの転向によって生まれていたということだ[41]。政党再編成を引き起こした政党支持基盤の組み替えは，主にこの二つの系列によって，引き起こされたのである。

福音派が主役となったイデオロギー再編成

だが，カトリックはなだらかに共和党化が進んでいて，争点の変化に敏感に反応したわけではない。特に，1980 年代以降，新争点として登場した中絶問題への反応は鈍かった。政党再編成によって，共和党が極めてイデオロギー右派に偏った政党になったのには，カトリックの影響は大きくないはずである。

これを調べるため図 4-17 で，宗教伝統系列別の争点態度ブロックにおける共

40）近年の変化で注目されるのは無宗教のグループにおける民主党支持の急増である。これは無宗教の人口そのものの急増と民主党支持率の増加の両面から起きているが，この問題については，後に詳述する。

41）両系列人口が全有権者に占める比率は約 4 割であり，それと比較すれば，2 つの系列が与えた変化は極めて高いと言えるだろう。

別政党支持人口の推移

(%)

黒人プロテスタント			小計	無宗教			小計	その他			小計	総計
民主党	無党派	共和党		民主党	無党派	共和党		民主党	無党派	共和党		
3.8	1.0	1.5	6.3	0.5	0.3	0.4	1.2	7.6	2.1	4.6	14.4	100
7.3	0.8	0.8	8.9	1.8	0.6	0.8	3.2	5.6	1.1	2.2	9.0	100
7.8	0.5	0.3	8.6	2.4	1.2	1.2	4.8	4.6	1.3	2.4	8.3	100
6.2	1.1	0.7	8.1	3.0	1.6	1.0	5.6	5.8	2.0	3.1	10.9	100
6.9	0.8	0.6	8.3	3.9	1.9	1.6	7.4	6.2	2.5	3.4	12.1	100
7.7	0.6	0.5	8.8	4.5	1.9	2.4	8.8	7.3	2.1	3.6	12.9	100
8.8	1.0	0.9	10.7	4.1	1.9	2.3	8.3	6.7	2.4	3.8	12.9	100
9.3	0.6	1.1	11.0	5.2	2.3	3.6	11.0	7.0	1.8	4.4	13.1	100
8.5	1.1	0.9	10.5	7.2	2.7	4.4	14.3	8.2	1.8	4.7	14.7	100
8.3	0.8	0.9	10.0	7.7	2.1	3.9	13.7	9.1	1.7	5.2	16.0	100
8.6	0.8	0.8	10.2	7.2	2.4	3.8	13.4	7.9	1.9	5.7	15.6	100
9.9	1.0	0.7	11.6	11.2	2.4	5.3	19.0	8.4	1.8	4.7	15.0	100

和党支持人口の変化を分析した。記入したのは全有権者を100％として，各系列の争点態度ブロックに存在する人口である。見やすくするため，系列別に4つのグラフにわけたが，各系列人口の内訳ではない。

これを見れば，共和党をイデオロギー右派に変身させた政党再編成の主役が，福音派であることは明白だろう。各系列，各争点態度ブロックの中で，突出して共和党支持人口が増加したのは，福音派のNDC×MC×AC（イデオロギー最右派）である。このブロックの共和党支持人口は，1980～82年には全有権者の0.9％にすぎなかったが，2000～08年には6.0％に増加した。全有権者を対象にして争点態度ブロック別の政党支持人口を分析した前掲図4-6を見ると，同じ期間に，共和党全体のNDC×MC×AC人口の上昇は9.0％である。つまり，共和党のイデオロギー最右派人口増加の6割弱は福音派によって生まれてきたということだ[42]。

---

42) 前述のように，1980～86年には，民主党からの転向者によって，共和党支持人口が純増したが，それ以降はあまり民主党からの転向は起きていない。したがって，福音派のイデオロギー最右派が上昇したのも，1980～86年は民主党からの転向者が多いだろうが，その後は争点態度の変化によるものだろう。倫理保守派でありながらニューディール・リベラルだった福音派の共和党支持者が，次第に同党の政策パッケージに対して束縛のレベルが上がり，すべての争点で保守的になった可能性が高い。そして，この束縛のレベルも福音派が最も高かったと言えるだろう。

232　第4章　政党再編成

主流派

福音派

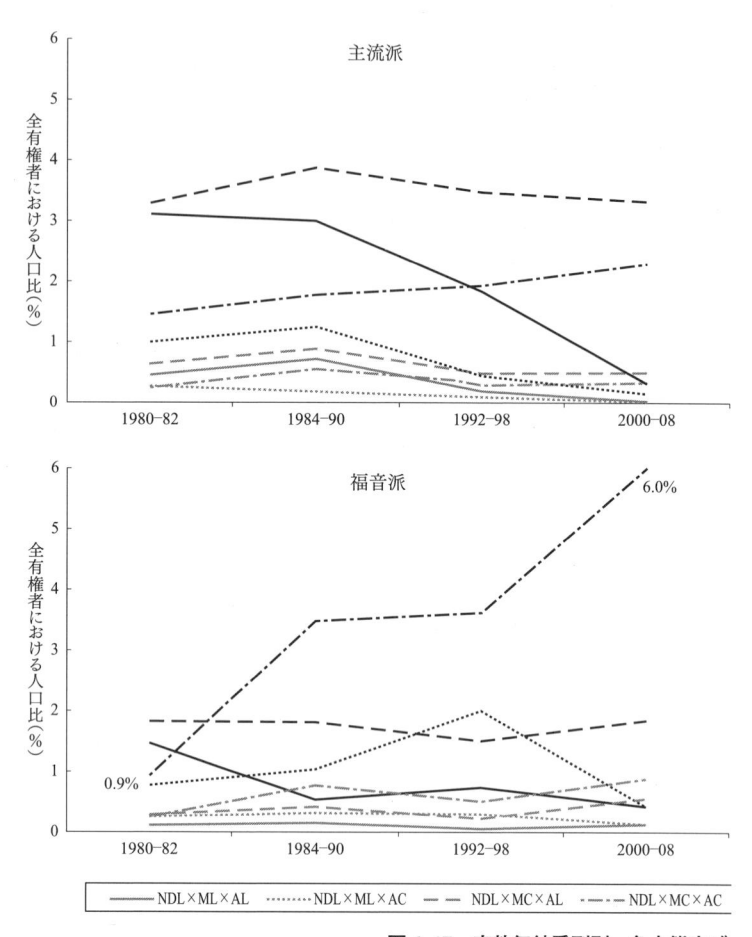

6.0%

0.9%

―――― NDL×ML×AL　‥‥‥‥ NDL×ML×AC　― ― ― NDL×MC×AL　―・―・― NDL×MC×AC

図 4-17　宗教伝統系列別，争点態度ブ

注) American National Election Studies Cumulative File 1948-2008 から作成。
民主党支持と無党派を加えた全有権者を 100% とした各争点態度ブロックの共和党支持人口。
グラフの複雑化を避けるため，NDN や MN は表示していない（いずれにせよ，あまり大き

　一方で，カトリックでも NDC×MC×AC は増加している。だが，福音派ほど大きな上昇は見られない。カトリックは共和党支持基盤の組み替えで大きな役割を果たしたが，共和党のイデオロギー右派化に対するインパクトは，福音派の方がはるかに大きかった。

　付記しておくと，主流派の NDC×MC×AL も注目すべきブロックである。NDC×MC×AL とは，ニューディール保守，軍事タカ派で倫理リベラルという共和党の伝統的イデオロギーであり，その人口は共和党陣営の屋台骨だった主流

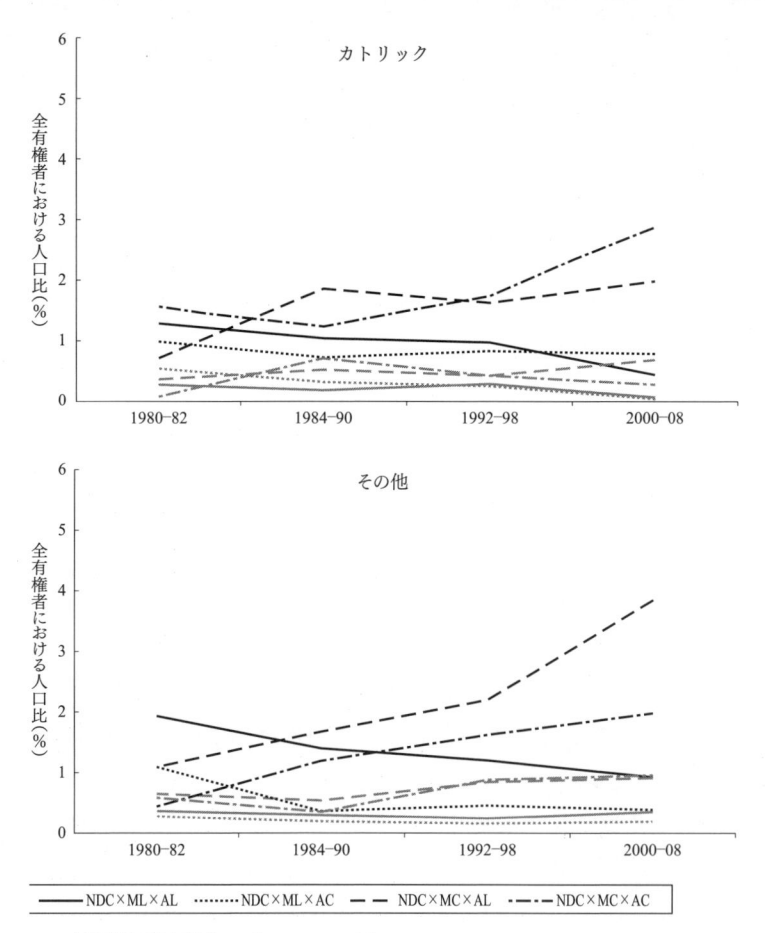

第 2 節　福音派の変容と政党再編成　233

カトリック

その他

―― NDC×ML×AL　……… NDC×ML×AC　― ― NDC×MC×AL　―･― NDC×MC×AC

ロック別共和党支持人口（1980〜2008 年）

ND：ニューディール争点，M：軍事問題，A：中絶問題，C：保守，L：リベラル，N：中立．
な変化はない）．

派で最も多い。そして彼らは政党再編成の後もしっかりと共和党の中に残っているのである。再編成後の共和党はNDC×MC×ACとNDC×MC×ALが支持層の大半を占めるようになったが，前者は主に福音派で，後者は主流派なのである。

　分析をまとめよう。1980年代の再編成による政党支持基盤の組み替えは，多くが福音派とカトリックの転向者によって行われた。だが，再編成によってイデオロギー争点が形成され，共和党のイデオロギー右派的性格が生まれたのは，主

5 社会経済的属性の影響

その他の社会経済的属性との比較

前項までに，福音派とカトリックにおける政党支持の変化が，政党対立構造に与えた大きな影響が明らかになった。だが，両系列の変化は，南部白人の民主党離れや白人中間層の共和党傾斜など，社会経済的属性に基づくグループの政党支持傾向の変化が反映されただけなのかもしれない。

宗教が政治に影響を与えたのではなく，社会経済的属性の変化が投影されただけだという主張に対しては，ウィルコックスやハンター，ワルドらが強く反論しているが（Wald, 2003 ; Hunter, 1991 ; Wilcox, 1992），何がこの変化をもたらしたのか，他の社会経済的属性を制御した上で比較することが必要だろう。

まず，各社会経済的属性から見た政党支持率の変化を概観し，福音派の変化の規模についてイメージをつかんでおこう。図 4-18 は，各属性の代表的カテゴリーにおける共和党純支持率（共和党支持率－民主党支持率）の経年変化を比較したものである。これを見ると，福音派の変化が，他の社会経済的属性に基づく集団と比較して，極めて大きいことが明確である。

「学歴（大学卒）」と政党支持の関係はこの 50 年間にほとんど変化がない。1980 年代以降，「女性」の共和党離れが注目されたが，変化の幅は大きなものではない[43]。同じように「若者」の共和党支持率上昇も注目されており，比較的，変化の幅が大きいが，著しいものではない。

福音派に匹敵する大きな変化が起きてきたのは，「南部白人」と「白人中間層」の 2 つのカテゴリーにおける政党支持率である。そこで，この二つの属性について分析していこう。

所得階層の変化

政党支持に大きな影響を与えるのは所得階層であり，世帯収入が高いほど共和

---

43) もっとも，人口の約半数を占める「女性」は，サンプルサイズが大きいため，わずかな変化でも政党支持率に大きな影響を与える。

第 2 節　福音派の変容と政党再編成　235

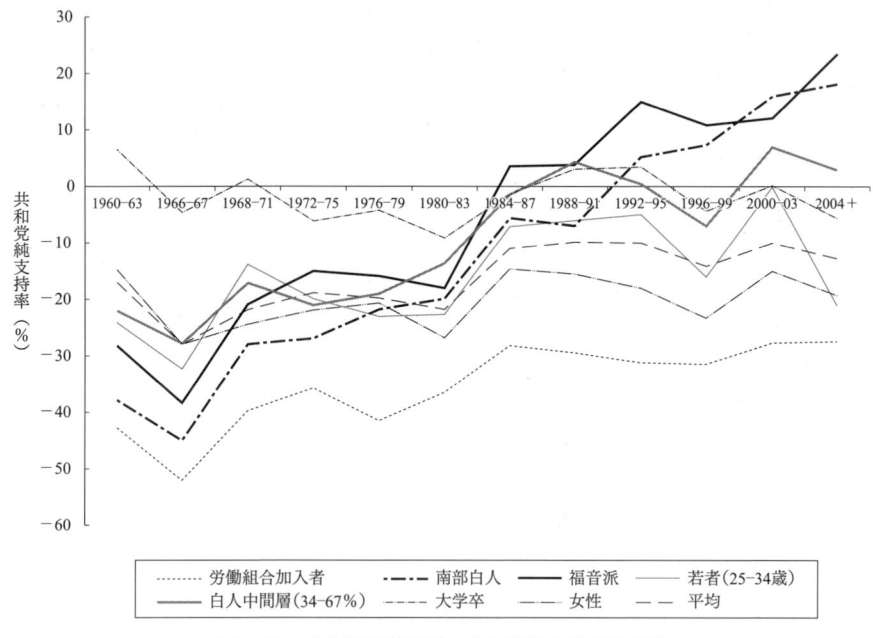

図 4-18　社会経済的属性と共和党純支持率の変化

注）American National Election Studies Cumulative File 1948-2008 から作成。

党支持が強まるのは，古くから指摘されている米国政治の特徴である（ラザースフェルド，ベレルソン，ゴーデット，1987）。一方，1970 年代には，積極的優遇措置に対する反発などから，白人中間層の政党支持が大きく変化したことが指摘されている。福音派とカトリックの変化が，この変化を反映しただけであれば，白人中間層では宗教伝統系列にかかわらず共和党支持が伸びているはずである。

図 4-19 は，各所得階層において，宗教伝統系列別に共和党純支持率（共和党純支持－民主党支持率）を示したものである。主流派，福音派，カトリック以外は「その他」にまとめているが，その他の大半は黒人プロテスタントなので，上記 3 派が白人を代表していると言えよう。

このグラフを見ると，上記の仮説は支持されない。各所得階層で共和党純支持率が上昇しているのは，ほとんど福音派とカトリックだけである。白人中間層（中下層，中間層，中上層）でも，主流派ではほとんど政党支持に変化はない。逆に，福音派とカトリックは，階層に関係なく共和党純支持率が上昇している。宗教伝統系列における政党支持率の変化は，各所得階層における変化に明確な影響

236　第4章　政党再編成

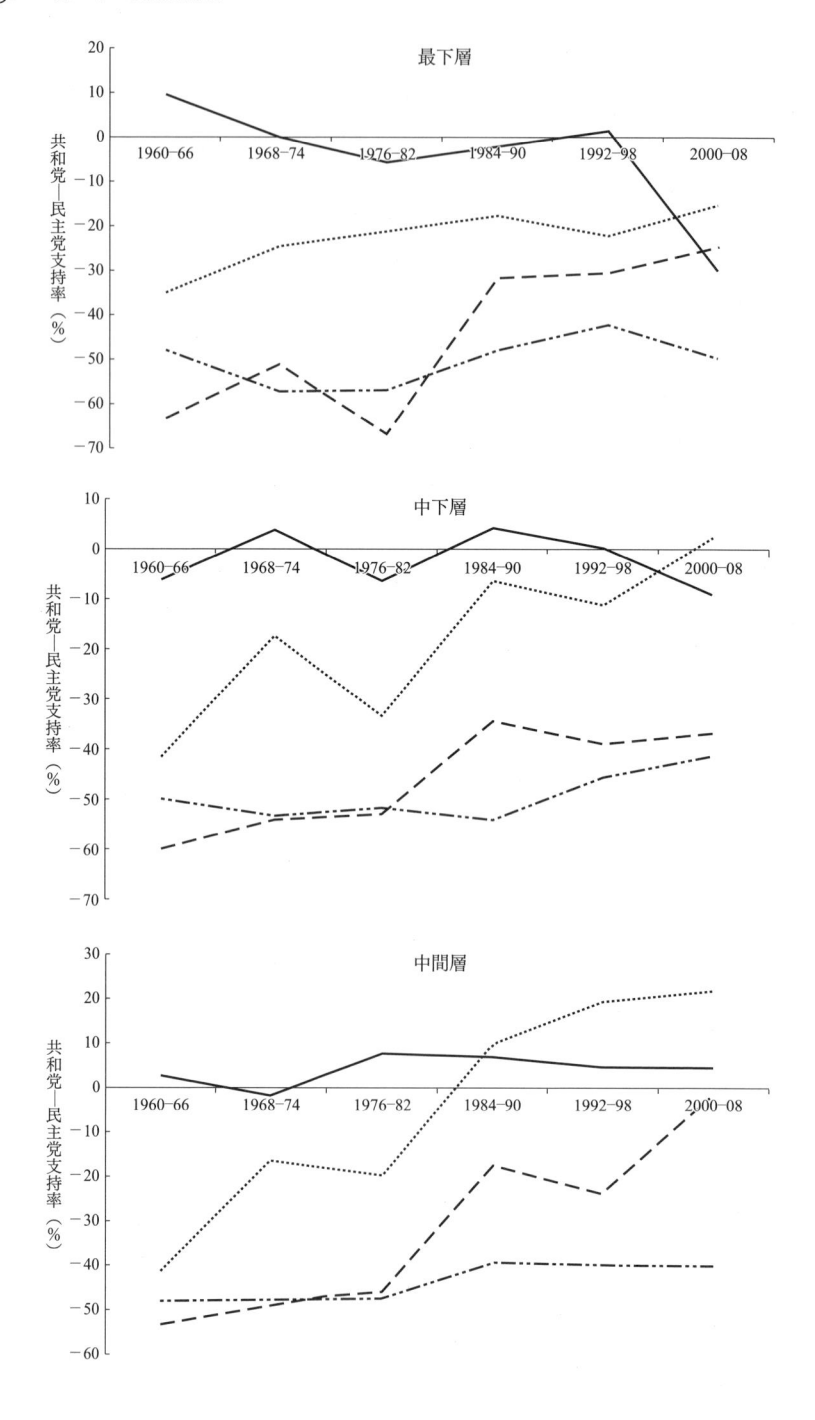

最下層

共和党―民主党支持率（%）

中下層

共和党―民主党支持率（%）

中間層

共和党―民主党支持率（%）

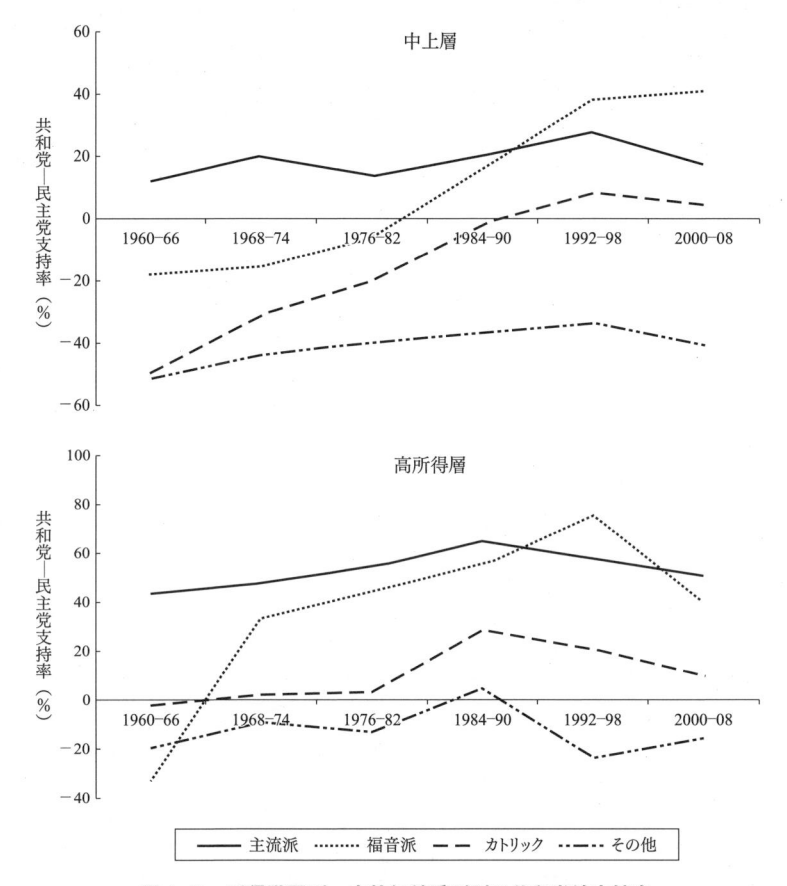

図 4-19 所得階層別，宗教伝統系列別の共和党純支持率

注）American National Election Studies Cumulative File 1948-2008 から作成。
各所得階層の宗教伝統系列別共和党純支持率（共和党―民主党支持率）。下層＝0 to 16 percentile，中下層＝17 to 33 percentile，中間層＝34 to 67 percentile，中上層＝68 to 95 percentile，高所得層＝96 to 100 percentile。

を与えているが，所得階層の変化は，宗教伝統系列における変化に大きな影響を与えていないのである。

南部の変化と福音派

次は，政治的南部である。福音派の基盤は南部にあり，その変容は南部白人と極めてパラレルだった。そして 1960～70 年代における南部白人の大規模な共和党化はアメリカの政治構造を変えたものとして，大きな注目を集めてきた。福音

238　第4章　政党再編成

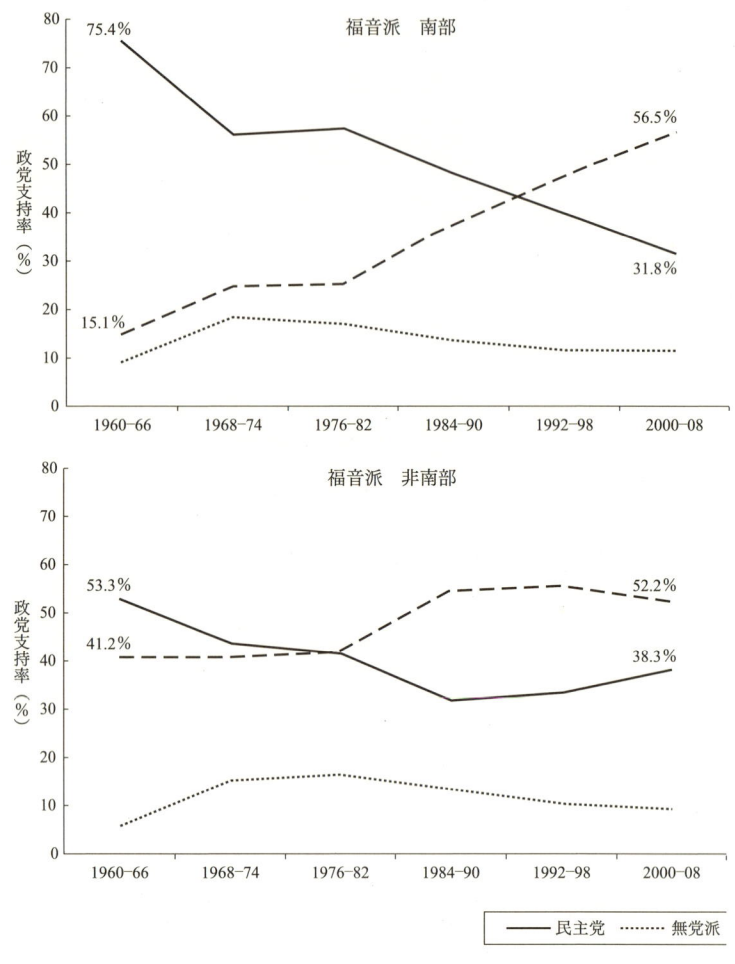

```
福音派　南部
75.4%
15.1%
56.5%
31.8%
```

```
福音派　非南部
53.3%
41.2%
52.2%
38.3%
```

――― 民主党　　……… 無党派

図 4-20　南部における政党

注) American National Election Studies Cumulative File 1948-2008 から作成。

派の変化は南部白人の変化を単純に反映している可能性は高い。図 4-20 は南部と非南部の白人における政党支持傾向を，福音派と非福音派に分けて観察したものである。南部におけるカトリック人口は，1960 年代は約 5％，その後も 1 割前後しかないので，非福音派の大半は主流派である。

　南部福音派の民主党支持率は，1960～66 年の 75.4％から 2000～08 年には 31.8％にまで減少し，共和党支持率はこの間に 15.1％から 56.5％まで上昇してい

第2節　福音派の変容と政党再編成　239

```
              非福音派　南部
80
70
60  56.9%
政  ─────
党  50         ─
支          ──  ─────
持  40                    ─────── 48.8%
率  30.1% ──────              ───
(%) 30 ── ─── ───               38.7%
                   ─────
20
    ·············································
10
 0
   1960-66  1968-74  1976-82  1984-90  1992-98  2000-08
```

```
              非福音派　非南部
80
70
60
政  51.0%                                    49.8%
党  50 ──────              ───────────────
支   39.3%                              40.2%
持  40 ── ─── ─── ── ─── ─── ─── ───
率  30
(%) 20
    ·············································
10
 0
   1960-66  1968-74  1976-82  1984-90  1992-98  2000-08
```

── 民主党
── ── 共和党

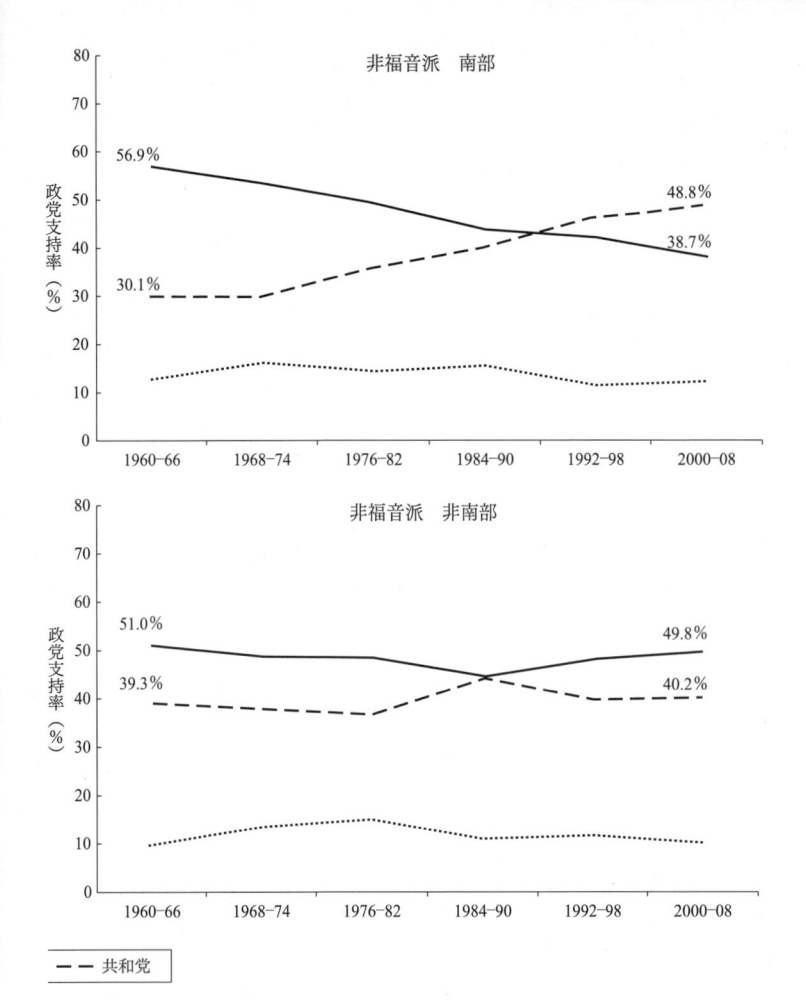

帰属意識の変化（白人のみ）

る。共和党純支持率の上昇で言えば，85％もの急上昇である。これに対して，南部の福音派以外の白人では，民主党支持率が56.9％から38.7％，共和党が30.1％から48.8％で，共和党純支持率変化の幅は36.8％しかない。

　一方，福音派は非南部でも共和党支持率が上昇した。1960～66年の民主党支持率は53.3％，共和党は41.2％で，2000～08年にはそれぞれ38.3％と52.2％である。共和党純支持率はマイナス12.1％からプラス13.9％まで26％高くなって

いる。これに対して，非福音派は非南部では民主党，共和党ともに支持率の変化はほとんど存在しない。

　南部でも福音派以外では変化が少なく，非南部でも福音派は変化したというこの結果から，福音派の共和党化は，南部白人の変化を単純に反映したものではないことが明らかである。逆に南部白人で起きた変化は，福音派で起きた変化の投影である（Layman, 2001, p. 183）とさえ言うことも可能である。すでに見たように，南部白人の特殊な民主党帰属意識は，福音派に特有のもので，南部主流派には，福音派のような異常な民主党への愛着心はなかったからである。

　この項の分析をまとめよう。福音派の変化は，その他の社会経済的属性の変化と比較して著しく大きなものだった。それに匹敵する変化は，「白人中間層」と「南部白人」で起こっているが，いずれも変数を制御して比較すれば，福音派の変化を説明できるものではない。すなわち，福音派は，社会経済的属性の変化を反映して変化したのではなく，福音派独自のダイナミズムで共和党化が進行していったのである。

6　まとめ

　宗教への帰属は，明らかに政治態度に対して影響を与えてきた。宗教伝統系列によって政党支持傾向が大きく異なるだけでなく，その歴史的変化も異なっていた。特に，福音派とカトリックでは，歴史的経緯に基づく特殊な民主党帰属意識から，保守派であっても民主党に支持を寄せる"ねじれ"た有権者が多数存在したが，1960年代以降の争点の変化に反応し，次第にイデオロギー的な政党選択を行うようになってきた。その結果，福音派とカトリックでは共和党支持傾向が強まってきたのである。そして，1980年代に共和党の保守化が鮮明になると，福音派とカトリックの多数の有権者が，共和党に政党支持を変え，政党支持基盤の組み替えが発生し，政党再編成に大きな影響を与えた。その中でも，保守的な福音派は強く反応し，すべての争点に保守的なイデオロギー最右派が急増して，共和党のイデオロギー右派化を推し進めた。そして，この変化は，その他の社会経済的属性における変化が単純に反映されたものではなく，宗教集団の独自のダイナミズムによって生まれたものだった。

第3節──3つのBによる統合分析

1 宗教的信念と態度

3つのBの意味
　前節で，福音派の変化が政党再編成に対して強い影響を与えたことを示した。だが，すでに述べたように，宗教と政治の関わりは，宗教集団への「帰属」だけではなく，宗教的「信念」と宗教への「態度」を含めた3つの側面から分析しなくてはならない。問題は，3つの側面のうち，何が政党選択に影響を与えてきたのかということである。
　本節では，この観点から宗教の残りの二つの側面，つまり信念と態度の側面に焦点をあてて観察し，最後にすべてを統合し，それぞれが政党支持に対して与える独立した効果を分析していく。信念と態度の変数による影響を排除したうえでも帰属が独立した効果を持てば，福音派の教会に所属し，福音派牧師の説教を聴き，福音派教会で共和党候補を応援するパンフレットを受け取ることによって，有権者が共和党支持に向かっていったこと，すなわち，福音派という集団自身に"神の軍団"として共和党支持が高まる要因があったことを示唆する。
　一方で，態度の変数が効果を持てば，どの教会に所属する人でも，あるいは聖書を信じていない人でも教会に毎週行く人は共和党支持が多いということを示している。宗教右派団体は，教会を主な舞台にして激しい共和党動員運動を行ったので，教会に毎週通う人は，福音派に限らず共和党支持者になったのかもしれない。
　また，信念が効果を持った場合には，所属教派や教会出席の有無にかかわらず，聖書を信じること自体が，共和党支持の傾向を生み出していることになる。

すなわち，宗教伝統主義と政党支持の間に関係が生まれたことを示すことになろう。

信念と態度の変数

第1章で述べたように，宗教的信念は聖書に対する認識に現れた宗教伝統主義の強さによって操作化される。通常使用されるカテゴリーは，聖書は「人間が書いたものである」，「神の言葉だが過ちもある」，「神の言葉で無謬だ」という3分類である。本項ではそれぞれを「聖書世俗派」，「聖書リベラル派」，「聖書保守派」と呼ぶことにしよう。聖書保守派は，聖書を神話や伝承ではなく歴史的事実として受け入れ，進化論を否定する保守的な人々であり，聖書リベラル派は，聖書は神の言葉と考えながらも近代的な批評精神を持って聖書を解釈する人々である。これに対して，聖書世俗派は，聖書はほかの歴史書や伝説と同じように，人間の著作物であると考え神性を否定する，最もリベラルな人々である。

一方で宗教への態度は，教会出席頻度によって測定される。教会出席頻度の回答は年代によって異なっているが，基本的に「毎週」「ほぼ毎週」「月に1，2回」「年に数回」「一度も行ったことがない」という項目が含まれている。本項では，「ほぼ毎週」以上の教会出席者を「毎週出席者」，「月に1，2回」以下を「非定期出席者」と呼ぶ[44]。

信念と態度別のグループ概観

まず，それぞれのグループを概観しておこう。聖書認識別の人口比を図4-21で見ると[45]，意外なことに，宗教的保守化が進んでいると見られた米国社会で，実は世俗化とも言える現象が進んでいる。聖書保守派は1964年には53%と過半数を超えていたが，その後大きく減少し，2008年には38%となった。ANESで

---

44) ANESでは，教会出席頻度の質問が1968年以前と1970年以降で異なっており，それぞれ変数コードはVCF0130とVCF0131。これを統一するために，ManzaとBrooksに従って，区分を毎週出席者と非定期出席者の2分類にして分布を調べた。毎週出席者は"(Almost/more than) Every week/Regularly/Often"，非定期出席者は"Once or twice a month/ A few times a year/ Never"と回答した人たちである。2分類の結果，1968〜70年の間でそれぞれの人口比に大きな変動は見られず，正当な区分と考えることができる。

45) 聖書認識に関する系統的調査が始まったのは1980年代以降であり，それ以前はカトリックのケネディ候補が注目を受けた1960年大統領選挙後の1964年，1968年しかない。グラフには調査が行われた年しか示していない。

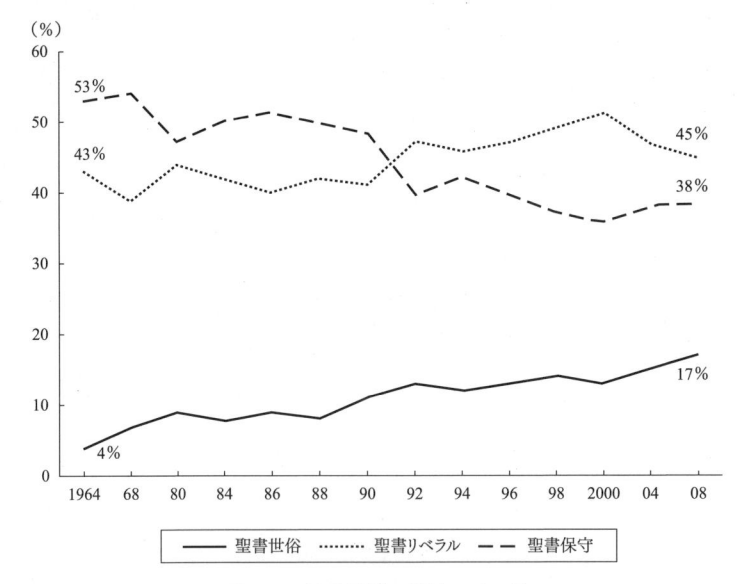

第3節　3つのBによる統合分析　243

```
(%)
60
53%
50
43%                                              45%
40                                           38%
30
20
                                                 17%
10
 4%
 0
   1964 68  80 84 86 88 90 92 94 96 98 2000 04 08

        ── 聖書世俗  ……… 聖書リベラル  ─ ─ 聖書保守
```

図 4-21　聖書認識に関する人口比

注）American National Election Studies Cumulative File 1948-2008 から作成。
聖書認識に関する質問と回答形式は 1990 年に改訂されている。1970 年代には聖書認識に関する調査は行われていない。

は，1990 年に聖書認識に関する質問と回答形式が改訂されているため[46]，同年を境にした聖書保守派の急減は，この影響が現れたものと見られるが，それ以降も聖書保守派は減少を続けている。1990 年代後半には減少が加速しており，過激な宗教右派運動への反発から，宗教離れした人が多かった可能性もある。これに対して，急伸しているのは聖書世俗派である。1964 年には 4% しかいなかった

---

46) ANES における質問の原文は以下の通り。1990 年以降の変数名は VCF0850 で，"The Bible is the actual Word of God and is to be taken literally, word for word," "The Bible is the Word of God but not everything in it should be taken literally, word for word," "The Bible is a book written by men and is not the Word of God" の 3 段階。1988 年以前の変数名は VCF0845 で，"1. The Bible is God's word and all it says is true," "2. The Bible was written by men inspired by God but it contains some human errors," "3. The Bible is a good book because it was written by wise men, but God had nothing to do with it," "4. The Bible was written by men who lived so long ago that it is worth very little today" の 4 段階で，本項では，このうち 3 と 4 を「聖書世俗派」にまとめた。3 は 3.5〜7.6%，4 は 0.9〜3.3% しかない。また，1990 年は回答者をパネル 1 と 2 に分けて，それぞれの形式で質問を行っている。図 4-21 ではパネル 1 と 2 の平均値を記入している。

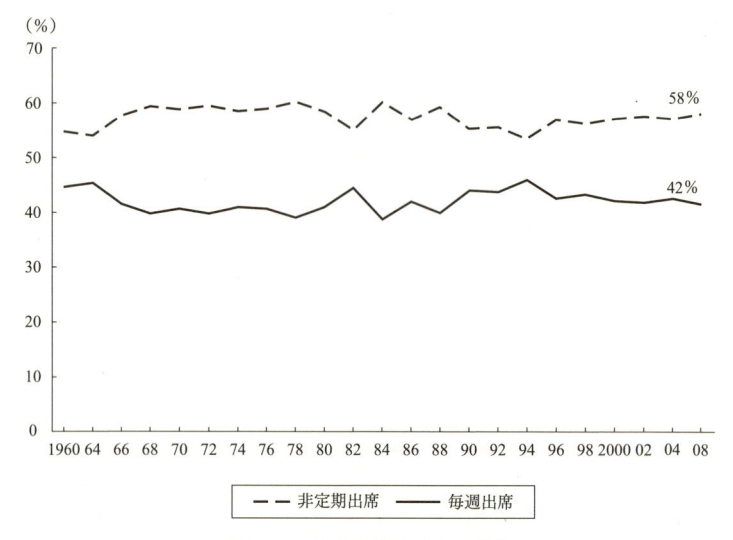

図 4-22 教会定期出席者の推移

注) American National Election Studies 各調査年ファイルから作成。
毎週出席は Almost every week 以上の出席者，無宗教グループは分析から除いている。

が，2008 年には 17％にまで増加した。これは，宗教伝統系列で見た無宗教の急増と対をなす現象である[47]。

一方，教会出席率に現れる宗教への態度の側面からも，アメリカ社会の宗教熱の高まりを示す結果は現れてこない。図 4-22 は教会への毎週出席者と非定期出席者に分けて，その人口比の推移を集計したが，それぞれの人口比は極めて安定的であり，近年は，毎週出席者がやや低下傾向にある[48]。

無宗教と聖書世俗派の急増や教会出席率の微減傾向などを考えると，宗教右派の活動によって米国人の宗教的覚醒が進んだという認識は「神話にすぎない」(Wuthnow, 2007a) と主張することも十分可能である。

---

47) もちろん，聖書保守派がこれだけいること自体，欧州や日本などの先進諸国と比較すれば，アメリカ社会が極めて宗教的であることの証でもある。だが，長期的な流れは，明確に聖書認識が世俗的な方向に進んでいるのである。
48) 教会出席率に関する世論調査結果に対しては，出席率が過剰に報告されているという強い批判がある。米国では，教会出席は社会的に好ましい態度とされているため，回答者が出席頻度を実際よりも多めに答える傾向が強い (social desirability effects) という指摘である (Sherkat & Ellison, 1997 ; Hadaway, Long, & Chaves, 1998)。

宗教伝統系列における聖書認識の違い

　聖書保守派と聖書リベラル派の聖書認識の違いは，福音派と主流派が誕生した時の亀裂軸そのものである。表4-11を見ると，1964年の福音派では75％が聖書保守派で，聖書認識が保守的であることは間違いない。これに対して，主流派では聖書リベラルが53％とようやく過半数を超えるが，聖書保守派も45％に上っている。だが，聖書保守派は教派を超えて減少しており，2008年には主流派で30％，福音派でも59％しかいない。

　福音派よりもさらに聖書保守派が多いのは黒人プロテスタントである。彼らは政治的には極めてリベラルだが，宗教的には非常に保守的であることがわかる。一方，カトリックは儀式主義の教派であり，プロテスタントのように聖書のみを信じることが信仰の証となるわけではない。このため，聖書保守派の比率は主流派よりも低いが，それをもってカトリックがより世俗的であると判断することはできない[49]。

　最後に各カテゴリーの社会経済的状況を概観しておこう（表4-12）。聖書保守派は世帯収入，学歴の双方において最も地位が低い。聖書リベラルは主流派が中心となるため，基本的に収入も学歴も高く，社会のエスタブリッシュメントと言えるだろう。聖書世俗派は，1990年代以降を見ると，聖書リベラルよりも顕著に学歴が高く，収入も高くなっている。この時代に急増した世俗派には，上層階級の知的インテリが多かったと考えることができるだろう。

---

49) このため聖書保守派の歴史的減少は，アメリカでヒスパニック系も含めたカトリック人口が相対的に増加したことも原因の一つと考えられる。しかしながら，プロテスタントだけをとっても，1986年の聖書保守派は60％だったが，1992年には50％に減少しており，1990年代に減少傾向を示していることは変わらない（筆者集計）。

表 4-11　宗教伝統系列における聖書認識

年	主流派				福音派				黒人プロ	
	聖書世俗(%)	聖書リベラル(%)	聖書保守(%)	N	聖書世俗(%)	聖書リベラル(%)	聖書保守(%)	N	聖書世俗(%)	聖書リベラル(%)
1964	2	53	45	489	1	23	75	292	3	26
1968	6	47	47	506	2	27	71	356	2	18
1980	9	50	40	379	2	25	73	268	4	31
1984	5	49	46	502	2	21	77	377	4	24
1988	5	52	42	448	5	21	74	396	6	22
1992	11	60	29	429	3	34	63	484	4	31
1996	10	61	29	311	3	33	64	349	7	30
2000	11	63	26	301	2	38	59	387	5	27
2004	6	57	37	170	2	34	64	221	6	35
2008	11	60	30	358	4	37	59	554	6	29

注）American National Election Studies Cumulative File 1948-2008 から作成。

表 4-12　聖書認識別の社会経済的地位

年	世帯収入			学歴		
	聖書世俗	聖書リベラル	聖書保守	聖書世俗	聖書リベラル	聖書保守
1980-82	.287	.226	−.258	.425	.301	−.286
1984-86	.148	.282	−.233	.281	.323	−.263
1988-90	.141	.282	−.236	.275	.326	−.298
1992-94	.239	.165	−.275	.488	.207	−.372
1996-98	.191	.146	−.237	.371	.218	−.408
2000-02	.188	.170	−.287	.390	.128	−.326
2004-08	.153	.140	−.241	.334	.166	−.354

注）American National Election Studies 各調査年ファイルから作成。
　　各カテゴリーにおける世帯収入，学歴の標準化得点の平均値を示している。

2　政党支持と争点態度

宗教的信念と政党支持

　それでは，信念の側面から見た政党支持は，1960 年代以降，どのように変化してきたのだろうか。図 4-23 は聖書認識別の政党支持率の推移をグラフにしたものである。聖書世俗派，聖書リベラル派，聖書保守派に加えて，聖書保守派の中でボーンアゲインの体験があると答えた人だけを抽出した折れ線も追加している。表記したのは，それぞれの聖書認識分類の中における政党支持率を，共和党と民主党に分けたものである。また，黒人は聖書認識が保守的だが民主党支持率

テスタント		カトリック			
聖書保守(%)	N	聖書世俗(%)	聖書リベラル(%)	聖書保守(%)	N
71	136	5	47	48	313
80	129	7	46	47	321
65	126	6	59	35	287
72	170	6	59	35	399
72	178	8	61	32	333
66	241	11	67	22	450
63	178	13	67	21	365
68	183	9	71	20	389
59	169	8	69	23	250
65	234	14	64	22	320

が極めて高いので，全有権者（左頁）と白人のみ（右頁）を分けて表示している。

1960年代後半以降の黒人プロテスタントの政党支持率は極めて安定的なので，変化の本質が見える右頁の方を見ていこう。1964年では，聖書保守派は民主党支持率が64％で圧倒的に優勢であり，共和党支持は28％しかない。これは，聖書保守派が多い福音派の政党支持率が反映されたものと言えよう。いずれにせよ，聖書保守派が共和党を支持するという聖書認識と政党支持の関係は存在しなかったのである。

その後，聖書保守派の共和党支持率が上昇したため，聖書認識に基づく政党支持の格差は1980〜82年には縮まっていった。ところが，共和党が倫理問題で保守的な姿勢を示した1980年代前半から聖書保守派とリベラル派の共和党支持率がジャンプし，2000年代からは聖書保守派がさらに上昇率を高め，聖書リベラルとの乖離が広がり始めている。聖書保守派の中でもボーンアゲイン体験のある人は，さらに共和党支持率が急拡大し，1992〜94年には60％にまで達した。一方，聖書世俗派は1980年代以降，民主党支持率が増加していく[50]。

---

50) 前述のように聖書認識の質問形式は1990年に改訂されたため，その影響が存在する可能性もあるが，1980年代から90年代の変化は系統的に続いており，大きなバイアスは生まれていないだろう。

第4章 政党再編成

共和党支持率

民主党支持率

── 聖書世俗 ‥‥‥ 聖書リベラル

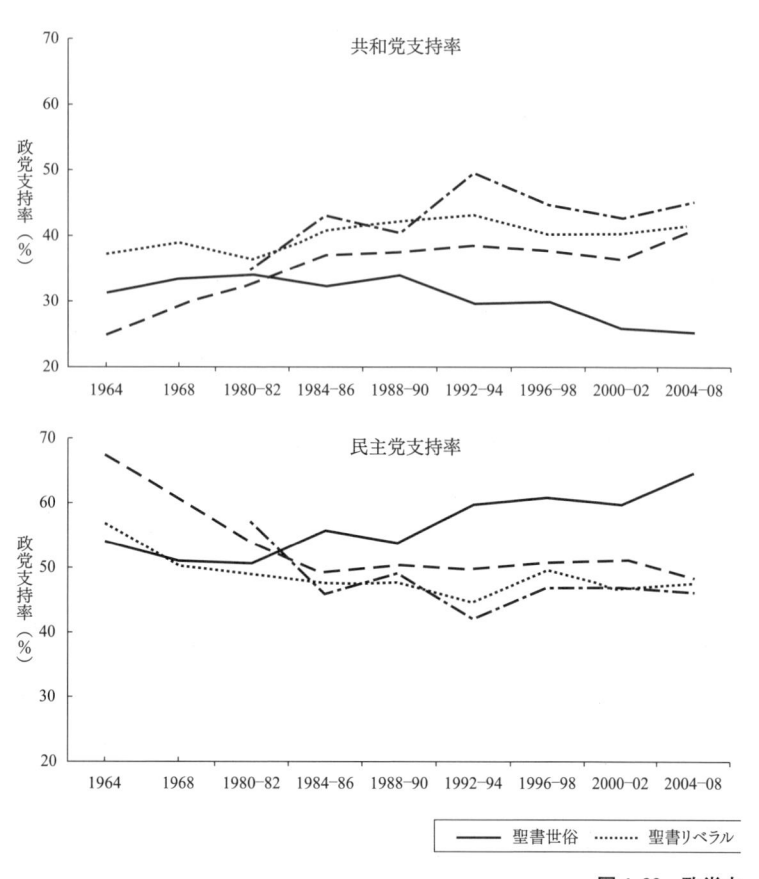

図4-23 政党支

注) American National Election Studies Cumulative File 1948-2008 から作成。
それぞれの聖書認識カテゴリーのうち，共和党，民主党支持者の比率。聖書保守＋ボ

教会出席頻度と政党支持

　宗教への態度も政党支持に影響を与えるのだろうか。図4-24は教会に毎週一回以上出席する人とそれ以外の人の共和党，民主党支持率の推移をグラフにしたものである。図4-23と同じように全有権者と白人のみのグラフを示した。それぞれ，教会に毎週出席する人と非定期出席者の中における両党支持率を，共和党，民主党別にグラフ化したものである。
　教会出席と政党支持率の間には，明確な変化を見ることができる。1960年代までは，教会出席頻度の違いは，政党支持率に影響を与えていなかった。1970

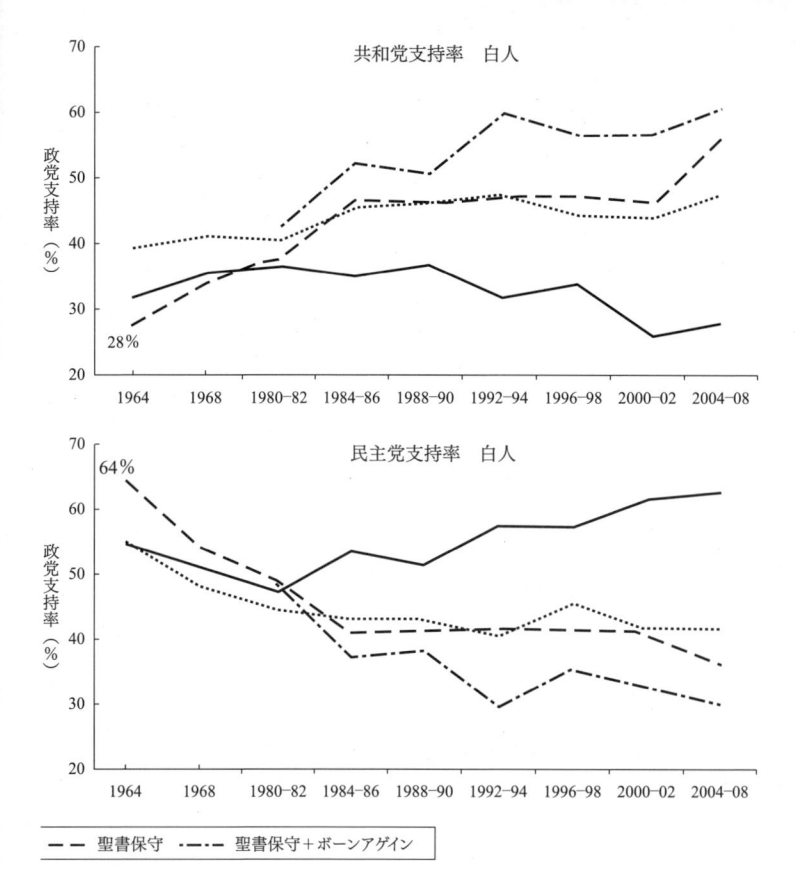

第3節　3つのBによる統合分析　249

共和党支持率　白人

民主党支持率　白人

――― 聖書保守　　-・-・- 聖書保守＋ボーンアゲイン

持率（聖書認識別）

ーンアゲインは，聖書保守のうちボーンアゲインだけを抽出したサブセット。

年代になると毎週出席する人の方が，共和党支持率がやや高いという系統的な変化が生まれてくるが，民主党支持率の傾向に変化はない。

　だが，1990年代になると突然のようにして，毎週出席者と非定期出席者の間で，政党支持率に大きな違いが生まれてくるのである。白人のみを対象にすると，その傾向はさらに明瞭である。1990年代には教会を舞台にして，宗教右派による共和党動員運動が活発化した。この変化が，その影響を受けたものであることは間違いないだろう。教会に高い頻度で出席している人ほど，運動の影響を受けやすいのは自明のことである（Kellstedt., Green, Smidt, & Guth, 1987, p. 273）。

250　第4章　政党再編成

共和党支持率

政党支持率（％）

民主党支持率

政党支持率（％）

- - - 非定期出席

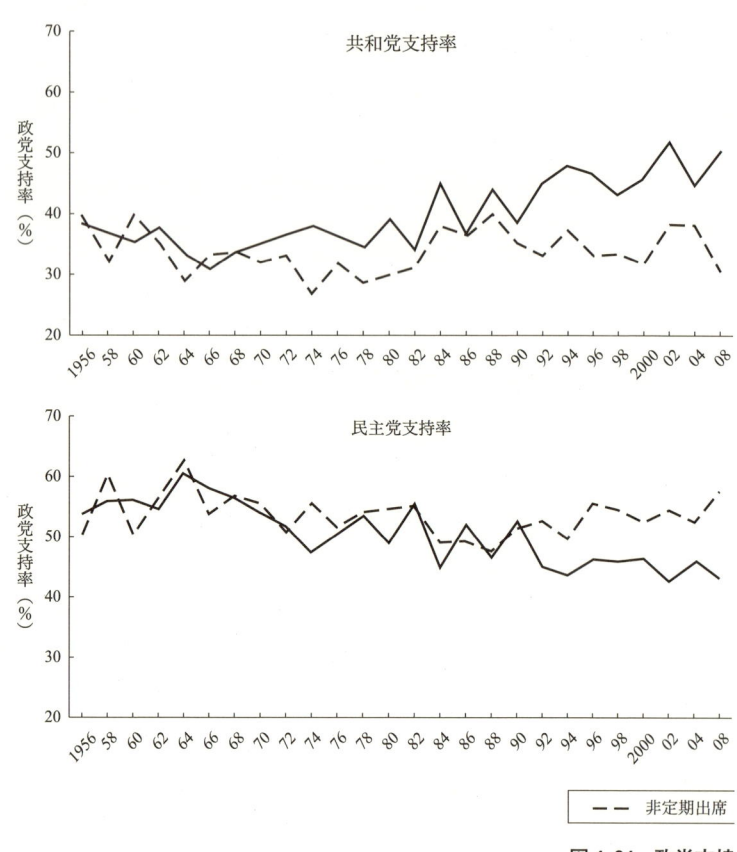

図 4-24　政党支持

注）American National Election Studies Cumulative File 1948-2008 から作成。
　　毎週出席は Almost every week 以上の出席者。

　教会に行く人ほど共和党支持率が高くなる現象は"ゴッド・ギャップ"と呼ばれて，メディアでも注目を集めた。この変化は，1990年代に急速に拡大し，2008年では教会に出席するかしないかで，2〜3割もの支持率格差が生まれるようになったのである。
　以上をまとめると，宗教的信念の面でも態度の側面でも，宗教伝統主義が強く，教会への関与の度合いが高いほど，共和党支持傾向が高まるという歴史的変化が生まれてきたことは明らかである。特に大きな変化が生まれたのは，宗教右派活動が活発化した1990年代であり，ボーンアゲインの聖書保守派が共和党支持率を急速に高め，それまであまり関係のなかった教会出席頻度による政党支持

共和党支持率　白人

民主党支持率　白人

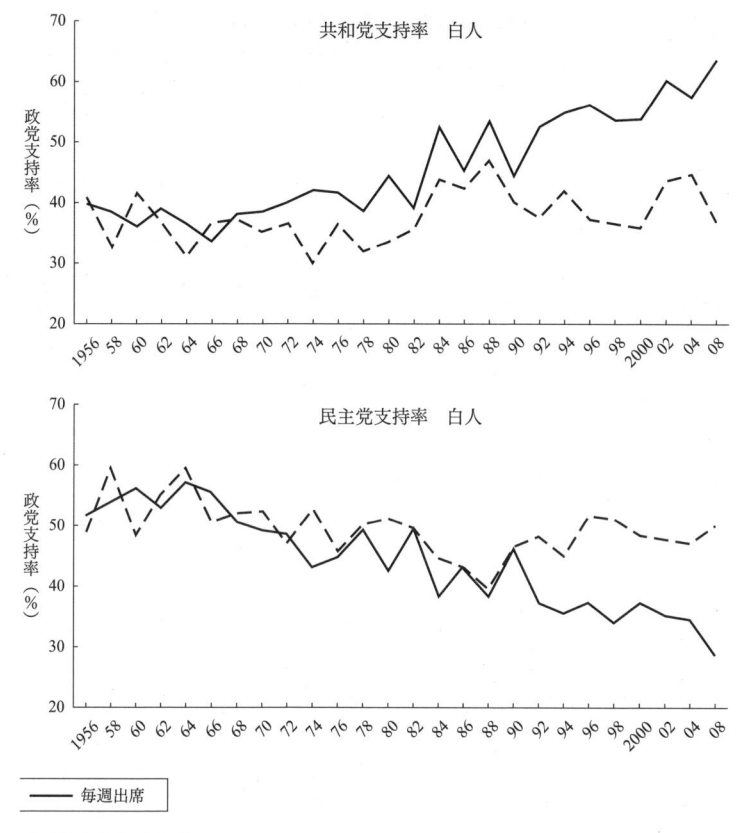

―――― 毎週出席

率（教会出席頻度別）

率の乖離も，突然広がっていった。

宗教的信念と争点との相関

　宗教的信念が，1990年代から政治と密接に関わり始めた傾向は，個別争点との二変量相関関係を分析した表4-13ではっきりと見ることができる。同表では，聖書保守派と各争点の保守的な態度がプラスに相関するように調整している。これまでと同じように，全有権者と白人のみの2つの分析をしている。

　両方の表において，聖書認識は1960年代から軍感情温度，人種隔離主義との間で有意な相関関係があった。聖書認識で保守的なほど軍への感情温度が高く，

表 4-13 聖書認識との二変量相関係数

	年	政党帰属意識	イデオロギー	政府雇用保証	ベトナム・ソ連政策	軍感情温度	中絶	人種隔離	黒人支援	教会出席
全有権者	1964	−.122**	−.007	−.146**	−.035	.128**		.159**		.175**
	1968	−.112**	.048	−.042	.088**	.215**		.156**		.251**
	1980	−.048	.144**	−.073*	.055	.207**	.379**		.074*	.295**
	1984	.000	.114**	−.096**	.138**	.215**	.334**		.045	.298**
	1988	−.024	.110**	−.056*	.182**	.166**	.322**		−.005	.326**
	1990	−.020	.181**	−.073**			.371**		.034	.340**
	1992	.014	.191**	−.060**		.250**	.416**		.055*	.319**
	1994	.026	.240**	−.040			.430**		.074**	.352**
	1996	.047	.205**	.000		.211**	.379**		.012	.325**
	1998	−.001	.174**	−.090**			.407**		.024	.303**
	2000	.014	.221**	−.055		.189**	.404**		−.002	.346**
	2004	.080**	.302**	−.015		.243**	.396**		.047	.387**
	2008	.083**	.212**	−.031		.267**	.374**		.047*	.431**
白人	1964	−.103**	.007	−.114**	−.015	.144**		.208**		.184**
	1968	−.064*	.086**	.018	.123**	.230**		.227**		.256**
	1980	−.026	.195**	−.014	.062*	.212**	.392**		.136**	.296**
	1984	.058*	.157**	−.032	.167**	.247**	.374**		.138**	.343**
	1988	.029	.181**	−.003	.210**	.173**	.338**		.091**	.328**
	1990	.040	.236**	−.018			.370**		.146**	.332**
	1992	.085**	.257**	.003		.257**	.412**		.161**	.333**
	1994	.059*	.266**	−.003			.461**		.153**	.379**
	1996	.120**	.257**	.064*		.227**	.423**		.067*	.356**
	1998	.062	.198**	−.010			.446**		.089*	.295**
	2000	.109**	.268**	−.040		.211**	.439**		.073	.347**
	2004	.196**	.352**	.086*		.291**	.451**		.244**	.412**
	2008	.189**	.268**	.065		.313**	.436**		.178**	.430**

注) American National Election Studies Cumulative File 1948-2008 と 1964, 1968 から作成。
各争点と聖書認識とのピアソンの相関係数。イデオロギー（感情温度）＝VCF0801，政府雇用保証は 1964 年＝640078，1968 年＝680066，1972 年以降は 1948-2008 の VCF0809，戦争・ソ連政策＝VCF0827（1966 年まで），VCF0827a（1968〜72 年），VCF0841（1980 年以降），軍感情温度＝VCF0213，中絶＝VCF0837（1978 年まで），VCF0838（1980 年以降），人種隔離＝VCF0815，黒人支援＝VCF0830。各争点は保守的な態度と聖書保守がプラスに相関するよう調整。政党帰属意識は数値が高い方が共和党支持。N は平均で全有権者＝1535，白人＝1196。
＊＊：p≦.01, ＊：p≦.05 で有意。

厳格な人種隔離を求める意見が強まるということである。ベトナム政策は，対立が激化した 1968 年には，聖書保守派がよりタカ派的な形で相関した。

だが，1960 年代には，政党対立争点の主軸であるニューディール争点，つまり政府雇用保証との間では，マイナスの相関である[51]。同様に政党帰属意識もマ

---

51) 全有権者ではニューディール争点が有意で，白人では有意でないという違いがある。これは，全有権者では，聖書認識が保守的だが福祉政策の向上を求める黒人有権者の意見が反映されたものだろう。

イナスに相関している。イデオロギーも相関係数が低いのは，当時，イデオロギー的保守，あるいはリベラルと認識される主張が，主にニューディール争点をめぐるものだったことを反映しているのであろう。

1980年代には，倫理問題が新たな政党対立争点として登場した。中絶問題と聖書認識は，聖書保守が中絶に反対する形で1980年から強い相関関係がある。また，白人では，新たな人種問題である黒人支援の変数とも相関が有意である。対ソ連政策でも相関関係が強まっていった。しかし，ニューディール争点との相関は依然としてマイナスだったり，有意でなかったりすることが多い。政党対立の基軸であるニューディール争点との相関関係があまりないので，倫理争点が登場しても聖書認識と政党帰属意識との相関係数は，まだ有意にならない。

状況が変化してきたのは，キリスト教連合が活動を始めた1990年代以降である。中絶問題と聖書認識の相関は0.4を超えて，極めて強い関係が生まれ，軍感情温度との関係も強まり，イデオロギーとの関係も極めて強くなってきた。このため，白人では聖書認識と政党帰属意識の関係は有意となり，2004年以降は全有権者でも有意となった。聖書認識は政治と関わりが出てきたのである。

それでも，この時代になっても聖書認識とニューディール争点の間には相関関係がほとんどない。宗教と政党支持が密接に絡み合った現在でも，聖書認識の保守性とニューディール争点における保守性との間には関係性が生まれていない。つまり，宗教保守層は必ずしも「小さな政府」を求めているわけではないということは，注目しておくべきことだろう。

宗教への態度と争点の相関

同様にして，教会出席頻度と各争点の相関係数を分析したのが表4-14である。こちらは，教会出席頻度が高い方と争点の保守的態度がプラスに相関するように調整されている。

教会出席頻度も，1960年代には争点との相関関係は薄い。人種隔離主義とは有意な関係でなく，軍感情温度も有意だが係数は強くない。ニューディール争点である政府雇用保証との間では相関係数が有意だが，やはり，強いものではない。一方，政党帰属意識と教会出席頻度との間には，ほとんど何の関係もなかったと言えるだろう。

一方，中絶問題と教会出席頻度との関係は，はじめから強く相関している。宗

表 4-14 教会出席頻度との二変量相関係数

	年	政党帰属意識	イデオロギー	政府雇用保証	ベトナム・ソ連政策	軍感情温度	中絶	人種隔離	黒人支援	聖書認識
全有権者	1960	−.015		.126**						
	1964	.031	.048	.061**	.050	.061**		−.030		.175**
	1968	−.010	.078**	.038	−.005	.102**		−.009		.251**
	1972	.000	.190**	.020	.084**	.171**	.306**	.011	.031	
	1976	.015	.164**	.031		.124**	.341**	−.003	.015	
	1980	.039	.125**	.027	.026	.117**	.362**		−.005	.295**
	1984	.035	.143**	−.004	.069**	.183**	.341**		−.033	.298**
	1988	.003	.165**	−.011	.133**	.129**	.330**		−.013	.326**
	1992	.075**	.242**	.080**		.110**	.378**		.029	.319**
	1996	.113**	.243**	.084**		.081**	.314**		−.011	.325**
	2000	.079**	.221**	−.015		.146**	.356**		−.054	.346**
	2004	.061*	.199**	.042		.154**	.336**		.050	.387**
	2008	.141**	.218**	.003		.148**	.325**		−.006	.431**
白人	1960	−.015		.128**						
	1964	.048	.067*	.081**	.048	.050*		−.028		.184**
	1968	.018	.109**	.057*	.005	.122**		.003		.256**
	1972	.006	.182**	.025	.083**	.176**	.324**	.016	.026	
	1976	.031	.201**	.046*		.132**	.365**	.022	.044	
	1980	.087**	.162**	.036	.038	.119**	.386**		.018	.296**
	1984	.080**	.177**	.031	.096**	.192**	.384**		.019	.343**
	1988	.055*	.206**	−.007	.132**	.124**	.354**		−.003	.328**
	1992	.123**	.288**	.126**		.096**	.415**		.069**	.333**
	1996	.188**	.288**	.118**		.104**	.361**		−.013	.356**
	2000	.156**	.234**	.004		.156**	.391**		−.036	.347**
	2004	.157**	.223**	.111**		.177**	.380**		.101**	.412**
	2008	.242**	.255**	.099**		.159**	.358**		.049	.430**

注) American National Election Studies Cumulative File 1948-2008 と 1964, 1968 から作成。
各争点と教会出席頻度とのピアソンの相関係数。イデオロギー（感情温度）= VCF0801, 政府雇用保証は 1964 年 = 640078, 1968 年 = 680066, 1972 年以降は 1948-2008 の VCF0809, 戦争・ソ連政策 = VCF0827 (1966 年まで), VCF0827a (1968〜72 年), VCF0841 (1980 年以降), 軍感情温度 = VCF0213, 中絶 = VCF0837 (1978 年まで), VCF0838 (1980 年以降), 人種隔離 = VCF0815, 黒人支援 = VCF0830。各争点は教会出席頻度と保守的な態度がプラスに相関するよう調整。N は平均で全有権者 = 1665, 白人 = 1350。**：p ≦ .01, *：p ≦ .05 で有意。

教右派運動が活発化する以前から，教会に毎週出席する人は，中絶への反対意見が強かったのである。だが，この当時，共和党は倫理問題で保守的な政党ではなく，カーター大統領のいた民主党の方が倫理保守的な姿勢を示していた。このため，中絶問題で相関していても政党帰属意識との相関関係に影響を与えなかった。

　1980 年代にレーガン政権が誕生すると，白人では政党帰属意識との有意な相関が生まれてきたが，係数は弱い。教会出席頻度と政党帰属意識の関係は，教会

における共和党への政治的動員と密接に関わる問題であり，1980年代のモラル・マジョリティーによる宗教右派運動は，それほどの成果を上げていなかったと言えるだろう。

だが，白人では1990年代になると，政党帰属意識との相関が変化してきた。係数は次第に強まり，以前とは明らかに異なった傾向を示しはじめ，2008年には.242まで強まっていく。こうした変化は，キリスト教連合の活動活発化に影響されたものと考えていいだろう。

以上の分析をまとめると，宗教的信念と態度は早い時期から倫理争点や軍事問題との相関関係があり，聖書認識は人種問題とも相関していたが，政党対立争点の主軸だったニューディール争点との間には，相関関係はほとんどなかった。そして，政党帰属意識との間でも，1980年代までは，相関関係は存在しないか，極めて弱い関係だったのである。だが，宗教右派の活動が活発化した1990年代から，政党支持との間で有意な関係が強まってきた。

3　統合分析

政党帰属意識に対する多変量回帰分析

最後に行うのは，宗教への帰属（宗教伝統系列）と信念（聖書認識），そして態度（教会出席頻度）の3つの変数を制御したうえで，何が実質的な変化を与えているのかを調べることである。表4-15は，社会経済的属性とこれらの変数を同時に投入した多変量回帰分析で，従属変数は政党帰属意識（7段階の指標で数値の大きい方が共和党支持）であり，プラスの係数は共和党支持を高める効果を示す。宗教伝統系列のダミー変数は，主流派を基準としているので，たとえば福音派の係数は主流派と比べてどれだけ政党帰属意識が異なるかを示している[52]。

これによってわかるのは，福音派は特殊な"神の軍団"なのかどうかという問題である。福音派の有権者が共和党を支持するのは，福音派教会のメンバーで，

---

52) 聖書認識に関する調査は1964年，1968年に実施された後，1980年まで行われていなかったため，これ以外の調査年では聖書認識が説明変数に入らないモデルである。両者を比較することはできないが，長期的な傾向を把握するためには，並べて観察することも有効であろう。また，第1章第2節で示した3B統合モデルでは，帰属と教会出席，帰属と聖書認識の交互作用項が含まれているが，多変量回帰分析では交互作用項の多重共線性が強く，投入できなかった。

表 4-15 政党帰属意識

年	定数	年齢	居住地ダミー†4		性別†2	政治的南部	世帯収入	組合加入†3	教育レベル
			郊外	農村					
1960	1.886**	.010*	.570**	−.162	.050	−1.142**	.050	.885**	.102*
1964	1.038*	.011**	.282	.082	−.037	−1.065**	.148**	1.004**	.174**
1968	2.597**	.006	.234	.007	−.079	−.790**	−.002	.346**	.294**
1972	2.364**	.005*	.330**	.267**	−.108	−.552**	.129**	.529**	.117**
1974	2.254**	.005*	.336**	.342**	−.249**	−.576**	.186**	.508**	.048
1976	1.300**	.005*	.252**	.292**	.056	−.526**	.224**	.682**	.151**
1978	2.094**	−.002	.201	.289**	.017	−.251*	.112**	.564**	.178**
1980	2.317**	−.004	.412**	.460**	−.137	−.431**	.191**	.587**	.074
1982	2.450**	−.004	.071	.044	−.194	−.447**	.259**	.629**	.077
1984	1.858**	−.005	.282*	.395**	−.111	−.458**	.298**	.775**	.018
1986	2.915**	−.010**	.151	.134	−.135	−.379**	.171**	.607**	.023
1988	2.658**	−.006	.197	.324*	−.286**	−.542**	.147**	.758**	.108*
1990	1.821**	−.009**	.501**	.414**	−.119	−.256*	.184**	.707**	.101*
1992	1.392**	−.008**	.544**	.477**	−.262**	−.212**	.214**	.785**	.117**
1994	2.027**	−.009**	.207	.270*	−.431**	−.210	.335**	.858**	.104*
1996	2.266**	−.009**	.373**	.108	−.515**	−.154	.189**	.675**	.102*
1998	2.021**	−.012**	.558**	.128	−.107	.080	.101	.525**	.133*
2000	1.544*	−.005	.705**	.223	−.254	.232	.151*	.766**	.100
2004	2.767**	−.005			−.456**	.186	.210**	.602**	.004
2008	1.921**	−.005			−.333**	.361**	.361**	.428**	−.003

注) American National Election Studies Cumulative File 1948-2008 から作成。
従属変数は，政党帰属意識（VCF0301）。標準化されていない係数 B を記入。†1：宗教伝統系列ダミーは主流派か。1＝加入，2＝非加入。†4：居住地ダミーは都市を基準とした。＊＊：p≦.01，＊：p≦.05 で有意。

その固有の政治文化の影響を受けたからなのだろうか。それとも，福音派教会のメンバーであるかどうかにかかわらず，聖書保守派と教会出席者が共和党化したので，こうした人が多い福音派の共和党支持率が結果的に上昇しただけなのだろうか。

　福音派教会のメンバーシップが意味を持つのであれば，福音派の係数が有意となるであろう。逆に，福音派の係数が有意でなく，聖書認識や教会出席の変数が有意であれば，聖書保守派や教会に毎週出る人は，福音派と主流派のどちらでも政党支持率にあまり違いがない，つまり福音派という集団を特殊な"神の軍団"と考えるべきではないということになる。

　結果を見てみよう。1960年代に政党支持に影響を与えているのは，宗教に関する変数では「帰属」だけである。福音派も含めて，あらゆる宗教伝統系列の係数はマイナスなので主流派よりも民主党寄りである。福音派の民主党支持は南部

に対する多変量回帰分析

教会出席	聖書認識	宗教伝統系列ダミー[†1]						Adj. R2	N
		福音派	黒人	カトリック	ユダヤ	無宗教	その他		
.035		−.512**	−.863**	−1.720**	−1.643**	−.043	.119	.185	1645
.076	−.190	−.524**	−1.156**	−1.177**	−1.742**	−.334	−.243	.189	1261
.041	−.064	−.284*	−2.022**	−1.201**	−1.934**	−.570	−.121	.190	1353
−.004		−.309**	−1.168**	−1.033**	−1.773**	−.816**	−.297	.119	2468
.120**		−.387**	−1.535**	−1.187**	−1.404**	−.332	−.574**	.145	2176
.030		−.262*	−1.374**	−.955**	−1.509**	−.543**	−.485**	.148	2466
.015		−.501**	−1.397**	−1.032**	−1.704**	−.709**	−.322	.131	1894
.161**	−.104	−.482**	−1.673**	−.852**	−1.840**	−.204	−.350	.153	1142
.033		−.400*	−2.007**	−1.122**	−1.478**	−.705**	−1.022**	.159	1179
.035	.084	−.111	−1.439**	−.679**	−1.430**	−.472*	−.923**	.126	1562
.008	.118	−.224	−1.896**	−.766**	−.751*	−.726**	−.781**	.128	1813
.065	.021	−.287	−1.795**	−.590**	−1.485**	−.911**	−.869**	.137	1484
.036	.100	.059	−1.530**	−.651**	−1.118**	−.324	−.648**	.131	1636
.137**	.208**	−.205	−1.678**	−.866**	−1.757**	−.407*	−.846**	.168	1942
.107**	.166	−.185	−1.983**	−1.001**	−1.989**	−.738**	−1.006**	.197	1488
.149**	.227**	−.187	−1.790**	−.733**	−1.513**	−.537**	−1.036**	.159	1467
.128**	.136	.302	−2.024**	−.268	−1.309**	−.226	−.714**	.147	1126
.128*	−.064	.397	−1.295**	−.158	−1.856**	.043	−.577*	.152	768
.105*	.249*	.225	−2.366**	−.575**	−1.364**	−.531*	−.966**	.185	980
.164**	.241**	.087	−2.111**	−.211	−1.505**	−.311*	−1.060**	.199	2014

を基準とした。†2：性別は1＝男性，2＝女性，†3：組合加入は世帯の中で労働組合に加入している人がいるかどう

の影響を受けていると考えられるが，南部の変数を制御したうえでも有意であり，福音派独自の効果を持っていたことがわかる。人種が異なる黒人プロテスタントや社会的少数派だったユダヤ教徒の政治文化は大きく異なっており，主流派との間で有意差が生まれるのは当然だろう。

だが福音派の係数は，1960年代の強いマイナス（民主党支持）から経年的に増加し，1984年には主流派との有意差が消滅した。その後も増加傾向が続いたが，係数は有意ではない。カトリックも同様に増加して，1990年代末には有意差がなくなった（2004年にいったん復活した）。福音派とカトリックでは，かつての特殊な民主党帰属意識が衰弱し，イデオロギー的な政党選択が行われるようになっている。政党選択が合理的になったので，同じ社会経済的属性を持った人の支持政党は，主流派との違いがあまりなくなってきた結果と言えるだろう。

これに反比例して，意味を持つようになってきたのが，信念と態度の側面であ

表 4-16　大統領選挙投票に対する

| 年 | 年齢 | 居住地ダミー[†4] | | 性別[†2] | 政治的南部 | 世帯収入 | 組合加入[†3] | 教育レベル | 教会出席 | 聖書認識 |
		郊外	農村							
1960	.011*	.261	−.497**	.092	−.876**	.048	.657**	.115*	.228**	
1964	.022**	.164	−.177	−.156	.016	.205**	1.040**	.219**	.091	−.255
1968	.005	.326	.077	−.068	−.218	−.094	.455*	.305**	.053	.080
1972	.014**	.521**	.201	−.381**	.353*	.269**	.579**	−.070	.128**	
1976	.008*	.104	.179	.071	−.342**	.340**	.661**	.170**	.046	
1980	−.004	.705**	.651**	−.441*	−.461*	.225*	.793**	.106	.178**	.088
1984	−.006	.567**	.512**	−.373**	−.046	.483**	1.149**	−.047	.066	.131
1988	.004	.263	.184	−.321*	−.094	.239**	.750**	.143*	−.012	.256
1992	−.003	.414*	.307	−.233	−.229	.263**	.556**	.161*	.257**	.671**
1996	.001	.174	.029	−.798**	−.051	.318**	1.241**	.183**	.258**	.452**
2000	−.007	.575	.492	−.644**	.737**	.471**	.894**	.009	.210*	.411*
2004	.000			−.533**	−.033	.327**	.940**	.013	.142*	.628**
2008	.009*			−.302*	.690**	.471**	.164	.107	.127**	.752**

注) American National Election Studies Cumulative File 1948-2008 から作成。
　　従属変数は，二大政党に限定した（two party vote）大統領選挙投票（VCF0704a）で民主党が 0，共和党が 1。係加入は世帯の中で労働組合に加入している人がいるかどうか。1＝加入，2＝非加入，†4：居住地ダミーは都市を完全分離の結果と考えられる。＊＊：p≦.01，＊：p≦.05 で有意。

る。聖書認識は，1960 年代には政党帰属意識に対して有意な影響を与えていない。しかも，マイナスの係数で，聖書認識が保守的なほど民主党寄りだった。だが係数は次第に増加して，宗教右派運動が始まった 1980 年代にはプラスに転じ，キリスト教連合の活動が本格化した 1992 年に急増して有意となった。その後も有意となる年が多い。

　教会出席頻度も同様である。1990 年までほとんど有意でない。しかし，1992 年に係数が急上昇して有意となり，そのまま有意な効果を持っている。1980 年代の宗教右派運動で宗教と政治の関係が始まったが，まだその効果は限定的であり，本格的に聖書保守派や教会出席者が共和党支持に向かうようになったのは，キリスト教連合が教会を舞台に共和党キャンペーンを行った 1990 年代からだったと言える。

　これらの宗教変数以外で注目されるのは，政治的南部の変数である。南部は，福音派と同じように，1960 年には係数がマイナス 1.142 という強い民主党帰属意識を持って出発した。だが，ほぼ一貫して係数が増加して 1998 年にはプラスに転じ，そのまま上昇を続けている。その逆転の過程で係数がゼロに近づいた時期には有意でなくなるが，2008 年に，今度は共和党支持の方向で有意になってい

第3節　3つのBによる統合分析　259

ロジスティック回帰分析

宗教伝統系列ダミー[†1]						定 数	− 2 対数尤度	N
福音派	黒 人	カトリック	ユダヤ	無宗教	その他			
.021	− 1.392**	− 2.869**	− 3.053**	− .619	− .570	− 1.874**	1448.374	845
−.057	− 20.646	− 1.165**	− 2.281**	− .299	− .588	− 3.821**	1039.769	991
−.065	− 3.983**	− 1.455**	− 3.638**	− 1.239*	− .086	− 1.119	904.689	822
.315	− 2.753**	− .598**	− 2.121**	− 1.112**	− .785**	− 1.298**	1621.028	1474
−.042	− 2.582**	− .763**	− 1.552**	− 1.126**	− .337	− 3.029**	1762.921	1175
−.023	− 2.873**	− .515*	− .776	− .066	− .302	− 2.019*	853.136	740
.195	− 2.633**	− .530**	− 1.590**	− .635*	− .975**	− 2.611**	1257.396	1117
.313	− 2.746**	− .349	− 1.750**	− 1.358**	− .890**	− 2.514**	1187.709	1007
.159	− 2.880**	− .531*	− 1.771**	− .459	− .596*	− 4.365**	1187.985	1079
.354	− 3.053**	− .292	− 20.916	− .141	− 1.184**	− 4.683**	871.518	886
.789*	− 4.951**	.320	− 2.253	.734	− .201	− 4.171**	462.641	491
.643*	− 3.029**	− .336	− 1.419*	.057	− .788*	− 3.382**	741.397	684
.586**	− 4.082**	.068	− 1.985**	.049	− 1.243**	− 4.375**	1427.493	1356

数Bを記入。[†1]：宗教伝統系列ダミーは主流派を基準とした。[†2]：性別は1＝男性，2＝女性，[†3]：組合基準とした。黒人プロテスタント，ユダヤ教徒において係数が異常に高く，有意でない年が存在するのは，

る。つまり，有意差が失われたのは南北の違いが政治的意味を失ったからではなく，南部が民主党から共和党に移行していく過渡期に，一時的に潜伏していただけなのである[53]。

大統領選挙投票に対する多変量回帰分析

次に，大統領選挙投票に対する効果も見てみよう。表4-16は，社会経済的属性を制御し宗教の3つの側面を投入して，大統領選挙投票に対して行ったロジスティック回帰分析である。従属変数は二大政党に限定した two party vote の変数で，民主党への投票が0，共和党が1である[54]。宗教伝統系列ダミーは，表4-15と同じ主流派を基準としており，福音派など各派の係数は主流派との比較を示すものとなる。

福音派の係数を見てみよう。選挙結果なので変動は激しいものの，長期的に

---

53) 年齢の変数も特徴的な変化を見せている。1970年代前半までは，高齢者の方が共和党支持傾向が強かったが，同年代後半から逆転して若い人ほど共和党寄りになった。年齢による政党支持の潮流の変化は，第5章で行う世代分析で重要な意味を持っており，そこで詳述することにしよう。そこでは，2004年以降，再び係数が弱まって有意差がなくなったことにも意味があるのかどうかを検討する。
54) したがって，プラスの係数は共和党への投票に向かう効果を示す。

は，係数がマイナスからプラスに転じ，2000 年以降は有意となる明らかな傾向がある。これは福音派の共和党投票率が，世帯収入や教育レベル，聖書認識の保守度などを一定にしても，主流派と比較して年々高まっていったことを示している。

前表で行った政党帰属意識に対する回帰分析では，この過程で主流派と福音派の差異は有意でなくなり，両派の区別が意味を失ったように見えた。しかし，大統領選挙投票に対する分析では，福音派と主流派の投票行動の差異は，逆に 2000 年代以降，明確に有意差が生まれているのである。

どうして，大統領選挙と政党帰属意識に有意となるかどうかの違いが生まれてくるのだろうか。それは，大統領選挙投票では，よりイデオロギー色が強まるからだろう。前掲図 4-10 で宗教伝統系別の共和党投票率を見ると，福音派は，民主党支持率が異常に高かった 1960 年代でも，大統領選挙で投票していたのは，実は，共和党だった。福音派でも大統領選挙では，保守派が民主党を支持するような"ねじれ"はあまりなく，イデオロギーに沿った政党選択をしていたのである[55]。そして，イデオロギー的な選択をすれば，保守的な福音派は主流派よりも共和党的だったと言えよう。福音派における民主党帰属意識の残滓が一掃された 2000 年代には，主流派をはるかに上回る共和党投票率だった。このため，多変量回帰分析でも有意差が生まれたのである。

一方，聖書認識と教会出席頻度の変数も，1992 年から有意になった。この結果，大統領選挙では，宗教の帰属，信念，態度と 3 つの側面すべてが投票行動に影響を与え，しかも以前に比べて極めて強いインパクトを持つようになってきたのである。

福音派は"神の軍団"か

政党帰属意識への回帰分析結果は，福音派への「帰属」が与えるインパクトが弱まり，代わって「信念」と「態度」の効果が強まってきたということである[56]。政治学者のジョン・グリーンは，宗教教派への帰属を「古い宗教亀裂（Old

---

[55] 共和党が保守政党であることを認識した保守派を対象にして，大統領選挙投票率を分析すると，1960 年代の福音派でも，共和党投票率が 7 割近くで民主党の 2 倍以上である。つまり，支持政党では民主党と答えた福音派も，選挙では自らのイデオロギーに整合的な選択をしていたのである。

religion gap)」，宗教的信念や宗教への態度を「新しい宗教亀裂（New religion gap)」と表現するが（Green J. C., 2007)[57]，古い亀裂は消滅し新しい亀裂に交代したのであろうか。

　これは，第1章第1節第2項で述べたように，ワスナウやハンターが「宗教再編成」，あるいは「文化戦争」として提起した問題である。19世紀以来，カトリックや福音派などの宗教教派の対立は，信徒の政治態度に大きな影響を与え，教派ごとに政党支持傾向が異なっていた。だが，教育レベルの向上によって教派への帰属は次第に意味を失い，代わって，宗教的保守とリベラルの間に，鋭い亀裂が走るようになってきた。こうして，教派を横断した文化戦争が始まった，という主張である（Wuthnow, 1988 ; Hunter, 1991)。

　政党帰属意識に対する回帰分析で，福音派の係数から有意差が消えていったのは，福音派にあった特殊な民主党帰属意識が解消し，イデオロギーに沿った政党選択を行うようになった結果だと指摘しておいた。イデオロギー的な政党選択になれば，同じ所得階層で同じ教育レベルを受け，同じ聖書認識を持った人が選ぶ政党は，両派で大きな違いがなくなったということである。つまり，ワスナウらが主張するように，亀裂は宗教教派の間ではなく，聖書保守と聖書リベラルの間に走るようになっている。そうであれば，福音派という集団が，特殊な"神の軍団"なのではない。進化論を信じない聖書保守派や，主流派であっても教会に頻繁に出席する人が，教派を超えて共和党支持を高めていった結果と言えるだろう。

　だが，これで主流派と福音派が政治的に同質化し，福音派が集団としての意味を失ったと考えるのは早計と言えよう。第一の理由は，前掲表4-16で示したように，大統領選挙投票では，逆に2000年以降，福音派への帰属が明確に有意となり，両派の政治的亀裂が広がってきたからである。これは，イデオロギー的選択を行えば福音派は主流派よりも共和党的で，その有意差が拡大してきたということを示唆している。

---

56) ユダヤ教徒や黒人プロテスタントなどの帰属意識は強く，2008年でも依然として有意である。したがって，宗教教派への帰属が政治態度に影響を与えていることは間違いないが，同じ白人プロテスタントの中で主流派と福音派の違いに政治的意味があるかどうか，という点に焦点をあてている。

57) ジョン・グリーンは，信念や態度のインパクトが高まってきたことを表現している。しかし，彼も帰属に意味がなくなったと言っているわけではない。

福音派と主流派が同質化したと言えない第二の理由は，両派の宗教伝統主義のレベルがまったく異なるということである。

　表4-17は，教会出席頻度を従属変数とした多変量回帰分析を行ったものである。1970年以降，福音派はほぼ一貫して主流派より教会出席頻度が高く有意差があり，1990年代にはあらゆる宗教伝統系列の中で最も熱心に教会に通うようになった[58]。そして，聖書認識の保守性も明白である。表4-18は，聖書無謬を信じるか否かを従属変数にして，ロジスティック回帰分析を行ったものだが，福音派は教会出席頻度を制御しても，すべての年で主流派より聖書保守派が多い。聖書認識と教会出席が支持政党選択に影響を与えているのであれば，双方で強い保守性を示す福音派への帰属は，これらの変数を経由して，共和党支持を高める効果を持っているだろう。

　第三の理由は，主流派と福音派の間では，政党支持傾向「変化」のダイナミズムが全く異なっているということである。政党帰属意識を従属変数とした回帰分析で，福音派の係数は約50年間で－.512（1960年）から.397（2000年）へと著しい増加傾向があった。主流派の政党支持率は，この間にほとんど変動がなかったので，この変化は，もっぱら福音派の変化によって生み出されたものと考えていいだろう。その結果，現在は福音派と主流派の間の有意差が失われたが，政治的南部の変数で見られたように，それは両派の政党支持傾向が近づいた段階で一時的に潜伏しているだけである可能性は高い。今後も，福音派が共和党化する趨勢が続いていけば，主流派を追い抜いて有意に転じていくこともあるだろう。したがって，現在，両派の有意差がないだけで，「古い宗教亀裂」が消滅したとは言い切れないのである。

世俗的争点と宗教変数

　福音派の特殊な宗教伝統主義が，争点態度で最も明白に現れるのは，倫理争点である。中絶争点への態度を従属変数にした多変量回帰分析では（表4-19），聖

---

58) 付記すれば，この分析におけるカトリックの変化も特徴的である。カトリックは信仰の証として教会への出席が極めて重視され，1960年代には出席率が他系列に比べて極めて高かった。だが，アメリカ社会への同化が進む一方，第二バチカン公会議などを通して教義がリベラル化の傾向を持ったことから，出席率は長期的に減少し，現代では主流派と有意差がなくなったほどである。

書認識と教会出席を制御しても，福音派はすべての年で明確に有意であるだけでなく，特に近年は反中絶の教義を持つカトリックと比較しても際立って高い係数である。つまり，同じ聖書保守派で同じ頻度で教会に通う人でも，福音派は主流派よりも，中絶問題でははるかに保守的だということである。これは，宗教右派運動が福音派を中心に展開され，福音派教会の牧師の説教が反中絶的で，中絶を嫌う福音派コミュニティー全体のムードが，福音派信徒の意識に強く影響を与えていると解釈ができる。

だが，福音派と主流派の大きな乖離は，宗教的側面までである。

表4-20で軍感情温度を従属変数として多変量回帰分析を行うと，福音派の係数はほとんど有意にならない。同様に，伝統的な政党対立基軸であるニューディール争点（表4-21）でも，そして，これらの争点態度が統合されたイデオロギー感情温度（表4-22）でも，福音派と主流派の間に，争点態度の違いはほとんど見られないのである。

つまり，宗教以外の争点では，福音派は，主流派と比べて特殊な集団ではなかったと言える。さらに，それぞれの回帰分析における福音派の係数は，系統的な変化が見られない。つまり，政党帰属意識で見られたように，現在の趨勢が続けば主流派を追い越して有意に転じるという気配もないということである。

これに対して，聖書認識は，より深く政治に組み込まれている。表4-20を見ると，聖書保守派は1960年代から軍感情温度が高く，早くから軍事タカ派的な姿勢と結びついていたと言えるだろう。

イデオロギーとの関係も強くなってきた。表4-22を見ると，1960年代には聖書認識はイデオロギーに対して，有意な影響を与えていなかったが，宗教右派運動が始まった1980年代にははっきりとした影響を与えている。それ以来，聖書認識の係数は強まる傾向があり，宗教伝統主義がイデオロギーの重要な要素として組み込まれていったことを示している。

一方で，教会出席頻度も，やはり1980年代からイデオロギーと密接な関わりを持つようになった。だが，軍感情温度との関係はほとんど存在しない。

表 4-17　教会出席頻度を従属

年	定数	年齢	性別†2	政治的南部	世帯収入	組合加入	教育レベル	福音派
1960	2.501	−.002	.175**	.256**	.000	.045	.167**	.032
1964	1.174	.016**	.368**	.227*	.040	−.005	.219**	.071
1968	1.226	.009**	.492**	.274**	.095*	.007	.108**	.028
1970	.518	.012**	.395**	.184	.128**	.339**	.085*	.405**
1972	.663	.016**	.261**	.281**	.072**	.146*	.161**	.326**
1976	1.229	.012**	.515**	.251**	.016	−.024	.072**	.274**
1978	.785	.017**	.383**	.137	.046	−.061	.154**	.379**
1980	1.242	.012**	.276**	.124	.038	.076	.078*	.299**
1982	1.134	.011**	.319**	.102	.076*	.180	.080*	.304**
1984	.662	.012**	.454**	.127	.010	.134	.152**	.483**
1986	.626	.017**	.254**	.179*	.047	.080	.184**	.444**
1988	.399	.014**	.434**	.079	.084**	.041	.186**	.677**
1990	.840	.013**	.174*	.317**	.045	.121	.158**	.691**
1992	1.185	.014**	.185**	.289**	.024	−.056	.128**	.810**
1994	1.453	.014**	.117	.233**	−.002	−.098	.159**	.772**
1996	1.085	.014**	.151*	.250**	.057	−.060	.153**	.726**
1998	1.346	.013**	.272**	.268**	.020	.000	.112**	.221
2000	.675	.016**	.249**	.171*	.021	.140	.191**	.362**
2004	1.483	.012**	.145	.103	.002	.115	.080	.383*
2008	.651	.015**	.266**	.260**	.007	.155	.158**	.429**

注）American National Election Studies Cumulative File 1948-2008 から作成。
　　従属変数は教会出席頻度。非標準化係数 B を記入、†1：宗教ダミーは主流派を基準とした。

表 4-18　聖書認識を従属変数とし

年	年齢	性別†2	政治的南部	世帯収入	組合加入	教育レベル	教会出席	福音派
1964	−.005	.261*	−.105	−.175**	.093	−.466**	.212**	.991**
1968	−.006	.344**	.542**	−.258**	−.093	−.510**	.322**	.710**
1980	−.012**	.141	.785**	−.218**	.200	−.509**	.445**	.923**
1984	−.013**	.225	.298*	−.235**	.166	−.412**	.340**	1.060**
1986	−.013**	.248*	.519**	−.243**	−.122	−.524**	.471**	1.041**
1988	−.008*	.280*	.262	−.257**	−.104	−.404**	.453**	.949**
1990	−.002	−.070	.377**	−.227**	−.001	−.543**	.371**	1.354**
1992	−.001	.145	.487**	−.184**	−.091	−.530**	.378**	.846**
1994	−.008	.145	.529**	−.061	−.004	−.629**	.422**	1.074**
1996	−.010**	.249	.481**	−.048	−.352*	−.692**	.478**	1.044**
1998	.002	−.168	.403**	−.161*	.448*	−.535**	.273**	1.133**
2000	−.003	.010	.177	−.208**	−.169	−.459**	.391**	1.230**
2004	.009	.500**	.495**	−.301**	.030	−.486**	.450**	1.052**
2008	.013**	.225*	−.095	−.009	.048	−.623**	.472**	1.103**

注）American National Election Studies Cumulative File 1948-2008 から作成。
　　従属変数は聖書認識（聖書保守＝1，聖書リベラル＋聖書世俗＝0）。係数 B を記入。†1：宗教ダミーは主

第3節 3つのBによる統合分析

変数とした多変量回帰分析

宗教伝統系列ダミー[†1]					Adj. R2	N
黒人	カトリック	ユダヤ	無宗教	その他		
.164	1.138**	−.944**	−3.183**	.274	.204	1699
.515**	.907**	−.840**	−3.068**	.067	.276	1424
.329*	.898**	−1.189**	−2.913**	−.187	.243	1426
.541**	.840**	−.876**	−2.599**	.298	.264	1371
.320**	.794**	−.827**	−2.630**	.266*	.243	2476
.203	.563**	−.828**	−2.729**	.487**	.307	2487
.496**	.831**	−.787**	−2.481**	.586**	.352	1915
.448**	.779**	−.511*	−2.598**	.530**	.339	1351
.392*	.443**	−.958**	−2.838**	.356*	.336	1188
.649**	.635**	−.724**	−2.441**	.402**	.320	1893
.817**	.600**	−.719**	−2.572**	.620**	.355	1892
.765**	.464**	−.665*	−2.516**	.613**	.355	1761
.661**	.536**	−.507	−1.543**	.593**	.253	1689
.556**	.603**	−.596*	−1.516**	.561**	.268	2125
.606**	.479**	−.872**	−1.579**	.654**	.280	1544
.652**	.500**	−.439	−1.499**	.823**	.269	1497
.449**	.084	−.790**	−1.759**	.225	.242	1162
.629**	.243*	−.890**	−1.718**	.304**	.283	1469
.476**	.103	−.670*	−1.667**	.269	.265	1007
.607**	.074	−.766**	−1.624**	.445**	.329	2071

†2：性別は1＝男性，2＝女性。＊＊：p≦.01, ＊：p≦.05で有意。

たロジスティック回帰分析

宗教伝統系列ダミー[†1]					定数	−2対数尤度	N
黒人	カトリック	ユダヤ	無宗教	その他			
.608*	−.075	−.700	−.405	−.558	.632	1518.076	1282
.823**	−.319	−2.828**	.058	−.029	.997*	1520.929	1373
.249	−.777**	−1.148*	.634*	−.249	.521	1241.120	1144
.408	−.780**	−1.824*	−.310	−.257	.881	1760.758	1573
.237	−.654**	.105	.187	−.191	1.232**	1961.448	1826
.549*	−.844**	−2.046	−.132	.005	.792	1606.231	1492
1.008**	.068	−.289	.052	.513*	.872	1754.990	1644
.720**	−.649**	−1.478	.205	.193	.459	2054.192	1947
.393	−.728**	−.451	.014	.235	.480	1556.908	1483
.683**	−.882**	−.871	.266	.253	.966	1482.476	1469
1.805**	−.193	−.010	−.255	.622*	−.204	1185.514	1135
1.349**	−.402	−.528	−.109	.290	.470	1456.236	1425
.807**	−.631*	−1.452	−.026	.013	−.855	968.285	1000
1.171**	−.575**	−1.698	−.105	.427*	−.903	2030.448	2006

流派を基準とした。†2：性別は1＝男性，2＝女性。＊＊：p≦.01, ＊：p≦.05で有意。

表 4-19　人工妊娠中絶問題を従

年	定数	年齢	性別	政治的南部	世帯収入	組合加入	教育レベル	教会出席
1980	1.140**	.005**	−.167**	−.118	−.090**	−.024	−.115**	.217**
1984	1.436**	.003*	−.155**	.067	−.038	.067	−.166**	.192**
1986	1.558**	.000	−.193**	−.020	−.084**	.052	−.144**	.207**
1988	1.365**	.003	−.117*	−.004	−.079**	.003	−.103**	.192**
1990	1.196**	.000	−.158**	.055	−.064**	.230**	−.132**	.169**
1992	.974**	.000	−.139**	−.010	−.064**	.121*	−.115**	.193**
1994	.971**	.000	−.114*	.071	−.071**	.008	−.105**	.214**
1996	1.311**	.001	−.186**	−.011	−.066*	.061	−.125**	.181**
1998	.409	−.001	.031	.101	−.007	.205**	−.114**	.197**
2000	1.098**	.001	−.072	.007	−.100**	−.012	−.083**	.200**
2004	2.023**	−.001	−.147*	.213**	−.127**	−.110	−.104**	.183**
2008	2.158**	.000	−.250**	.105	.006	−.165	−.207**	.171**

注) American National Election Studies Cumulative File 1948-2008 から作成。
　従属変数は人工妊娠中絶への態度（VCF0837 [1988 年まで], VCF838 [1990 年以降]）。非標準化係数 B を記入。

表 4-20　軍感情温度を従属

年	定数	年齢	性別	政治的南部	世帯収入	組合加入	教育レベル	教会出席
1964	69.170**	.081	.918	.436	.838	−1.962	−1.367*	−.243
1968	58.817**	.062	.159	1.578	1.408*	.503	−2.524**	.223
1980	57.248**	.151**	.251	2.948*	.817	−1.752	−2.482**	.046
1984	52.243**	.144**	.848	3.331**	.565	.429	−2.090**	1.168**
1988	59.924**	.138**	−1.101	5.146**	.233	.248	−1.813**	−.091
1992	65.752**	.064*	−2.078*	3.173**	.444	.794	−2.521**	.240
1996	57.666**	.166**	−2.752**	4.251**	.911	3.792**	−2.965**	−.040
2000	55.861**	.140**	−2.083	−.400	1.302*	2.600	−1.006	.865*
2004	57.451**	.219**	−.841	1.525	1.934**	1.864	−2.210**	.029
2008	65.043**	.159**	1.182	5.504**	1.569**	−1.716	−1.851**	.039

注) American National Election Studies Cumulative File 1948-2008 から作成。
　従属変数は軍感情温度（VCF0213）。非標準化係数 B を記入。†1：宗教伝統系列ダミーは主流派を基準とした。

第3節 3つのBによる統合分析

属変数にした多変量回帰分析

聖書認識	宗教伝統系列ダミー[†1]						Adj. R2	N
	福音派	黒人	カトリック	ユダヤ	無宗教	その他		
.398**	.284**	.246*	.381**	−.013	.657**	.333**	.298	1103
.291**	.331**	.031	.202**	−.055	.246*	.103	.234	1536
.299**	.455**	.249**	.283**	−.230	.461**	.229*	.251	1799
.321**	.311**	.117	.240**	−.326	.436**	.254**	.208	1476
.280**	.391**	.225*	.393**	−.031	.224*	.325**	.244	1622
.411**	.292**	−.010	.254**	−.130	.171*	.335**	.285	1903
.454**	.371**	.004	.285**	−.030	.439**	.412**	.299	1471
.394**	.422**	.004	.244**	−.050	.375**	.235**	.232	1450
.442**	.388**	−.186	.264**	−.169	.336**	.369**	.270	1116
.444**	.345**	.152	.285**	.026	.353**	.218*	.254	1389
.296**	.447**	−.082	.303**	−.351	.088	.363**	.271	867
.333**	.416**	−.198	.362**	−.107	.208	.319*	.251	918

[†1]：宗教伝統系列ダミーは主流派を基準とした。＊＊：p≦.01，＊：p≦.05 で有意。

変数にした多変量回帰分析

聖書認識	宗教伝統系列ダミー[†1]						Adj. R2	N
	福音派	黒人	カトリック	ユダヤ	無宗教	その他		
2.471*	2.258	.993	1.812	−9.547*	−10.897**	−8.356*	.041	1265
5.208**	2.117	1.244	4.616**	−9.968**	−4.588	−3.862	.086	1338
3.625**	2.519	5.581*	−.798	−7.746	−4.140	.188	.096	1100
4.037**	2.252	−.164	.724	−8.467*	−5.127*	−2.490	.116	1530
2.254*	4.544**	3.133	5.762**	−3.845	−8.735**	4.670*	.106	1452
4.432**	−.594	−.118	.104	−11.500**	−3.538*	−.406	.100	1766
3.523**	.195	−.125	1.219	−6.620	−1.407	1.091	.119	1282
3.647**	.956	−1.976	−3.359	−10.266*	−4.272	−4.340	.069	1182
5.377**	3.032	−5.457*	.874	−2.212	−2.883	−1.737	.123	871
4.847**	−.512	−4.064*	−.613	−12.566**	−5.134**	−9.001**	.148	1832

＊＊：p≦.01，＊：p≦.05 で有意。

表4-21 ニューディール争点

年	定数	年齢	性別	政治的南部	世帯収入	組合加入	教育レベル	教会出席
1980	3.296**	.005**	−.171	−.279**	.212**	.283**	.096	.112
1984	2.916**	.007*	−.241*	−.120	.354	.232	.078*	.005
1986	3.839**	.008*	−.198	.525	.219**	.119	.062	−.059**
1988	2.889**	.005	−.137*	−.014	.319**	.405**	.066	−.058**
1990	2.625**	.014	−.316**	.190	.365**	.312*	.045	−.015**
1992	3.100**	.012**	−.283**	.002	.248	.221*	.021	.092*
1994	2.693**	.015	−.527	−.146	.212**	.353	.151	.048**
1996	2.608**	.009	−.394**	−.122	.260**	.383*	.057	.064**
1998	3.713**	.005*	−.416**	−.084	.128**	.308**	.041	.076**
2000	2.992**	.007	−.315*	.194	.142*	.367	.120	.013
2004	3.142**	.009*	−.233	.071	.263**	.273	−.016	.063
2008	3.217**	.010**	−.523**	.399**	.355**	.272	.003	.036

注）American National Election Studies Cumulative File 1948-2008 から作成。
従属変数は政府による雇用保証（VCF0809）。非標準化係数Bを記入。†1：宗教伝統系列ダミーは

表4-22 イデオロギーを従

年	定数	年齢	性別	政治的南部	世帯収入	組合加入	教育レベル	教会出席
1964	33.386**	.081**	−.144	5.076**	1.512**	3.611**	.659	.409
1968	47.590**	.052*	−1.540*	1.766	−.064	.268	.796*	.353
1980	39.811**	.076*	−1.680	1.421	1.786**	1.303	−.050	.999*
1984	33.948**	.026	−1.672*	1.540	2.537**	2.530**	−.154	1.047**
1986	39.104**	.039	−2.277**	1.656	1.313**	2.060*	−.080	1.234**
1988	43.157**	.076**	−2.550**	.141	.753	1.997*	−.207	1.282**
1990	37.880**	.031	−1.172	.354	1.409**	1.482	−.350	1.006**
1992	38.004**	.000	−3.244**	−.388	1.691**	2.409*	−.310	1.931**
1994	29.942**	.053*	−3.701**	−.902	2.101**	2.964**	.696	2.193**
1996	32.340**	.041	−4.290**	−.153	1.548**	3.374**	.600	1.552**
1998	43.701**	.017	−2.749**	1.359	1.134*	.765	−.363	1.012**
2000	27.908**	.039	−2.494**	.044	1.760**	5.095**	−.313	1.354**
2004	35.328**	−.022	−3.847**	2.034	1.777**	2.939*	−.806	.868*
2008	34.534**	.057**	−3.809**	2.045**	1.927**	2.362*	−.492	1.411**

注）American National Election Studies Cumulative File 1948-2008 から作成。
従属変数はイデオロギー感情温度（VCF0801）。非標準化係数Bを記入。†1：宗教伝統系列ダミーは主流派を基

第 3 節　3 つの B による統合分析　269

を従属変数にした多変量回帰分析

聖書認識	宗教伝統系列ダミー[†1]						Adj. R2	N
	福音派	黒人	カトリック	ユダヤ	無宗教	その他		
−.083	−.153*	−1.770**	−.547*	−.776**	−.448	−.841	.128	972
−.065	−.032	−1.084**	−.258	−.703**	−.535**	−.640	.125	1374
−.058**	−.224	−1.346**	−.214**	−.157**	−.718	−.599	.086	859
−.003**	.369	−.958**	−.322*	−.305**	−.413	−.280*	.102	1289
−.050**	−.024	−1.008**	−.496*	−.909	−.220*	−.605	.117	1416
−.063**	.093	−1.175**	−.291*	−.517*	−.276	−.406**	.111	1721
.052**	.007**	−1.307**	−.375*	−.501*	−.135*	−.358	.137	1407
.148**	.206	−.889**	−.081**	.010**	−.119	−.191**	.103	1319
−.082**	−.166	−1.602**	−.291*	−.294**	−.322	−.522*	.078	971
.034	.178	−.622*	.015	−.148	.450	.293	.045	698
−.119	.479*	−.980**	−.100	−1.227**	−.031	−.197	.092	899
.019	−.039	−1.436**	−.418*	−.790	−.313	−1.105**	.179	905

主流派を基準とした。＊＊：p≦.01，＊：p≦.05 で有意。

属変数にした多変量回帰分析

聖書認識	宗教伝統系列ダミー[†1]						Adj. R2	N
	福音派	黒人	カトリック	ユダヤ	無宗教	その他		
.589	−2.632*	−9.517**	−2.480*	−12.072**	−1.858	−2.654	.094	1257
.561	.167	−7.228**	−.725	−9.650**	−7.404**	−1.504	.048	1334
2.499**	.286	−10.347**	−4.615**	−13.977**	−1.540	−1.762	.099	977
1.755**	1.540	−4.981**	−2.133*	−6.970**	−.888	−3.407*	.088	1435
1.824**	1.025	−7.886**	−2.394*	−3.179	−3.641*	.279	.077	1614
1.783*	.194	−9.424**	−2.443*	−7.467*	−2.373	−4.975**	.087	1342
2.475**	3.468**	−6.794**	−2.463*	−6.826*	−3.072*	−2.604	.090	1441
3.042**	2.018	−8.713**	−3.613**	−10.207**	−2.060	−5.127**	.156	1661
4.446**	1.746	−8.095**	−3.463**	−16.824**	−1.948	−3.495*	.198	1373
4.204**	1.571	−7.063**	−2.551*	−13.441**	−1.650	−3.272*	.171	1228
3.126**	1.058	−8.275**	−2.789	−8.489*	−5.545**	−5.080**	.092	1026
4.083**	1.472	−7.740**	−.589	−9.149**	−2.690	−2.206	.140	1087
6.467**	1.519	−8.762**	−1.382	−7.896**	−1.913	−4.419*	.160	826
3.417**	1.847	−6.237**	1.534	−11.081**	.634	−4.591**	.149	1835

準とした。＊＊：p≦.01，＊：p≦.05 で有意。

270　第4章　政党再編成

まとめ

　分析結果が示したことは以下の通りである。宗教右派運動が始まる1980年代以前には，宗教と政党選択の関わりは，もっぱら「古い宗教亀裂」である宗教教派への帰属の側面だけだった。19世紀以来続いてきた民族宗教集団の特殊な政治傾向が反映され，カトリックと福音派は強い民主党支持層だったのである。だが，帰属が支持政党選択に与える影響は次第に薄れていき，「新しい宗教亀裂」である信念と態度の変数が効果を持つようになってきた。つまり，教派を横断して，聖書保守と教会出席者が共和党支持に向かうという関係が生まれてきたのである。

　だが，イデオロギー色が強い大統領選挙の政党選択では，信念と態度だけでなく帰属も含めた宗教的亀裂が拡大していった。これは，イデオロギーに整合的な政党選択を行えば，福音派の方が共和党的であることを示唆している。したがって，福音派と主流派が政治的に同質化したと言い切ることはできない。

　もっとも，宗教争点以外の世俗的な争点に対して，福音派が特殊な争点態度を示すことはあまりない。

4　政党支持連合の変容

宗教伝統系列別の支持連合

　以上のように，宗教と政党政治の関係は，その帰属，信念，態度のいずれの側面からも大きな変化を遂げた。この結果，宗教の側面から見た民主，共和両党の支持基盤は大きく変容した。次に見るように，民主党では世俗派と黒人プロテスタントなど少数派の宗教伝統系列が支持連合の主要な勢力となり，共和党では主流派が劇的に衰退して福音派が共和党の屋台骨になったのである。

　両党の支持基盤における宗教伝統系列の勢力を1964～66年と2004～08年で比較したのが図4-25である。共和党支持連合の内容を見ると，1964～66年では，主流派が54％を占めて圧倒的な勢力だったにもかかわらず，2004～08年では21％に激減した。これに代わって，福音派は18％から33％に拡大し，共和党支持連合の最大勢力となった。主流派の政党支持傾向に歴史的変化はあまりないので，衰退の主因は人口減と言える。しかし，この間，総人口に占める福音派の人口比にも大きな変化はない。つまり，福音派は主流派の没落と，自らの共和党支

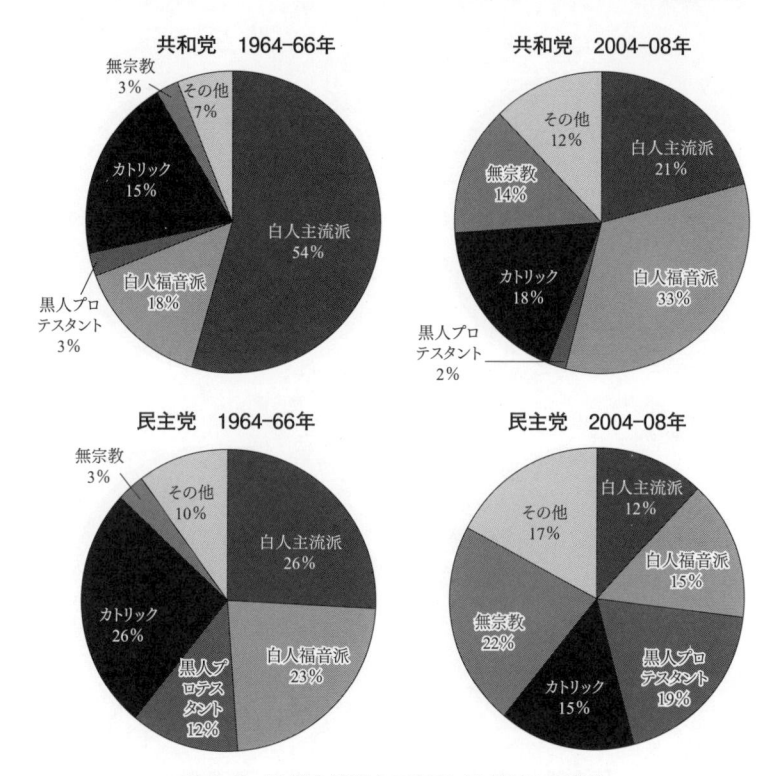

図 4-25　政党支持連合の変容（宗教伝統系列別）
注) American National Election Studies Cumulative File 1948-2008 から作成。

持率拡大の双方によって，共和党の屋台骨に成長したのである。

　一方で，1964〜66 年の民主党は，伝統的な支持基盤であるカトリックと福音派に加え，人口そのものが多かった主流派が主要勢力で，合計して 75％と大勢を占めていた。だが，2004〜08 年では，米国宗教のメインストリームであるこの三大勢力の比重は，合計 42％にまで落ち込んでいる。代わって増大したのが，無宗教と黒人プロテスタント，そしてユダヤ教徒やヒスパニック系カトリックを中心とする「その他」のグループ，すなわち，米国宗教の周辺部に位置するグループである。特に無宗教の拡大は著しく，この間に 3％から 22％に増大し，黒人プロテスタントと並んで，民主党の最大支持勢力となった。今や，民主党支持基盤の 6 割は，これらの"少数派"グループによって，占められているのである。

共和党　1964-66年　　　　　　　共和党　2004-08年

定期出席 44%　　非定期出席 56%　　　定期出席 43%　　非定期出席 57%

民主党　1964-66年　　　　　　　民主党　2004-08年

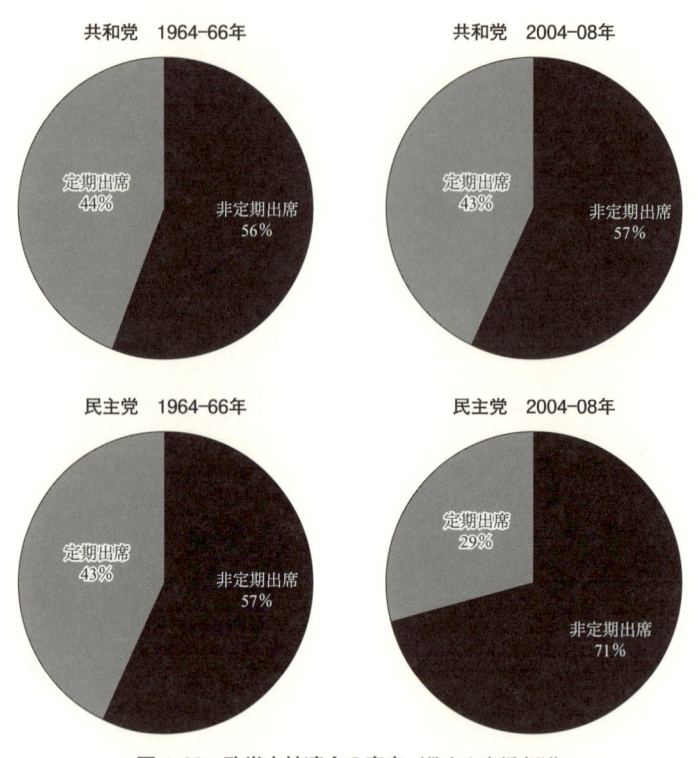

定期出席 43%　　非定期出席 57%　　　定期出席 29%　　非定期出席 71%

図 4-26　政党支持連合の変容（教会出席頻度別）

注）American National Election Studies Cumulative File 1948-2008 から作成。
　　毎週出席は "(More than / Almost) Every week"，非定期出席は "Once or twice a month / A few times a year / Never / No religion"．

宗教への態度と信念：民主党の顕著な世俗化

次に，宗教の態度の側面から見たのが図 4-26 である。1964～66 年には，教会出席頻度と政党支持にはほとんど関係がなかった。毎週出席者と非定期出席者の比率は，民主党と共和党でほとんど違いがない。ところが，2004～08 年の民主党支持基盤は，非定期出席者が 71％を占めるようになった。これに対して，共和党にはあまり変化がない。

図 4-27 で宗教的信念の側面から見ても，傾向は同じである。1964～66 年には，民主党の方で聖書保守派が多く，聖書世俗派は 4％しかいなかった。だが，2004～08 年では，民主党支持基盤の 21％は聖書世俗派であり，共和党の約 2 倍に膨らんでいる。これに対して，共和党の方には大きな変化がない。すなわち，信念と態度の側面から見れば，この間に起きたことは，共和党の保守化ではな

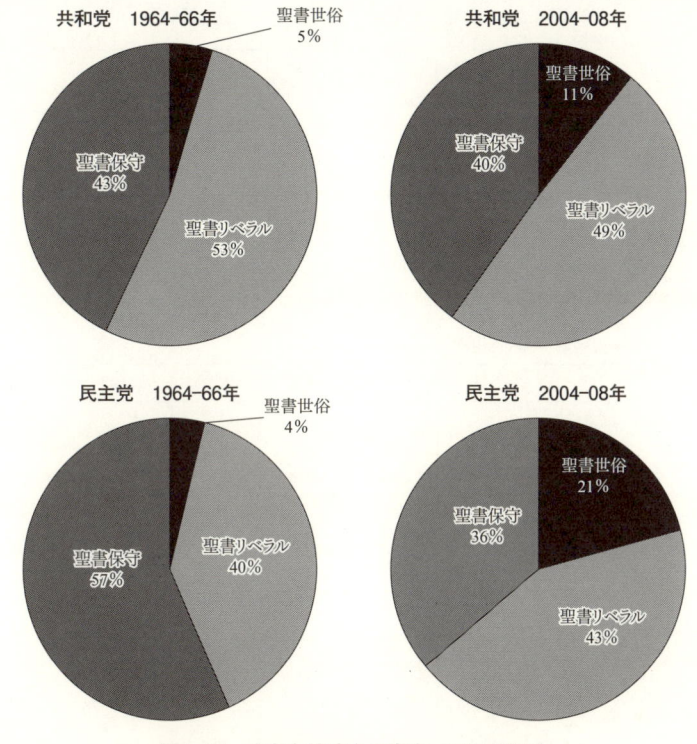

図 4-27 政党支持連合の変容（聖書認識別）

共和党 1964-66年: 聖書世俗 5%、聖書保守 43%、聖書リベラル 53%
共和党 2004-08年: 聖書世俗 11%、聖書保守 40%、聖書リベラル 49%
民主党 1964-66年: 聖書世俗 4%、聖書保守 57%、聖書リベラル 40%
民主党 2004-08年: 聖書世俗 21%、聖書保守 36%、聖書リベラル 43%

注) American National Election Studies Cumulative File 1948-2008 から作成。

く，民主党の著しい世俗化だったと言えるだろう。

　福音派とカトリックの変容がもたらした政党再編成の結果は，以上の通りである。民主党の支持基盤から保守的な福音派とカトリックが抜け落ちた結果，民主党は，教会に行かず，聖書をあまり信じない人々，そして，無宗教や黒人プロテスタント，ユダヤ教など"宗教的マイノリティー"が多数派を占める政党に変わっていったのである。

各社会経済的属性から見た政党支持連合

　最後に宗教以外の各社会経済的属性から共和党と民主党の政党支持連合がどのように変容したのか，比較しておこう。表 4-23 で，性別における支持連合の変化を見ると，ジェンダー・ギャップとして広く指摘されてきたように，共和党支

表 4-23　政党支持連合の変容（社会経済的属性）

(%)

政党／年	性別		人種		南北	
	男性	女性	白人	黒人	南部	非南部
民主党						
1964-66	44.4	55.6	86.3	13.7	26.7	73.3
2004-08	42.4	57.6	73.2	26.8	34.3	65.7
共和党						
1964-66	44.9	55.1	97.0	3.0	14.8	85.2
2004-08	50.4	49.6	97.5	2.5	41.4	58.6

所得階層 (percentile) (%)

	0-16	17-33	34-67	68-95	96-100
民主党					
1964-66	19.9	15.8	30.3	29.2	4.8
2004-08	17.9	20.2	36.0	20.0	5.9
共和党					
1964-66	16.5	10.9	27.8	35.0	9.8
2004-08	9.3	13.3	36.3	28.3	12.9

職　業 (%)

	専門・管理職	労働者†1	農民	家事労働	総計
民主党					
1964-66	15.5	49.5	4.8	29.7	100
2004-08	35.1	57.3	2.1	5.5	100
共和党					
1964-66	27.2	35.9	4.8	32.2	100
2004-08	29.2	59.6	2.3	8.9	100

注) American National Election Studies Cumulative File 1948-2008 から作成。
†1：「労働者」は "Clerical and sales workers," "Skilled, semi-skilled and service workers," "Laborers, except farm" 各カテゴリーの合計。

持連合において女性比率が 1964～66 年の 55.1％から 2004～08 年には 49.6％に減少するという変化が起きている。これは，共和党の人工妊娠中絶反対姿勢に対する女性の反発が一因と考えられる[59]。人種別では，民主党における黒人支持層の

---

[59] もっとも，全有権者を 100％とすると，共和党支持の女性有権者人口は 1964～66 年の 17.3％から 2004～08 年には 19.0％と，逆に微増している。共和党支持者内での女性比率が低下しているのは，男性の共和党支持人口が女性よりも急速度に増えた（同 14.0％か

増大が注目される。また，南北地域別では，共和党支持連合の南部有権者が15％弱から4割を超えたことが，共和党全体の性格に大きな影響を与えているだろう。

所得階層では共和党支持連合において，最低所得層（0～16パーセンタイル）が減少し，最高所得層（96～100パーセンタイル）で増加した。これはニューディール保守主義を強めていった共和党の姿勢に対する，両所得階層の評価と反発から解釈できる。また，職業では，民主党支持連合で管理・専門職が増加し，共和党支持連合で労働者の比率が高まった。共和党の宗教保守化がインテリ層の共和党離れを促す一方で，労働者層の比率上昇に影響を与えたと考えられる。

5 まとめ

宗教伝統系列には，それぞれの集団が持つ特殊な社会経済的属性と，19世紀以来の歴史体験から生まれた伝統的な政治文化が存在し，特定の政党に対する固有の愛着心と帰属意識が存在していた。1960年代には，もっぱら，その「古い宗教亀裂」である「帰属」の側面が，信徒の政党選択に影響を与えていたのである。ケルステッドらが指摘するように，民族宗教的な集団のアイデンティティーが，この時代の宗教と政治の関係を説明していたと言うことができる（Kellstedt., Green, Smidt, & Guth, 1987）。

しかし，倫理問題が政党対立争点となり，宗教右派運動が教会を舞台に共和党への動員運動を展開した結果，1990年代には，聖書保守派や教会出席者が共和党支持へ向かうという有意な傾向が生まれるようになった。宗教的な「信念」と「態度」という「新しい宗教亀裂」が，教派を横断して政治との関わりを密接に持つようになってきたのである。

だが，「古い宗教亀裂」が消滅したと断定する根拠はない。政党帰属意識の側面では，福音派の共和党支持率上昇で主流派との差異が縮小し，1980年代以降，有意差がなくなったが，大統領選挙投票では2000年から有意差が生まれてきた。

ら19.4％）ことが原因であり，女性の支持人口絶対数が減少したわけではないことに注意しておく必要がある（American National Election Studiesから筆者集計）。一方，大統領選挙投票では1990年代に女性の共和党投票率が激減しており，人工妊娠中絶問題が女性の投票行動に大きな影響を与えたと考えられる。

福音派は主流派よりもはるかに宗教保守的であり，福音派の特殊性は依然として鮮明である。

　以上で，福音派の変容が政党再編成にもたらした強いインパクトを明らかにしてきた。だが，序章で投げかけた最後の問い，「これからどうなっていくのだろうか」という問題が，まだ残っている。将来予測を以下の章で展開しようとは思わない。だが，福音派がこれまで変化してきたプロセスを理解することで，今後の展望に関して合理的な推測をする根拠は提供できるだろう。次章では，福音派の変化はどうやって（how）起きてきたのかという問題を扱っていく。

第5章

福音派変容のプロセス
世代交代によって変化した政党支持傾向

第1節 ―― 問題の設定と仮説

　福音派の政党支持傾向変化のプロセスを理解するためには，この変化が，「転向（conversion）」で起きたのか，それとも「交代（replacement）」で発生したのかという問題に答えなくてはならない。

　転向とは，有権者が支持政党を変えることである。福音派信徒の多くが支持政党を民主党から共和党に変えれば，当然，福音派全体の共和党支持率は上昇する。だが，次に述べるように，政党帰属意識は安定性が高く，容易なことでは変化しないと考えられている。そこで，転向が起きないことを前提にすると，福音派の共和党支持率が上昇して，政党支持基盤の組み替えが起きたことは，福音派にいる有権者の「交代」が起きた，つまり，福音派を構成するメンバーが入れ替わったと考えなければ説明できない。

　交代は二つの形態が考えられる（Campbell B. A., 1977, p. 735）。第一には，他の教派から福音派教会に，多数の共和党支持者が宗旨替えをした場合である。この場合，誰も支持政党を変えてはいないが，福音派の共和党支持率は高まることになる。第二には，投票年齢に達した福音派の若者が，高齢世代よりもはるかに共和党支持率が高かった場合である。この場合も，転向が起きなくても，若者の新規参入と高齢者の引退という「世代交代」によって福音派の共和党化が進んでいく。

　政党再編成を引き起こすプロセスは「転向か交代か」という問題をめぐっては，「交代」が主要因であるとする研究（Beck, 1974；Campbell D. E., 2002；Norpoth, 1987；Carmines & Stimson, 1989）と，「転向」が主なプロセスだとする（Sundquist, 1983, p. 220；Burnham, 1970）が研究が対立してきた。

　どうして，この細かなプロセスを問題としなくてはならないのだろうか。それは，福音派の今後の政党支持傾向を考えるうえで，いずれのプロセスが働いてき

たのかが，大きな示唆を与えるからである。政党帰属意識が安定的で，福音派の変化が世代交代で起きたのだとすれば，現在の世代の政党支持を分析することで，今後の動向をある程度見通すことができる。しかし，転向で発生したのであれば，政党の政策変化に応じて，ドラスティックな政党支持傾向の変化も起きうるだろう。

現実の世界では，上記のすべてのプロセスが同時進行したと考えられる。だが，どのプロセスが主な役割を果たしたのかを分析するのが本章の目的である。

1 政党帰属意識に関する論争

政党帰属意識の安定性仮説

転向か交代かという問題は，政党帰属意識の安定性に関する問題と深く関わっている。したがって，分析を始める前にこの問題に関する理論を振り返ることが必要であろう。

政党帰属意識 (party identification) とは，政党を一つの社会集団ととらえ，それへの心理的愛着心に基づく「心理的な自己同一化」を示すものである (Campbell, Converse, Miller, & Stokes, 1960, p. 121)。決して，正式な党員登録や政党組織への参加を示すものではない[1]。

この概念を提唱したアンガス・キャンベル (Angus Campbell) やフィリップ・コンバースらが示した仮説は，第一には，政党帰属意識は「投票年齢に達する前に両親を通して家庭の中で形成される」ことが多く，しかも，「いったん確立されると容易には変化せず」，「ほとんどの有権者は生涯を通して同じ政党に帰属意識を持ち続ける」というものである。

---

[1] キャンベルは，政党帰属意識は「市民が自分を党派的と考えるから生まれるのである。党派的に投票したり……政党に登録したりしているから党派的なのではない」と表現し，あくまで帰属に関する自己認識の問題であるとする。民族や人種が複雑に入り組んだ米国社会では，政党が単なる政治組織でなく，異なったグループを結びつける強力な社会的準拠集団として機能してきたことが，こうした強い帰属意識を生む背景にある。このような心理的側面から，政党帰属意識と宗教教派への帰属意識の類似点が指摘されることもある。個人が "I am a Roman Catholic" と話す時と "I am a Republican" と話す時には，ともに帰属意識を表現しているうえで心理的に近いからである (Miller & Shanks, 1996)。日本では，有権者と政党との間に米国のような一体感と同一化意識が存在しているとは考えられない（西澤，1998）。

もちろん、大恐慌や南北戦争など「異常な強度を持った事件（event of extraordinary intensity）」が発生した場合には、確立された政党帰属意識が動揺して、支持する政党を変えることもあるが、それも多くの場合、短期的な逸脱にすぎない。

このため、特定集団の政党支持傾向が変化する基本的なメカニズムとして考えられたのは、世代交代と動員である。すなわち、既存の有権者の支持政党は変化しないが、投票年齢に達したばかりの若者や、それまで政治に関与してこなかった有権者が、新たに政治に参入する時に、帰属集団の政党支持傾向と異なった支持パターンを持っていた場合、集団全体の政党支持が変化するとされた（Campbell, Converse, Miller, & Stokes, 1960, pp. 151-153）。

一方、政党への帰属期間（特定政党への支持を自己認識してからの期間）が長くなると政党への愛着心が増し、帰属意識はより強固で安定的になる（Campbell, Converse, Miller, & Stokes, 1960, p. 161）。長期間の帰属によって政党帰属意識が確立されると、政党綱領の変化やリーダーの交代などの「政治的事件の発生に対して驚くほど抵抗力がある」（Campbell A., 1964, p. 747）、つまり、政党が変化しても、愛着心は消えないとされる。

政党帰属意識はこのように安定的な構造を持つと同時に、投票行動に対する最も強い規定要因でもある。有権者は、個別選挙で焦点となった争点や候補者イメージによって、支持政党と異なる投票を行うこともあるが、それは一時的な逸脱で、やがて政党帰属意識に沿った投票に戻るとされる。

政党帰属意識は、まだ政治知識のない子供の時代に、主に家族を通して形成されるため、成人後の有権者の政治的意見と支持政党が一致するとは限らない。この結果、イデオロギーと支持政党選択の間に、整合的な関係は保証されないとされる（三宅、1989；Campbell, Converse, Miller, & Stokes, 1960）。政党帰属意識の安定性を主張した仮説は、以上のような内容だった。

政党帰属意識の不安定仮説

だが、「有権者は、子供の時に植えつけられた政党帰属意識に従って、政策とはかけ離れたところで支持政党を決めている」として、知性に欠けるような有権者像を描いたこの安定性仮説には、鋭い反論が投げかけられてきた。1966年にV・O・キーが *The Responsible Electorate* で、「投票者は馬鹿ではない（"voters are not fools")」と主張したのを皮切りに，ジェラルド・ポンパー（Gerald Pomper）は，政策の選択肢が明示されれば，有権者は政党への忠誠心ではなくイデオロギーに従って投票すると反論し（Pomper, 1972），ベンジャミン・ペイジ（Benjamin Page）とカルバン・ジョーンズ（Calvin Jones）は，投票行動に強い影響を与えているのは「候補への評価」であって，政党帰属意識の規定力は安定性仮説が想定するよりも低いと主張した（Page & Jones, 1979）[2]。一方，1960年代末から無党派層の増加が顕著となってきたことで，堅固な政党帰属意識を前提とする安定性仮説の基盤は揺るぎ，政党解体が指摘されるようにもなってきた（Norpoth & Rusk, 1982）[3]。

　これらの反論を集大成したと言えるのがモリス・フィオリーナ（Morris Fiorina）の業績投票（retrospective voting）の理論である。有権者は，過去の両政党の業績に対する主観的評価を頭の中に蓄積しており，選挙ではそれが主要な政党選択要因となっているとする。業績投票の理論では，政党帰属意識は以下のモデルで示される（Fiorina, 1981, p. 75）。

　　A党への帰属意識＝
　　　　過去のA党業績評価の累積－過去のB党業績評価の累積＋初期バイアス
　　A党への帰属意識＝－B党への帰属意識

　すなわち，政党帰属意識は，成人後に蓄積していった政党に対する業績評価によって変化する「両政党への流動的なバランスシート（running tally）」のようなものだと主張して，「生涯変わらない」とする安定性仮説を批判したのである。

　もっとも，フィオリーナのモデルは，安定性仮説を完全に否定しているものではない。ここで初期バイアスとされているのは，有権者が投票年齢に達する前に獲得した政党帰属意識のことであり（Fiorina, 1981, p. 76, 90），安定性仮説が「家

---

2) さらに，政党帰属意識の安定性理論を支えるデータにもメスが加えられた。ケネス・メイアー（Kenneth Meier）はキャンベルらのデータが回答者の記憶に基づくもので不正確であると主張し，同一人物に対して数年おきに調査を行うパネル調査の結果では，安定性は確認されないとした（Meier, 1975）。また，ミッシェル・マクエン（Michael MacKuen）らは頻繁に実施されるギャラップ調査を利用して4半期ごとの分析を行った結果，政党支持率は経済情勢と現政権への評価によって激しく増減し，系統的な変化も見られるとしている（MacKuen, Erikson, & Stimson, 1989, pp. 1125, 1139）。
3) 政党帰属意識に関する論争以前に提起されたものだが，ダウンズの「合理的選択理論」（ダウンズ，1980；Achen, 1992）も，安定性仮説と対立する議論の古典である。

庭における政党帰属意識の形成」などと表現した政治的社会化の結果である。これが，政党帰属意識の形成に含まれているということは，それが十分に強いものであれば（たとえば，かつての福音派やカトリックのように，強力な民主党帰属意識が帰属集団の伝統となっていれば），成人後の業績評価が果たす比重は低下し，政党帰属意識は安定的になると言えるだろう。したがって，フィオリーナのモデルは安定性仮説の否定ではなく，修正ととらえることも可能である。

安定性仮説の再評価

論争は現在も進行中である。しかし，1980年代から民主党，共和党がイデオロギー対立を深め，脱政党の時代から熾烈な政党間対立に突入した時代を背景に，議論は政党帰属意識の規定力と安定性を再評価する方向に向かっている (Miller & Shanks, 1996；Lewis-Beck, Jacoby, Norpoth, & Weisberg, 2008；Abramowitz & Saunders, 1998；Abramson & Ostrom, 1991)。

ドナルド・グリーン（Donald Green）らは社会調査の測定エラーを補正する詳細な研究を行った結果，不安定性と見られた部分の多くは測定エラーの結果だと結論づけた (Green, & Palmquist, 1990, p. 873；Carsey & Layman, 2006)[4]。彼らは，政党帰属意識は政党に対するステレオタイプ化された社会的イメージ（「金持ちの政党」対「労働者の政党」，「前向きな指向」「指導力の強さ」など）から形成されるものであり，そのイメージは容易には変化しないことから，帰属意識は安定的になるのだと述べている (Green, Palmquist, & Schickler, 2002, p. 128)。

無党派層の増大に関しては，そもそもかなり誇張されたものであるという反論が出された（キンダー，2004）。ブルース・キース（Bruce Keith）らは，社会調査で純粋に無党派と答えた人と「共和党寄り」「民主党寄り」の無党派と答えた人では，政治的関心の度合いが大きく異なり，後者は「隠れた政党支持者」であるとの結論に達した。そして，この隠れた政党支持者を加えれば，米国の政党制を揺るがすほどの無党派層の増大という傾向は存在していないとしている (Keith,

---

4) さらに，ギャラップ調査によって短期的な激しい変動を指摘したマクエンらの指摘に対しては，ポール・アブラムソン（Paul Abramson）とチャールズ・オストロム（Charles Ostrom）の反論が示された。それは，ギャラップ調査は短期的な政治情勢把握を目的としており，政党帰属意識の"変化"を際立たせるようにデザインされていることが支持率の短期的変動の原因であるというものである (Abramson & Ostrom, 1991)。

Magleby, Nelson, Orr, Westlye, & Wolfinger, 1986)[5]。さらに，政党のイデオロギー対立が激しくなってきた 1980 年代から，状況は逆転して党派性は強固になってきたというのが，現在の研究の潮流である（Fiorina, 2001, pp. 99-103；Hetherington, 2001）。

2　政党帰属意識に関する仮説

以上の論争を踏まえ，政党帰属意識に関する従来からの仮説を以下の①〜③にまとめた。次節以降の分析では，これらの仮説に依拠して宗教伝統系列の政党支持変化を説明していくことになろう。

① 党派性が強まると，政党帰属意識は安定化する

本書では政党帰属意識の一般的な安定性について議論する必要はない。時代や世代，集団によって安定性のレベルは異なるだろう。問題はどのような時に，安定的になるのかということである。

党派性とは「政党帰属意識の強度」と同義語である。ANES における党派性分類のカテゴリーは「1＝無党派及び無関心（Independent or Apolitical）」，「2＝党派的無党派（Leaning Independent）」，「3＝弱い党派（Weak Partisan）」，「4＝強い党派（Strong Partisan）」の 4 段階で，支持する政党が共和党，民主党いずれであるかは問わない。

党派性が高いことと政党帰属意識が変わりにくくなることは，ほとんど同語反復のように聞こえるが，その関係性を明確にしておくことは，次の議論の土台として必要である。フィオリーナのモデルに従えば，党派性が高くなるのは，同じ政党への好意的な評価が累積したか，極めて強い初期バイアスを持って政治に参入したか，いずれかの結果である。いずれにしろ，肯定的な業績評価が累積しているため，短期的な業績評価の変化が与える影響は，相対的に減少する。つま

5）この結論に従い，本書では，政党帰属意識を問う最初の質問では「無党派」と答えていても，第二段階の質問で「民主党寄り」「共和党寄り」と回答した人は，共和党支持者，民主党支持者に含めている。確かに，第一段階の質問において無党派と答えた人は，政党帰属意識の重要な要素である自己同一化認識に欠けるところがあるが，党派的無党派と純粋無党派を同列に扱うのは，実態を歪曲することにつながる。

り，支持政党への心理的な愛着心と好意的評価が強化され，容易なことでは転向しなくなるのである。

さらに，政党帰属意識が変動するときは，7段階の中で隣接したカテゴリーへの移動（「強い民主党」から「弱い民主党」への変化など）が多いが（Fiorina, 1981, p. 90），ある有権者の党派性が強ければ，数段階をジャンプし無党派を超えて別の政党にスイッチする可能性は低くなる。

これは，逆に言えば，党派性の低い人の政党帰属意識は不安定で，政治変動の影響を受けて動揺し，支持政党が変わりやすいということである。

それでは，党派性が高まるのはどのような時だろうか。

② 政党の政策と本人の社会経済的属性に変化がなければ，政党帰属期間が長くなると党派性が高まる

同じ政党に長く帰属していれば，愛着心が増して党派性が高まっていくことは，安定性仮説の中で早くから指摘されている（Campbell, Converse, Miller, & Stokes, 1960, p. 161）。フィオリーナも，有権者の社会経済的立場に大きな変化がなく，政党が，継続して特定の社会経済的階層を優遇するような政策的立場を取っている場合は，帰属期間に応じて党派性が高まっていくとしている。

そのような条件は，1965年以降のアメリカでは成立していないというのが彼の主張だが（Fiorina, 1981, p. 91），逆に言えば，条件さえ成立すれば，政党への帰属期間に応じて党派性が高まることを認めたものでもある。そして，1980年代以降，共和党と民主党の政策立場は安定的であり，この条件は成立していると言える。

合理的選択理論でも，政治経験が積み重なると，新たに取得する情報の効果が減少していくため，高齢者は若い人に比べて，短期的な政党の業績や政策に対してあまり反応しなくなるとされる（Achen, 1992, p. 205）。経験的知識から言っても，長く帰属した集団に心理的愛着心が高まり，党派性が高くなることは容易に想像できるだろう。そして，党派性が高まれば政党帰属意識が安定化するとすれば，同じ政党に長く帰属した人を違う政党に転向させることは容易でないということである。

大多数の人は，人生の間にそれほど頻繁には帰属政党を変えない。このため，社会調査で有権者を集合的に観察すると，帰属期間の長さによる党派性の強化

は，加齢による党派性の強化というライフサイクル効果となって現れてくる[6]。つまり，中高年に達すると，政党帰属意識は成熟し，安定化する可能性が高いということである。もちろん，無党派の人は，無党派にとどまる限り党派性は成長せず，中高年になっても政党帰属意識は不安定なままである。

③ 若年期の党派性は弱く，政治変動に敏感に反応する

上記の仮説は，コインを裏返せば青年期やヤング・アダルトの若年期には党派性が低く，政党帰属意識が不安定であることを示す[7]。この結果，若者は，対立争点や政党の政策立場が変化する政治変動があったときには敏感に反応し，支持政党を変えたり，政治不信に陥って無党派になったりする可能性が高い。これは，政治的社会化の研究を通して，ほぼ確立された見解と言えるだろう（Campbell, Converse, Miller, & Stokes, 1960 ; Beck, 1974 ; Miller & Shanks, 1996）。

これに対して，すでに政党帰属意識が確立した高齢者は，たとえ支持政党の政策が変化して自分の意見に反するようになっても，支持政党を変えない人が多数存在する。したがって，政治変動期には，若者世代と高齢世代で政党支持傾向が異なって，若者は「過去と未来の党派的継続性を打ち破る」勢力となる可能性がある（Beck, 1974, p. 205 ; Norpoth, 1987）。

ちなみに，若者の政党帰属意識が強化され確立するのは，具体的にはどのぐらいの年齢だと想定されるのだろうか。ドナルド・グリーンとブラッドリー・パームキスト（Bradley Palmquist）らは家庭内での社会化の時期を過ぎた後も，30歳代ぐらいまでの間は，就職，結婚などを通して生活環境が大きく変化したり，異なった政治文化を持つ集団に加わったりして政党帰属意識が変動しやすいとし（Green, Palmquist, & Schickler, 2002），ウォレン・ミラー（Warren Miller）とメリル・シャンクス（Merrill Shanks）は，帰属意識が安定化するのは，25歳から35歳ぐ

---

6) 政党への評価が政党選択に与える影響は，加齢によって政治経験が蓄積されると減少していくため，政党への帰属期間ではなく，加齢そのものによって政党帰属意識が安定化するとする論者も少なくない（Franklin & Jackson, 1983）。
7) 政党帰属期間が短い人や若者は，必ず党派性が低いわけではない。たとえば，イデオロギー的に強い信念を持った人は，帰属期間にかかわらず同じイデオロギーを持つ政党に対して強い帰属意識を持つだろう。だが，こうした特殊なイデオロギー性を持った人は比較的少数であり，集団的に観察した場合には，若者は帰属期間が低く，党派性が弱い傾向がある。

らいの間だとしている（Miller & Shanks, 1996, p. 131）。

　また，政党帰属意識はかなり高齢になると再び安定性が減少していく傾向も観察されている。これは退職して社会との関わりが減り，職業的な側面から特定政党を支持しなくてはならないという抑制がはずれたり，生活形態そのものが変化したりすることが影響すると考えられている（Alwin & Krosnick, 1991, p. 185）。

　次節からの分析で依拠する仮説は以上である。ここから次の@～@のような推論を行うことが可能であろう。

@ 政党帰属意識に世代間格差が生まれ，固定化することがある

　①～③の仮説から，世代間で政党帰属意識と党派性の高さに格差が生まれる可能性が導かれる。なぜならば，政治的変動の時期を若者として迎えるか，高齢で迎えるかによって，ライフサイクルの出発点が異なるからである。

　前項で示したように，政治変動の時期になり，政党が政策的立場を変更した場合，変化に敏感に反応する若者と政党帰属意識が安定化した高齢者では，政党支持傾向が異なる可能性がある。そして一旦，高齢者と異なる政党支持傾向を持った若者世代は，その後の政治状況に大きな変動がなければ，政党への帰属期間が長くなると党派性が高まり，帰属意識が確立していく。この結果，10年後，20年後になっても，世代間の政党支持傾向の違いが維持され，格差が固定化されていくのである。もちろん，新たな争点の内容や政治的インパクトの強さによって，若者と高齢者の政党支持傾向に差異がない場合は多い。そういう時には，世代間格差が生まれることはない。

　政党帰属意識に世代間格差が生まれると，集団の政党支持傾向が世代交代によって変化する基本的なメカニズムが動き出す。高齢世代が引退し，異なった政党支持傾向を持つ若者世代が参入することによって，集団の政党支持率は徐々に変化していくからである。

　さらに，世代交代が集団の政党支持率変化に与える影響には，世代間の人口規模も考慮する必要がある。引退する高齢世代より若い世代の方の人口比が高ければ，変化のスピードは大きいであろう。

ⓑ 党派性のレベルに世代間格差が生まれることがある

　政党支持傾向だけでなく，党派性の高さにも世代間格差が生まれる可能性が存

在する。政治変動に敏感に反応した若者が，上記のように支持政党を変えるのではなく，政治不信に陥るなどして大量に無党派に流れていった場合である。無党派に陥った有権者は，無党派にとどまる限り党派性が成長しないため，この世代では，年齢が高くなっても党派性が低く，一般的に政党帰属意識が確立するとされる中年期をすぎても，支持政党が変化し続ける[8]。つまり，政党帰属意識の安定性には，世代的な特徴が生まれることがあるということである。

ⓒ 宗教集団には，固有の政党支持傾向が生まれることがある

一般的に社会的準拠集団には，特有の政党支持傾向が生まれることは広く認められている。これはフィオリーナのモデルでも，初期バイアスの蓄積ということから説明できる。

モデルをもう一度見てみよう。

　A党への帰属意識＝
　　過去のA党業績評価の累積－過去のB党業績評価の累積＋初期バイアス

ここで，初期バイアスとは，有権者が政治に参入する前に，両親を含む政治的社会化の担い手から獲得した政党帰属意識の傾向のことである。その両親の帰属意識形成の要素となった初期バイアスには，さらに祖父母が蓄積した政党への業績評価が含まれている。つまり，有権者の初期バイアスの中には家族の過去の歴史が積み重なっているのである (Fiorina, 1981, p. 76)。もし，この有権者の帰属する社会集団が，長期間，同一政党への支持傾向を持っていれば，その集団のメンバーには，同じように初期バイアスが蓄積し，集団に特徴的な初期バイアスが生まれてくる可能性がある。

ここでは，集団一般ではなく，本書のテーマにそって宗教集団について考えよう。19世紀に民族宗教集団は，具体的な政治課題（教区学校への公的補助問題，禁酒問題など）を通して，いずれかの政党と連携を組んだ。その第一世代の人々にとって政党との絆は具体的だったが，世代が交代しその記憶が薄れるに従っ

---

[8] 党派性に世代間格差が存在することを指摘したのはアブラムソンである (Abramson, 1979)。彼は，戦後に有権者となった世代は，それ以前の世代に比べて党派性が低いことを指摘し，1970年代における脱政党の現象は世代交代によって生まれてきたものだと主張した。

て，グループと政党とのつながりは一つの「ステレオタイプ」に変形していった。民族宗教集団のメンバーはその政党のフィルターを通して政治と関わるようになり，特定政党への心理的愛着心が生まれる。それは，上記のプロセスによって，世代を超えて継承され（Swierenga, 2009），集団の政治文化として定着していく。つまり過去の世代が形成した政治文化によって，その集団メンバーの政党帰属意識が形成される可能性があるということである（Kleppner, 1979, p. 144）。

　本書において宗教への帰属の側面を，厳密に社会学的集団としてとらえた意味はここにある。同じような教義を持った教派であっても，コミュニティーとしての一体性がなく，異なった歴史を持てば，継承されてきた政治文化は異なる可能性があるからである。

ⓓ 宗教集団の政党支持傾向は，集団の社会経済的属性やイデオロギーと乖離することがある

　集団が持つ社会経済的属性は，その集団の政党支持傾向に強い影響を与える。高所得層が多い集団では共和党支持率が高く，人種的少数派は民主党に向かう傾向が指摘されている。一方，何らかの思想的傾向を持った集団であれば，そのイデオロギーも政党支持に影響を与えると考えられる。

　しかし，歴史的プロセスによって集団特有の初期バイアスが極めて強くなると，こうした社会経済的属性やイデオロギーが指し示す政党支持傾向と，現実の支持政党が乖離することがある。最初に集団と政党との絆が生まれた時には，社会経済的属性やイデオロギーと，その政党の立場との間には合理的な関係があったとしても，時間の経過とともに，集団の社会経済的属性が変化したり，あるいは政党の政策が変わったりする。そうした変化にもかかわらず，集団固有の初期バイアスが十分強くなっていた場合には，集団の政党支持傾向は容易には変化せず，当初の合理的な関係は崩れてしまうだろう。ユダヤ教徒は民主党の忠実な支持層で，その背景には，彼らが貧困層で少数派として迫害を受けていた時代の民主党との絆が指摘されている。だが，ユダヤ教徒が最も高い所得階層に上り詰めた現在でも，圧倒的な民主党支持傾向に変化はないことが一例である。

3 加齢による党派性の強化

党派性

分析に入る前に，加齢による党派性の強化について検証を行っておこう。政党の政策と本人の社会経済的属性に変化がなければ，政党帰属期間が長くなると党派性が高まる。そして，実際に政党支持を変える人は多くないので，社会調査で集団的に観察すれば，加齢によって党派性が高まる現象が観察されるはずである。

図 5-1 は，各世代の党派性変化を分析したグラフである。1894 年生まれから生年で 12 年ごとに世代を区切り，それぞれ各時代における党派性の平均値を求めた。一方，図 5-2 は，同じ世代区分で，同一年齢（4 歳区切り）における党派性平均値を求めたものである。こちらは，1948～2008 年までの ANES 調査をプールして行った[9]。表に記入したのはその平均値で，数値が大きい方が強い党派性を示す。

この二つのグラフは，時代の特徴，世代の特徴，ライフサイクルの特徴という 3 つの側面から観察が可能である。時代の特徴は明らかだろう。図 5-1 からわかるように，1960～70 年代に党派性が顕著に減少し，1980 年代以降に急上昇した。1960～70 年代は激しい政治動乱の中で政治不信が高まり，政党解体と呼ばれた無党派の急増が指摘された時代である。これに対して 1980 年代以降は，両党のイデオロギー対立が鮮明化し，有権者が両党の違いを明確に認識するようになった結果，党派性が高まったと言えよう。

だが，こうした時代の変化に対して，各世代が同じように反応したわけではない。1960～70 年代の政治不信の時代でも，1929 年以前に生まれた高齢世代は，

---

9) ANES Cumulative file は，1948 年から継続実施されている調査をプールして分析するために，一つのファイルにまとめたもので，ANES スタッフによって，質問と回答値の統一や，統合して分析するためのウェイト変数の作成などが行われている。ANES では，このファイルを，時系列的な変化の観察のほか，サブグループに分けた分析で単年度の横断的調査では N の数が十分でない時などの利用を想定しており（ANES Cumulative file の説明を参照 http://www.electionstudies.org/studypages/cdf/cdf.htm，最終アクセス 2011 年 7 月 28 日），多くの研究でプールデータによる回帰分析などが行われている（Layman, 2001 ; Knuckey, 2006 ; Stoker & Jennings, 2008, p. 627 ; Manza & Brooks, 1997）。

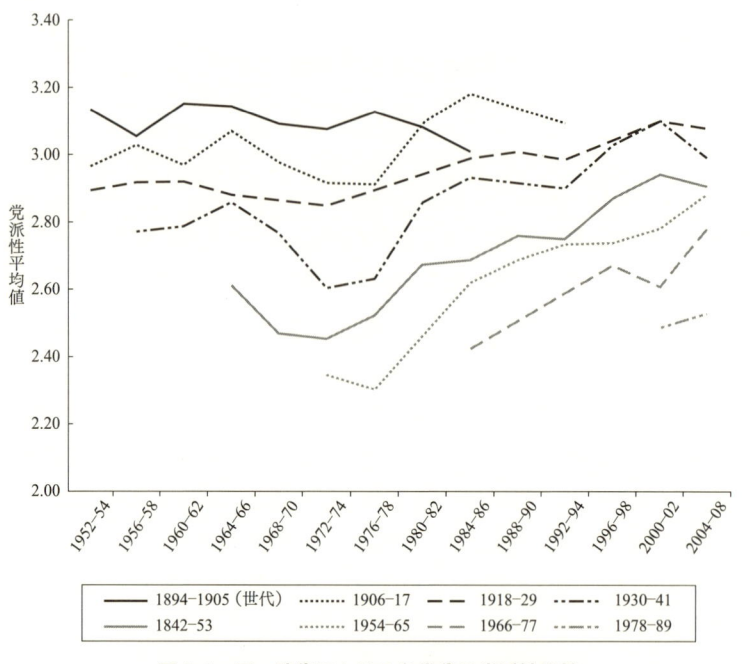

290　第5章　福音派変容のプロセス

図 5-1　同一時代における各世代の党派性比較

凡例：—— 1894-1905（世代）　……… 1906-17　――― 1918-29　―･―･ 1930-41
　　　—— 1842-53　　　　　　……… 1954-65　――― 1966-77　―･―･ 1978-89

注）American National Election Studies Cumulative File 1948-2008 から作成。
　　党派性は回答者に対して政党帰属意識の強さを問う質問への返答で，選択肢は"1＝Independent or Apolitical," "2＝Leaning Independent," "3＝Weak Partisan," "4＝Strong Partisan"の4段階の平均値。Nは年齢，世代によって大きく異なるが平均で506。Nが100を下回った時代と世代は除外した。

影響をあまり受けていない[10]。だが，この時代を政党帰属意識が確立していない20〜30代前半で過ごした1930〜41年生まれの世代は（以後，世代名は最初の年をとって「1930年世代」などと呼ぶことにする），激しい勢いで党派性が衰弱していったのである。この時代の無党派層の急増は，主にこの世代が生んだ現象だと言えるだろう（Abramson, 1976）。

一方，図5-2からライフサイクルの特徴を見ると，どの世代も基本的に右肩あがりのグラフとなっており，加齢による党派性の強化がはっきりと示されている。この中で見ても，1930年世代は特殊な世代である。若年期に受けた衝撃で

10）彼らは大恐慌とニューディール政策の時代に青年期を過ごした人々で，その時代に政党（特に民主党）との間に強い絆を培っており，政治的な安定性が特別に強固な世代である（Miller & Shanks, 1996, p. 48）とも言えるだろう。

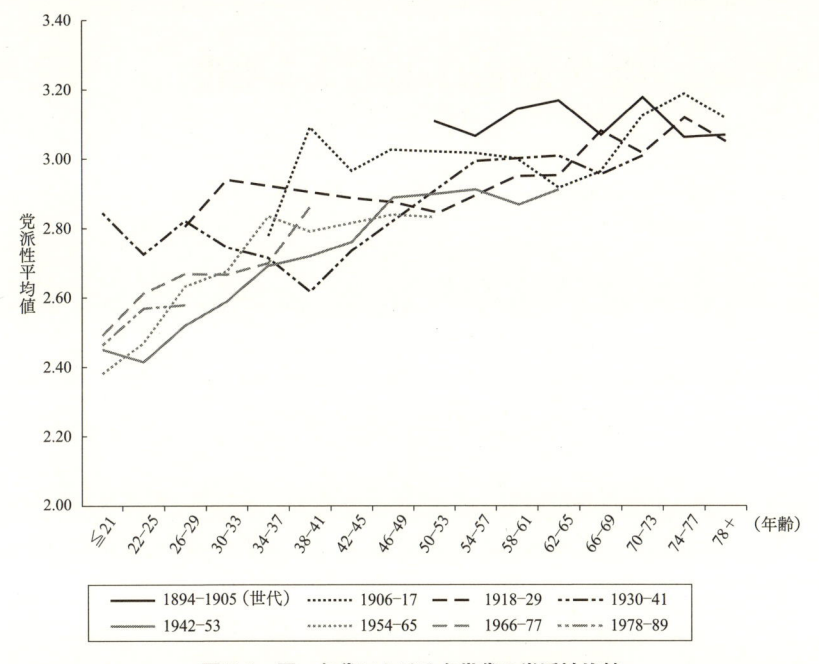

図 5-2 同一年代における各世代の党派性比較

注）American National Election Studies Cumulative File 1948-2008 から作成。
N は年齢，世代によって大きく異なるが平均で 520。N が 100 を下回った時代と年代は除外した。

党派性が減少し，政党帰属意識の確立が遅れた，つまり，政党支持が動揺しやすい世代だったと言えるだろう。このため，40代で迎えた 1980 年代の政治変化にも強く反応した。その後は，いずれかの政党に帰属意識を持ち，帰属期間に比例して，党派性が高まっていったと考えることができる。

政党解体が進んだ時期に政治参入した 1942，1954 年世代は，若年期の党派性が極めて低いが，彼らも 1980 年代以降には党派性が高まった。同一年齢で比較すると，40 代には，それ以前の世代とあまり違わなくなった。若者の党派性が低くなったのが近年の特徴と見られているが（Miller W. E., 1992），彼らも加齢によって強化されていったのである。

これらの党派性の特徴は，福音派や主流派によって異なるだろうか。宗教伝統系列別の分析も行ったが，大きな違いはなかった（結果は掲載していない）。

第2節───世代交代と転向による変化

1 世代間の政党支持格差

　本節では，以上の仮説に依拠し，各宗教伝統系列で世代間に政党支持傾向の格差が生まれ，集団としての政党支持率変化に，世代交代が影響を与えたのかどうかを分析する。

福音派

　図5-3は，福音派の世代ごとの政党支持傾向をグラフ化したものである。世代は生年で12年間の間に生まれた人々を一世代とし，同一世代の全員が投票年齢に達した年からその世代の政党支持率を記入した。Nのボリュームを確保するため2回分調査をプールし[11]，Nが50以下になった世代と時代の組み合わせは記入していない。

　このグラフは，福音派の各世代で，政党支持傾向が大きく異なっていることを鮮明に示している。福音派全体ではこの50年間に共和党化が進んだが，1929年以前生まれの2つの世代は政党支持率が極めて安定的で，強烈な民主党帰属意識を生涯捨てなかった。1960年代後半の民主党リベラル化の時代には10％程度の民主党支持率下落があるが，1918年世代では，その後ほとんど変化がない。1917年以前生まれ世代は，退職年齢を過ぎた頃から短期的な変動があるものの，民主党支持が共和党を下回るようなことはなかった。

---

11) 1962年には所属する宗教教派の調査が行われなかったため，1960年は1回分のみ。また2006年にはANES調査が実施されなかったため，2004年と2008年の二つの調査がプールされている。

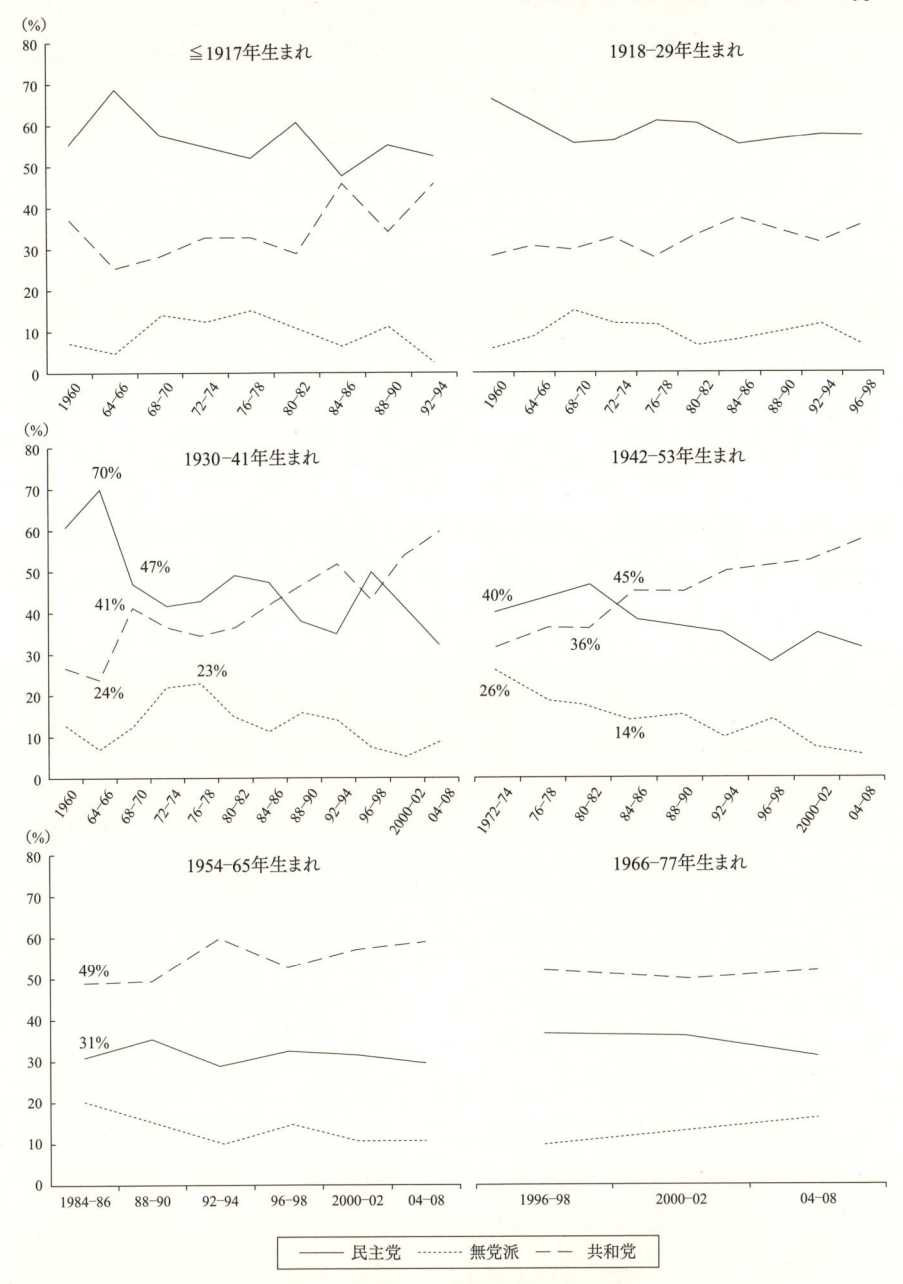

図 5-3 福音派各世代の政党支持率推移

注) American National Election Studies Cumulative File 1948-2008 から作成。
N は平均で 170。同一世代の全員が投票年齢に達した年から記入を開始、N が 50 以上の時代と世代の組み合わせを記入。

これに対して，1930年世代の政治的動揺は顕著である。投票年齢に達し政治参入した時には，親の世代と同じように強い民主党支持者だったが，民主党がリベラル化した1960～70年代には同党支持率が70％から47％へと急落した。このうち共和党に転向したのは半数程度で，残りは無党派に漂流し，無党派率は1976～78年に23％と，極めて高い率に上昇した。だが，共和党が保守化した1980年代になると，民主党支持率が再び下落し，無党派が急減して共和党支持率が上昇していく。そして，1980年代末には共和党支持率が民主党を抜き，2004～08年には6割に達した。

　1942年世代も，政党支持が長期的に大きく変化した世代である。すでに民主党のリベラル化が明確になった時代に政治参入した彼らは，その時点で民主党帰属意識が低下しており，親の世代（1918～29年生まれ）より16％少ない40％である。一方，無党派率は26％と極めて高い。この世代も1980年代の政治変動に強く反応して，共和党支持が急増し（1980～82年の36％から，1984～86年の45％），両党支持率が逆転した。この間に無党派は14％に下落した。党派性が極めて低かったこの二つの世代では，年齢が高くなっても政党帰属意識が強くならず，政党支持を変える「転向」が大規模に発生したことは疑いないだろう。

　これに対して，1954年世代は，世代の全員が投票年齢に達した1984～86年には，最初から共和党支持が49％で，民主党の31％を大きく引き離していた。彼らは，強い民主党帰属意識という福音派の伝統から，断絶した世代なのである。その後，民主党支持は比較的安定的だが，共和党支持率は増加して，あらゆる世代の中で最も共和党支持率が高い世代となった。1966年世代も同様に高い共和党支持率で参入し，支持傾向の変化はあまりない。

　同じ時代で各世代の政党支持率を比較すると，1930年世代以降とその前の世代との落差は明確である。1970年代頃から1930年世代以降の政党支持率は同じようなトレンドで変化しているが，1929年以前生まれの世代は，政治変化に動揺せず，超然として民主党を支え続けた。これだけの世代間格差が存在すれば，高齢世代が引退し，新しい世代が参入することによって，福音派全体の共和党支持率が押し上がる，強い世代交代効果が生まれてくるのは間違いない。

主流派とカトリック

　福音派以外の宗教伝統系列では，世代間で政党支持にどのような違いがあるだ

ろうか。

　図5-4は，主流派で同様の世代間格差を分析したものである。第一に，主流派では世代間の政党支持傾向の違いが，あまりないということが指摘できる。主流派でも，1930年世代は短期的な変動が大きく，1942，1954年世代は1984～86年に共和党支持が高まっているが，変動幅は大きなものでない。しかも，高齢世代も，もともと共和党支持率が高いので，世代間で両党支持率が逆転するような大きな格差は生まれなかった。

　世代間格差がなく，各世代とも支持率の長期的で大きな変動が起きなかったことが，主流派の政党支持率の安定性を生み出したと言えるだろう。

　これに対して，図5-5でカトリックの世代分析を行うと，福音派同様，世代間で大きな乖離があることが明らかである。19世紀から民主党との強い絆を持っていたカトリックでは，1929年生まれ以前の高齢世代が，福音派同様に民主党への強い帰属意識を持ち，60～70％の高い支持率が生涯続いてきた。これに対し1930，1942年世代は民主党支持率が大きく減少し，両党の支持率が接近した。

　1954年世代も，福音派同様，1984～86年に全員参入した時には，両党支持率がほぼ均衡し，その後の政党支持率は極めて安定している。これに対して，1966年世代は次第に共和党支持率が高まり，2000年代以降は2割程度の差をつけて共和党が優勢である。カトリックでは，福音派同様，世代間に大きな政党支持率格差が存在し，若い世代の方が，共和党支持率が高い。このため，高齢世代の引退と若者世代の参入による世代交代によって，カトリックの共和党支持率が上昇する効果が生まれる。

まとめ：福音派とカトリックの大きな世代間格差

　以上の分析をまとめよう。福音派で1960年代から起きた政党支持率変化に，世代交代が大きな役割を果たしていることは間違いない。高齢世代は伝統的な強い民主党帰属意識を生涯失うことなく，民主党の忠実な支持者であり続けたが[12]，1930，1942年世代は一転して政党支持が動揺した世代であり，民主党支持率が激減して共和党支持率が上昇した。彼らの影響を受けた1954年以降の世代

---

12) 政党帰属意識の安定性仮説が最初に主張されたのは，1950年代の社会調査である。この時代に人口の中心となった1929年生まれ以前世代は，政党帰属意識が特別に強い世代だった。これが，安定性仮説の根拠となるデータに影響したとも言えるだろう。

296　第 5 章　福音派変容のプロセス

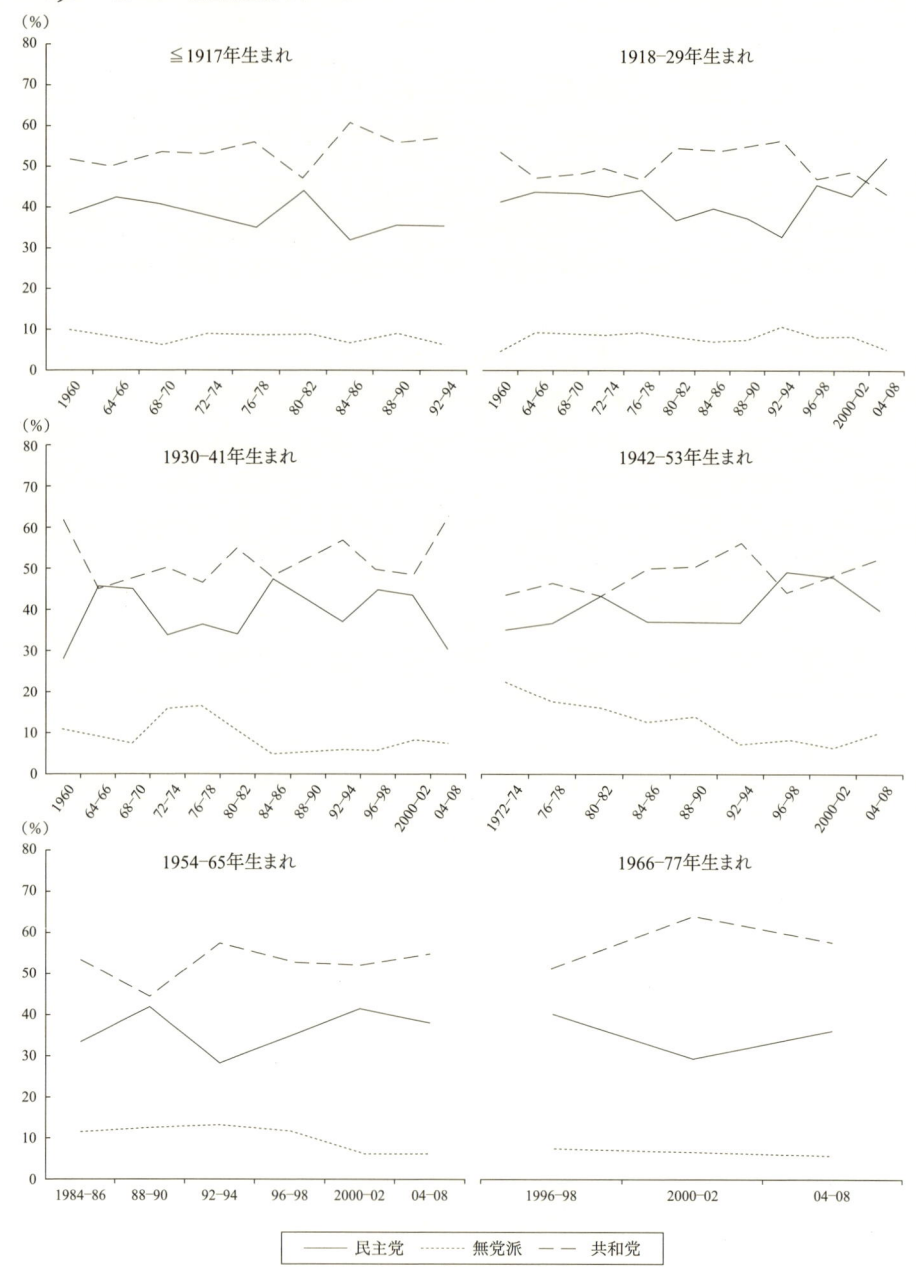

図 5-4　主流派各世代の政党支持率推移

凡例：民主党　……… 無党派　―― 共和党

注）American National Election Studies Cumulative File 1948-2008 から作成。
　　N は平均で 198。同一世代の全員が投票年齢に達した年から記入を開始，N が 50 以上の時代と世代の組み合わせを記入。

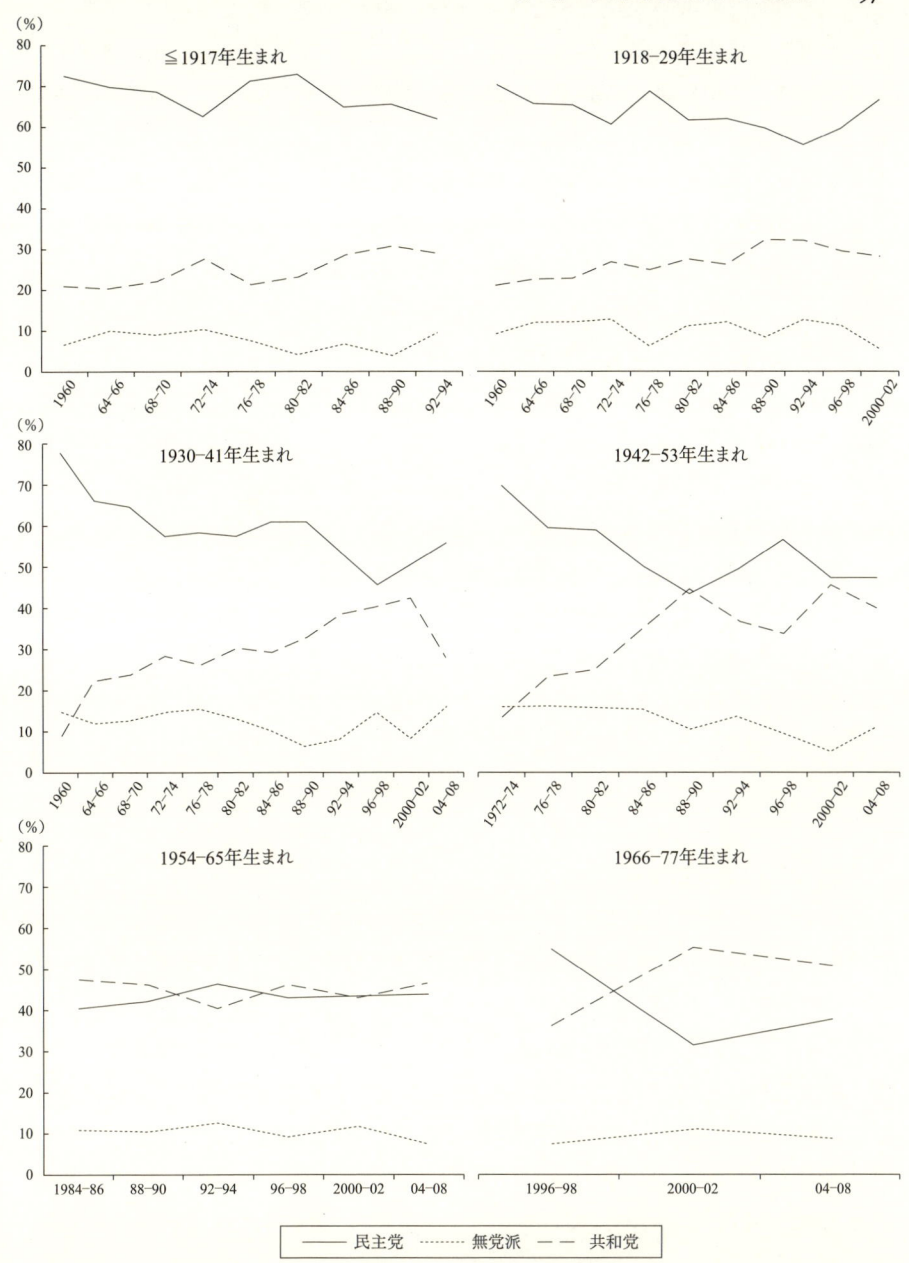

第 2 節　世代交代と転向による変化　297

図 5-5　カトリック各世代の政党支持率推移

凡例：―― 民主党　……… 無党派　― ― 共和党

注）American National Election Studies Cumulative File 1948-2008 から作成。
　　N は平均で 162。同一世代の全員が投票年齢に達した年から記入を開始，N が 50 以下になるまでの期間を記入。

は，伝統的な民主党帰属意識から断絶し，政治に参入する当初から強い共和党支持者だった。この結果，高齢者の引退と若い世代の参入によって，福音派の共和党支持率は上昇していったのである。

カトリックの変化も，福音派と同じような構造と言えるだろう。一方，主流派では，各世代の政党支持率格差は大きなものではなく，しかも支持率の変動は少ない。このため，主流派の政党支持率は50年間，ほとんど変化しなかったのである。

この変化の過程で，政党支持を変える「転向」も大規模に発生したと考えられる。福音派とカトリックの1930年世代と1942年世代では政党支持率が激変し，しかも，中高年期になっても安定しなかった。これは，同世代が若年期に政治的変動期を迎え，無党派に陥った人が多かったことから，党派性が成長せず，中高年を過ぎてからも政党帰属意識が不安定だったという説明が可能である。しかし，それ以外の世代では，政党帰属意識は比較的安定していたと言えるだろう。

転向の発生にも世代間格差が明確に存在した。高齢世代では大規模な転向があった兆候は観察されず，世代間の政党支持変化のダイナミズムは明らかに異なっているのである。

2　転向と世代交代

各世代の人口構成比

世代交代効果を考えるうえでは，各世代の人口構成比も大きな問題となる。人口比の小さな世代で，大きな支持率変化があっても全体に与える影響は大きくないからである。

表5-1では，各宗教伝統系列における世代人口比を集計した[13]。注目されるのは，戦後のベビーブーマー世代である1954年世代と1942年世代で，人口比が高いことだ[14]。福音派で，全員が投票年齢に達した年で比較すると，1960～70年の1930年世代人口比は22.2％だったのに対して，ベビーブーマー前期の1942年世代は1972～82年に27.2％，ベビーブーマー後期の1954年世代は1984～94年に

---

13) ANESは18歳以上を調査対象としており，成人人口を100％とした比率である。
14) 米人口統計局は，ベビーブーマーを1946～64年生まれとしている。

第 2 節 世代交代と転向による変化

表 5-1 世代人口構成比
(%)

宗教伝統系列／時代	世代							総計
	≦1917	1918-29	1930-41	1942-53	1954-65	1966-77	1978+	
福音派								
1960-70	44.0	24.4	22.2	9.5				100
1972-82	26.6	19.6	17.0	27.2	9.6			100
1984-94	10.3	14.3	14.8	23.5	28.9	8.3		100
1996-2008	2.0	7.6	14.1	20.3	26.7	19.8	9.5	100
主流派								
1960-70	50.0	25.2	17.6	7.2				100
1972-82	30.7	18.5	18.0	24.8	8.0			100
1984-94	15.4	17.4	16.1	23.3	22.2	5.6		100
1996-2008	2.3	13.8	14.2	20.8	24.6	17.5	6.8	100
カトリック								
1960-70	36.9	29.0	25.0	9.2				100
1972-82	21.0	20.3	18.6	29.4	10.6			100
1984-94	10.9	15.1	13.6	23.5	28.3	8.6		100
1996-2008	2.0	10.3	12.2	20.3	27.9	18.5	8.9	100

注) American National Election Studies Cumulative File 1948-2008 から作成。

28.9％で大きな人口比を占めている。カトリックの人口動態は福音派と似ているが，出産率が低下した主流派では，ベビーブーマーの人口比が，他派に比べて少なめである。

世代交代と転向による変化：福音派

人口比を確かめたうえで，世代間の政党支持率格差が，福音派全体の政党支持率変化に与えた影響の分析に移ろう。図 5-6 は，福音派人口を 100％として，民主党，共和党支持者の各世代構成比をグラフ化したものである。各年の棒グラフで中央の空白部分は無党派で，それを挟んで右側が民主党支持者，左側が共和党支持者となっている[15]。

全成人人口に占める福音派の人口比は，1960 年代からあまり変化していない（前掲図 4-7）ので，他の宗教伝統系列との間で信徒の入れ替わりがなかったと仮定した場合[16]，同一世代の民主党支持者が減少して共和党支持者が増加したのであれば，その人口分だけ民主党から共和党への転向があったと考えられる（死亡などの自然減を除く）。逆に，各世代の共和党支持人口に変化がなく，新たな世代の参入によって福音派の共和党支持率が上昇したのであれば，転向ではなく世代

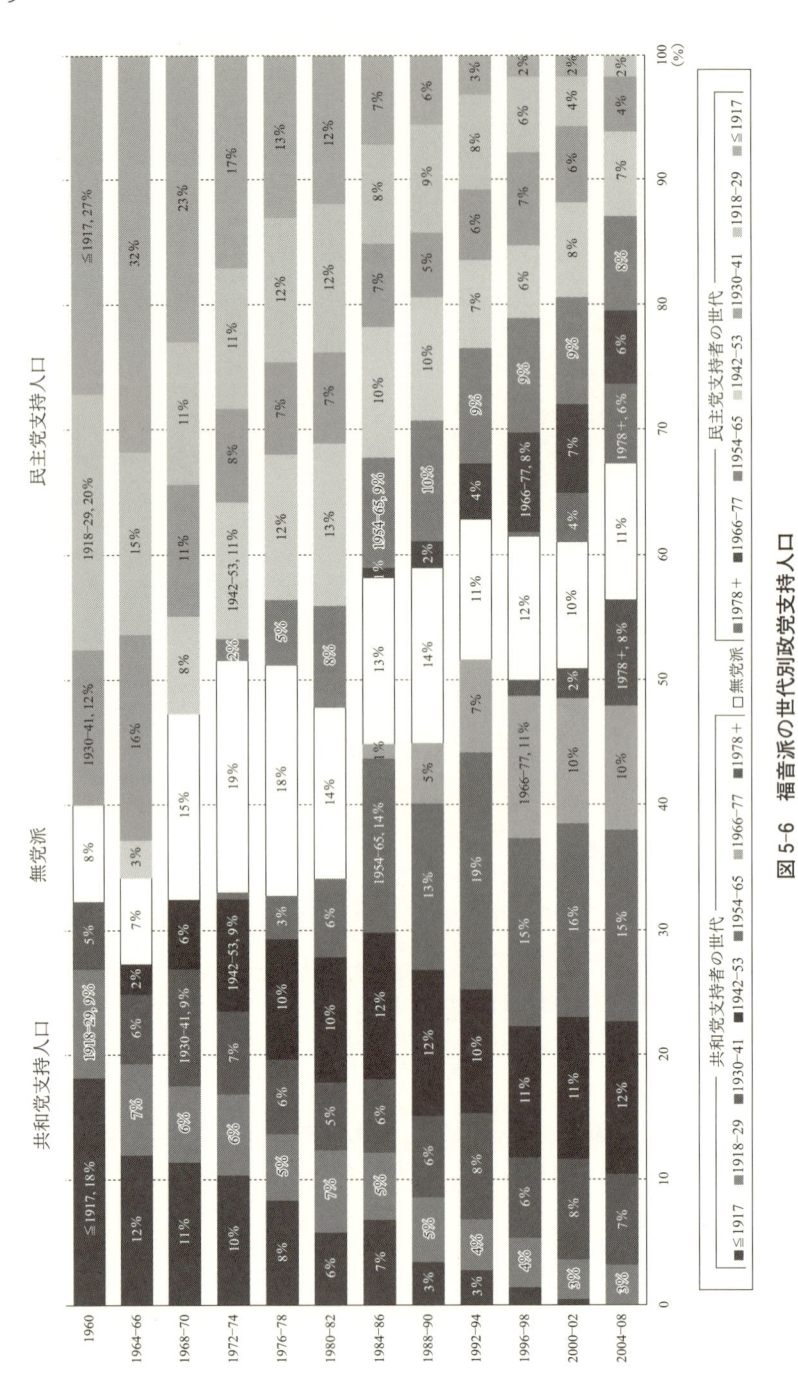

300　第5章　福音派変容のプロセス

図5-6　福音派の世代別政党支持人口

注）American National Election Studies Cumulative File 1948-2008 から作成。

第2節　世代交代と転向による変化　301

交代による支持率変化が起きたと言える。

　まず，1960～70年代の変化を見てみよう。世代別の政党支持人口を見ると，1964～70年にかけて，1930年世代は民主党が5％減り，共和党が3％増えた。これは，明らかに転向が起きたものと言える。1918年世代は，両党ともに支持人口が減少している。まだ自然減（死亡）の規模が大きくなる年代ではないので，無党派への流出が多かったと考えられる[17]。これらの変化の結果，民主党支持率は13％下落した。

　したがって，1964～70年に起きた民主党支持率減少には，1930年世代の急激な民主党からの転向や1918年世代の無党派への流出が，大きなインパクトを与えているということである。高齢世代の引退も大きな影響を与えているが，世代交代だけでは説明ができない。

　一方，1984年に起きた共和党支持率の急増はどうだろうか。1980～82年と1984～86年の変化を見ると，まだ自然減の年齢に達していない1930年世代では，民主党と共和党ともに支持人口がほとんど変化していない。その前の1918年世代は自然減が始まって，両党ともに支持人口が減少し，支持率の高かった民主党で減少幅が大きい。一方，1917年生まれ以前世代は民主党支持人口が5％減少して共和党支持人口が1％増えた。これは，民主党から共和党への転向と自然減の両方が起きた結果と考えられるが，自然減の方が大きいであろう。1942年世代は，民主党が3％減り，共和党が2％増えているので，2～3％程度の人口が民主党から共和党に転向した可能性がある。

　だが，この期間の福音派の共和党支持率上昇に最大の影響を与えたのは，1954年世代である。彼らは，1984年に全員が投票年齢になった。この時点で同世代

---

15) 図5-6～図5-8における各年代のNは右の通り。
16) 人口移動の影響については本節第4項で分析する。
17) 1917年生まれ以前世代は両党とも減少しているが，これは主に自然減（死亡）によるものだろう。一方，1942年世代は，まだ新規参入が続いていたので，両党とも増加している。

年	福音派	主流派	カトリック
1960-62	222	465	229
1964-66	592	1012	624
1968-70	737	1017	625
1972-74	997	1309	936
1976-78	937	1280	1017
1980-82	642	811	628
1984-86	903	1147	922
1988-90	884	894	792
1992-94	930	788	882
1996-98	583	574	655
2000-02	677	655	737
2004-08	601	413	482

の共和党支持人口は14％で，グラフを見ればわかるように，1984～86年の共和党支持人口増加分の大半を占めているのである。

これは，1954年世代が，各世代の中で最も共和党支持率の高い世代だったのに加えて，ベビーブーマー後期で人口比が大きかったからにほかならない。他の世代では若干の転向が起きているが，大きな効果ではなく，1984年の共和党支持率上昇は，主に世代交代効果によって生まれた変化だったのである。

特定の時代に起きた転向

では，転向の方はどのくらいの規模で起きているだろうか。明確なのは1960年代である。1930年世代は，1964～70年にかけて民主党から共和党に大規模な転向が起きた。他の世代でも転向は起きているが，1930年世代ほどではない。

次に大きな転向があったのは，レーガン政権二期目選挙で，共和党の保守政党化が鮮明になった1984～86年である。党派性が低く，政党支持率が動揺してきた1942年世代と，高齢化して政党帰属意識が不安定化した1917年以前生まれ世代でも転向が起きたと考えられるだろう。

その後に起きた大きな変化は，1954年世代の共和党支持人口が，1992～94年に大きくジャンプしたことである。これは1994年中間選挙の保守革命に反応したものだろう。だが，多くは無党派が共和党支持に移ったもので，同世代の民主党支持人口が減少しているわけではない。1996年以降は，その余韻を残しながらも安定的である。

1960年代と1980年代前半を除くと，各世代とも緩慢な共和党支持増が見られるが，変動幅は1～3％にすぎない[18]。つまり，大規模で，その後に持続した転向は1960年代と1980年代前半にしか発生しておらず，それも特定の世代に限定されていたということである。

主流派とカトリック

同じ分析を主流派で行ったのが図5-7である。主流派では，世代間の政党支持

---

18) 一世代を12年間とし，各棒グラフは4年区切りとしているため，若い世代が参入を開始した年から，一世代の全員が投票年齢となる年まで，各棒グラフでは世代の3分の1ずつの人口が増えていくが，この間の変化は意味を持っていない。世代の特徴が示されるのは，全員が投票年齢に達した年以降である。

率格差が生まれなかったうえに，各世代とも政党支持傾向が安定的だった。各世代の政党支持人口は，この特徴をはっきりと示しており，民主党，共和党とも高齢世代の引退者と，若者世代の新規参入がバランスされて，全体の政党支持率は変化があまりない。そして，多くの世代の政党支持人口の変動は，1960年代も含めて1～3％程度である。

　カトリック（図5-8）は，福音派と同じように，この50年間に民主党支持が減少してきた。こちらも1960～70年代には1930，1942年世代の政党支持が動揺しているが，1980年代以降の変化は，やはり人口比の大きな1954年世代の参入が，最も強い影響を与えている。その時代以降，政党支持人口の変化は少なく，安定的である。

まとめ

　以上の分析をまとめよう。福音派の1960年代の政党支持率変化は，1930年世代を中心に，民主党から共和党への大規模な転向が起きた結果である。これに対して，1980年代の変化は，共和党支持率が高く人口比も大きな1954年世代の参入による，世代交代が主な原因で発生した。

　主流派では引退と参入がバランスし，全体の政党支持率変化は起きなかった。カトリックは福音派と同じような経過をたどってきた。

　一方，1960年代と1980年代前半に，各世代で比較的大きな転向があったが，この二つの時代以外では，大きな変化はあまり起きていない。つまり民主党のリベラル化と共和党の保守化という，両党の明確な政策立場の変化が起きた時には，大規模で持続的な転向が発生したが，それ以外の時代では転向は緩慢にしか起きなかったということである。

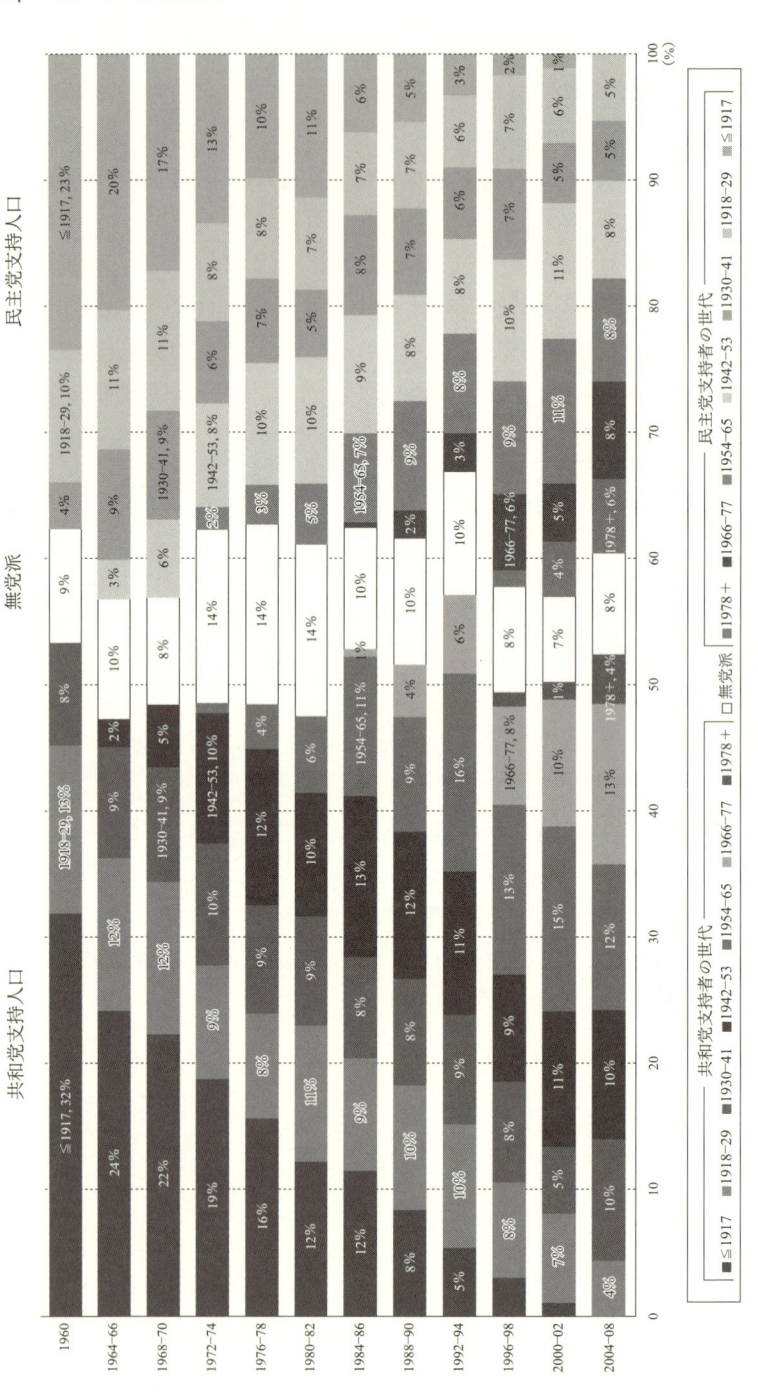

304　第5章　福音派変容のプロセス

図 5-7　主流派の世代別政党支持人口

注）American National Election Studies Cumulative File 1948-2008 から作成。

第 2 節　世代交代と転向による変化　305

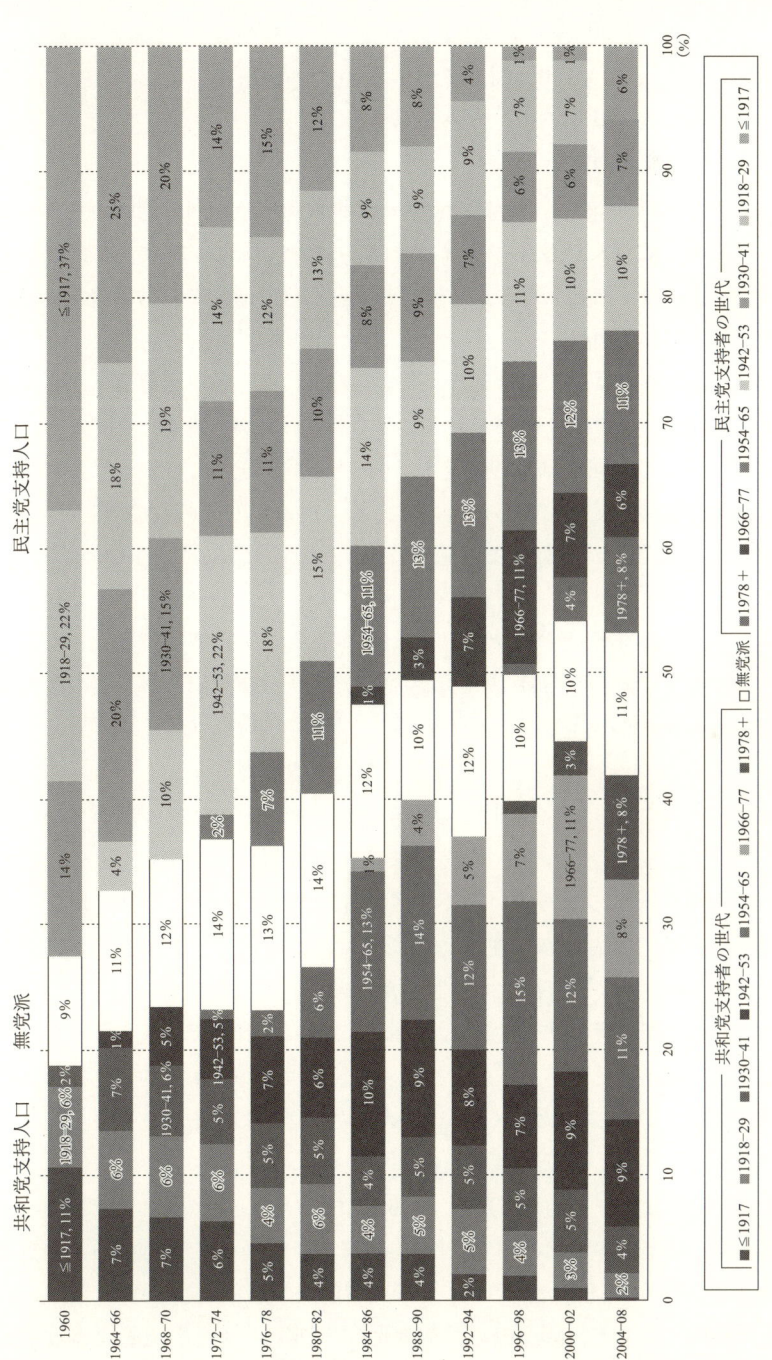

図 5-8　カトリックの世代別政党支持人口

注）American National Election Studies Cumulative File 1948–2008 から作成。

3 世代格差が生まれた理由

世代による争点態度の違い

　前項で，福音派が共和党化したプロセスを，世代交代と転向の側面から説明した。政党支持率と政党支持変化のダイナミズムは世代によって大きな格差があり，それが福音派の変化をもたらしたのである。それでは，この世代格差はどうして生まれたのだろうか。

　最初に考えられるのは，共和党支持が高まった世代は，各争点態度やイデオロギーが保守的だったのではないかということである。だが，表5-2を見ると，この仮説は否定される。同表は，1960年代からの主要な争点に対する，各宗教伝統系列の世代別争点態度を比較したものである。1960〜70年時代の福音派では，1929年以前生まれ世代が忠実に民主党支持を続けたのに対して，1930年世代は民主党のリベラル化に反発して同党から離反していった。しかし，この時代の福音派を見ると，1930年世代と1929年生まれ以前世代の争点態度には大きな違いがない。しかも，人種問題では1930年世代の方がリベラルである。この争点態度では，1930年世代が民主党離れしていったことは説明できない。

　次に福音派の1984〜94年を見てみよう。主要争点であるニューディール，軍事，倫理問題すべてで，1954年世代は保守派が少なく，リベラル派が多い。さらに1954年世代のイデオロギーの欄を見ると，保守派が46.9％で，それ以前の世代よりも1割も低いのである。ところがこの時代では，1954年世代が最も共和党支持率が高く，1929年以前生まれの高齢世代は依然として民主党支持率が高かったので，やはり，争点態度では説明ができないのである。

　一般的に若者は高齢者よりリベラルであり，ここに現れた両世代の争点態度は不思議なものではない。だが，そのリベラルな若者世代が，保守的な立場を鮮明化した共和党への支持を強めていったことの説明が必要である。

若い世代のイデオロギー的政党選択：1960年代

　争点態度は，福音派各世代の政党支持を説明していなかった。むしろ，焦点を当てるべきは，前章で述べたように，1960年代の福音派に見られる"ねじれ"た政党支持傾向であろう。福音派の共和党化は，"呪縛"とも言えるような強い

第2節 世代交代と転向による変化

表 5-2 争点態度の世代比較

(%)

宗教伝統系列	時代	世代	ニューディール争点		軍感情温度		人種問題		中絶問題		イデオロギー	
			リベラル	保守	低い	高い	リベラル	保守	容認	反対	リベラル	保守
福音派	1960-70	≦1929	41.1	46.0	23.3	76.7	32.8	67.2			16.1	39.0
		1930-53	37.8	47.9	27.2	72.8	40.5	59.5			12.2	39.8
	1972-82	≦1929	27.1	49.3	18.2	81.5	24.4	75.6			11.8	58.4
		1930-53	21.4	55.7	35.7	64.3	30.9	69.1			11.9	53.4
	1984-94	≦1929	23.9	54.2	21.6	78.1	15.1	52.5	35.5	64.5	18.9	55.9
		1930-53	20.9	59.6	33.0	66.8	13.4	60.6	39.4	60.6	14.0	56.3
		1954+	29.8	47.3	39.1	60.0	19.4	57.1	39.2	60.8	17.5	46.9
	1996-2008	≦1929	25.4	41.5	13.4	86.2	16.9	48.7	36.3	63.7	20.1	54.2
		1930-53	16.5	63.5	15.7	83.5	11.1	68.3	35.0	65.0	15.1	59.2
		1954+	25.4	56.1	21.7	77.2	11.1	65.8	41.2	58.8	17.9	50.6
主流派	1960-70	≦1929	33.5	54.8	29.0	70.5	40.6	59.4			18.0	45.4
		1930-53	30.9	56.0	37.1	62.7	50.9	49.1			22.6	42.0
	1972-82	≦1929	15.9	59.9	28.9	71.1	32.3	67.7			14.0	58.5
		1930-53	19.7	56.8	50.3	49.5	44.2	55.8			21.8	46.1
	1984-94	≦1929	16.5	57.2	35.3	63.6	16.7	50.2	61.6	38.4	22.2	51.7
		1930-53	21.4	56.3	43.2	55.9	19.8	51.2	73.5	26.5	24.0	50.4
		1954+	27.8	51.9	50.9	48.3	20.4	54.8	72.0	28.0	27.2	41.7
	1996-2008	≦1929	19.7	55.2	16.9	82.8	17.8	58.4	58.2	41.8	21.2	51.7
		1930-53	19.3	59.0	21.9	77.2	16.5	58.3	67.4	32.6	24.2	47.9
		1954+	28.0	57.2	29.4	69.6	14.3	60.9	71.2	28.8	27.3	41.4
カトリック	1960-70	≦1929	46.6	43.2	29.6	70.1	46.1	53.9			25.6	39.5
		1930-53	44.7	41.7	32.0	68.0	53.4	46.6			25.2	34.9
	1972-82	≦1929	28.4	48.5	28.3	71.5	35.4	64.6			18.7	47.8
		1930-53	27.7	48.7	48.2	51.1	43.6	56.4			23.9	42.1
	1984-94	≦1929	25.4	47.5	35.3	64.3	24.2	47.5	41.6	58.4	27.8	42.2
		1930-53	28.6	46.7	38.4	60.1	23.1	44.8	56.4	43.6	30.6	41.9
		1954+	34.0	46.0	45.9	52.9	23.0	49.2	62.4	37.6	30.3	37.0
	1996-2008	≦1929	22.0	53.3	22.5	76.5	20.1	54.0	35.8	64.2	27.4	44.3
		1930-53	21.9	51.5	23.7	75.3	15.9	58.4	52.8	47.2	24.6	42.5
		1954+	29.7	51.1	29.8	69.3	17.5	58.0	63.1	36.9	26.0	37.5

注) American National Election Studies Cumulative File 1948-2008, 1960, 1964, 1968 ファイルから作成。
ニューディール争点は「政府雇用保証」で 1960 年＝600054, 1964 年＝640097, 1968 年＝680066, 1972 年以降＝VCF0809。軍感情温度（0～97度）は、61～69度を平均として、それ以上と以下の3段階で尺度を作成。人種問題は 1978 年まで「人種隔離」で VCF0815, 1984 年以降は「黒人支援」で VCF0830。中絶問題は 1988 年まで VCF0837, 1990 年以降は VCF0838。イデオロギーは感情温度（VCF0801）で 45～53 度を「穏健」とし、それより保守／リベラルで3分類。いずれも、中間や穏健派は表示していない。

民主党帰属意識が衰退することによって進行してきたのだった。それでは，その変化に世代的な特徴はあるのだろうか。

表 5-3 は，1960〜82 年における，各宗教伝統系列の世代別政党支持率を比較したものである。各世代の総人口を 100% とし，「どちらの政党がより保守的か」という質問 (VCF0502) に対して，「共和党が保守的」と答えた人と，「民主党が保守的」もしくは「差異がない，わからない」と答えた人に分けて各政党支持人口比を集計した。保守派，リベラル派はイデオロギー感情温度に基づくものである。イデオロギーに整合的な政党選択が行われれば，「共和党が保守的」と認識して保守派に好感情を持つ人は，共和党を支持するであろう。

だが，1960〜70 年の福音派で，1929 年以前生まれの高齢世代では，共和党を保守政党と認識し保守派に好感情を寄せる人でも，民主党支持が 32.3% で共和党の 23.6% を大きく上回るという非整合的な政党選択が行われている。これは全国民共通の世代的特徴ではなく，主流派の同世代保守派は，共和党支持が 54.5%，民主党が 16.0% というイデオロギーに整合的な政党選択だった。カトリックも特殊な民主党帰属意識のある集団だが，共和党支持が若干上回っており，福音派よりは民主党の呪縛が少ない。

一方，福音派でも，1930 年世代は高齢世代のような民主党の呪縛にとらわれていない。共和党支持は 41.2% で，民主党の 16.9% をはるかに上回る整合的な政党選択だった。つまり民主党の呪縛は，福音派でも高齢世代だけに作用していたのである。

それでは，福音派の両世代は，はじめから政治意識が全く異なっていたのだろうか。前掲図 5-3 で世代別の政党支持率を振り返ると，1930 年世代も，1964〜66 年には民主党支持率が 70% と極めて高い。彼らも，1964 年段階では，高齢世代同様に非整合的な民主党帰属意識があったと考えられる[19]。だが，4 年後の 1968〜70 年になると，1930 年世代の民主党支持率は 47% に激減した。つまり，両世代の意識格差は，1960 年代に突然発生したのである。

---

19) 本来，1964〜66 年と 1968〜70 年の二つの時代別に，イデオロギーと政党支持の乖離を分析して比較すべきであろう。しかし，期間を限定すると N が少なく（1964〜68 年では 14 ケースだけ）なり，分析は不可能だった。いずれにしろ，民主党支持率が 70% あったということは，保守的な人でも多くが民主党を支持する"ねじれ"構造がなければ生まれてこない。

第 2 節　世代交代と転向による変化　309

表 5-3　イデオロギー，世代別の政党認識と政党支持（1960～82 年）

宗教伝統系列	イデオロギー[†2]	時代／世代	政党差異の認識[†1]						総計（％）	N
			共和党が保守			民主党が保守／差異なし				
			民主党（％）	無党派（％）	共和党（％）	民主党（％）	無党派（％）	共和党（％）		
福音派	保守	1960-70								
		≦1929	32.3	8.2	23.6	22.3	4.5	9.1	100	220
		1930-53	16.9	4.4	41.2	19.9	8.8	8.8	100	136
	リベラル	≦1929	40.0	6.3	10.5	31.6	4.2	7.4	100	95
		1930-53	25.7	2.9	11.4	34.3	11.4	14.3	100	35
	保守	1972-82								
		≦1929	29.9	6.6	28.7	24.8	3.6	6.3	100	148
		1930-53	13.9	7.7	35.9	20.6	11.8	10.1	100	126
	リベラル	≦1929	59.6	0.0	12.8	12.8	4.3	10.6	100	21
		1930-53	36.7	8.3	16.7	23.3	3.3	11.7	100	25
主流派	保守	1960-70								
		≦1929	16.0	3.7	54.5	13.2	1.8	10.8	100	455
		1930-53	13.2	3.8	52.2	18.7	2.7	9.3	100	182
	リベラル	≦1929	52.6	4.0	16.6	16.0	1.7	9.1	100	175
		1930-53	57.1	4.4	13.2	16.5	2.2	6.6	100	91
	保守	1972-82								
		≦1929	11.3	4.8	61.7	11.7	1.0	9.5	100	229
		1930-53	16.8	5.2	53.8	6.9	6.6	10.7	100	159
	リベラル	≦1929	56.7	7.8	17.8	11.1	2.2	4.4	100	42
		1930-53	49.1	7.4	22.3	10.9	5.7	4.6	100	75
カトリック	保守	1960-70								
		≦1929	31.4	4.8	32.4	25.2	3.3	2.9	100	210
		1930-53	13.9	3.5	29.6	37.4	9.6	6.1	100	115
	リベラル	≦1929	51.6	3.3	10.7	30.3	1.6	2.5	100	122
		1930-53	50.0	1.1	12.0	26.1	6.5	4.3	100	92
	保守	1972-82								
		≦1929	25.8	2.8	40.3	26.6	0.8	3.6	100	113
		1930-53	21.6	4.8	34.6	26.0	5.8	7.2	100	128
	リベラル	≦1929	51.5	7.2	12.4	26.8	0.0	2.1	100	43
		1930-53	68.4	5.7	8.6	14.4	2.9	0.0	100	75

注）American National Election Studies Cumulative File 1948-2008 から作成。
　†1：「どちらの政党がより保守的か」とする質問（VCF0502）に対する回答。†2：保守／穏健／リベラルはイデオロギー感情温度（VCF0801）で 45～53 度を「穏健」とし，それより保守／リベラルで 3 分類。穏健派は表示していない。

　表 5-3 に戻り，次に 1972～82 年を見ると，高齢世代でも「共和党が保守」と認識する保守派では，民主党支持率が若干下がって両党が拮抗する。それでも 1930 年世代と比較すると，はるかに非整合的な選択である。同時に，高齢世代の「民主党が保守／差異なし」層は依然として圧倒的な民主党支持者であり，高

齢世代全体では，高い民主党支持率が変化しないのである。

　以上の分析は次のようにまとめられる。福音派で1929年以前生まれの高齢世代は，民主党の"呪縛"にとらわれ続けていたのに対して，1930年世代は，1960年代に呪縛から覚醒し，イデオロギーに整合的な政党選択を始めた。この結果，1930年世代全体の政治意識は高齢世代よりリベラルだったにもかかわらず，民主党を支持していた"ねじれ"保守派が，イデオロギーに沿って共和党支持に向かうようになったために，共和党支持率が高まったのである。1960〜70年代における両世代の政党支持変化の違いがここから生まれてきたことは疑いない。

福音派伝統の断絶：1980年代

　この世代間格差は1980年代にも続いている。表5-4は，同じ集計を1980年代以降について行ったものである。保守的な福音派の1984〜94年を見てみよう。この時代になると，1929年生まれ以前の高齢世代でも，「共和党が保守」と認識している保守派の共和党支持人口は43.1％にまで上昇して，イデオロギー的な選択が明確になっている。だが，「民主党が保守／差異なし」層では民主党帰属意識が強く残っており，高齢世代全体では高い民主党支持率に大きな変化はない。

　だが，この年に全員が政治参入した1954年世代は，福音派伝統の民主党帰属意識から，完全に断絶していた。この世代の「共和党が保守」層の保守派は，共和党支持が58.1％と高いだけではなく，民主党支持は5.5％にまで減少し，ほぼ完全にイデオロギー的な政党選択を行うようになったのである。

世代間格差が生まれた理由：「社会経済的属性からの説明」

　それでは，どうして1929年生まれ以前の高齢世代には民主党の呪縛が続き，1930年世代は，イデオロギー的な政党選択が強まっていったのだろうか。

　一つの説明は，両世代の社会経済的属性の違いである。表5-5を見ると，1960〜66年における高齢世代の高卒が43.8％だったのに比べて，1930年世代は69.9％に上昇し，教育レベルの向上が著しい。一方，1930年世代は都市居住者の比率が高く，所得階層も中間層の上昇が著しい。こうした社会経済的属性の変化は，いずれも，1930年世代が，より主体的で合理的な政治判断を行うようになった背景を説明するものである。

表 5-4 イデオロギー，世代別の政党認識と政党支持（1984〜2008 年）

宗教伝統系列	イデオロギー	時代／世代	政党差異の認識						総計（%）	N
			共和党が保守			民主党が保守／差異なし				
			民主党（%）	無党派（%）	共和党（%）	民主党（%）	無党派（%）	共和党（%）		
福音派	保守	1984-94								
		≦1929	15.8	3.6	43.1	27.6	1.4	8.5	100	141
		1930-53	14.4	4.4	56.0	11.5	5.1	8.7	100	252
		1954 +	5.5	5.0	58.1	13.0	5.5	12.9	100	201
	リベラル	≦1929	33.0	0.0	16.5	40.3	4.8	5.3	100	42
		1930-53	37.0	14.2	12.7	21.9	6.4	7.9	100	63
		1954 +	30.7	4.2	12.8	22.7	6.9	22.5	100	71
	保守	1996-2008								
		1930-53	8.6	2.1	73.3	7.5	1.2	7.4	100	123
		1954 +	4.7	2.9	72.0	9.7	3.1	7.5	100	153
	リベラル	1930-53	44.8	0.0	7.2	28.6	13.5	5.9	100	24
		1954 +	38.6	10.0	13.7	17.4	8.2	12.1	100	71
主流派	保守	1984-94								
		≦1929	9.1	1.9	60.1	14.0	4.8	10.1	100	209
		1930-53	9.0	3.2	62.4	13.4	1.5	10.5	100	277
		1954 +	8.2	5.7	52.6	17.0	2.6	14.0	100	158
	リベラル	≦1929	37.7	3.4	20.2	23.4	2.5	12.9	100	85
		1930-53	51.2	5.2	8.7	18.4	2.6	13.9	100	115
		1954 +	53.8	3.6	11.0	10.0	4.4	17.2	100	110
	保守	1996-2008								
		1930-53	7.0	1.6	75.1	7.6	3.8	5.0	100	73
		1954 +	6.1	0.8	78.4	8.3	1.6	4.8	100	70
	リベラル	1930-53	75.2	0.0	15.0	3.0	0.0	6.8	100	34
		1954 +	76.4	2.4	10.2	8.0	0.0	2.9	100	50
カトリック	保守	1984-94								
		≦1929	17.2	4.1	41.8	28.9	2.9	5.0	100	100
		1930-53	16.6	4.8	52.6	15.3	2.7	8.0	100	188
		1954 +	8.1	3.7	52.4	18.9	7.5	9.4	100	147
	リベラル	≦1929	43.0	0.0	8.7	32.5	4.2	11.5	100	68
		1930-53	54.4	3.0	9.6	24.1	3.6	5.2	100	134
		1954 +	45.5	4.9	11.4	26.0	3.3	8.9	100	123
	保守	1996-2008								
		1930-53	8.4	1.3	66.3	16.7	5.9	1.4	100	73
		1954 +	7.7	1.8	68.9	9.3	6.1	6.1	100	90
	リベラル	1930-53	85.6	0.0	2.4	8.0	1.7	2.4	100	39
		1954 +	64.5	5.5	13.8	12.4	2.0	1.9	100	60

注）American National Election Studies Cumulative File 1948-2008 から作成。

表 5-5　福音派世代の社会経済的属性

(%)

	教育レベル			都市化(Urbanism)			所得階層				
	中卒以下	高卒	大卒以上	都市	郊外	農村	低所得層	中低層	中間層	中上層	高所得層
≦1929											
1960-66	45.6	43.8	10.6	11.8	18.5	69.7	26.4	21.0	24.4	25.1	3.1
1968-74	43.5	43.2	13.4	16.7	18.4	64.9	31.4	18.5	30.4	16.9	2.7
1930-53											
1960-66	11.3	69.9	18.8	17.1	21.0	61.9	8.7	16.1	43.3	29.9	2.0
1968-74	10.5	62.9	26.6	17.9	31.0	51.1	6.6	13.3	50.0	27.4	2.6

注）American National Election Studies Cumulative File 1948-2008 から作成。
　　所得階層は低所得層（全人口の 0 to 16 percentile），中低層（17 to 33 percentile），中間層（34 to 67 percentile），中上層（68 to 95 percentile），高所得層（96 to 100 percentile）。

しかし，社会経済的属性は急激に変化するものではない。1930 年世代で，1964～70 年の短期間に民主党支持率が激減し，高齢世代では変化がなかった理由を説明することにはならないのである。

集団の政治文化は，その集団に外国からの移民など異質な人口が大量に流入するなどして，人口構成が大きく変わった場合にも変化するであろう[20]。1960 年代の福音派，特に 1930 年世代でそのような人口変化が起きただろうか。

1960 年代は移民が制限されていた時期であり，福音派の人口構成を変えるような大規模な移民の流入が起きたとは考えられない。一方，この時期には，南部の経済開発が進んだことによって，北部から多くの人口が南部に流入し，その多くがビジネスマンだった。これは共和党支持率を高める要因となるものである。だが，その影響が 1930 年世代に限定的に現れ，しかも，わずか 6 年間に急激な変化を与えたという解釈は困難であろう。

世代間格差が生まれた理由：「政党帰属意識の理論からの説明」

社会経済的属性からは，世代間格差が生まれた理由は説明できなかった。この格差の発生理由を説明できるのは，本章第 1 節第 2 項で述べた政党帰属意識に関する諸仮説とそこから導いた推論である。

---

20) 近年のカトリック全体を見ると，ヒスパニック系人口が大量に流入してきたことによって，宗派の性格が大きく変わってきたことなどが，その典型的な例である。

1929年以前生まれの高齢世代と1930年世代の意識乖離は，1960年代の政治変動の時期に生まれている。1930年世代も，政治変動が起きる前の民主党支持率は70％と異常な高率で，強い民主党帰属意識を継承していた。だが，1930年世代は，まだ多くの人が若く，高齢世代に比べれば同党への心理的愛着心は強くなかったであろう。彼らは，その若年期に，民主党が鮮明なリベラル政党に変わり，かつ人種隔離主義を放棄するという政治的事件に直面した。それは，リベラル派にとっては歓迎すべき事態だっただろうが，保守派でありながら民主党を支持していた多数の"ねじれ"支持者にとっては民主党の"裏切り"にほかならない。このため，彼らの民主党への愛着心は急速に冷えていったと考えることができる。それが，1960年代におけるこの世代の急激な民主党支持率減少となって現れた。一方で，高齢世代はすでに政党帰属意識が確立していたために，民主党の政策変化が起きても，簡単には支持政党は変わらなかった。つまり，政治変化の時代を若年期で迎えるか，中高年期で迎えるかによって，政治意識の格差が生まれてきたのである。

　こうして，1930年世代が民主党から離反すると，福音派コミュニティーの中では，絶対的だった民主党の権威が崩れ始める。次の1942年世代はその影響を受けて，弱い民主党帰属意識で政治参入を始めた。彼らは政治に参入した当初から，民主党支持率が低下傾向にある。だが，当時の共和党は，まだ鮮明な保守政党になっていないので，保守的な人にとっても魅力のある政党ではない。その結果，この二つの世代では無党派が急増した。一方，高齢世代の党派性は強いので，彼らのイデオロギーは保守的であるにもかかわらず，民主党がリベラル化した後も同党への支持は強い。

　1954年世代は，1930年世代の子供の世代である。彼らの成長期には，家庭の中で民主党帰属意識の世代間伝達はあまり行われなかったであろう。そして，福音派コミュニティーの中で，すでに民主党は特別な存在ではなくなっていた。その結果，1954年世代は福音派の伝統的な民主党帰属意識から断絶された世代で，自分のイデオロギーと異なる民主党に愛着心を持つというような初期バイアスはあまりなかった。同時に，彼らの世代では教育レベルもさらに向上している。

　その彼らが政治に参入した1980年代に，共和党はレーガン政権が誕生して明確な保守政党に転換した。その結果，1954年世代の保守的な人は，政治参入した当初から，ほとんど民主党の"呪縛"にとらわれることなく，共和党支持に向

かったのである。この世代は，全体の人数では前世代に比べてリベラル派が多かったが，保守的な人が，福音派の伝統と断絶してイデオロギーに沿った政党選択を行えば，前世代より共和党支持率が高まっていくのである。ベックの言う「政党再編成から三代目の世代」と同じような環境にあったと言えるだろう。

一方，1930年世代や1942年世代は，若年期に無党派に漂流していった人が多かった。無党派である限り，年齢が高くなっても党派性が強まるわけではない。このため，彼らは1980年代の政治的事件，つまり共和党の保守化を中高年期に迎えたにもかかわらず，党派性の確立していない青年期のように強く反応して，共和党支持率が上昇していった。この世代は，政党帰属意識が動揺する世代だったのである。

まとめ

福音派で，世代間の大きな政党支持率格差が生まれたのは，世代間の争点態度やイデオロギーの違いではなく，若い世代が，自らのイデオロギーに沿った政党選択を始めた結果だった。そして，彼らが民主党から離反したきっかけは，1960年代の民主党リベラル化と激しい政治動乱である。同じ政治的事件に対する反応が，世代間で異なった理由は，高齢者は政党帰属意識が確立していたので，容易には支持政党が変わらなかったのに対して，若年期に政治動乱を迎えた世代は，政党帰属意識が動揺し，イデオロギーに沿って支持政党を選んだという説明が可能である。つまり，政治変動の時代を，ライフサイクルのどの時期で迎えたかということで，世代間に政党帰属意識の格差が生まれたのである。

そして，1930年世代の変化によって，福音派では，伝統的な民主党帰属意識の世代間継承が弱まり，その子供世代にあたる1954年世代では政党帰属意識に対する初期バイアスが低下していた。その結果，この世代は，1980年代のレーガン政権誕生による共和党の政策変化に敏感に反応して，保守的な人は自らのイデオロギーに従って同党支持に回った。こうして，彼らは最も共和党的な世代となっていったのである。すなわち，福音派の共和党化は，1960年代から始まる世代交代の長い歴史的プロセスの結果であり，1980年代に宗教右派活動が活発化したことで共和党支持が高まったという単純なプロセスではないのである。

4　人口移動

教会を移動する理由

　これまでの分析は，宗教伝統系列を人口移動のない閉鎖的なコミュニティーとして扱ってきた。しかし，人生の途上で教会を変える人は少なくない。福音派から流出し，あるいは流入する人の政党支持が特定の傾向を持っていれば，福音派全体の政党支持率に影響を与える可能性がある。教派間の人口移動の実態に関するデータは極めて乏しく，正確な動向を把握するのは困難だが，手に入るデータから，その影響を確かめておこう。

　アメリカ人が教会を変える理由は何だろうか。多くの子供は，成人後も家族が所属していた教会をそのまま継承する。だが，大学入学や就職などで独立して家庭を出た時には，いったん教会に通う習慣がなくなることが多い。その後，結婚し子供ができると再び教会に通うようになるが，夫婦の教派が異なる場合は，どちらかが改宗して一つの教会に通うのが通常のパターンである。教会を移動する理由は，こうしたライフサイクルのイベントが大多数を占めるとされる（Green & Guth, 1993, p. 101）。一方で，約3000の教派が林立する米国では，各教派が信者獲得のために激しい競争を繰り広げている。このため，自らの好みにあった教会を選んで "church shopping"[21]を続ける人が増えてきたのも近年の傾向である（Atwood, Frank, & Samuel, 2005）。

　さらに，教派の離合集散によって人口移動が起きる可能性もある。第3章で述べたように1960年代以降も，教派統合や分裂などの動きが存在した。これによって，保守的な教会が信徒とともに福音派に移行していけば，福音派の政党支持傾向にも影響を与えるだろう[22]。もっとも，各教派が報告する信徒数は信頼に足る数字ではないので[23]，細かな教派の離合集散による人口移動規模を正確に把握するのは，ほぼ不可能である。

---

21) Amy Sulliban, "Church-Shopping : Why Americans Change Faiths," *Time*, April 28, 2009.
22) 分派教派は Presbyterian Church in America のように30万人以上の信徒を抱えた大規模な教派もあるが，多くは少数教派であり，この分派運動で移動した信徒数を過大評価することはできない（Wuthnow, 1988）。
23) 教派が発表する信徒数には，統一的な計算方法がないため，一時的な信徒が含まれているなどして過大に報告されるケースが多い（Hout, Greely, & Wilde, 2001, p. 479）。

近年，米宗教界の歴史的な変化として注目されている無宗教の増加も，大きなインパクトを与えている可能性がある。1960年代には1％程度だった無宗教人口は，2000年代には2割近くに増加した。この理由としては，宗教の政治化を嫌った信徒が，組織的宗教への参加を拒むようになったためだとする指摘が少なくない。ハウトとクロード・フィッシャー（Claude Fischer）は，無宗教の人の神に対する意識を調査した結果，純粋な無神論者や不可知論者は約3分の1にすぎず，多くの人は信仰を持っているが組織的教会に所属しない"教会を持たない信仰者（unchurched believer）"であることを明らかにした。そして，彼らは，宗教右派運動に反発し，教会の保守的なイメージに自己同一化することを躊躇した人々であると主張している（Hout & Fischer, 2002, p. 188）[24]。

人口移動の規模

教派間の人口移動分析に利用できるのは，GSSが調査している「16歳時の所属教派（変数名：Relig16, Denom16）」であり，長期にわたる変化を知ることのできるデータとしては，ほとんど唯一のものである。16歳時の所属教派とは，成長時に両親とともに通った教会のことであり，この質問に対する回答と調査時点での教派帰属（変数名：Relig, Denom）を比較することによって，両親の教会を受け継いだのか，それとも成長後に教派を変えたのかを調べることができる[25]。

表5-6は両変数を利用して，16歳時の宗教伝統系列別に，調査時点でどの系列に帰属しているか集計したものである。これを見ると，主流派から福音派に流出した人は1970年代には12％程度であるが，1984年に17％に増加したのち，その高い比率が基本的に維持されている。これに対して，福音派では1970年代に比較して1980年代以降は主流派への流出が減少しているのが特徴である。かつては，社会的地位があがると，エリートの教派である主流派に改宗する人が少

---

24) さらに，自分が無宗教であることを公言できるような社会風潮が生まれてきた，ということも考えられるであろう。かつて米国では，「信仰心がない」というのはマイナスのイメージであり，自らを「無神論者だ」と公言するのがはばかれる風潮があった。そうした雰囲気は，近年は薄くなってきており，「無神論」を公言することに大きな抵抗がなくなってきたということも考えられる。

25) この分析の限界は，16歳時と調査時点の比較しかできないことであり，途中で何度も教派を変えたり，もとの教派に戻ったりした移動は把握できない。もっとも，一生涯に何度も教派を変える人はそれほど多くはないと考えられる。一方，16歳時の教派については記憶が曖昧で，不正確な回答となっていることも十分予想される。

表 5-6　宗教伝統系列からの流出

16歳時	時代	調査時点での宗教伝統系列				N
		主流派(%)	福音派(%)	カトリック(%)	無宗教(%)	
主流派	1972-75	76	12	4	5	1233
	1976-79	76	12	5	4	1213
	1980-83	73	14	6	4	1202
	1984-87	70	17	6	5	1197
	1988-91	68	18	5	5	1158
	1992-95	67	14	5	7	842
	1996-99	66	16	5	8	962
	2000-03	62	17	5	9	850
	2004-07	63	18	5	10	781
福音派	1972-75	15	75	3	3	886
	1976-79	14	76	3	5	977
	1980-83	13	79	2	4	885
	1984-87	13	76	4	5	1296
	1988-91	10	79	3	5	1232
	1992-95	12	76	3	5	1022
	1996-99	10	76	3	6	1136
	2000-03	11	71	4	9	1037
	2004-07	10	77	3	7	1093
カトリック	1972-75	6	3	84	5	983
	1976-79	5	3	86	5	1003
	1980-83	6	3	83	5	976
	1984-87	5	5	82	6	1219
	1988-91	6	5	80	5	1220
	1992-95	5	7	77	7	956
	1996-99	4	6	74	10	1152
	2000-03	5	7	73	8	1105
	2004-07	5	9	72	11	1150

注) General Social Surveys 1972-2008 Cumulative File から作成。
　対象は既婚者。スペースの関係で黒人プロテスタントとその他の宗教を表示していないため，各時代において合計は100%にならない。Nの数はこれらすべての宗教伝統系列を含めた合計数。GSSは調査が実施されていない年があり，1990年代後半からは隔年調査である。表は4年間に実施された調査をプールして一つの時代とした。それぞれの時代区切りの中で実施された調査は以下の通り。1972-75 (72,73,74,75), 1976-79 (76,77,78), 1980-83 (80, 82,83), 1984-87 (84,85,86,87), 1988-91 (88,89,90,91), 1992-95 (93,94), 1996-99 (96,98), 2000-03 (2000,02), 2004-07 (2004,06)。

なくなかったが，福音派の社会的地位が向上した後に参入した若い世代にとっては，主流派は魅力のある教派ではなかったと考えていいだろう。一方で，無宗教への流出増加は福音派も例外ではない。

いずれにせよ，成人後に主流派と福音派の間で，教派を移動した人は，成人人口の10数％にのぼっているということである。

人口移動による政党支持率の変化

人口移動によって，政党支持率がどのように変化したのかを直接調べる方法はない。それを推測する方法として，16歳時と調査時のそれぞれの宗教伝統系列に基づいた政党支持率と，その差を計算したのが表5-7である。上段の福音派の項目は，調査時に福音派に所属する人だけを集計したものである。ここにおける「16歳時福音派」の政党支持率とは，16歳時点で福音派だったと答えた人だけを抽出した分析，つまり，福音派の家庭に育ち，調査時点でも福音派教派に残った人の調査時点での政党支持率を示すものである。これに対して，「調査時福音派」は，16歳時点でどの教派だったかを問わない分析，つまり，成人後に教派を変えて福音派に流入したり，あるいは福音派から他派へ流出したりするなどの人口移動が起きた後，調査時点で福音派教派に所属している人すべてを対象にした政党支持率である（下段の主流派も同じ）。

上段の福音派を見ると，1980年代前半までは「調査時」の方の共和党支持率が低く，民主党支持率は若干高い。1980～83年にはそれぞれ2.0％と−2.6％なので，合計すれば，民主党純支持率を4.6％引き上げている。これに対して，1984年以降は逆転し，調査時の方の共和党支持率が高くなった。2000～03年には共和党支持率が4.0％プラスとなり，民主党が−2.1％である。

上記の変化は系統的であり，人口移動によって，福音派の政党支持率が影響を

表 5-7

福音派	16歳時福音派	
	民主党(D1)(%)	無党派(%)
≦1975	53.2	9.8
1976-79	52.8	13.0
1980-83	48.6	14.4
1984-87	46.3	10.2
1988-91	40.7	12.9
1992-95	37.7	12.9
1996-99	33.9	13.3
2000-03	31.0	20.1
2004-07	27.8	16.7
主流派	16歳時主流派	
	民主党(D1)(%)	無党派(%)
≦1975	44.5	10.7
1976-79	44.8	11.1
1980-83	42.3	11.2
1984-87	40.3	10.0
1988-91	37.1	10.1
1992-95	38.9	12.3
1996-99	35.5	15.1
2000-03	34.6	15.7
2004-07	33.9	14.3

注) General Social Surveys 1972-2008 Cumu- 対象は既婚者。

調査時と 16 歳時の宗教伝統系列に基づく政党支持率

共和党(R1)(%)	N	調査時福音派			N	移動結果	
		民主党(D2)(%)	無党派(%)	共和党(R2)(%)		D2−D1(%)	R2−R1(%)
37.0	851	54.0	10.2	35.8	1089	0.8	−1.2
34.2	976	52.8	14.1	33.1	965	0.1	−1.2
37.0	883	50.6	15.0	34.4	941	2.0	−2.6
43.5	1277	44.7	10.3	44.9	1295	−1.6	1.4
46.4	1225	39.5	11.9	48.5	1298	−1.2	2.2
49.3	1004	36.7	13.3	50.0	1021	−1.0	0.6
52.8	1110	32.6	14.0	53.4	1137	−1.2	0.6
48.8	1018	28.9	18.3	52.8	1017	−2.1	4.0
55.5	1079	26.8	17.2	56.0	1536	−1.0	0.5

共和党(R1)(%)	N	調査時主流派			N	移動結果	
		民主党(D2)(%)	無党派(%)	共和党(R2)(%)		D2−D1(%)	R2−R1(%)
44.8	1202	42.1	9.4	48.5	1524	−2.4	3.7
44.1	1205	42.8	10.8	46.4	1147	−2.0	2.3
46.4	1195	40.3	10.8	48.8	1081	−2.0	2.4
49.7	1183	39.8	10.0	50.2	1088	−0.5	0.5
52.8	1149	36.5	9.0	54.4	1018	−0.5	1.6
48.8	826	37.4	10.3	52.3	767	−1.4	3.5
49.3	951	35.7	12.8	51.5	826	0.2	2.1
49.7	837	36.4	13.2	50.5	729	1.7	0.8
51.8	767	35.8	15.3	48.9	822	1.9	−2.9

lative File から作成。

受けた可能性は否定できないであろう。福音派家庭に育った人よりも，成人後に福音派に流入した人の方が，意識的，主体的に教派を選択したケースが多いと考えれば，1980 年代に宗教右派運動が始まった後，自らの宗教的信念に基づいて福音派に変わった人の方が，共和党支持が高かったと考えることは矛盾ではない。逆に，宗教右派運動を嫌って福音派から流出した人の民主党支持率が高かったと考えることも可能だろう。

　だが，この調査の大きな問題は，教派を変えた時期がわからないということである。1980 年代前半に変化が起きているが，この時期に教派を変えたかどうかは，全く知ることができない。したがって，表に表れた数値の変化をその時代背景で説明できるとは限らない。同時に，変化の幅はそれほど大きなものではなく，誤差の範囲内である可能性も十分にある。

一方，主流派では，1990年代前半まで，調査時の方の共和党支持率が高く，民主党支持率が減少していた。主流派は上層階級の教派であり，人生に成功した人は福音派教派から主流派教派に移っていく傾向が以前から存在した。この結果，成人後に主流派に流入した人の方が，共和党支持傾向が強かったと解釈することは可能であろう。しかし，その後の変化はランダムで，意味のある解釈をすることができない。

以上の分析をまとめると，1980年代には，教派間の人口移動が福音派の政党支持率に影響を与えた可能性は否定できないが，変化の幅は小さく，使用できるデータそのものの限界があるので，明確な結論を出すことは難しいということになろう。

5 世代交代のインパクト

最後に，これらの影響をすべて含めたうえで，世代交代が福音派の政党支持率変化にどれだけ影響を与えたのかを推計したのが，図5-9のシミュレーションである。ここでは1960年から現在まで，4つのケースを想定している。①は1930年世代以降が参入しなかったと仮定した場合（≦1929），②は1954年世代以降が参入しなかった場合（≦1953），③は1966年世代以降が参入しなかった場合（≦1965），④はすべての世代が参入した場合（all，実際に起きた変化）である。

①，②，③のケースはそれぞれ，1930，1954，1966年以降生まれの世代が，それ以前生まれ世代と，全く同じ政党支持傾向を持っていたと仮定した場合の，福音派全体の政党支持率を示すものとなる。もし，①と②の間で政党支持率の乖離が起きた場合は，1929年以前生まれ世代と1930〜53年生まれの世代間格差で，世代交代の影響が生まれたということである。この結果には，転向と人口移動による影響もすべて含まれている。しかし，これまでに述べたように，転向の発生そのものに世代間で大きな格差があり，これも世代交代が生んだ効果だったのである。

それぞれの仮定で民主党，共和党支持率は，どのように違うのだろうか。結果を見てみよう。

主流派では，①から④の折れ線はすべて重なり，世代交代による効果はまったくと言っていいほど起きていない。

これに対して，福音派では，民主党支持率を見ると，1964年を境にして①のケースと②以降のケースに支持率格差が生まれはじめている。これは，1930年世代が急速に民主党離れした結果である。次に乖離が広がるのは1980年代前半である。この時代に参入を始めた1954年世代は，1930年世代よりも共和党の保守化に強く反応して，民主党支持率が減少した。さらにベビーブーマーで人口比も大きいため福音派全体に与えるインパクトも強く，1984年には②と③の間で乖離が生まれた。その後，②と③および④はほぼ平行線をたどって下降していくが，①は民主党支持率が50％半ばを保ったまま変化しない。この結果，2000年時点では①と④（＝実際に起きたこと）の間には17ポイントの乖離が生じた。すなわち，1930年以降に生まれた世代が，それ以前に生まれた世代と交代したことによって民主党支持率が17％押し下げられたのである。

　一方，共和党支持率が，世代格差によって明確に別れたのは1980年代だった。1960年代には，1930年世代が民主党離れしたが，多くは無党派に向かったことから，1970年代まで①とその他のケースには乖離が生じていない。しかし，共和党の保守化が明白になった後，②以上のケースは明確に共和党支持に向かって変化が続いていくが，①のケースは民主党に忠実である。1984年はレーガン人気で①の高齢世代も共和党支持率が一時的に上昇するが，彼らはすぐにもとにもどっていった。同時に，1954年世代は，1930年世代よりもさらに共和党的である。この結果，②と③のケースも格差が生まれていった。2000年時点で，③のケースでは①に比べて共和党支持率が18％も押し上げられたことになる。

(%)

主流派　民主党支持率

(%)

福音派　民主党支持率

① 2000, 56%
② 2000, 42%
④ 2000, 39%

(%)

カトリック　民主党支持率

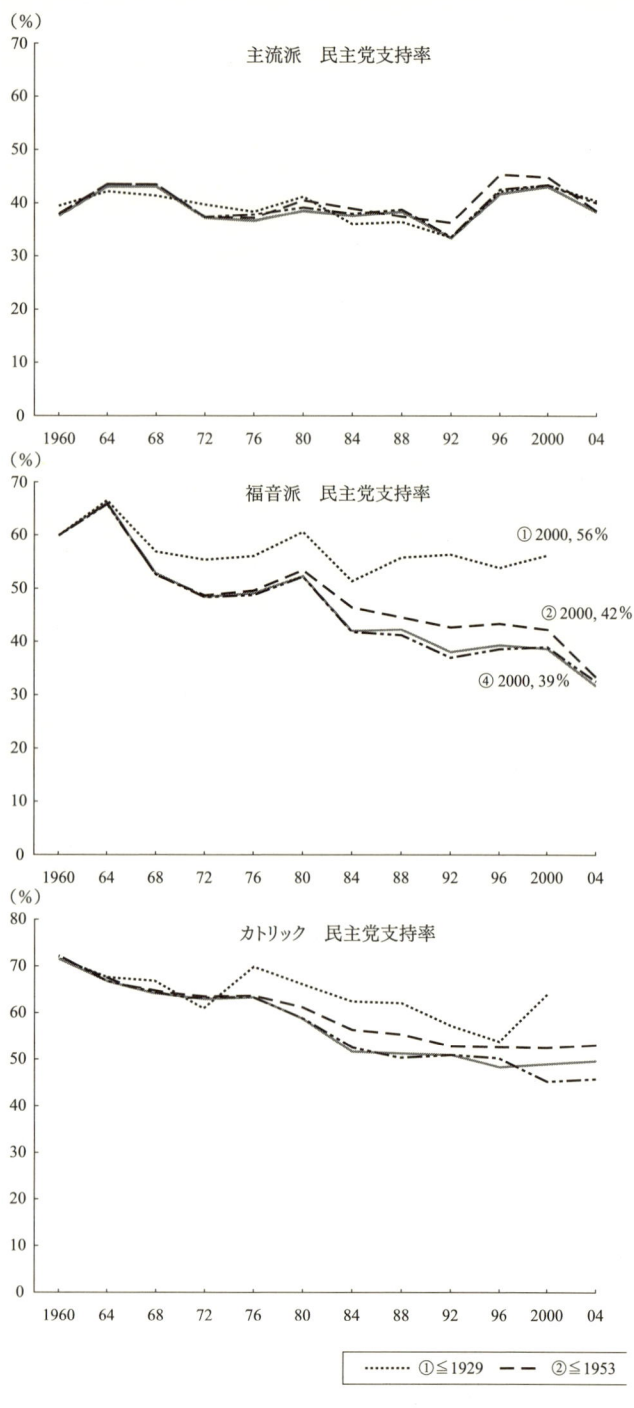

········· ①≦1929　— — ②≦1953

図 5-9　世代参入がないと仮定し

注) American National Election Studies Cumulative File 1948-2008 から作成。
　　年は表示年から4年間の平均値。Nは①〜④のケースで異なる。最も少ないの
　　の 2000-2003)。

主流派　共和党支持率

福音派　共和党支持率
③ 2000, 53%
④ 2000, 51%
② 2000, 50%
① 2000, 35%

カトリック　共和党支持率

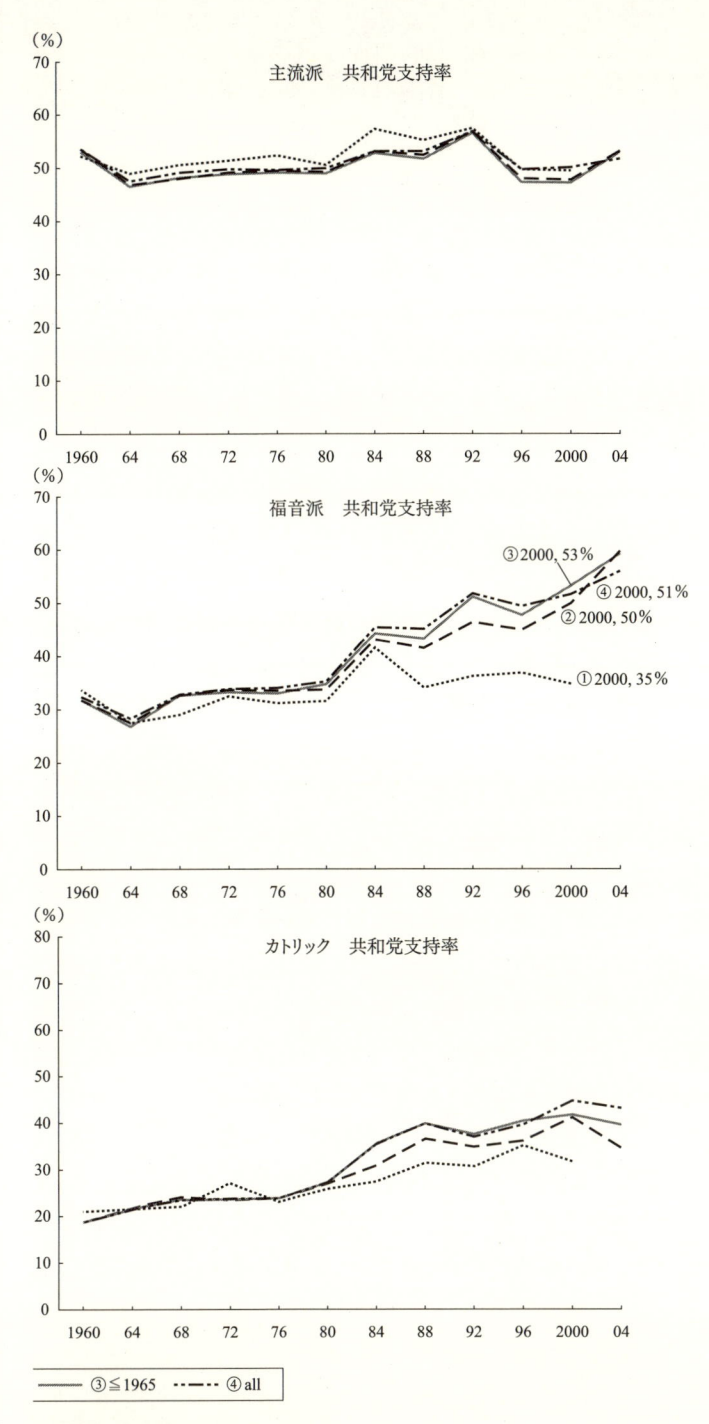

——— ③≦1965　-----　④ all

た政党支持率のシミュレーション

は①の 1929 年以前世代だけの折れ線であり，各時代平均は 346，最低は 68（福音派

6 まとめ

　宗教伝統系列ごとに世代分析を行うと，福音派とカトリックの政党支持傾向の歴史的変化には世代交代が大きな要因として働いていることが鮮明になった。福音派では，世代によって，公民権運動や民主党のリベラル化，そして共和党の保守政党化などの政治的事件が与えたインパクトが異なったため，世代間に政党支持傾向の大きな格差が生まれたのである。

　政党帰属意識の安定化した高齢世代は，政治的事件から大きな影響を受けず，特殊な民主党帰属意識を持ち続けたが，若年期でこの政治的事件を迎えた世代の政党帰属意識は動揺し，彼らは民主党の"呪縛"から逃れて，イデオロギーに整合的な政党選択を始めるようになった。この結果，保守派が本来の共和党支持に向かうようになって，共和党支持率が高まったのである。

　こうして世代間格差が生まれると，高齢世代が引退し若い世代が参入すれば福音派全体の共和党支持率が高まるという世代交代効果が発生してくる。しかも，1980年代には，共和党支持率が高まった若い世代がベビーブーム世代と重なったことから，世代交代効果はさらに顕著になったのである。

　カトリックも同様の世代格差があるものの，政治的事件のインパクトに加えて，社会経済的地位の向上に伴う全般的な共和党化が強い要因となっているであろう。一方で，これらの政治的事件は，主流派に対しては強いインパクトを持たなかった。その結果，世代間の政党支持傾向には大きな差が生まれず，しかも歴史的に社会経済的地位の高かった主流派は，もともと共和党支持率が高かったため，政党支持傾向には変化がほとんど生まれなかったのである。

　この変化の過程では，政党支持を変える転向も大規模に発生している。特に，1960～70年代の政治変動を若年期で迎えた世代は，政党帰属意識が不安定で，中高年になっても支持政党が変動した。だが，それ以外の世代の政党帰属意識は比較的安定している。そして，転向の発生そのものに，大きな世代間格差が存在したのである。

第3節　　　福音派の新たな変容

1　1970年世代

新世代福音派の共和党支持率低下

　前節までは，1954年世代までの福音派を中心に分析を行ってきた。だが，近年，福音派の若年層で宗教，文化的争点や環境問題などに対する意識のリベラル化が進み，共和党離れが始まったと指摘されるようになった（Wilcox & Robinson, 2010, p. 71 ; Sullivan, 2008, p. 212）。新世代の福音派でこの傾向が定着すれば，共和党支持率が漸減していく新たな世代交代サイクルが始まる可能性もある。本節では，2000年以降の時期に焦点をあてて，こうした若年世代の政党支持傾向を分析する。

　2000年代以降，若い世代の共和党離れが生まれたとすれば，変化が起きたのはどの世代だろうか。これを調べるため，生年を4年区切りにした詳細な世代区分で探索的に政党支持傾向を分析すると，1970～73年以降生まれの若い世代では，それより高齢の世代と比較して，共和党支持率が大きく減少している。特に1970年代後半に生まれた世代以降は，民主党支持率も上昇し，両党が拮抗する状態となっている。福音派では1980年代以降，若い人の方が，共和党支持率が高いという趨勢が20年間続いてきたので，これは大きな潮流の変化と言うことができるだろう。

　次に，上記の探索的分析をもとにして，世代を20年区切りの4つに分けて，福音派における各世代の政党支持傾向を経年的に分析したのが図5-10である[26]。

---

26) 1970～90年生まれの世代が全員参入したのは2008年であり，それまでグラフに現れるのは同世代人口の一部にすぎないので，注意しながら観察する必要がある。

(%)
民主党支持率

(%)
共和党支持率
60%
48%

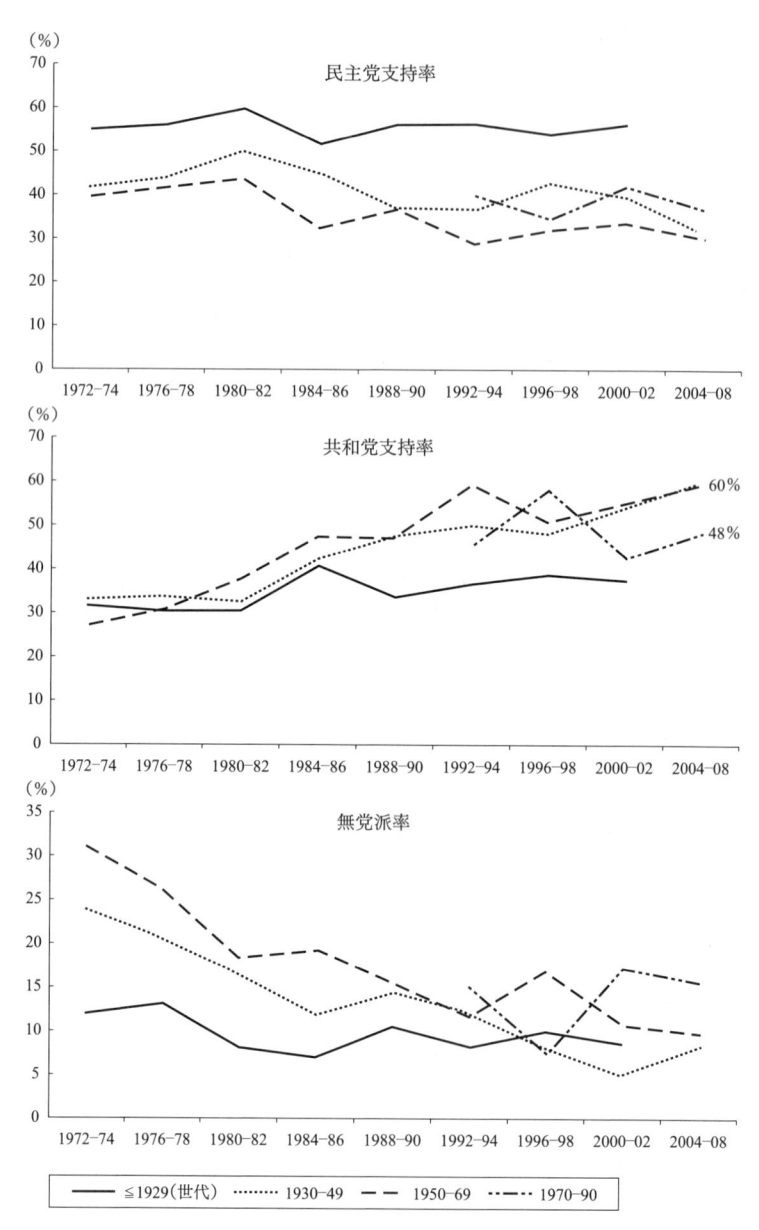

(%)
無党派率

≤1929（世代）　……… 1930-49　− − 1950-69　−・−・− 1970-90

図 5-10　福音派の世代別政党支持率の推移

注) American National Election Studies Cumulative File 1948-2008 から作成。
横軸は調査年。N は世代と時代によって異なり 68〜633, 平均 253。N が 50 以下になった世代と時代の組み合わせは削除した。

1970年世代（1970〜90年生まれ）は2000年以降になると，1930（1930〜49年生まれ），1950（1950〜69年生まれ）年世代よりもはるかに共和党支持率が低い。1970年代の全員が投票年齢に達した時期に近づく2004〜08年になると，同世代の共和党支持率は48％で，前世代の60％と比較すると12％も少ない。1950年世代と1970年世代について，政党帰属意識（7段階）平均値の差をT検定したところ，有意確率（両側）は2000〜03年＝.026, 2004〜2008年＝.044で有意差が認められた。福音派の新世代が前世代と異なって共和党離れしていることは，明確であろう。

新世代福音派の争点態度

では，新世代福音派の共和党支持低下傾向は，どこから生まれてきたのだろうか。ここでも，まず，彼らのイデオロギーや争点態度を，前世代と比較してみよう。

表5-8は，2000〜08年における各世代の社会経済的属性と，代表的争点に関する回答の平均値を比較したものである。データは2000年以降に行われた4回の調査結果をプールし，感情温度以外は数値の高い方を保守的とした。各争点の質問および回答は表5-9に示した。

この表からは，1970年世代のリベラルな傾向を，はっきりと確認することができるだろう。特に目につくのはブッシュ大統領に対する感情温度であり，1970年世代以外の世代の平均値が65度超でほぼ同じなのに対して，1970年世代だけが約57度で著しく低い。逆にクリントン大統領に対しては，1930, 1950年世代が約41〜44度なのに対して，1970年世代は約50度と高い評価を与えている。その他のニューディール争点，人種問題，軍事・外交問題でもおしなべてリベラルで，特に，環境や文化・価値観，宗教の問題では著しい。同性愛差別では他の世代の平均値が2.75〜3.00なのに対して2.24であり，女性運動家への感情温度は他の世代が51〜55度程度なのに対して約69度と好感情を持っている。聖書認識でも他の世代が2.60〜2.64とほぼ均一なのに対して，1970年世代は2.42である。

もっとも，前にも指摘した通り，若い世代の方が全般的にリベラルであることは一般的な傾向である。さらに，1960, 1980年代には，争点態度やイデオロギー傾向は，各世代の政党支持傾向を説明するものではなかった。その理由は，

表 5-8　福音派の世代別社会経済的属性と争点態度平均値比較（2000〜08年）

争点, 属性	世代 ≤1929			1930-49			1950-69			1970-90			平均		
	平均値	SE	N	平均値	SE	N	平均値	SE	N	平均値	SE	N	平均値	SE	N
政治的南部	.55	.047	113	.55	.025	384	.50	.020	608	.53	.027	350	.53	.013	1456
世帯収入	1.95	.094	79	2.68	.070	269	3.17	.051	434	2.78	.070	270	2.85	.035	1052
組合加入	1.89	.029	113	1.89	.016	383	1.85	.014	607	1.87	.018	345	1.87	.009	1448
教育レベル	2.69	.114	113	3.32	.062	381	3.71	.045	606	3.74	.055	350	3.53	.031	1451
T イデオロギー	55.57	1.683	79	58.49	.848	333	58.02	.702	530	51.87	.904	306	56.48	.454	1249
政府雇用保証	4.49	.283	49	5.10	.134	171	4.77	.107	254	4.52	.133	144	4.78	.069	618
政府健康保険	4.42	.264	54	4.33	.145	181	3.95	.121	257	3.75	.143	159	4.04	.075	652
政府支出	4.41	.213	44	4.14	.125	164	3.88	.113	245	3.68	.153	131	3.95	.070	584
黒人支援	5.02	.232	59	5.38	.102	222	5.37	.078	343	5.21	.113	232	5.30	.053	856
T 軍	84.23	1.346	96	84.44	.780	360	80.53	.756	542	78.97	1.037	316	81.50	.467	1314
防衛支出	4.74	.170	46	5.02	.106	168	4.81	.099	238	4.41	.123	135	4.77	.060	587
T 環境運動	58.64	2.006	87	59.67	1.083	346	60.05	.970	537	64.32	1.210	315	60.90	.598	1285
環境規制	3.92	.304	16	3.97	.255	41	3.77	.230	63	3.26	.328	26	3.75	.140	146
T 女性運動家	52.55	3.058	35	51.51	2.390	103	55.55	2.151	128	68.61	2.575	55	56.17	1.314	321
女性平等	3.15	.263	57	2.30	.121	189	2.30	.101	272	1.94	.108	170	2.28	.063	687
ライフスタイル	4.12	.112	82	4.33	.051	296	4.05	.054	413	3.56	.065	265	4.01	.033	1057
平等の過剰	3.44	.128	81	3.55	.073	297	3.14	.063	416	2.69	.075	265	3.16	.040	1059
T 原理主義者	59.67	2.000	80	64.64	1.207	313	65.05	.973	502	61.92	1.322	281	63.83	.629	1176
同性愛差別	3.00	.194	77	2.86	.101	283	2.75	.091	410	2.24	.091	274	2.67	.051	1044
教会出席頻度	3.54	.162	113	3.45	.081	382	3.24	.062	608	2.95	.080	350	3.25	.041	1453
中絶問題	2.57	.103	78	2.73	.064	250	2.56	.061	328	2.59	.078	195	2.62	.036	852
聖書認識	2.62	.055	92	2.64	.031	311	2.60	.025	459	2.42	.034	292	2.57	.016	1153
T ブッシュ	65.32	3.892	63	65.42	1.810	270	65.72	1.290	450	56.74	1.780	281	63.25	.892	1064
T クリントン	53.36	2.881	112	43.58	1.569	380	41.09	1.218	605	49.54	1.580	350	44.74	.797	1447

注）American National Election Studies Cumulative File 1948-2008 から作成。
　2000, 2002, 2004, 2008 年のデータをプール。争点でTとあるのは感情温度で0〜97度、それ以外の争点、宗教変数は保守的な方で数値が高い。各争点の質問および回答は表5-9で説明。

　イデオロギー傾向と政党支持が乖離した"ねじれ"保守派が多かったからである。
　2000年代には状況が違うのだろうか。表5-10で2000〜08年に絞って、各世代のイデオロギー別政党支持状況を分析した。これを見ると、福音派の保守派で「共和党が保守」と答えた人は、各世代とも共和党支持者が70％を超えている。同時に、「民主党が保守／差異なし」と答えた人も減少しており、各世代とも、イデオロギーに沿った政党選択が極めて強まっていることが明らかである[27]。し

---

[27] 逆に、1930, 1950年世代では、リベラル派でも民主党支持が30.7〜36.7％と低調だ。かつての異常な民主党帰属意識が消滅し、近年の福音派では、逆に共和党の方に強い帰属意識が生まれてきたと言えるだろう。

第 3 節　福音派の新たな変容　329

表 5-9　争点と質問内容

争点名	変数名	値	概　　略
政治的南部	VCF0113	0-1	非南部＝0，南部＝1
世帯収入	VCF0114	1-5	最低＝1，最高＝5
組合加入	VCF0127	1-2	家族に加入者がいる＝1，誰も加入していない＝2
教育レベル	VCF140, VCF0140a	1-6	小学卒＝1，大学院卒＝6
政府雇用保証	VCF0809	1-7(1960年代は1-5)	政府は国民の雇用を保証すべきか，個人に任せるべきか
政府健康保険	VCF0806	1-7	公的健康保険制度か民間保険か
政府支出	VCF0839	1-7	財政拡大で積極政府か財政縮小で消極政府か
人種隔離政策	VCF0815	1-3	人種隔離撤廃＝1，徹底した人種隔離＝3
強制人種共学	VCF0817	1-7	バスによる強制人種共学支持か反対
居住平等	VCF0816	1-4	黒人の居住平等支持か反対
黒人支援	VCF0830	1-7	政府は黒人の地位向上のため努力すべきか，自助努力に任せるべきか
ベトナム戦争政策	VCF0827a	1-7	即時撤退か完全な軍事的勝利を目指すか
対ソ連政策	VCF0841	1-7	対ソ協調政策か強硬政策か
防衛支出	VCF0843	1-7	防衛支出削減か拡大か
犯罪者の権利	VCF0832	1-7	犯罪者の権利擁護か権利よりも犯罪抑止を重視するか
女性平等	VCF0834	1-7	男女同権か女性は家庭にいるべきか
ライフスタイル	VCF0851	1-5	「新しいライフスタイルは社会を崩壊させる」という主張に反対か賛成か
平等の過剰	VCF9014	1-5	「平等権の主張は行きすぎている」という考え方に反対か賛成か
同性愛差別	VCF0876a	1-5	同性愛者を就職差別から保護する法律に賛成か反対か

たがって，特殊な民主党への帰属意識が消滅した 2000 年代以降では，イデオロギー傾向が，政党支持を説明するものなった。そのため，1970 年世代がイデオロギー的にリベラルであれば，共和党支持率も減少するのである。

　ただ，イデオロギーや争点態度は，加齢とともに保守化していくのが通常のプロセスである。彼らのイデオロギー傾向が，今後も変わらないと断定する根拠はない。

表5-10 イデオロギー，世代別の政党認識と政党支持 (2000〜08年)

宗教伝統系列	イデオロギー／世代	共和党が保守			民主党が保守／差異なし			総計 (%)	N
		民主党 (%)	無党派 (%)	共和党 (%)	民主党 (%)	無党派 (%)	共和党 (%)		
福音派	保守								
	1930-49	6.5	3.6	72.1	10.1	0.6	7.1	100.0	72
	1950-68	5.5	4.0	73.2	8.4	2.8	6.1	100.0	112
	1970-90	4.9	1.8	71.9	9.3	3.1	9.0	100.0	88
	リベラル								
	1930-49	36.7	7.5	21.9	18.1	10.8	5.1	100.0	32
	1950-68	30.7	16.7	8.7	32.1	0.0	11.9	100.0	29
	1970-90	46.2	1.5	10.8	12.2	14.5	14.8	100.0	37
主流派	保守								
	1930-49	1.6	1.5	83.8	6.9	2.5	3.7	100.0	46
	1950-68	7.9	0.0	75.5	11.6	0.3	4.7	100.0	66
	1970-90	4.6	2.6	74.0	4.4	4.3	10.0	100.0	36
	リベラル								
	1930-49	65.8	0.0	26.4	1.4	0.0	6.4	100.0	23
	1950-68	72.8	3.3	8.1	10.2	0.0	5.6	100.0	39
	1970-90	84.1	3.9	4.9	7.2	0.0	0.0	100.0	29
カトリック	保守								
	1930-49	0.0	0.0	75.6	11.8	8.7	3.9	100.0	49
	1950-68	8.3	4.4	61.8	17.9	5.2	2.4	100.0	79
	1970-90	19.6	1.8	60.1	7.2	2.6	8.7	100.0	47
	リベラル								17
	1950-68	75.4	0.0	7.9	10.8	4.2	1.8	100.0	49
	1970-90	54.5	1.7	12.2	23.7	5.2	2.8	100.0	34

注) American National Election Studies Cumulative File 1948-2008 から作成。
2000〜08年のデータをプール。

2　新世代のインパクト

　新世代福音派の変化は，どのような世代交代効果を生み出し，福音派全体の政党支持率にどのような影響を与えたのだろうか。図5-11で，再び世代交代効果に関するシミュレーションを行ってみた。

　今回は①1970年世代が参入しないと仮定した場合と，②全世代が参入した場合の政党支持率の比較である。①は，言葉を変えれば，1970年世代の政党支持傾向が1969年以前生まれ世代の平均と同じである場合を想定したことになる。

第 3 節　福音派の新たな変容　331

(%)

民主党支持率

共和党支持率

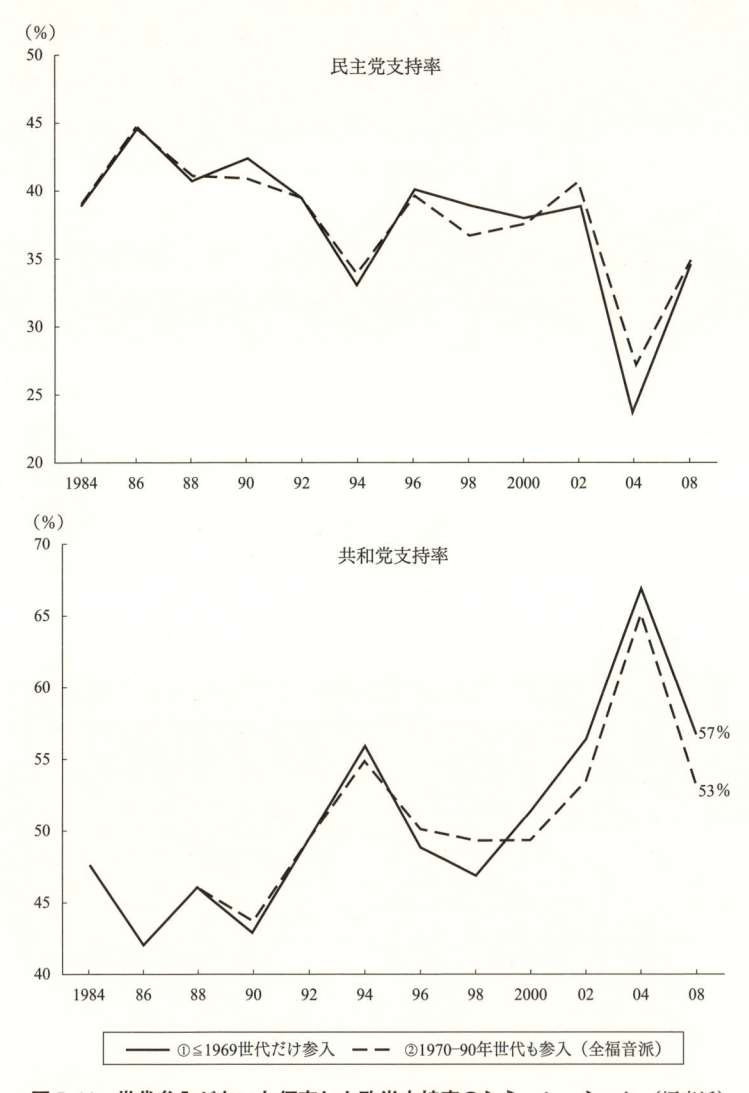

57%
53%

① ≦1969世代だけ参入　　② 1970-90年世代も参入（全福音派）

図 5-11　世代参入がないと仮定した政党支持率のシミュレーション（福音派）

注) American National Election Studies Cumulative File 1948-2008 から作成。
　　N は「＜＝1969 年だけ」の場合は 169〜495，平均 348。「1970 年以降も参入」の場合は 221〜557，平均 394。

これを見ると，確かに 2000 年以降，②のシナリオの方は民主党支持率が数％高く，共和党支持率が低い。新世代への世代交代は，福音派の共和党支持率を押し下げる効果を持ったのである。これは 1960 年代以降初めての現象である。この世代間格差が続いていけば，新たな世代交代のプロセスによって，福音派の共和党支持率が低下していく可能性もある。

　しかし，これまでのところ，その効果は限定的である。1970 年世代が全員参入したのは 2008 年なので，まだ，同世代参入のインパクトが全面的に現れたわけではないことを差し引く必要があるが，1929 年世代との交代によって生まれたような劇的な変容が起きたわけではない。さらに，福音派全体の共和党支持率が減少したとも言い切れない。2008 年の共和党支持率は 2004 年から急減し 53％に落ちたが，これは，イラク戦争の失敗や不況が背景にあるうえに，福音派の勝利と言われた 2004 年選挙で共和党支持率が急増したことの反動とも考えられるからである。2008 年の共和党支持率は，2002 年（51％）と比較すれば微増しているのである。

　なぜ，新世代の共和党支持低下は，大きなインパクトを持たないのだろうか。第一には 1970 年世代と前世代との支持率格差は，巨大なものとは言えないからである。1929 年以前生まれの高齢世代は，生涯，民主党支持率が共和党を下回ることはなく，それ以降の世代との間では著しい格差があった。それと比較すれば，世代交代効果は限定的とならざるを得ない。第二には，民主党に忠誠を尽くしてきた 1929 年生まれ以前の高齢世代は，現在，最後の自然減（死亡）が続いている時期であり，少しずつ福音派全体の民主党支持率を押し下げ，共和党支持率を押し上げている可能性が強い。

　最後に，最も重要なことは，少子化が進んだ後の 1970 年世代は，そもそも人口比が大きくないことである。これに対して，共和党支持率の高いベビーブーマーは，いまだに福音派人口の大きな部分を占めている。ベビーブーマーの 1945～64 年生まれと，1970～90 年生まれの福音派における人口を比較すると，後者が全員投票年齢に達した 2008 年で，1945 年世代は 40.5％だが，1970 年世代は 31.0％しかない。ベビーブーマーは，ピークに達した 1988 年の 49.1％から減ってはいるが，依然として巨大な人口ブロックなのである[28]。

---

28) ANES ファイルのデータから筆者集計。

3 宗教伝統系列別比較

　新世代福音派は，前世代に比較すると明らかに共和党支持が低下していた。だが，他の宗教伝統系列の同世代と比較すると，彼らは決して共和党離れの世代とは呼べないことも明らかになる。

　図5-12で各宗教伝統系列の政党帰属意識平均値を世代別に分析すると，1970年世代の共和党支持率は，どの宗教伝統系列であっても前世代よりも低い。しかし，同じ1970年世代の中で宗教伝統系列別に共和党支持率を比較すると，福音派はやはり最も共和党的なのである。しかも，1950年世代以前の福音派は，政治参入した当初は，主流派よりも共和党支持が低かったが，1970年世代は，政治参入した当初から主流派よりも高い。

　イデオロギー的な政党選択が強くなる大統領選挙への投票行動では，さらにこの傾向が強化されている。図5-13を見ると，1970年世代の福音派は，前世代の福音派よりも共和党投票率が低いが，主流派の同世代に比較すると，はるかに共和党投票率が高いのである。

　この背景には，若い世代ほどイデオロギー的な政党選択を行うようになってきたことが指摘できる。福音派新世代のイデオロギーは，同じ福音派の旧世代よりもリベラルだが，ほかの宗教伝統系列の同世代よりは，はるかに保守的なのである。同時に，長期間，共和党との結びつきを強めてきた福音派では，今度は，集団としての特殊な「共和党」帰属意識が生まれ始めたのかもしれない。両親ともに共和党の家庭に育った世代では，共和党支持の初期バイアス（Fiorina, 1981）が高くなってもおかしくない。

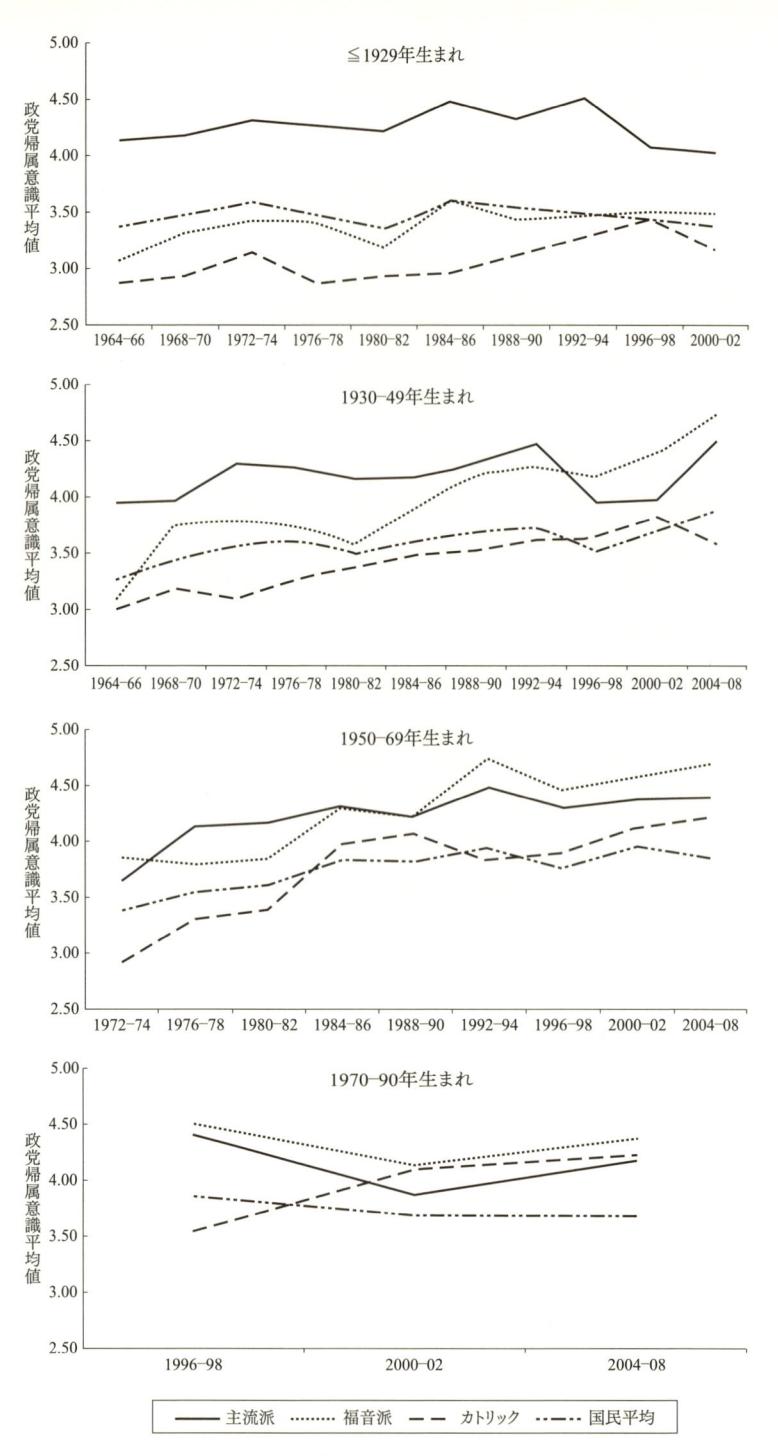

図 5-12 政党帰属意識平均値（世代，宗教伝統系列別）

凡例: ── 主流派　……… 福音派　─ ─ カトリック　─‥─ 国民平均

注) American National Election Studies Cumulative File 1948-2008 から作成。N は 59〜821 で平均 275。N が 50 以下の世代と時代の組み合わせは削除。
横軸は調査年。黒人プロテスタントは明白に政党支持傾向が異なるため，グラフの見やすさを考慮して記入しなかった。

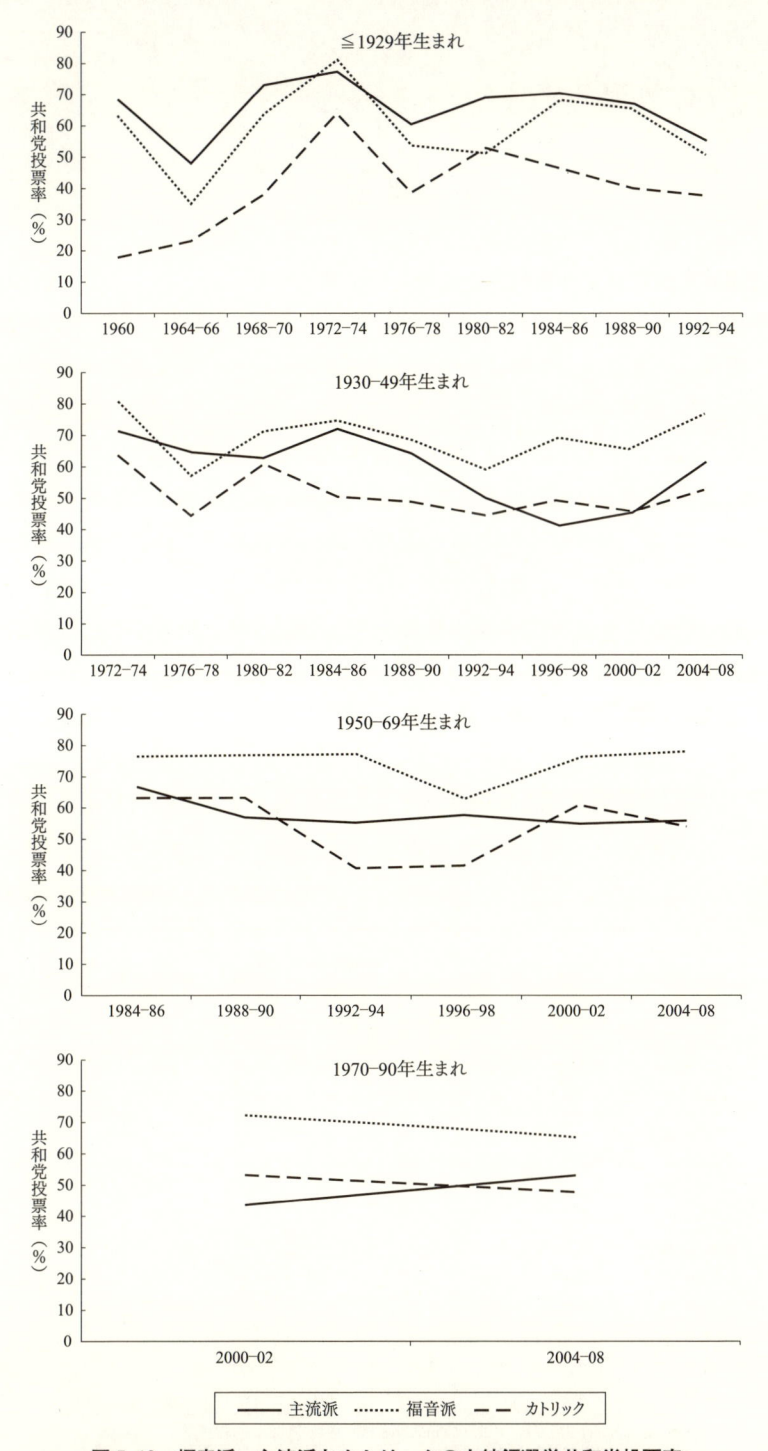

図 5-13 福音派，主流派とカトリックの大統領選挙共和党投票率

注) American National Election Studies Cumulative File 1948-2008 から作成。
投票率は二大政党に限定した (two party vote)。横軸は調査年。N は 50〜529 で平均 109。N が 50 以下の世代と時代の組み合わせは削除。1970 年世代の 2000 年だけは主流派＝21，福音派＝28 だが，参考値として示した。

4 宗教と政治

政党帰属意識に対する世代別多変量回帰分析

新世代にとって，宗教と政治はどのように関わっているのだろうか。最後に，帰属，信念，態度の3つの側面をすべて投入したうえで，多変量回帰分析を行った。

すでに，第4章第3節第3項で全人口を対象にして多変量回帰分析を行った結果，「新しい宗教亀裂」である宗教的信念や態度が，政党選択に影響を与えるようになったのは，1990年代であることがわかっている。これには世代的特徴があるのだろうか。そして，新世代はどのように行動しているのだろうか。

世代別分析を行うとNが少なくなるため，時代区分を幅広くし，共和党の保守政党化による変化が起きる前の1962〜82年と，その後の1984〜98年，そして，新世代の影響が生まれ始めた2000年以降の3つに分け，その期間のデータをプールして分析した。

表5-11は政党帰属意識を従属変数とした分析である。これを見ると，宗教的

表5-11 政党帰属意識を従属変数

世代／時代	定数	年齢	性別	政治的南部	世帯収入	組合加入	教育レベル	教会出席
≦1929世代								
1960-82	1.175**	.015**	−.041	−.988**	.145**	.796**	.233**	.100**
1984-98	.399	.016**	−.038	−.629**	.266**	.741**	.179**	.040
1930-49世代								
1960-82	2.229**	.009	−.112	−.427**	.127*	.397**	.133**	.047
1984-98	1.256**	.004	−.206**	−.385**	.281**	.761**	.099**	.071**
2000-08	−.733	.026**	−.451**	.187	.455**	.608**	.064	.092*
1950-69世代								
1984-98	3.064**	−.020**	−.317**	−.142*	.239**	.550**	−.016	.132**
2000-08	2.910**	−.014**	−.298**	.324**	.272**	.491**	−.068	.159**
1970-90世代								
1984-98	2.754**	.009**	−.562**	.386**	.143**	.747**	−.045	.086
2000-08	2.495**	−.004*	−.299**	.302**	.080	.448**	.018	.257**

注）American National Election Studies Cumulative File 1948-2008 から作成。
従属変数は，政党帰属意識（VCF0301）。標準化されていない係数Bを記入。†1：宗教伝統系列ダミー

信念と態度，帰属が生み出す効果は，世代によって異なっている。第一に言えることは，「新しい宗教亀裂」である宗教的信念と態度が，1980年代以降に共和党支持の要因として意味を持つようになったのは，1930，1950年世代であるということである。1984〜98年で各世代間を比較すると，1929年以前世代では聖書認識や教会出席頻度が政党支持に影響を与えていない一方で，「古い宗教亀裂」である宗教伝統系列への帰属は民主党支持に強い影響を与えている。これに対して，1930，1950年世代は，逆に，信念と態度が政党選択と結びつき，福音派への帰属は有意でない。宗教右派運動の影響で「新しい宗教亀裂」が広がったのは，この二つの世代であり，彼らが，宗教と政治を最も密接に結びつけた世代だったのである。

だが，1970年以降生まれの新世代は，高齢世代とも1930，1950年世代とも異なった傾向を示している。彼らは，福音派への帰属が意味を失っただけではなく，聖書認識も有意でなくなった。一方で，教会出席は他の世代より強い効果を与えている。

とした多変量回帰分析（世代別）

聖書認識	宗教伝統系列ダミー[†1]						Adj. R2	N
	福音派	黒人プロテスタント	カトリック	ユダヤ教徒	無宗教	その他		
−.177*	−.435**	−1.650**	−1.285**	−1.928**	−.528*	−.533*	.209	2188
.130	−.539**	−1.896**	−1.208**	−2.048**	−.813**	−.513**	.168	2556
−.012	−.274	−1.692**	−.762**	−1.586**	−.352	.018	.116	1250
.131*	.054	−1.832**	−.661**	−1.082**	−.495**	−.945**	.164	3589
.400**	.267	−2.286**	−.510**	−2.022**	−.186	−.751**	.228	978
.162**	.051	−1.739**	−.430**	−1.415**	−.450**	−.927**	.141	5494
.191*	.182	−2.164**	−.229	−.852*	−.422*	−.958**	.175	1743
.158	−.238	−1.863**	−.932**	−2.328**	−.256	−.797**	.156	878
.058	.159	−1.683**	.213	−1.687**	−.046	−.577**	.156	1358

は主流派を基準とした。＊＊：p≦.05，＊：p≦.01で有意。

表 5-12 大統領選挙投票に対する

世代／時代	年齢	性別	政治的南部	世帯収入	組合加入	教育レベル	教会出席	聖書認識
≦1929 世代								
1960-82	.025**	−.075	−.356*	.203**	.867**	.268**	.101*	−.162
1984-98	.003	−.379*	.004	.270**	.783**	.228**	.095**	.258*
1930-49 世代								
1960-82	.060**	−.435**	.240	−.073	.299	.205*	−.013	.186
1984-98	−.023**	−.505**	−.178	.364**	.889**	.087	.118*	.275*
2000-08	.021	−.660**	.464*	.431**	.699**	.163	.044	.901**
1950-69 世代								
1960-82	.021	−.423	−.408	.415*	1.042*	.009	.241	.055
1984-98	−.051**	−.372**	−.164	.481**	.823**	−.084	.209**	.648**
2000-08	−.024*	−.350*	.374*	.348**	.627**	−.161*	.203**	.648**
1970-90 世代								
2000-08	−.006	−.418*	.486**	.335**	.280	.021	.388**	.461**

注）American National Election Studies Cumulative File 1948-2008 から作成。
従属変数は，二大政党に限定した two party vote（VCF0704a）で，民主党が 0，共和党が 1。係数 B を記

大統領選挙投票結果に対する世代別多変量回帰分析

　大統領選挙投票結果を従属変数とした分析では，また異なった結果が出ている。表 5-12 で 1984〜98 年の時代を比較すると，1929 年世代でも聖書認識が有意となり，福音派帰属の係数は有意でなくなった。そして，1930，1950 年世代では，聖書認識，教会出席，福音派への帰属がすべて有意となった。1950 年世代は，2000 年以降もすべて有意で，しかも係数が極めて強い。

　この理由は，これまでの分析によって明らかであろう。福音派 1929 年世代は強い民主党帰属意識を持った世代だが，イデオロギー色が強まる大統領選挙投票では共和党に投票していたのである。このため主流派との間で投票傾向に大きな差異がなかった。一方，よりイデオロギー的で共和党的な 1950 年世代の福音派は，大統領選挙投票の共和党投票率が主流派よりはるかに高くなった結果，福音派の係数も有意差が生まれてきたのである。

　これに対して，1970 年世代は，福音派の係数は有意でなくなったが，聖書認識と教会出席は強い効果を与えている。政党帰属意識への多変量回帰分析とあわせて，1970 年世代は，宗教と政治の関わりに変化が起きている可能性があり，1930，1950 年世代に比べると，帰属の影響は希薄化する傾向を見ることができ

ロジスティック回帰分析（世代別）

	宗教伝統系列ダミー†1					定数	−2 対数尤度	N
福音派	黒人プロテスタント	カトリック	ユダヤ教徒	無宗教	その他			
.140	3.567**	1.115**	−2.348**	−.513	−.698*	−3.638**	1840.770	1613
.352	3.408**	.794**	−2.836**	−1.035**	−.748*	−2.784**	1167.558	1038
.346	3.986**	.619**	−1.526**	−.739	.255	−2.494**	914.889	786
.408*	2.621**	.496**	−1.136*	−.903**	−.917**	−1.802**	1542.181	1358
.504	4.299**	.026	−2.294**	.352	−.741	−5.656**	799.247	809
.197	2.769**	.999	−21.964	.136	−.426	−2.859	171.276	154
.422*	3.028**	.146	−1.937**	−.214	−.847**	−2.210**	1735.941	1594
.836**	3.044**	.205	−1.493*	.239	−.659*	−2.043*	1226.788	1168
.502	3.210**	.158	−.307	.191	−1.070**	−3.139**	822.900	731

入。†1：宗教伝統系列ダミーは主流派を基準とした。＊＊：p≦.05，＊：p≦.01で有意。

る。しかし，まだデータが少ないので，この分析から明確な変化の方向性を読みとることは難しいだろう。

5 まとめ

　福音派の新世代は，前世代と明らかに異なった政治傾向を示している。第3章第3節で指摘したように，宗教右派運動の過激化に対する反発から福音派の潮流に変化が見られており，その時代に成長した新世代の福音派は，環境や文化・価値観の問題などを含めて全般的にリベラルな傾向が見られた。彼らはイデオロギー的に政党選択を行っているので，その共和党支持率は，前世代に比べて，明らかに低下傾向が見られる。1960年代以来，若い世代の方の共和党支持率が低くなったのは，この世代が初めてである。

　福音派新世代の共和党支持率低下が今後も持続していけば，新たな世代交代効果によって，福音派全体の共和党離れが進む可能性はある。だが，これまでのところ，そのインパクトは大きくない。前世代との支持率格差が大きくないうえに，少子化が進んで人口規模が大きくないためである。

だが，共和党離れの傾向は，宗教伝統系列にかかわらず新世代全般に見られる現象であり，他の宗教伝統系列の同世代と比較すると，福音派新世代は依然として，最も共和党支持率が高い。しかも，彼らは政治に参入した当初から主流派よりも共和党支持率が高くなった，初めての世代である。

結　論

第1節——まとめと結論

最後に，序章で投げかけた問いに沿って，本書が明らかにしたことを述べていこう。

第一の問い：「米国政党対立構造には本質的な変化が生まれたのか」
第一には，1960年代以降のアメリカでは，政党対立構造の本質的な変化，つまり，政党再編成と呼べるものが発生したということである。

政党再編成は，論者によって様々な定義が存在する。だが，多くの論者が政党再編成の特徴として注目してきた「決定的選挙」や「周期性」の問題は，政党制の変化をとらえるうえで本質的な問題ではない。本書では，これらの概念に囚われず，「政党対立争点の変化」と，それに伴う「政党支持基盤の変容」を再編成の本質とするサンドクィストの定義に依拠した。そこでは，旧来の政党対立争点を横断する新争点が登場し，政党対立の亀裂軸が新争点に交代することに伴って政党支持基盤の組み替えが発生し，その変化が持続することが政党再編成とされている（第1章第1節第2項，同章第4節第1項）。

この定義に基づく政党再編成は，二つの段階を経て発生した。

1930年代以来，民主党と共和党の基軸となる対立争点は，「大きな政府」と「小さな政府」のニューディール争点であり，それ以外の争点は政党支持との間に有意な相関関係がなかった（表3-1）。その一次元的な対立構造に変化が生まれてきたのは，人種問題が深刻な社会亀裂を生み，ベトナム反戦運動などを通してリベラリズムが急進化していった1960～70年代である。それ以前には，人種隔離問題の亀裂軸は，政党間ではなく南部と北部の間に走っており，ニューディール争点への態度とは相関関係がなかった。つまり，二つの争点は横断的だったのである。そして，民主党はこの時代に政策転換を行い，人種問題を含め

てリベラル化を鮮明にしていった（第3章第1節第2項，第4章第1節第1項）。

ここでもし，共和党が対抗して鮮明な保守政党に変身していれば，この時代に政党再編成が発生していたかもしれない。しかし，当時の共和党は伝統的な穏健派が主流の政党であり，民主党のリベラル化に反発したデキシークラットにとっては，南部民主党に代わるような確固とした保守政党ではなかったのである。このため彼らは，民主党から離反したものの共和党に転向するのではなく，無党派に漂流していった。その結果生まれたのは政党再編成ではなく，"政党解体"だった（第3章第1節第2項，第4項，第4章第1節第2項）。

未完に終わった政党再編成が完成したのは，1980年代にレーガン政権が誕生し，共和党が鮮明な保守政党に変身した後である。この時代に登場した新しい争点は，人工妊娠中絶や同性愛問題など宗教的，倫理的争点だった。1970年代までは，倫理争点と政党支持の間に相関関係はほとんどなく，同争点は既存の争点と横断的な関係にあったが，両党は1980年代以降，倫理争点への立場を鮮明にしたために，同争点が新たな政党対立争点となっていった（第3章第1節第2項，第4章第1節第1項）。

だが，新争点の登場で，古いニューディール争点が消滅したわけではない。むしろ，レーガン大統領は「政府こそが問題なのだ」と主張して鮮明なニューディール保守の立場を打ち出し，大軍拡を開始して対ソ連強硬政策を展開する軍事タカ派的な姿勢も強調した。これらの古い争点は，依然として政党対立の前面に存在し，サンドクィストによる政党再編成の定義が想定したような，争点の「交代」は発生しなかったのである。

それでは，両党の争点対立基軸にはどのような変化が生まれたのか。共和党がニューディール争点，軍事・外交，そして倫理争点のすべてにおいて保守的な立場を鮮明にし，民主党がその反対の立場をとった結果，有権者の意識の中では，これらの争点が一つの政策パッケージとなっていったことが明らかになった（第4章第1節第1項）。さらに，これら3つの主要争点を組み合わせた争点態度ブロックごとの政党支持率を分析すると，保守度の高い組み合わせほど共和党支持率が高かった。つまり，旧争点であるニューディール争点と交代したのは，倫理問題など単独の争点ではなく，これらの主要争点が融合した「イデオロギー争点」だったのである。そして，そのイデオロギー争点軸に沿って，保守的な有権者ほど共和党を支持するという形で政党支持基盤が組み替えられ，それは現在も

持続している（第4章第1節第3項）。

　こうして，民主党がリベラル化した1960～70年代と，共和党が保守化した1980年代の二つの段階を経て，両党の対立争点が変化し政党支持基盤の組み替えが発生した。組み替えは，決してニューディール再編成のような大規模なものではなく，誰もが認めるような決定的選挙があったわけでもないし，優位政党が交代するような事態も起きなかった。だが，政党支持基盤の変容は持続的であり，政党の性格が変わった。これは，政党再編成と呼ぶことによって，その意味が理解できる本質的な変化と言えるだろう。

第二の問い：「政党再編成は誰によって生まれたのか」

　第二の問いは，この政党再編成は"誰によって"生まれたのかというものである。そして，明らかになったのは，イデオロギー保守派が共和党に組み替えられるという政党支持基盤の組み替えは，主に福音派の変容によって発生したことだった。

　これを証明するためには，まず，福音派とは"誰なのか"を明確に定義しなくてはならない。それは，聖書の逐語的解釈やボーンアゲイン体験の有無など宗教的信念の内容から定義するものと，伝統的に福音派とされる教会に所属する信徒を，信念の内容にかかわらず福音派とするものと，二つの異なった定義が存在する。それぞれの定義には，分析を進めるうえで長所と短所があるが，本書では，宗教団体が独自の政治文化を持つ背景として，その団体が持つ歴史的経験の蓄積や社会団体としての機能を重視する立場から，宗教団体への「帰属」を示す後者の定義を採用した。

　聖書の逐語的解釈などに示される宗教的「信念」も政治行動に影響を及ぼしているし，近年は，教会への出席頻度に現れてくる宗教への「態度」も政治行動を左右することが明らかになっている。だが，これらの要因は，宗教団体への帰属とは異なる効果を持った独立変数として処理し，帰属と信念，態度の3つの変数から，宗教と政治の関係を分析したのが，本書の分析枠組みである（第1章第2節，第3節）。

　したがって，福音派とは福音派教派に帰属する信徒のことである。では，福音派教派とは何か。それは，敬虔主義的な宗教教義を持っているだけでなく，歴史的に発生してきた宗教教派の離合集散（宗教運動）で，より純粋な信仰を求めて

新教派をつくるセクト的な動きの中から誕生した教派と定義した。同じ教義を持った教派であっても，セクト的な動きから生まれた教派は，信徒に対する宗教的寛容性が少なく，幅の狭い伝統主義的な価値観が生まれる可能性が高いからである。

　福音派の形成は，米国の長い宗教運動の歴史から理解されなければならないが，その直接的な起源は，20世紀初頭に米国プロテスタントの中で起きた近代主義と原理主義の論争である。論争の結果，原理主義陣営は敗北し，主流プロテスタントから追放されたり，自ら分派して新教派を作ったりした結果，白人プロテスタントは大きく二つの陣営に分裂した。その伝統主義の陣営には福音派が形成され，近代主義の側には主流派が生まれてきた。福音派と主流派は，同じ白人プロテスタントでありながら，カトリックやユダヤ教徒と同じように，異なった宗教グループ（宗教伝統系列）として分類すべき集団となっていったのである。

　こうして福音派が形成された経緯には政治的な要素は存在しないし，そもそも宗教伝統系列は，政治的な主義や主張で集まったグループではない。それにもかかわらず，宗教集団には独自の政治文化が存在していた。宗教伝統系列は，まったく違う政党支持傾向を持っていただけでなく，その変化のダイナミズムも異なっていたのである。

　形成時の福音派は，民主党の地盤である南部や貧困層の教派が多く，当初は強固な民主党支持グループだった。だが，1960年代から半世紀の間に，福音派の民主党支持率は7割弱から約35％に半減し，共和党支持率は約3割から6割に倍増するという激変が起きた。カトリックの民主党支持率も7割から45％程度に減少したが，主流派はこの半世紀間，政党支持率にほとんど変化がなく，黒人プロテスタントも，公民権法制定後は，極めて忠実な民主党支持層であり続け，政党支持は変わらなかった（第4章第2節第1項）。

　福音派の激しい変容は，政党再編成を生み出した二段階の政治変動に敏感に反応して起きてきた。1960年代には，民主党の人種リベラル化に反発した人種保守主義者の民主党離れが進んだが，その大半は福音派だった。一方で，主流派やカトリックでは，人種保守主義者でも民主党離れはあまり発生していなかったのである（第4章第2節第2項）。

　1980年代の変化に対しても，福音派の反応は激しかった。すでに述べたようにこの時代の政党再編成は，「イデオロギー争点軸」に沿って保守派が共和党に

組み替えられていくことで発生した。そして福音派は，このイデオロギー争点に最も強く反応し，イデオロギー最右派が急速に共和党支持に移っていったのである。カトリックでもイデオロギー最右派が共和党に変わっていったが，その規模は福音派よりはるかに小さい。一方で，主流派では，イデオロギー最右派ではあまり変化はなかったのである（第4章第2節第4項）。福音派はイデオロギー争点軸に沿った政党支持基盤の組み替えで，主役を果たしたのだった。

だが，これだけでは，政党対立構造の変化が"誰によって"生まれたのかという問いには，十分に答えていない。福音派の地盤は南部にある。南部白人は1960年代に民主党が人種リベラル政党に変身した結果，急速に民主党離れが進んだ。福音派の急激な変化は，それを単純に反映しただけかもしれない。それであれば，変わったのは「南部」であって福音派ではない。

しかし，南部と非南部を制御したうえで，福音派と非福音派人口の政党支持率変化を比較すると，南部の中で，急激に政党支持傾向が変化したのは福音派であり，福音派以外の変化ははるかになだらかだった。つまり，南部の共和党化は南部一般に起きたことではなく，「南部福音派」に集中して起きた現象だったのである。

一方，白人中間層の共和党化も注目されてきた変化である。これも所得階層を制御して宗教伝統系列別の政党支持傾向を分析すると，変化していたのは福音派とカトリックだけだった。主流派やその他の宗教伝統系列は，どの所得階層でも，ほとんど政党支持傾向の変化が起きていなかったのである（第4章第2節第5項）。つまり，福音派の変容は宗教以外の要因で生まれた見せかけの現象ではなかったと言えよう。

以上の分析によって，政党再編成を起こしたのは"誰だったのか"という第二の問いに答えたことになるだろう。政党対立争点の変化に反応して共和党支持に組み替えられていったのは主に福音派とカトリックであり，特に共和党のイデオロギー右派化を進めた主役は福音派だった。そして，その福音派の変容は，南部などの社会経済的属性における変化が単純に反映されたものではなく，宗教集団自身が持っていた独自のダイナミズムから生まれてきたのである。

独自のダイナミズムで福音派が変化したとすれば，当然，「なぜ変わってきた

のか」が問題となる。それは，1960年代の福音派における特異な民主党帰属意識の存在と，その衰弱の歴史から説明が可能である。かつての福音派には，「共和党が保守政党である」と認識し，かつ保守派に好感情を抱いている人でも，民主党支持が共和党支持をはるかに上回るという，異常に強い民主党への帰属意識があった。これが生まれたのは，南部政治の特徴が福音派に反映されたからではない。南部でも主流派では，「共和党が保守的」と認識する保守的な人は6割が共和党を支持し，民主党支持は3割にすぎない。だが，同じ条件の福音派は，6割が民主党を支持し，共和党支持は3割弱でしかなかったのである。

　福音派の変容は，この特異な民主党帰属意識が希薄化し，イデオロギーに沿った政党選択を始めたことで生まれてきた。きっかけは，1960年代以降の民主党のリベラル化である。民主党が人種隔離主義を放棄したことは，同党に忠誠を尽くしてきた福音派にとって，許し難い"裏切り"だった。この事件を通して，福音派は「民主党の呪縛」から"覚醒"し，政党への信頼を失って無党派に漂流したり，より自分のイデオロギーに近い共和党へシフトしていったりしたのである（第4章第2節第3項）。

　この結果，共和党の支持基盤は大きく性格を変えた。伝統的な支持基盤だった主流派が衰退し，福音派がその中核となったのである。一方で，民主党は無宗教が最大の支持勢力となるような，極めて世俗的な政党に変身していった。

第三の問い：「福音派はどのように変化してきたのか」

　最後に残されたのは，米国における宗教と政治の関係は「これからどうなっていくのだろうか」という問いである。近代化の進んだ米国で，宗教と政治が深く絡み合いを始めたことは，米国民だけでなく世界の注目を集めてきた。これは，時代錯誤的な宗教指導者に扇動され，歴史の潮流から逸脱した一時的で異常な事態にすぎなかったのか，それとも，宗教と政治は深く絡み合い，今後も宗教保守層は政治に影響を与え続けるのか。世界の指導的立場にある米国政治の展望は，国際社会にとっても大きな関心の対象である。

　第二の問いへの回答を通して，1980年代から起きた米国政治の本質的変化，つまり政党再編成に大きな影響を与えたのは福音派であることが明らかになった。それならば，福音派の今後の動向は米国政治の変化を占う一つのカギとなるだろう。だが，序論で述べたように，今後の展望を証明することはできない。そ

こで，本書が行ったのは，福音派の政党支持傾向はどのようにして（how）変化してきたのか，その過去のプロセスを解明することである。

これによって明らかになったのは，福音派には世代間で著しい政党支持率の差異があり，同派の共和党化を進めた主要なメカニズムは，世代交代だったということである。そうであれば，福音派の今後の展望は，新たな世代の動向を踏まえることによって，ある程度の根拠を持った推測ができるであろう。展望は次節で展開することにして，まず，明らかになった変容のプロセスを述べていこう。

福音派の政党支持率を世代別に分析すると，1929年以前に生まれた高齢世代は，生涯にわたって民主党支持が6〜7割と圧倒的であり，極めて忠実な同党支持者であり続けた。しかし，民主党がリベラル化した1960年代に政治に参入した1930年世代は，当初は高齢世代と同じ強烈な民主党支持者だったものの，1960年代を通して民主党支持が急落していった。そして，共和党の保守政党化が鮮明になった1980年代に政治参入した1954年世代は，投票年齢に達した当初から強い共和党支持傾向を持っていた。こうして，高齢世代と若年世代の間には，巨大な政党支持率の差が存在したのである（第5章第2節第1項）。

一方，各世代の政党支持率は，民主党支持が急落した1930〜42年世代を除いて，歴史的変化は大きくなかった。つまり，この世代以外では，同じ有権者が人生の中で政党支持を変える「転向」はあまりなかったと考えられる。それでも，福音派の政党支持率が激変してきたのは，民主党に忠誠を尽くした高齢世代が引退し，共和党化した若年世代が政治参入するという世代交代が進んできたからである。しかも，共和党支持率が高まった世代はベビーブーマーで人口規模が大きく，同世代の参入がもたらすインパクトは強かった。これが，福音派変容の主要なプロセスだったのである。

ほかの宗教伝統系列はどうだったのか。福音派と同じように政党支持傾向が大きく変化したカトリックでは，やはり世代間で政党支持率の格差が存在し，世代交代の影響が強かった。しかし，主流派では世代間に政党支持率の違いはほとんど存在しなかった。各世代の政党支持率が安定的で，しかも世代間格差がなかったことから，主流派の政党支持傾向には大きな歴史的変化が起きなかったのである。

どうして，福音派ではこのような大きな世代間格差が生まれてきたのだろうか。本書が行ったのは，政党帰属意識と政治的社会化の理論に依拠した説明であ

る。いずれかの政党を支持する有権者は，中高年期になると党派性が高まって政党帰属意識が安定化し，容易には支持政党が変わらなくなる。しかし，政治に参入したばかりで党派性の低い若者は，政治変化に敏感に反応して政党帰属意識が動揺し，支持政党が変わったり政党への信頼を失って無党派に漂流したりする（第5章第1節）。

1960年代には，民主党がリベラル化し人種隔離主義を放棄するという大きな政治変動が起きた。だが，すでに党派性の高まっていた福音派の高齢世代は，"民主党の呪縛"から醒めることはなく，生涯を通して民主党への愛着心を捨てなかった。これに対して，政治参入したばかりの若年世代の福音派は，民主党の"裏切り"に直面すると，政党帰属意識が動揺し，保守的な人は民主党離れして自らのイデオロギーに沿った政党選択を始めたり，無党派に漂流したりしたのである。

この事件をきっかけに，福音派の特殊な民主党帰属意識の世代間継承が途切れるようになった。"民主党の呪縛"は時代とともに薄弱化し，彼らの子供である1954年世代ではほとんど作用しなくなっていた。そして，その世代が政治に参入した1980年代に，共和党は鮮明な保守政党になった。まだ若年期である1954年世代は，この政治変化に強く反応し，保守的な人は当然のように共和党支持者となった結果，この世代では共和支持率が非常に高くなったのである（第5章第2節第3項）。

福音派が共和党化していったのは，以上のように1960年代から始まる長い歴史的プロセスの結果である。1960年代に起きた政治的事件によって，政治に参入したばかりの世代の政治傾向が，突然，大きな変化を遂げ，それが，次の世代の政治意識に影響を与えた。その結果生まれてきた政党支持率の世代間格差が，福音派を変えていったのである。

本書の分析で明らかになったことは，1980年代以来，進んできた米国政治と宗教の密接な絡み合いが，過激な宗教右派運動によって生まれた一時的な異常現象ではなく，米国政治で起きた構造的な変化の結果だったということである。

時代錯誤的な宗教指導者に扇動され，歴史発展の"あるべき姿"である世俗化の潮流から逸脱した短期的な現象にすぎないのであれば，カリスマ的な宗教指導者がいなくなり，宗教右派団体が衰弱すれば，政治は再び"正常化"され，宗教

が政治に影響をもたらすことはなくなるであろう。

しかし，長い歴史プロセスを経て福音派や宗教保守的な有権者層が共和党化していったことにより，両党の支持基盤は大きく変容した。宗教右派団体が衰弱した後も，福音派は共和党支持基盤の骨格として定着し，この膨大な票田を無視した選挙戦略は成立しなくなっている。宗教は，所得階層や学歴などと同じように，有権者の政治行動を説明する独立変数として，ますます，重要な意味を持つようになってきた。構造的変化の結果であれば，今後も政治分析から，宗教の変数を除外することはできなくなるだろう。

もっとも，民族宗教理論が明らかにしたように，民族と密接に結びついた宗教の要因は，植民地時代から米国政治に大きな影響を与え続けてきた。19世紀における政党とは，同じ政治信条を持った人の集まりではなく，同じ民族宗教的な価値観を持ったグループの連合体だという主張さえある。むしろ，政治から宗教の要因が消滅し，階級的要因が政党対立を規定するようになったのは，ニューディール政策に始まるリベラリズムの黄金時代からであり，実はその時代の方が，米国政治の歴史からの"逸脱"だったのかもしれない。

研究の意義

本書の独自性と研究の意義についても，触れておきたい。

アメリカの政党対立の姿が1960年代から変化し，特に，1980年代のレーガン革命以降，福音派の影響力が拡大して，共和党の保守化が進んだことは，これまでも繰り返し指摘されてきたことである。しかし，本書では，その変化を主観的な表現ではなく，統計的に，詳細で堅固なデータによって検証し，その規模を明らかにした。

その基礎になったのは，宗教への「帰属」と「信念」，そして「態度」の3つの変数を分離したことである。信念と態度がもたらす効果を，帰属とは独立して測定することによって，帰属の変数を構成する集団，すなわち，福音派や主流派，カトリックといった宗教伝統系列は，純粋に社会学的な集団としてとらえることが可能になった。

この集団は政治的な主義や主張によって集まったものではなく，その歴史的形成には政治的要素はない。しかし，それぞれの宗教伝統系列は驚くほど政治傾向が異なり，その歴史的変化のパターンも違っていた。1960～70年代と1980年代

第1節　まとめと結論　351

に起きた政治的事件に対する反応は，宗教伝統系列ごとに特徴が異なり，双方の事件に強く反応した福音派の大きな政治的変容が，政党再編成を生み出す"主役"となってきたことが，本書の分析で明らかになったのである。

　本書の最大の意義は，福音派が共和党化したメカニズムを明らかにし，そこに世代交代効果が強く働いていたことを示したことである。福音派の変容は，1960年代に発生した世代間の政党支持率格差によってトリガーが引かれ，漸進的に続いてきた長い歴史的な世代交代プロセスの結果だった。このプロセスの解明は，次節に述べる福音派の将来展望だけではなく，米国における政党支持基盤の変動を分析するための大きな手がかりを提供するだろう。

　分析手法に関して言えば，「宗教伝統系列」と「世代」をクロスして有権者を分類したサブグループ分析が，政党支持傾向の分析に有用であることも，本書によって明らかになった。たとえば，南部の共和党化という問題は，これまで地域の特性だけに注目して分析されてきたが，変化したのは南部一般ではなく主に福音派だった。その中でも高齢者の政党支持に変化はなく，変化していたのは若年世代だけである。ここに示されたように，宗教と世代の要素を加えることによって，変化の意味はより的確に理解できるのである。

　政党再編成が転向，交代のいずれのメカニズムで発生するのかという論争は，ニューディール再編成をめぐって多くの実証研究が行われ，1980年代以降についても研究は存在する。しかし，これまでの多くの研究は，一般有権者を対象にしており，宗教集団を対象としたサブグループ分析は存在しない。

　1980年以降の政党支持率変化に関して，世代交代の影響を調べたものでは，ヘルムート・ノーポス（Helmut Norpoth）の研究がある。彼は1980年代から，高齢者と若者の政党支持傾向が逆転し，若者の共和党支持率が高まってきたことから，世代交代によって共和党支持が高まる政党再編成の基盤が生まれてきたとしている（Norpoth, 1987）。また，政治的社会化研究の観点からも，ローラ・ストーカー（Laura Stoker）とケント・ジェニングス（Kent Jennings）やベックなど多くの研究者が，若年期の政治状況で生まれた世代間格差について詳細な研究を行っている（Stoker & Jennings, 2008；Beck, 1974）。しかし，これらの研究は全有権者を対象にした分析であり，世代には着目しているものの，宗教によるグループ分けは行っていない。

　一方，ミラーとシャンクスは，全有権者ではなく，南部と北部，白人と黒人な

どのサブグループに分けて世代分析を行い、政党支持に世代間格差が存在することを指摘した（Miller & Shanks, 1996, pp. 140, 182, 495）。特に、南部は1960年代から大きな政治的変化を遂げたため、世代分析によって変化を観察した研究が多数行われている（Knuckey, 2006；Campbell B. A., 1977）。だが、彼らも宗教の側面には着目していない。

宗教と政治の関わりに関する研究の中では、福音派の若者が1980年代から共和党支持傾向を強めてきたことは、多くの研究で言及されている（Layman, 2001, p. 180；Green J. C., 2007, p. 100；Campbell D. E., 2002）。しかし、それがどのような世代交代効果を生み出してきたのかを、具体的に分析したわけではない。

これらの研究と違い、本書では、有権者を宗教伝統系列のサブグループに分け、各世代の政党支持動向を長期的にフォローし、その世代間格差だけでなく、世代ごとの支持傾向の安定性や歴史的変化を分析した。この結果、宗教伝統系列が、極めて特徴的な政党支持傾向を持ち、しかも、それが世代ごとに異なることが明らかになった。全有権者やほかのサブグループ分析では見えてこなかった傾向が、宗教に着目することによって見えてきたのである。

世代分析については以上だが、本書のもう一つの独自性は、福音派の定義を明確にし、膨大なプロテスタント教派を、教義の内容だけでなく歴史的経緯を含めて独自分類したということである。分類の結果は、主要教派について既存研究とほぼ一致している。だが、既存研究においては、教派帰属が不明な有権者を、ボーンアゲイン体験の有無で福音派に分類するなど、バイアスを生みかねない操作が行われているものが多い。

また、本書では1960年代から現代までという長期的分析を重視した。これまでの多くの研究が、単年度の調査結果を分析したり、数年単位の短期間パネル調査を分析したりすることによって、歴史の断面のスナップショットを分析してきた。だが、本書で明らかにしたように、福音派の変化は長期にわたって漸進的に進んできたものであり、歴史のスナップショットでは、その全容を把握することはできない。また、社会調査に測定誤差はつきもので、単年度調査では有意とならなかったものが、次の調査では有意となるケースも頻繁にある。長期的分析を行えば、系統的な変化を観察することで、より意味のある解釈が可能になる。長期にわたって継続調査された質問項目が極めて少ないという限界も存在したが、そのデメリットを凌駕する意味があったと言えるだろう。

第2節──今後の展望

 本書で明らかにした福音派の変容は，今後，何を生み出していくのだろうか。最後に，これまでに分析した変化のプロセスと新世代の動向を踏まえながら，宗教と政治がこれからどのように関わっていくのか，可能な限り展望を示してみたい。もちろん，予測は常に危険を伴った作業であり，合理的な推測以上のものが提示できるわけではない。

福音派と共和党

 宗教の帰属の側面から考えていこう。第一の関心事は，共和党と福音派の今後の関係である。共和党の屋台骨となり，同党のイデオロギー的保守化に大きなインパクトを与えてきた福音派は，これからも高い共和党支持率を維持し同党と密接に結びついていくのだろうか。

 世代交代のメカニズムが福音派変容の主なプロセスだったとすれば，新世代福音派の変化は，福音派の新たな変容を生み出す可能性がある。注目されるのは，1970年代以降に生まれた世代である。

 宗教右派運動の過激化は，宗教の過剰な政治化，そして行きすぎた保守主義への反発を生み出した。1960〜70年代のリベラリズムの時代に穏健な世論から乖離していたのは急進リベラル派だったが，1990年代に穏健派から乖離していったのは，急進保守派の方だった。行きすぎた保守への反発は福音派にも広がり，中絶や同性愛問題にとらわれない緑の福音派など，新しい福音派運動が生まれてきた。そして，この時代に政治参入した1970年世代には，共和党離れの傾向が生まれてきたのである。

 この問題については，第5章第3節で行った新世代のインパクトに関するシミュレーションで，ある程度の見通しを述べておいた。福音派は1960年代から，

一貫して若い世代の方で共和党支持率が高く，その世代交代によって共和党化が進んできた。ところが，上記のように1970年世代は流れが逆転して，前世代より共和党支持率が低くなったため，今後，世代交代によって，福音派全体の共和党支持率が引き下げられていく可能性は高い。

だが，そうであっても，短期間に福音派の政党支持傾向が激変するシナリオは描きにくい。なぜならば，少子化の進んだ新世代は人口規模が小さいからである。これに対して，最も共和党支持率の高い1950年代生まれの世代はベビーブーマーで人口規模がはるかに大きい。彼らはまだ40～60歳代であり，死亡などによる自然減の規模が大きくなる年齢ではない。共和党支持の低下した新世代福音派の参入が続いても，その人口比が低ければ，福音派全体に及ぼすインパクトは限られている。さらに，1970年世代とその前の世代の政党支持率格差は，それほど巨大ではないことも，急激な変化が予測できない理由となる。

それでも，世代交代ではなく，各世代において大規模な転向が発生し，共和党から民主党へ支持政党を変える人が増加すれば，福音派の政党支持動向は大きく変化するであろう。行きすぎた保守化への反発，あるいは，宗教右派運動の衰退によって，旧世代の福音派からも共和党を見限って民主党支持に走る人が出てきてもおかしくはない。

しかし，一般的に，個人の政党帰属意識は比較的安定的であり，かつその党派性は加齢によって強化されていく傾向がある（第5章第1節第3項）。若い時から共和党支持を続けてきた1950年代生まれの世代は，すでに党派性が高まり，政党帰属意識が確立するとされる中高年期を過ぎた。彼らの政党帰属意識が今後大きく動揺したり，保守派が突然リベラル派に変身したりする可能性は高くないと言えるだろう。

世代交代のメカニズムで起きる変化は漸進的であり，しかも，上記のように転向の可能性が少ないとすれば，福音派の政党支持傾向が短期間に急変する可能性はあまりない。まだしばらくの間，福音派の政党支持傾向を決めるのは，最も共和党化したベビーブーマーたちであろう。したがって，福音派が共和党支持基盤の屋台骨である時代が，短期のうちに終わる見通しはないということである。

もちろん，これは，現在の共和党と民主党の政策的立場に，明確な変化が起きないという前提である。1960, 1980年代に起きたような，政策立場の明確な変化が起きれば，世代交代でなく大規模な転向が発生する可能性がある。その場合

は，このメカニズムによって何らかの展望を行うことはできない。

2012年大統領選挙

　2012年11月に行われた大統領選挙は，こうした展望を裏づける結果となっている。

　宗教と政治の関係から見たとき，同選挙の特徴は宗教右派団体の衰退である。かつての宗教右派は，全米50州にくまなく草の根ネットワークを張り巡らせ，その強烈な動員力で，共和党予備選に出馬するリベラルな候補に拒否権を突きつける力を持っていた。だが，第3章第3節第3項で述べたように，カリスマ的な宗教右派指導者が高齢化し鬼籍に入るなどして動員力を失ってきたことに加えて，過激な宗教右派候補は本選挙で不利だという観測が定着したことから，宗教右派はその影響力を失いつつある。

　近年の選挙における宗教右派運動の衰退は，表結-1から間接的にうかがうことができる。同表は，教会に少なくとも月1回以上出席する人の中で，「教会において，政党や政党の候補に関する何らかの情報を得ることができた」と答えた人の比率である。教会から得る情報は宗教右派による政治活動の結果とは限らないが，特に福音派では，宗教右派運動による選挙チラシ配布などと強い関わりがあると考えられるので，宗教右派の活発さを推測する一つの側面データと言える。これを見ると，白人福音派では「福音派の勝利」とまで言われた2004年大統領選挙時に34％もの人が教会から何らかの情報を得ていたのに対して，宗教

表結-1　「教会で政党と候補に関する情報を得た」有権者の比率
(％)

	2000年	2004年	2008年	2012年
すべての教会出席者	14	27	15	13
プロテスタント	16	26	16	13
白人福音派	20	34	16	16
白人主流派	4	8	7	8
カトリック	10	31	14	17
白人カトリック	11	29	14	19

注）Pew Research Centerのウェブページ。教会に少なくとも月1回以上出席する人の中の比率。白人は非ヒスパニック系。福音派は自己認識を持つかボーンアゲインの体験を持った人。http://www.people-press.org/2012/11/15/section-3-the-voting-process-and-the-accuracy-of-the-vote/から。最終アクセス2012年11月17日。

右派運動が停滞し始めた2008年には16%と半減し，2012年も同じ数字だった。宗教右派の政治活動が2004年をピークに停滞していることを示すものと考えられる。なお，この調査における福音派の定義は，福音派プロテスタントと自認するかボーンアゲインの体験を持った人というもので，本書における定義とは異なっている。

活動が停滞した結果，宗教右派は2008年と2012年の大統領選挙でたて続けに，彼らが最も忌み嫌う候補，すなわち2008年ではマケイン上院議員，2012年ではモルモン教徒であるミット・ロムニー前マサチューセッツ州知事の共和党候補選出を阻めなかった。

もし，福音派の共和党化が，強力な宗教右派運動によって生まれた一時的な異常現象にすぎなかったのであれば，このように宗教右派運動が衰退すれば，福音派の共和党支持率は低下していくはずである。

しかし，表結-2で同選挙出口調査の結果を見ると，白人プロテスタント福音

表結-2　宗教伝統系列別の大統領選挙投票動向（2012年選挙）
(%)

	2004年		2008年		2012年		2012年人口比
	民主党	共和党	民主党	共和党	民主党	共和党	
総投票	48	51	53	46	50	48	
プロテスタント	40	59	45	54	42	57	53
白人	32	67	34	65	30	69	39
福音派	21	79	26	73	20	79	23
主流派	44	55	44	55	44	54	16
黒人	86	13	94	4	95	5	9
カトリック	47	52	54	45	50	48	25
白人	43	56	47	52	40	59	18
ヒスパニック	65	33	72	26	75	21	5
ユダヤ教徒	74	25	78	21	69	30	2
その他	74	23	73	22	74	23	7
無宗教	67	31	75	23	70	26	12
教会への出席頻度							
毎週行く	39	61	43	55	39	59	42
年／月に数回	53	47	57	42	55	43	40
行かない	62	36	67	30	62	34	17

注）Pew Research Centerによる出口調査集計。福音派は自己認識を持つかボーンアゲインの体験を持った人。http://www.pewforum.org/Politics-and-Elections/How-the-Faithful-Voted-2012-Preliminary-Exit-Poll-Analysis.aspx#rr から。最終アクセス2012年11月17日。

派の共和党への投票は低下していないばかりか，2004年とほぼ同じ79％という驚異的な高率となった。この出口調査での福音派の定義も，福音派を自認しているかボーンアゲイン体験がある人というものなので，本書の定義とは異なるが，ここ3回の大統領選挙における投票動向の経年比較から見る限り，宗教右派運動の衰退が福音派の共和党支持率低下をもたらしたという兆候は見えてこない。これは，本書が分析したように，福音派の強い共和党帰属意識がすでに安定化していることと矛盾のない結果である。

一方，教会出席頻度と共和党支持の関係にも変化の兆しはうかがえない。同表の下段を見ると，2012年大統領選挙でも，毎週教会に行く有権者は最も共和党への投票率が高く，出席頻度が下がるに従って低下する，きれいな相関関係が存在した。これは宗教右派運動が極めて強力だった2004年を含めて，過去3回の大統領選挙でほとんど変わっていない。

もっとも，出口調査では投票しなかった人の支持傾向がわからない。共和党のロムニー候補は，福音派が"カルト"視するモルモン教徒であったことや，同候補がマサチューセッツ州知事時代には人工妊娠中絶容認派だったことなどから，多くの福音派が失望して投票に行かなかった可能性は高い。棄権した福音派を含めた精密な政党帰属意識の測定は，信頼性の高いANESなどアカデミックな社会調査結果が公表された後でなければできないので，上記の分析はあくまで暫定的なものとならざるを得ない。

ティーパーティー運動と共和党支持基盤のジレンマ

出口調査の結果から見ると，2012年大統領選挙でも福音派が共和党の屋台骨となる支持基盤であったことは間違いないだろう。だが，2012年の大統領選挙では人工妊娠中絶や同性愛問題などの宗教的争点は背景に退いていた。長引く景気低迷と高い失業率の中で，選挙の焦点は経済問題に集中していたのである。今後，宗教的争点が選挙の焦点から消えていく可能性はあるのだろうか。

注目されるのは，2010年の中間選挙で旋風を巻き起こしたティーパーティー運動である。衰退しつつある宗教右派運動に代わって登場したこの運動は，大衆的な保守主義運動の焦点を，宗教的争点から，「小さな政府」を求めるニューディール争点にシフトさせていった。

ティーパーティー運動は，2009年，オバマ政権が実施したサブプライムロー

ン被害者の救済策に対して,テレビ局の保守派経済アナリストが「無理なローンを組んで返済に窮した負け犬連中の借金を,なぜ我々が払わなくてはいけないのだ」と訴え,反オバマ抗議運動を呼びかけたことなど,いくつかのきっかけから始まった。呼びかけはユーチューブを通して瞬く間に全国に広がり,600〜700と言われたティーパーティー系の草の根保守運動グループが誕生した。

彼らはあらゆる増税に反対し,国民皆保険を目指す医療保険改革や超大型景気刺激策など,オバマ政権の「大きな政府」の経済政策を徹底的に批判した。運動の特徴は極めて扇動的で口汚いリベラル攻撃だったが,2010年中間選挙では大きな風を巻き起こし,下院60議席増という共和党の歴史的勝利に貢献したのである。ティーパーティー運動の影響力は鮮烈であり,彼らに同調しない候補の多くは予備選で落選の憂き目にあうか,厳しい選挙戦を強いられた。かつて共和党議員は宗教右派運動の腕力を恐れて,こぞって人工妊娠中絶反対の旗を掲げたが,今度は,ティーパーティー運動の力を目の当たりにして,一切の増税を拒むかたくなな姿勢を強めていったのである。

ティーパーティー運動には宗教右派的な色彩も含まれている。運動には全国を束ねる中央本部はなく,統一した綱領などは存在しないが,各地のティーパーティー系草の根グループの主張を見ると,リバタリアン的なものだけでなく宗教保守的な主張も強かったし,彼らの推薦候補の多くは明らかな宗教右派だった。ティーパーティー運動支持と宗教右派支持や同性愛問題への保守的態度の間の二変量相関分析を行うと,それぞれ.582, .406と極めて強い相関関係が存在する(表結-3)。

だが,ティーパーティー運動の中核的なアピールは,あくまで「小さな政府」の主張であり,人工妊娠中絶や同性愛問題など宗教的争点は脇役だった。相関係数が高い値を示したのは,宗教右派運動が衰退して拠り所を失った宗教保守層が,それに代わる新たな保守主義運動としてティーパーティー運動をとらえ,そこに盲目的に流れ込んでいった結果と考えられる。このように,宗教的争点は決して消滅したわけではないが,ティーパーティー運動を通して草の根保守主義運動のスポットライトは,ニューディール争点の「小さな政府」路線にシフトしていったのである。

ティーパーティー運動が生まれた背景には,共和党支持基盤の中のジレンマがある。第4章第1節第3項で述べたように,政党再編成後の共和党支持連合にお

表結-3　ティーパーティー運動，聖書認識との相関係数（2010年）

	茶会運動支持との相関			聖書認識との相関		
	相関係数	有意確率（両側）	N	相関係数	有意確率（両側）	N
茶会運動支持				.264	.000	2478
世帯収入	.005	.655	2064	−.194	.000	2064
教育レベル	−.093	.000	2466	−.264	.000	2466
聖書認識	.264	.000	2337			
教会出席	.168	.000	2450	.460	.000	2450
政党帰属意識	.524	.000	2386	.148	.000	2386
イデオロギー自己認識	.513	.000	2383	.296	.000	2383
貧困対策	.349	.000	2309	−.002	.861	2309
環境保護	.208	.000	2478	.079	.000	2478
反移民	.274	.000	2135	.209	.000	2135
オバマ批判	.554	.000	2263	.179	.000	2263
宗教右派支持	.582	.000	1689	.498	.000	1689
中絶問題	.268	.000	2309	.362	.000	2309
同性愛問題	.406	.000	2222	.492	.000	2222

注）Religion and Public Life Survey, 2010 から作成。
ティーパーティー（茶会）運動への賛否（1. Strongly disagree から 5. Strongly agree まで 5 段階）と聖書認識（3 段階）に対するピアソンの相関係数。イデオロギー自己認識以下の争点態度は数値が大きくなるほど保守的。

ける最大勢力は，倫理争点，ニューディール争点，軍事問題とあらゆる争点で保守的な人々だが，もう一つの中核的な支持勢力は，ニューディール争点では保守的で「小さな政府」を主張するが，倫理問題では人工妊娠中絶を容認するニューディール保守で宗教リベラルの有権者だった。おおざっぱに言えば，前者は宗教右派運動の影響で共和党化した宗教保守層であり，後者は伝統的な"ビジネス・ウィング"の共和党支持者と言えよう。もっとシンボリックな言い方をすれば，前者は福音派の共和党で後者は主流派の共和党支持者である。後者の宗教リベラルな共和党支持者は決して消滅したわけではなく，今でも同党の重要な支持勢力なのである[1]。

　宗教リベラルの共和党支持者は，宗教右派が共和党支持基盤の裾野を広げるメ

1）なぜ，こうした事態が生まれてきたのか。それは，第 4 章第 1 節第 1 項の主成分分析で明らかになったように，これらの争点は歴史的に融合のレベルが高まってきたものの，融合は完全ではなかったからである。この分析で，第二主成分への負荷量を見ると，常に中絶問題が主軸であり，ニューディール争点とは異なった宗教の亀裂軸が同時に存在していたのである。レイマンらが主張した争点拡大の仮説（第 1 章）は，この部分で成立していると言えるだろう。

リットをもたらしたことで，彼らと共存の道を歩んできた。だが，宗教右派の影響力が強くなりすぎ，共和党指導部が宗教保守路線ばかりを強調して，本来の「小さな政府」の理念を軽視するようになれば，それに対する不満がつのってきても不思議ではない。特にブッシュ政権に対しては，「小さな政府」の基本理念を忘れてしまったという反発が広がっていた（第3章第3節第2項）。ティーパーティー運動の急激な拡大は，こうしたビジネス・ウィングの共和党支持者が，近年の同党指導部に抱いていた鬱憤の爆発という側面を指摘することができるだろう。

　つまり，福音派が共和党化した結果，共和党は宗教的，倫理的価値観を異にする二つの主要な支持グループを抱え込んでしまったのである。それぞれのグループが重視する「小さな政府」と「宗教保守」路線は，これまで共和党の中で共存することができたが，ブッシュ政権で「宗教保守」路線が目立ちすぎた反動で，今度は「小さな政府」路線が前面に躍り出てきた。今後，共和党支持基盤の構成に大きな変化がない限り，どちらの路線も消えることはないだろうが，その強弱は揺れ動くであろう。そして，共和党指導部が片方の路線に没頭し，もう一方の路線を軽視すれば，二つのグループの間には緊張関係が生まれる可能性もある。それは，今後も同党が抱えたジレンマとなっていくだろう。

民主党の宗教リベラル回帰

　2012年大統領選挙では，共和党候補のロムニーが穏健派だったために，宗教的争点をあまり取り上げなかったが，逆に民主党のオバマ大統領は，宗教的リベラルの立場で積極的に打って出た。この選挙のもう一つの特徴は，民主党の鮮明な宗教リベラル路線への回帰である。

　第3章第3節第3項で述べたように，近年の民主党は宗教保守票を奪回するために，世俗的で反宗教的なイメージを払拭し，倫理問題が政党間の争点対立でなくなるようにする戦略を進めてきた。オバマ大統領も2008年の大統領選挙では，宗教保守層に配慮して「結婚は一人の男と一人の女の間に結ばれるものだと信じている。……一人のキリスト教徒として，それは神に関わる聖なるものだ（と受け止めている＝引用者注）」などと，同性愛結婚反対を主張していた。

　だが，オバマ大統領は就任後，急速に宗教票対策への関心を失っていった。彼は，同性愛者の軍入隊制限を撤廃し，2012年5月には現職大統領として初めて

表結-4　民主党が宗教に友好的だと考える人口比率

(%)

年	全国民	世代別			宗教分類別		
	≦1929	1930-49	1950-69	1970+	白人ボーンアゲイン	白人非ボーンアゲイン	カトリック
2003	62	50	45	43	39	49	50
2004	50	46	48	43	40	46	52
2005	36	40	32	30	24	30	44
2006	37	32	30	25	23	28	33
2007	36	39	37	34	30	40	43
2009	34	35	30	33	26	30	32
2010	36	29	32	29	21	29	35

注）Religion and Public Life Survey 2001～2010 から作成。
　　Pew Research Center for the People and the Press が実施。

　同性愛結婚を容認する発言まで行って，2012年大統領選挙を宗教リベラルの立場から戦う姿勢を鮮明にしたのである。

　民主党は宗教票対策をあきらめてしまったのだろうか。その可能性は高い。第4章第3節第4項で見たように，福音派や宗教保守層が離脱した後の民主党は，極めて世俗的な政党である。宗教保守層に配慮して人工妊娠中絶などで保守的な姿勢を示せば，「エミリーのリスト」など中絶問題に敏感なリベラル層から強い反発が出てくる。こうした"リベラルの堅い殻"に阻まれて，民主党の宗教保守層対策は微温的なものにとどまり，その効果はあまり見えてこない。

　表結-4は，民主党が宗教に対して「友好的（Friendly）」「中立（Neutral）」「非友好的（Unfriendly）」かどうかの認識を尋ねた調査結果である[2]。これを見ると，民主党が宗教に友好的だと考える人は，2003年以降，かえって減少傾向である。世代別に見ても若い世代で民主党が友好的だと考える人の比率は下がっており，民主党の宗教票対策が成功をおさめているとは言えない。

　この調査が示しているものは，民主党が宗教保守層にすり寄っても効果は少なく，逆に中核的なリベラル支持基盤の離反を招いてしまう，あぶはち取らずの結果に陥る危険性である。そうであれば，民主党は，本来の宗教リベラル路線に回

---

[2] 同調査では詳細な所属教派を尋ねていないため，宗教伝統系列への分類はできない。このため，白人プロテスタントについて，ボーンアゲイン体験の有無をもとに二種類の分類を行った。福音派には白人ボーンアゲイン・プロテスタントが多いが，主流派にも多数存在することは，これまでに述べた通りである。

帰するのが取るべき戦略であろう。オバマ大統領のリベラル回帰は，こうした思惑が背景にあると考えられる。同大統領の同性愛結婚容認発言に対して，共和党のロムニー候補はさっそく「結婚は男女間で行うものだ」と述べて，同性愛結婚反対の立場を明確にした。経済対策が焦点となった2012年大統領選挙でも，宗教的争点が影に隠れていたわけではない。

　政党再編成によって支持基盤が組み替えられた結果，民主党は極めて世俗的な政党となり，共和党は宗教保守政党となった。今の両党支持基盤の間には宗教の亀裂軸が厳然と走り，それが短期的に変化する兆しはない。宗教右派運動の旋風が消えたとしても，宗教的問題は潜在的に，あるいは顕在的に両党の対立争点であり続ける。米国において宗教と政治は，まだしばらく絡み合いを続けるであろう。

補論 1　プロテスタント教派の歴史と分類

　本書では，宗教と政治の関わりを分析するにあたって，帰属，宗教的信念，宗教への態度という3つの変数を使用した。このうち帰属の変数は，膨大な数にのぼるプロテスタント教派を，宗教伝統系列に分類することによって作成される。以下は，この帰属変数を作成するための作業である。

　アメリカでは幾度もの大規模な宗教運動が発生し，その度にプロテスタントは離合集散を繰り返してきた。19世紀初頭のプロテスタント主要教派は，メソジストやバプテストなど大きなグループで30～40に分かれていただけだが，20世紀初頭には200以上になったとされ（Kleppner, 1979, p. 20），現在，教派ハンターとして知られるゴードン・メルトン（Gordon Melton）の *Encyclopedia of American Religions*（7th Edition, 2003）には2630もの教派が記録されている[1]。

　教派の分類は単純な作業ではない。教派ファミリーごとに，宗教伝統主義の強さに大まかな傾向があるものの，その内部で枝分かれした教派は様々な傾向を持っている。Presbyterian Church（USA）と Presbyterian Church in America は全く異なった教派で，前者は主流派，後者は福音派であり，Evangelical Lutheran Church in America は，Evangelical という名称にかかわらずリベラルな教派である。このように教派ファミリーや教派名からの推測は意味を持たない。

　一方で，教派の特色が生み出される背景には，それぞれの教派が持つ教義や信徒の社会経済的属性に加えて，教派のたどってきた歴史的経験の蓄積がある。このため，教派を分類するためには，各教派がそれぞれの母体となった教派から離脱したり統合していったりした宗教運動の経緯をたどることが不可欠である。

---

1) この辞典には数十人しかいない極小教派まで記録されているので単純比較はできないが，教派の統合が進んだ一方で，それに反対する分裂も発生し，教派地図がより複雑になったことは間違いない。

米国における主な宗教運動は，第一次，第二次の大覚醒運動，20世紀初めにおける原理主義—近代主義論争，そして1960年代に起きた離合集散などがあげられる。このうち，福音派の形成に大きな影響を与えたのは原理主義—近代主義論争だが，福音派の中には移民系教派など19世紀に形成されたものも少なくない。このため以下に，各教派の成立と発展の経緯を検討し，その結果を踏まえて，各教派を宗教伝統系列に分類した一覧表を最後に掲載する。この分類は，第1章に詳述した判断基準によって，すべて筆者が独自に行ったものである。

ここでは，米国宗教教派に関する標準的なレファレンスとされるメルトンの上記著作を基本に，The Association of Religion Data Archives (http://www.thearda.com/)，クレイグ・アトウッド（Craig D. Atwood），*Handbook of Denominations in the United States* (12th Edition, 2005)，および各教派のウェブページなどを参考にし，小規模な教派の分類については米国宗教史に詳しい東京大学のロジャー・ロビンス（Roger Robins）准教授に貴重な助言をいただいた。文中，太字になっているのは，本書が対象とした1960年以降に現存している教派である。

1　会衆派

宗教改革期にジュネーブで活動したジャン・カルヴァン（Jean Calvin＝1509-1564）の伝統を引き継ぐ教派は改革派，もしくはカルヴァン派と呼ばれる。神の絶対的主権を強調する予定説が最大の特徴であり，儀式や信仰への情熱よりも聖書の理解に重きを置く傾向がある。オランダ，ドイツ，イギリス，スコットランド，ハンガリーなど欧州各地に広がったのち，教会運営方式や教義などの面で少しずつ異なった伝統を生み出し，各地からの移民を通して様々なバージョンの改革派がアメリカに到達した。

改革派の中でも，上部権威による教会支配を徹底して拒否し，個別教会に最終的な教会運営の権限を与えたのが会衆派である。イギリスのピューリタンとともにニューイングランドに到着し，同地域植民地の公定教会として圧倒的な勢力を誇るとともに，独立革命でも主導的な役割を果たしてアメリカの文化的エリートとなっていった。しかし，第一次大覚醒の時にリバイバル推進派の多くの牧師がSeparate Baptistに転向してしまい，第二次大覚醒では長老派との合同プランによって信徒拡大を目指したものの，教勢は伸びなかった。

一方で，19世紀の初頭には早くも啓蒙主義の強い影響を受けて，内部からボストンを中心に啓蒙主義的なユニテリアンのグループが台頭した。彼らは1825年に分派教派を形成したため，会衆派は教会と信徒の多くを失った。さらに，公定教会の地位を守るために，政教分離主義のジェファソンに反対してフェデラリストを支援していたが，1833年にはニューイングランド全域で公定教会制度が廃止された。こうして会衆派は植民地時代に持っていた特殊な地位を失い，独立革命時には全人口の20％の信徒を集めて合衆国最大勢力だったものの，1850年には4％に衰退してしまうのである。啓蒙主義の影響は会衆派本体にも広がり，19世紀を通して自由主義的でリベラルな傾向を強めたが，党派的にはヤンキーの主流プロテスタントとして共和党支持傾向が強かった。

会衆派は，1931年に内部の2グループ合併によって Congregational Christian Churches を発足させた。原理主義論争にほとんど参加しなかったが，1930年代には少数の原理主義者が内部で運動を始め，1948年に Conservative Congregational Christian Conference を発足させて分派し，NAE に参加した。一方，本体の Congregational Christian Churches は教会統合運動を先導する形で，1957年に Evangelical and Reformed Church と合併して United Church of Christ（UCC）を形成した。UCC は政治的には最もリベラルな教派となり，公民権運動から同性愛者の権利，人工妊娠中絶まで一貫してリベラルな主張を行う主流派教派である。UCC の統合に反対した教会は，National Association of Congregational Christian Churches を作って集まった。しかし，この教派は特定の教義を持たない協力組織であり，政治活動や社会活動は参加教会の独自判断に任せている。

2　ドイツ，オランダ系改革派

オランダからの移民は17世紀初期から到着して中部植民地に定着し，母国の改革派に沿った信仰が受け継がれていた。だが，教派組織である Reformed Church in America が整備されたのは1792年である。教義をめぐる対立から1857年には伝統主義的なグループが Christian Reformed Church in North America を作って分派し，現在に至っている。この教派はオランダ系移民の民族的サブカルチャーを強く維持していたが，20世紀になると韓国，中国，ヒスパニックなど，他の少数民族系移民にもアピールして多くの信徒を獲得し，20世紀前

半にかけて信徒が急増した。20世紀初頭には原理主義的な教義も採択し，アメリカ社会の周辺部に位置して，伝統主義的な側面を持っていることから福音派に分類することができる。これに対して，本体の Reformed Church in America はアメリカで最も古い伝統を持つ教派の一つで，社会のエスタブリッシュメントの一角を占めるようになり，NCC の創設時からのメンバーでもあったことから主流派教派である。

一方，ドイツ移民の約半数を占めていた改革派は，当初は上記 Reformed Church in America に参加していたが，移民数の増加に伴い 1793 年にドイツ系だけで独立して Reformed Church in the United States を発足させた。中西部のドイツ系移民は改革派とルター派が合同で 1840 年に Evangelical Synod of North America を形成していたが，双方の教派は 20 世紀に入って教会統合運動に意欲を持つとともに，リベラル色が強くなり，1934 年には合併して Evangelical and Reformed Church を発足させた。この合併に反発した少数の保守派が，自らを教派の正統な継承者であると主張して Reformed Church in the United States を名乗るようになったが，極めて小規模な教派である。

合併した Evangelical and Reformed Church はさらに，1957 年に Congregational Christian Churches と合併して，リベラルな United Church of Christ (UCC) を形成する[2]。

またハンガリー系の改革派は，1922 年に主流派の Reformed Church in America に合併する際に分裂し，合併反対派は Hungarian Reformed Church in America を結成し福音派教派を作った。

3 欧州系フリー・チャーチ

宗教改革の時代には，主流であるルター派，カルヴァン派のほかに，急進的な宗教改革を主張する再洗礼派（アナバプテスト）などの様々なグループが誕生した。この急進改革派は，スイスやドイツなどに広まり，小グループながらも各地で独自の伝統を形成していった。彼らは国家による管理を拒否するのでフリー・チャーチ（Free Church）と呼ばれることもある。これら諸国からの移民は比較的

---

2) 会衆派の項目を参照のこと。

遅れてアメリカに到着し，そこでブレスレンやメノー派，アーミッシュなどの民族系小教派を作っていく[3]。

一方，アナバプテストの系列ではなく，19世紀北欧で生まれた宗教リバイバルの影響を受けた敬虔主義的な教派も，19世紀中にはアメリカに到着した。これらの少数移民系の教派は多くが保守的な傾向を持っている。民族や地域に分かれて無数に存在するこれらの教派の離合集散を追い切れるものではなく，社会調査の回答にもほとんど登場しないので，現在存続している教派の中から主要なものを以下に分類していく。

A) ブレスレン
◆ドイツ系

ブレスレンは17世紀後半から18世紀前半にドイツで起きたフィリップ・シュペーナー（Philipp Spener＝1635-1705）による敬虔主義にルーツを持ち，アナバプテストの影響を受けて世俗からの孤立主義的な傾向を深めたドイツのアレクサンダー・マック（Alexander Mack, Sr.＝1679-1735）が，1708年に始めたグループである。彼らはドイツでの迫害を逃れて，1719年にほぼ全員がペンシルベニアなど中部植民地に移民し，宗教生活を続けた。クエーカー，メノナイトと並び平和主義で良心的徴兵拒否の教派として有名で，公式教義はなくシンプルで敬虔な生活実践が最重要視される。しかし，19世紀末に内部で近代主義者と伝統主義者の対立が深まり始め，1882年に教義や生活倫理などの問題をめぐって保守派，リベラル派と中間派に分裂。リベラル派は Brethren Church（Ashland, Ohio）（1882，以下，教派名後の丸括弧内は発足年）を形成，保守派は Old German Baptist Brethren（1881）を作った。中間派はブレスレン本体を継承したうえで1908年に現在の教派名である Church of the Brethren を正式に使用し，現在，ブレスレン・ファミリーの中では最大の教派となった。

20世紀に入ると，Church of the Brethren は教派名からドイツの名前を消したように，米国社会への同化が進み近代主義者の影響力が強まって，NCC にも加盟するなど主流の教派として成長した。一方，リベラル派の Brethren Church（Ash-

---

[3] イギリスからアメリカに広がったバプテストは，アナバプテストからも影響を受けているが，異なった民族を基盤にしたこれらのグループとは異なった系列と考えるべきである。

land, Ohio) は再び保守・リベラルに内部分裂し，保守派が Fellowship of Grace Brethren Church (1939) を形成して分派した。

しかし，1960 年代には中間派の Church of the Brethren 内で聖書の無謬性や NCC との関係をめぐって再び対立が発生，1959 年には保守派が Brethren Revival Fellowship を形成して分派した。

◆ Evangelical United Brethren Church

こうした流れとは別に，第一次大覚醒の時代に，ドイツ系移民の間でリバイバルを進めたグループがブレスレン本体から独立して，メソジストに近い Church of the United Brethren in Christ (1800) が発足した。この教派でも 19 世紀末には近代主義と伝統主義の亀裂が生まれ，1889 年に保守派が離脱して新たな Church of the United Brethren in Christ (Old Constitution) を形成した。リベラル派の本体は，1946 年に同じドイツ系ルター派から生まれ，メソジスト的な傾向を強めた Evangelical Association (1807, 1922 年に United Evangelical Church と合併して Evangelical Church となる[4]) と合同して，Evangelical United Brethren Church を形成して 70 万人を超える主流派の大教派に成長した。さらに，1968 年に Methodist Church と合同して United Methodist Church を作るが，同教派についてはメソジストの項目で説明する。この時にも，合同に反対したホーリネス系の教会が Evangelical Church of North America (1968) という福音派的な教派を作って分派した。

一方，現在，United Brethren in Christ を名乗るのは Old Constitution のグループであり，こちらは NAE のメンバーで福音派である。また，Plymouth Brethren は，イギリスで生まれたディスペンセーショナリズムの運動であり，ドイツ系のブレスレンとは，全く異なった系譜の原理主義者である。

B) 非アナバプテスト系列

19 世紀の北欧における敬虔主義的な宗教リバイバルにルーツを持っているのは，Evangelical Free Church of America (EFCA) と Evangelical Covenant Church

---

4) United Evangelical Church の中で合併に反対した保守派が分派し，Evangelical Congregational Church (1922) を形成した。原理主義論争時代の分裂の一つである。

(ECC) である。EFCA は，スウェーデン，ノルウェー，デンマークなどから移民してきた人による教派が 1950 年に合併して誕生し，ECC はスウェーデン系移民のうちルター派のグループが合併して誕生した教派。ともに移民の教派であり，敬虔主義的な教義を持ち原理主義運動でも重要な役割を果たしている。しかし，統合を重ねていく中で排他的，分離主義的な要素を捨て，穏健派の福音派となった。EFCA は NAE に加盟している。

C) その他

　Moravian Church は，宗教改革以前にチェコでキリスト教改革運動を始めた最も古いプロテスタントであり，18 世紀にはドイツ敬虔主義の影響を受け，19 世紀にドイツやスカンジナビア系移民からアメリカに持ち込まれた。厳格な教義は持たず，様々な論争や分裂とも関係を持たなかった。宗教運動における分派などの歴史体験を経ておらず，明確な分類はできないが，米国の周辺文化に位置し，敬虔主義的であることで福音派に分類する。

　Mennonite Church は，1520 年代に中欧で始まったプロテスタントであり，急進的宗教改革の指導者だったメノー・シモンズ（Menno Simons＝1496-1561）から始まったアナバプテストの教派である。歴史を通してアウトサイダーとして扱われ，自ら孤立して生活することが多かった。米国では，宗教的に寛容だったペンシルベニアに，ドイツやスイスからのメノー派が移民して持ち込まれてきた。メノー派の平和主義は有名だが，基本的に保守的な教派であり多数のグループに分かれている。**Old Order Amish** はその中でも最も保守的で孤立主義的なグループである。一方，**General Conference of Mennonite Brethren Churches** は，ウクライナで形成された教派で，オランダ，ドイツ系移民に多く，ほかのメノー派よりも聖書重視の傾向が強い。これらの教派も Moravian Church と同じ理由で福音派に分類する。

　Mennonite Brethren は，19 世紀半ばにリバイバルの影響を受けたメノー派のグループだが，ホーリネスの影響を受けるようになり 1947 年には United Missionary Church と改名，1969 年に小教派と合併して Missionary Church を結成した。

D) クエーカー（Friends）

　クエーカーは 17 世紀半ばにイギリスで始まった教派で，欧州系フリー・

チャーチの一つに位置づけられるが，民族的にはイングランド系が中心。牧師や儀式を一切廃止して，個人の "Inner light" に宿る神の声を聞くという非伝統的な信仰形態を取る。イギリス本国で迫害されただけでなく，アメリカでも魔女裁判にかけられるなど圧迫された。もともと素朴な民衆的教派だったが，次第に上流階級の信徒も増えていった。その中の一人がクエーカー教徒の避難地としてペンシルベニア植民地を創設したウィリアム・ペン（William Pen = 1644-1718）である。1680年代にペンシルベニアに渡ったクエーカーは，かなりの数の紳士階級を含み，当時のイギリスの開明的な啓蒙思想を身につけていた。このため第一世代の過激なクエーカー信仰は緩和されて，穏健で啓蒙主義的な共同体が形成され，教会運営も神学的な論争は少なく，よりは実務的で堅固な集団を作っていくのである（増井，2006, p. 281）。

クエーカーは教義的に平和主義であると同時に，第二次大覚醒運動の頃から福音主義的な傾向を強め，奴隷制廃止や禁酒など社会改良運動や慈善運動に力を入れ，ホイッグ党の強い支持者だった。合衆国独立後，ペンシルベニア州の主導権をスコッチ・アイリッシュ系と争った経緯から，同系と近かったリパブリカン党，そして民主党に対する敵対心が強かった。その後，19世紀には信徒の拡大も止まり現在も少数教派だが，経済的にも成功し啓蒙主義の影響が強く主流派として位置づけられる。

しかし，クエーカー内部でも，原理主義論争の時代には保守とリベラルの亀裂が生まれた。また，1965年には保守的なグループによる Evangelical Friends Alliance が発足し，現在は Evangelical Friends International として福音派教派を形成している。

4　長老派

長老派は，植民地時代に中部植民地に定着したスコッチ・アイリッシュ系移民が，母国からもたらしたものが中心となり，当初は民族と教派がほぼ一体になっていた。最初の中会（教会を集めた組織）はフィラデルフィアで1706年に発足，第一次大覚醒時代にはリバイバルへの対応をめぐってオールド・サイド（Old Side）とニュー・サイド（New Side）に分裂した。両派はいったん関係が修復したものの，再び，第二次大覚醒時代の1837年にオールド・スクール（Old

School) とニュー・スクール (New School) に分裂した。ニュー・スクールは，フロンティア宣教における長老派と会衆派の協力を決めた合同プランをきっかけに，長老派に所属することになったニューイングランド会衆派のヤンキー牧師が中心である。彼らはカルヴァン主義の予定説を否定するアルミニウス主義的なニューヘブン神学と道徳改良主義を説くようになった。これに対して，"本家"スコッチ・アイリッシュ系のオールド・スクールは厳格な予定説を貫き，ニュー・スクールの福音主義的な要素を嫌ったことから，両スクールは激しく衝突した。民族的背景からニュー・スクールはホイッグ党支持傾向が強かった。これに対して，オールド・スクールは民主党支持だったが[5] (ケリー，1987, p. 245), 20 世紀初頭にはスコッチ・アイリッシュ系の民族的アイデンティティーが薄れ，かつアイルランド系移民によって急増したカトリックが民主党の地盤を構成したことから，反カトリック感情を背景に共和党傾斜が強くなっていった。

19 世紀前半

　オールド・スクールとニュー・スクールの分裂の前の 1810 年に，やはり予定説を批判して大覚醒運動を進め，より民衆的な基盤を拡大しようとしたケンタッキー州の Cumberland 中会が，オールド・スクールの批判を受けて分離独立し，福音主義的な Cumberland Presbyterian Church を発足させた。同教派に所属していた黒人は 1874 年に独立して Cumberland Presbyterian Church in America を発足させた。

　その後，奴隷制問題をめぐる南北対立の時代になると，新旧両スクールもそれぞれに南北分裂して，ニュー・スクール側では United Synod of the Presbyterian Church (1857), オールド・スクール側では Presbyterian Church in the Confederate States of America (1861) がそれぞれのスクールの南部教派として分派し，長老派は四分五裂する。だが，南北戦争の勃発後には，南北の新旧両スクールが合同して，南部では Presbyterian Church in the United States (PCUS, 1867) が，北部では Presbyterian Church in the United States of America (PCUSA, 1870) が発足した。こうして長老派の対立からは，民族的，神学的な側面が薄らぎ，対立は奴隷制や

---

5) 分裂時点でオールド・スクールの信徒は約 80 万人，ニュー・スクールは約 10 万人である。

南北をめぐるものに変化していったのである。

20世紀初頭

　長老派は原理主義論争の主要な舞台であり，論争による亀裂と分裂の動きが最も激しかった教派でもある。PCUSAは，上記のようにアルミニウス主義的なニュー・スクールと，カルヴァン主義を維持するオールド・スクールの合併によって発足した教派なので，内部では近代主義者と伝統主義者の確執が続いていた。論争の結果，近代主義派に破れた原理主義派のメイチェンらは，PCUSAから分離してOrthodox Presbyterian Church[6]を発足させた。

　さらに，論争が激化する前にも小規模な離合集散が起きている。PCUSAは1903年に，カルヴァン主義の解釈をやや柔軟にしたリベラルな教義を採択したため，これをきっかけにして1906年，Cumberland Presbyterian ChurchがPCUSAと再合同した。しかし，再合同に反対した保守的なグループはCumberland Presbyterian Churchに残った。同教派はその後，魂の救済において，神の恩寵をより重視する伝統主義的な教義を採用して福音派的な教派となった。

20世紀後半

　一方，主流のPCUSAは1958年，スコッチ・アイリッシュ系の教派だったUnited Presbyterian Church of North America（合併時の信徒数25万7513人）と合併してUnited Presbyterian Church in the United States of Americaを形成，さらに1983年に，南北戦争以来の分裂を解消して南部長老派のPCUSと合併し，現在，長老派ファミリーの最大教派であるPresbyterian Church（USA）が発足した。統合で生まれたリベラルな同教派は，主流派である。

　このように，1970年代からPCUSが教会統合運動に積極的になり，リベラルなNCCに参加する動きも表面化したことから，これに反発する保守派グループがPCUSから分離して，1973年にPresbyterian Church in Americaを設立した。また，1981年には，Presbyterian Church（USA）のリベラル化に反発したグループが分離してEvangelical Presbyterian Churchを組織した。両教派とも聖書の無

---

6) 1934年に分派したときにはPresbyterian Church of Americaと名乗ったが，PCUSAから命名上の問題で訴訟を起こされたために改名した。

謬性を信じる福音派教派である。

一方，原理主義論争に敗北したメイチェンが作った Orthodox Presbyterian Church からは，早くも 1938 年にマッキンタイアが飛び出し，より厳格な原理主義を主張して Bible Presbyterian Church を作った。同教派内では，さらに内部対立が生まれて分派教派が誕生するなど四分五裂していった。

Reformed Presbyterian

上記の流れとは異なった源流を持つのが Refomed Presbyterian の流れである。スコットランドで国教となった長老派への参加を拒み，独自の長老派信仰を守ろうとして迫害を受けた一部のスコッチ・アイリッシュから始まるもので，上記の長老派本体とは異なったグループを形成してアメリカに移民した。彼らは，政府権力に対する強い不信感を持つ民族的な教派として Associate Reformed Presbyterian Church（1782）を形成した。ウェストミンスター信仰告白を忠実に受けつぐ伝統主義的な教派だったが，南北対立の時代である 1822 年に北部と南部に分裂。北部は小教派との合併によって United Presbyterian Church of North America（1858）を形成したが，次第に民族的特徴を失い，原理主義論争時には教義を穏健な伝統主義に変えて近代主義に近寄っていった。この経過から，20 世紀後半の再編成では長老派本体である PCUSA と合同して，United Presbyterian Church in the United States of America（1958）を形成した。一方，南部側は Associate Reformed Presbyterian Church の名前を継承し，現在もウェストミンスター信仰告白を忠実に維持する福音派の教派である。

また，1782 年に Associate Reformed Presbyterian Church が発足した時期に，民族的孤立主義を維持し，投票権や被裁判権などの市民権行使を拒否するグループが分派して，Reformed Presbyterian Church of North America を発足させた。同教派は第二次大覚醒時に分裂し，ニュー・ライト（New Light）は原理主義論争時期に原理主義教派と合同して，現在の Presbyterian Church in America に吸収された。一方，オールド・ライト（Old Light）の方は小教派として現在も存続し，極めて保守的な教義を維持する福音派教派だが，1964 年に，キリスト教原理に則る政府である限り，信徒が投票権を行使することは許可された（Atwood, Frank, & Samuel, 2005, p. 2428）。

5　メソジスト

　メソジストは，ドイツ敬虔主義の影響を受けたイギリスの英国国教会牧師，ジョン・ウェスレー（John Wesley = 1703-1791）が1730年代に始めた敬虔主義教派である。貧困者の魂の救済を重視する民衆の教派として出発したので，アルミニウス主義を採って万人の救済を訴え，虐げられたものへの同情や隣人愛，敬虔な生活態度が重視されている。アメリカに広がったのは第一次大覚醒時期の宣教師，ジョージ・ホイットフィールド（George Whitefield = 1714-1770）の功績である。彼はウェスレーと違ってカルヴァン主義的なメソジスト運動を主張していたが，ホイットフィールドの死後，アルミニウス主義的なメソジズムがアメリカの主流となった。このため，カルヴァン派のように知的な聖書理解や教義の厳格な解釈に重きを置かず，教義をめぐる論争や対立は比較的少ない。

　米国でも英国国教会の中の運動として出発したので，米国で独立したメソジスト教派が生まれるのは独立後であり，Methodist Episcopal Churchが正式に発足したのは1784年である。この段階では，米国内で最も小さな教派の一つだったが，第二次大覚醒運動でメソジスト特有の巡回宣教師と，キャンプ・ミーティングを主体にしたフロンティア宣教が貧困層にアピールし，南部や中西部で急速に教勢を拡大。19世紀半ばには130万人もの信徒数を抱える（Atwood, Frank, & Samuel, 2005）米国第一の教派に成長した（ブラウアー，2002, p. 141）。

19世紀前半

　第二次大覚醒のリバイバルの中で，メソジストから分派して誕生した教派としてはPrimitive Methodist Church（1840）がある。屋外での伝道集会などウェスレーの本来の活動への回帰を目指した伝統主義的な教派で，現在も福音派教派として存続している。

　南北分裂以前にはメソジスト内部での大きな対立はなかった。分派教派がいくつも生まれているが，ほとんどは黒人が独自教会を建設して分かれていったもので，多くは分派後も協力関係を保っていた。白人のメソジスト内部で起きた亀裂は，第二次大覚醒運動の時代である1828年に，メソジストの伝統的な監督制による教会運営方式に反対して，個別教会が独立運営する会衆制を主張するグループがMethodist Protestant Churchを建設して分派したのが，数少ない事件の一つで

ある。

南北分裂

しかし，奴隷制に関する対立はメソジストの内部にも感情的な亀裂を生み出し，ついには南北に教派が分裂する事態に陥った。貧困者や虐げられた人の救済をかかげるメソジストの教義には奴隷制を正当化する根拠はなく，メソジストは，19世紀初めには奴隷制反対を明確に掲げていた。しかし，1830年代になると南部の教会から奴隷制擁護の主張が強まって，年次大会では毎年のように南北の教会が激しく攻撃し合い，1845年には Methodist Episcopal Church（北部メソジスト）と Methodist Episcopal Church, South（南部メソジスト）に分裂した。

北部メソジストは，奴隷制廃止運動に積極的に取り組み，政治傾向としてもホイッグ党から共和党の支持者となって，プロテスタント福音主義の重要なグループになっていく。南部メソジストは黒人差別が続いたため，1870年代には，解放された黒人のほとんどが教会から抜け出て独自の黒人教会に参加するようになり，ほぼ完全に人種別の教派が生まれてきた（Carwardine, 2007, p. 184）。

南部メソジストからは1852年に Congregational Methodist Church が生まれた。これは，会衆制の教会運営を求めるグループが分派して結成した教派であり，19世紀になると同教派の多くの教会は会衆派や長老派に移籍したため，残った少数教会は原理主義的な色彩を強め，南部の保守的な教派となった（Atwood, Frank, & Samuel, 2005）。

20世紀前半

敬虔主義の代表的な教派であるメソジストでは，原理主義論争においても運動の指導者となる人が少なからず存在した。しかし，本来アルミニウス主義的な同教派の多くの牧師や信徒は，前千年王国主義や，細かな信条や教義で信仰をテストする原理主義者の主張が受け入れられず，分裂に至るような対立は生まれなかった。

むしろ，メソジストでは，この時代に教会統合に向けた動きが活発化し，南北戦争の記憶も薄らいできたことから，1939年に南北のメソジスト（Methodist Episcopal Church, Methodist Episcopal Church, South）に加えて，1828年に分派した Methodist Protestant Church の統合が成立し，信徒数730万人の Methodist Church

が誕生した。この際に，統合に反対した伝統主義的な Methodist Protestant Church と南部メソジスト内の一部グループが教派を離脱して，それぞれ Fellowship of Fundamental Bible Churches（発足当初は Bible Protestant Church で，1985 年に現在名に改名）と Southern Methodist Church（1939）を形成した。いずれも福音派的な教派である。

20 世紀後半

統合への動きは継続し，1968 年には，Methodist Church と，ブレスレン系でもメソジストに近い Evangelical United Brethren Church（1946）が大合併して United Methodist Church が発足した。同教派はブレスレン系や多数の南部信徒も合併によって吸収し，現在，南部バプテスト連盟に次いで第二位の教勢を誇るプロテスタント教派である。基本的な教義は敬虔主義的だが，様々な教派が集まったため，内部には伝統主義派とリベラル派が混在し，信条の面からは福音派と主流派に区別するのが困難な教派である（Lewis & Bernardo, 2010）。

しかし，教会統合運動によって多くの教派から幅広い信徒を集めたためセクト的な色彩はなく，20 世紀後半の再編成時期にも分裂や分派の歴史的経過がないうえ，信徒の社会階層も主流集団に属しており，主流派として考えることが一般的である。

一方 United Methodist Church の発足前には，Methodist Church のリベラルな傾向を批判していたグループが Association of Independent Methodists（1965）を作って分派し，福音派教派を形成した。

6　バプテスト

バプテストは最も急進的な宗教改革を進めたグループの一つであり，植民地時代には幼児洗礼を拒否したことで，迫害を受けるアウトサイダーだった。しかし，第一次，第二次の大覚醒運動を通して，平信徒による説教で南部農村など社会階層の低い人々にアピールし[7]，19 世紀半ばには米国第二位の教派に成長し

---

7) 1780 年代には南部の多くの民衆が英国国教会からバプテストに移り，バプテスト自身も南部が中心の教派になっていった（Hill, Lippy, & Wilson, 2005, p. 8）。

た。こうして大衆に広がる過程で，かつてのような過激なセクト的性格を和らげ，他教派と協力してリバイバルを進める落ち着いた教派に脱皮していった (Herberg, 1960, p. 104)。それでも，回心体験を重視し聖書の無謬性を強調するなど，最も敬虔主義的な教派の一つである[8]。同時に，政府から迫害を受けた過去の歴史体験に基づき，政教分離を最も強く主張してきたのもバプテストである。

バプテストは会衆制をとっており，教義や教会運営の方法については個別教会にすべての権限がある。教会は緩やかなグループを形成していただけで，第一次大覚醒の時には，リバイバルに否定的なオールド・ライトと推進派のニュー・ライトのグループが対立したが，そもそも教派組織が存在しないため，分裂という問題には至らなかった。最初の全国組織が誕生したのは1814年で，国内外の伝道のための協力組織としてTriennial Conventionが発足し，事実上の教派組織として活動し始めた。

第二次大覚醒の時代には，アルミニウス主義の色彩が強まったことに反発した伝統主義的なグループが，本来のカルヴァン主義的なバプテストへの回帰を求めてPrimitive Baptistというグループを形成した。これは現在も極めて伝統主義的な福音派教派として存続している（Melton, Bevereley, Jones, Nadell, & Stark, 2009, p. 105)。

南北対立

バプテストにとっても，最大の亀裂は奴隷制度への態度から生まれた。1840年代になると，Triennial Conventionを舞台に奴隷制の即時撤廃を訴える北部と，奴隷制は罪ではないと主張する南部の代表者が激しくぶつかり合い，ついに1845年に南部は南部バプテスト連盟（Southern Baptist Convention＝SBC）を結成して独立したグループとなったのである。SBCは強力な教派組織を形成して積極的な伝道活動を展開したことで，現在では約1600万人もの信徒を擁する米国

---

8) 初期のバプテストでは，万人の救済が可能とするGeneral Baptistと，救済されるものは予め定められているとするカルヴァン主義のParticular Baptistの二つのグループが存在したが，18世紀を通してGeneral BaptistはすたれParticularのグループが伸長した。一方，この流れとは別に第一次大覚醒運動の時代に，会衆派牧師の中のリバイバル推進派が会衆派を飛び出してSeparate Baptistを形成し，南部に広がっていった。双方の流れは1801年に合流したものの，バプテストの大勢はSeparateの影響を受けてアルミニウス主義的福音主義の色彩が強くなった（Melton, Bevereley, Jones, Nadell, & Stark, 2009, p. 1026)。

プロテスタント最大の教派に成長した。

　一方，メソジスト同様，バプテストも黒人への布教が進み，SBC の約 3 分の 1 の信徒は黒人奴隷だった。だが，奴隷解放後は人種による亀裂が進んで，黒人は独自の黒人教会に参加し，SBC は白人教派となっていった。また，南部人の北部への移住や伝道活動を通して北部にも SBC 加盟の教会が多数誕生し，現在は，名前に「南部」が付いているものの，全国組織となっている。SBC は，分派行動から生まれて敬虔主義的な教義を持つ福音派の代表的な教派だが，独立意識が強いため NAE には参加していない。

　南部バプテストは保守的な色彩が強いが，その中でもバプテスト以外との交流を拒否するセクト的な運動が広がり，SBC よりも保守的な分派教派として 1924 年に American Baptist Association が発足し，原理主義的な教派として現在も継続している。

原理主義論争時代

　これに対して，北部のバプテスト教会は，南部バプテスト連盟発足後も緩やかにつながっていただけだったが，教会統合の機運の盛り上がりの中で 1907 年に，北部バプテスト連盟（Northern Baptist Convention，信徒約 150 万人）を結成した。20 世紀初頭の北部バプテストは，近代主義を受け入れ，ソーシャル・ゴスペル運動にも積極的になったうえ，教会統合運動にも熱心で FCC 結成に向けて動くなど，リベラルな傾向を強めていった。

　こうした動きに対して保守派が反発し，北部バプテストは長老派と並んで激しい原理主義論争の舞台となったのである。強硬な原理主義者が最初に作ったのは，北部バプテスト内部のグループである Baptist Bible Union（1923）だったが，論争に破れた後の 1932 年には General Association of Regular Baptist Churches（GARBC）と改名して分派した。この時点では北部バプテストからの離脱を躊躇した穏健な原理主義者も，1947 年には Conservative Baptist Association of America を発足させて分派し，福音派運動に参加していった。

　南部バプテストでも原理主義者のフランク・ノリスが原理主義論争に挑み，小規模な衝突が発生した。しかし，ノリスは論争に破れると 1932 年に教派を飛び出して Premillennial Missionary Baptist Fellowship（現在は原理主義的な海外伝道組織 World Baptist Fellowship）を作った。

その一方，近代主義派が実権を握った Northern Baptist Convention は，1950年に American Baptist Convention と改名し，1972年には現在の American Baptist Churches U. S. A. に再編成された。同教派は NCC に加盟しており，1960年代には公民権運動にも強い支持を与えるなど，リベラルな傾向を強めた主流派の教派である。

20世紀後半

1950，1960年代にも，バプテストでは，分派して生まれた保守的教派の中で，さらに保守的なグループが，再び分派教派を作っていくような離合集散が続き，各教派のイデオロギー的な純化が進んでいった。南部バプテストから分かれたセクト的な福音派教派である American Baptist Association の中からは，1950年に，さらに保守派グループが分派して Baptist Missionary Association of America (1950) が生まれた。原理主義運動の際に生まれた Baptist Bible Union の教義を受け継いで，Baptist Bible Fellowship (1950) も誕生した。一方で，原理主義論争の後に分派して生まれた Conservative Baptist Association of America の内部では，同教派の穏健化に不満を持つ多くの原理主義者が離脱して個別教会を建設し，相互協力組織として Fundamental Baptist Fellowship や New Testament Association of Independent Baptist Churches などを作っていった。これらは穏健な福音派運動の流れに抵抗して，過激な原理主義を主張するものだった。のちに宗教右派運動の初期の指導者となったジェリー・ファルウェルは Baptist Bible Fellowship とのつながりを持っており，1970年代になって原理主義者が復活していく下地を作ったものとも言えるだろう（Wuthnow, 1988, p. 197）。

一方，上記のようなバプテスト主流の流れから生まれた教派とは別の流れで誕生した少数教派もある。1950年代にはカルヴァン主義的な初期バプテストの伝統を復活させようとする，神学的な Reformed Baptist の運動も始まり，1996年に Association of Reformed Baptist Churches of America を形成して結びつきを強めた。植民地時代から続くアルミニウス主義的なバプテストである各地の Free Will Baptist のグループも，教会統合運動の流れを受けて，1935年に合併し National Association of Free Will Baptists を結成した。

バプテストは基本的にイングランド系のネイティブ教派だが，少数ながら欧州移民の教派も存在する。Baptist General Conference はスウェーデン系で，敬虔

主義者の移民がバプテストに改宗して建設した教派であり，North American Baptist Conference はドイツのバプテストが移民後に建設した。これらの教派はいずれもセクト的な運動の結果として生まれ，伝統主義的な教義を維持した福音派教派である。

7 復古主義運動

　第二次大覚醒の時に復古主義運動（Restorationist）が始まり，その中からアメリカ独自の教派としてディサイプルズ（Disciples）などが生まれてきた。復古主義とは，聖書に根拠がなく，教会が積み上げてきただけの教理を取り除いて，原始的なキリスト教本来の姿を取り戻そうという運動であり，それによって教義の違いによる分裂を避けてキリスト教徒の統一を目指すものである。

　西部におけるリバイバルの高まりとともに，1807 年に長老派牧師のトマス・キャンベル（Thomas Campbell＝1763-1854）が，ペンシルベニアで Disciples of Christ という名前で運動を始め，多くの伝統的な教会儀式や幼児洗礼を廃止し，聖書に書かれていないという理由で礼拝時の楽器使用もやめた。一方，同じ長老派の牧師だったバートン・ストーン（Barton Stone＝1772-1844）も，ケンタッキーにおけるキャンプ・ミーティングで，教派を超えた牧師の参加でリバイバルに成功した経験から，やはりキリスト教徒統一を理想として運動を開始した。彼らは自らを単なる Christian であると主張していた。

　1832 年にキャンベルとストーン双方の運動が合体し，両方の名前をとって Christian Church（Disciples of Christ）と呼ばれるようになる。この当時の教会員は 2 万人程度だが，中西部に勢いを伸ばして，1860 年代には同地域の主流教派の一つとなる。この教派は復古的で敬虔主義的な側面を持っているが，公式教義を持たずに聖書解釈を信徒の自由に任せるなど原理主義的ではなく，セクト主義的な側面も早くに消えたことから主流派に位置づけられる。

　しかし，19 世紀半ばに南北戦争の影響を背景に対立が生まれ，南部を中心とするグループは，より復古主義的な立場を表明して対立した[9]。長く対立は曖昧

---

9) 基本は南北対立が原因とされるが，表面的には Churches of Christ が，聖書に書かれていないことは一切排除する立場を取り，賛美歌でも楽器の使用を拒否したことが対立の理由となった。このため Churches of Christ（Non-Instrumental）と呼ばれることもある。

なままにされたが，1906年の宗教センサスで，復古主義グループがChurches of Christとして登録されたことで，分裂が正式に認定された。

さらに，原理主義論争の時期には，本体のChristian Church（Disciples of Christ）の内部でも保守派とリベラル派の亀裂が生まれた。この時には正式な分裂にまで至らなかったが，1960年代にChristian Church（Disciples of Christ）が全国組織を形成するなど組織変更を行ったのをきっかけに，保守派が正式に分裂してChristian Churches and Churches of Christ（1968）を形成した（Marsden, 2006, p. 178）。本体から分離していったこの二つの教派は伝統主義的色彩が強い福音派教派である。

Christian Congregationは，こうしたディサイプルズ本体の流れとは別に，1887年に平和主義を主な教義として生まれた特殊な教派である。原理主義運動にも関わっておらず，主流派や福音派という範疇に位置づけることが困難である。

8　聖公会

聖公会は英国国教会を継承した教派であり，植民地時代からアメリカ社会のエリート層の教派で，多くの大統領，最高裁判事，将軍などを輩出した。英国国教会は1534年，ヘンリー八世が自らの離婚を認めないローマ教皇と対立してローマとの関係を断ち切り，自らを最高首長とする教派を創立したことに始まる。このときは教義や礼拝形式の変更は行われなかったが，エドワード六世の時代に独自の祈禱書と「42か条の信仰告白」を作成し，プロテスタントの教義を受け入れた。以上のように神学的理由でなく政治的背景で生まれた英国国教会は，カトリックの儀式主義的な側面を強く残しており，宗教改革運動の中では最も改革が不徹底な教派となった。

北アメリカ最初の植民地である南部のバージニアなど，いくつかの植民地では英国国教会が唯一の公定教会となった。イギリスからの独立は，植民地における国教会に壊滅的な打撃を与え，多くの司祭がカナダに逃走したり本国に帰国したりしたが，残った牧師らによって，1783年にProtestant Episcopal Church（聖公会）として英国から独立した教派になり再出発した。

聖公会は，教会と礼拝を重視し，主教によって行われる聖職授任式を受けた人

だけが牧師として認められる。神学的には保守的だが，植民地時代から本国との交流が多い上層階級の教派だったため，欧州の啓蒙主義的な自由思想を早くから受け入れていた（森本，2006a）。信徒や教会に対して，教義の本質的な部分に関しては忠誠を求めるが，それ以外は個人主義を許容するリベラルな側面がある。

第二次大覚醒の時代には聖公会でも対立が生まれ，聖公会の伝統を守って儀式と典礼を重視する教会はハイ・チャーチ（High Church）と呼ばれたのに対して，回心体験を重視するリバイバル派はロー・チャーチ（Low Church）と呼ばれたが，教派が公式に分裂することはなかった。原理主義論争の時代には保守派もリベラル派も存在したが，信徒の学歴の高い聖公会では原理主義的な信仰が拡大する余地はなかった。

聖公会は19世紀末のソーシャル・ゴスペル運動に熱心に乗り出し，1960年代の公民権運動では，多くの指導者が黒人差別反対のデモに参加するなど，リベラルな政治運動に乗り出した。1979年には信仰の基礎となる祈禱書を改訂し，同性愛問題や積極的優遇措置の問題でも鮮明なリベラル色を出している。こうした傾向に対して，1977年には保守派がいくつかの教派を作ってContinuing Anglican Churchesと呼ばれるグループを形成したが，儀式主義的な傾向は変わらず福音派教派とは言えない（Atwood, Frank, & Samuel, 2005, p. 1695）。

9　ホーリネス

ホーリネス運動はメソジスムの敬虔主義をさらに突き進めて，ダンスや映画，ポピュラー音楽，ギャンブル，飲酒，喫煙などの世俗的な文化を拒絶する反近代主義が基調にある。このため，どの教派も伝統主義的な色彩が濃い。さらに，教派のほとんどは分離主義的なセクト運動の結果で生まれてきたものであるため，ファミリー全体が福音派的である。

しかし，社会への関与を否定する原理主義とは大きく異なって，個人の生活態度と社会の道徳的な完成を強調することから，社会的弱者の救済に強い関心を持ち，反奴隷制運動や女性の地位向上，貧困者救援活動などに力を入れてきた。また，平和主義もホーリネスの大きな特徴となっている。かつてはテレビの視聴やネクタイ着用の是非までが議論の対象となるほど世俗文化を拒絶していたが，20世紀後半には現実に即して穏健化していった。

第二次大覚醒時代

ホーリネス運動の萌芽が生まれたのは第二次大覚醒の時代であり，社会の道徳的完成を目指す社会的ホーリネスを訴え，奴隷制解放運動を進めたリバイバリストのチャールズ・フィニー（Charles Finney＝1792-1875）らにその起源が求められる。1843 年に生まれた Wesleyan Methodist Church of America（1843）は，黒人の脱走支援などを行っていた急進的奴隷制廃止論者が，メソジストから離脱して結成した教派である。同教派は南北戦争後，より厳格な敬虔主義の信仰生活を目指してホーリネス運動の影響を受け始め，1968 年に Pilgrim Holiness Church と合併して Wesleyan Church を形成した。Free Methodist Church も 1860 年，奴隷解放運動に積極的なグループが北部メソジストから分派した教派だが，ホーリネスの教派となっていった。

ホーリネス運動は 1867 年にニュージャージーで開かれた大規模なキャンプ・ミーティングの成功をきっかけに，National Camp Meeting Association for the Promotion of Holiness が発足し，目に見える活動を開始，南北戦争後にはキャンプ・ミーティングによる布教を通じて急速に広がっていった。

近代主義への対応

19 世紀の間，ホーリネスの運動は基本的にメソジスト[10]内部で展開されていたが，次第にメソジスト本流との亀裂が生まれ，19 世紀末から離脱を開始して，1910 年までにはほぼ完全に分離された。亀裂の背景は，熱狂的なキャンプ・ミーティングを通して民衆の間に急速に拡大するホーリネスの運動に対して，メソジスト本流の指導部が強い脅威を感じたことが指摘されている（Melton, Bevereley, Jones, Nadell, & Stark, 2009, p. 81）。

民衆の教派として出発したメソジストだが，この時代にはすでに WASP の教派の一つとしてエスタブリッシュメントとなり，ホーリネス運動が主張するような反近代主義は受け入れられなかったのである。したがって，これは原理主義論争とは異なっているが，近代主義に対する対応をめぐって教派が分裂したという意味で，同じ文脈にある宗教運動と言うことができるだろう。つまり，ホーリネスも原理主義者と同じような歴史的体験を経てきているのである。

10）バプテストやクエーカー，長老派の中にも同調者はいたが中心はメソジストである。

19世紀末に広がったメソジストからの離脱で生まれたのは，Church of God (Anderson, Indiana=1881) である[11]。この教派は急進的なホーリネス・グループから生まれ，聖書の無謬性を強調するなど伝統主義的な傾向が強い。

Church of the Nazarene は1895年に発足し，1908年に Association of Pentecostal Churches of America と Holiness Church of Christ が合併して正式にスタートした。その後も小教派を吸収しながら拡大し，ホーリネス最大の教派となった。伝統主義的な信仰を守るためにメソジストから分離した福音派の教派だが，多くの教派を合併したチャーチ運動の影響を受けて，ホーリネスの中では穏健な伝統主義者であり，現在では進化論を受け入れる議論も行われている。

Salvation Army は，1880年にイギリスで貧困者の救済と福音伝道を行う団体として誕生した特殊なグループであり，ホーリネスの中に位置づけられることが多いが，他の教派とは成立と発展の歴史的な経緯が大きく異なっている。福音派と主流派の亀裂軸で分類することは難しいが，敬虔主義的な側面からは福音派とするのが妥当であろう。

Christian and Missionary Alliance は，メソジストに限らない多くの教派におけるホーリネスのグループが集まって形成した教派であり，海外伝道の促進が初期の目的だったが，教義は強く伝統主義的である。

ホーリネスの教派も1950，1960年代に Church of the Nazarene などを中心にして，極端な世俗文化の拒絶をやめ，進化論を受け入れて聖書の無謬性を主張しなくなるなど，より穏健な方向に動き始めた。一方，こうしたリベラルな動きに対する反発が生まれて，Nazarene から Bible Missionary Church（1956）が分派し，さらに同教派は Wesleyan Holiness Association of Churches（1959）と Nazarene Baptist Church（1960）に分裂していった。

---

11) この他に Church of God を冠した教派は無数にあるが，相互にはほとんど関係のない教派が多く，ホーリネスやペンテコステ，バプテストなど様々な系列に属している。混乱を避けるため，それぞれの本部がある地域を後ろにつけて区別する表記方法が通常である。だが，社会調査では教派名とその本部名を正確に答えられない人も多く，教派分類において問題となることが多い。ただ，Church of God を冠した教派は，ほとんどは福音派の教派と言っていいだろう。

10 ペンテコステ

　ペンテコステは20世紀の初頭にアメリカで誕生し，一世紀の間に数百万人の信徒を持つようになって，最も急速に拡大した宗教運動である。教義的にはメソジストやホーリネス，バプテストなどの伝統を受け継いだものだが，最も異なるのが，異言を話すことによって聖霊に満たされ，病気治療など癒しを受け取るとすることである。

　初期においては，教会の集まりはしばしば無秩序で熱狂的なものとなり，ホーリー・ローラーなどと呼ばれることもあった。癒しの体験を広め他者に普及させることに熱心で，全生活を信仰に捧げて，週に何度も教会に通う人も少なくない。信徒の社会的属性としては，ホーリネスよりもさらに下の階層で，南部や中西部の農村，都市の貧困層や黒人などが中心となっていた。カルヴァン主義ではないが，世界の終末が近いと考え前千年王国主義を取るグループも多く，原理主義論争の時には原理主義陣営で反進化論運動を進めた。ホーリネスと同様，近代主義に対する反動の中から生まれたペンテコステは，すべての教派が福音派である。

　ペンテコステ運動は，20世紀初頭に起きたいくつかのリバイバル集会から始まり，当初はホーリネス内部のグループによる運動だった。しかし，異言や聖霊による癒しなどの信仰に対する批判がホーリネス内部で高まったため，独立教派を形成するグループが増えていった。最も早くホーリネスから独立したのは，Church of God (Cleveland, Tennessee) である。その後も小教派が多数乱立してきたことから，1914年にアーカンソー州で開催されたペンテコステ教会の集会によって結成されたのが Assemblies of God であり，ペンテコステが教派として確立し始めたのは，これ以降である。1919年には前千年王国主義の Church of Our Lord Jesus Christ of the Apostolic Faith も発足した。ペンテコステは無数の教派が存在するが，そのほとんどは以上3つの教派から派生したか，それをモデルにして生まれた教派と言え，すべて福音派（黒人教会の場合は黒人プロテスタント）に分類できる。(Melton, Bevereley, Jones, Nadell, & Stark, 2009, p. 85)。

1960年代とカリスマ派

　20世紀後半になると，ペンテコステ運動は中産階級にも広がる幅の広い運動

となり，現在の信徒の社会的属性は，よりアメリカの平均に近づいている。それに伴い，第二世代，第三世代のペンテコステ信徒からは過度に熱情的な傾向が薄れ，より秩序だった教会となって社会的認知が進んでいる。同時にペンテコステ運動は世界各地に拡大し，それらの教会を統合する運動も勢いを増して World Pentecostal Fellowship などが実現した。

一方，1960 年代になると聖公会やメソジスト，長老派などの主流派教派やカトリックの中にもペンテコステ運動が浸透し始めてきた。彼らは自らをカリスマ派と呼んでペンテコステと区別するとともに，聖霊による癒しなどの奇跡を公開の集会で公表することは躊躇し，ペンテコステのようにセクト的な傾向も持たなかった（Atwood, Frank, & Samuel, 2005, p. 4820）。一部のカリスマ派教会や牧師は，連絡組織などを作って次第に主流派教派から独立に向かう傾向を示しているものの，カリスマ派は基本的に主流派教派内部のグループによる運動であり，主流派教派のリベラル化に対する反発がその背景にある。カリスマ派の運動はカトリックにも広がり，1979 年にはカトリックの 18% はカリスマ派とされた（Marsden, 1991, p. 78）。テレビ伝道師の多くはカリスマ派で，パット・ロバートソンなど宗教右派の指導者が多数生まれてきた。また，Calvary Chapel や元ロック歌手の牧師によって広まった Association of Vineyard Churches など第三世代の Neo-charismatic movement も拡大した。

11　ルター派

ルター派は宗教改革の後にドイツ，スウェーデン，デンマーク，フィンランド，ノルウェーなどに広がり，それらの地域から移民した民族によって，アメリカにもたらされた教派である。ドイツ系が最も多数を占めていたが，彼らはアメリカに到着後，出身地，使用言語や定着した地域によって孤立的な共同体を生み出し，教会もそれぞれに独自のルター派のグループ（Synod＝管区）を形成した。19 世紀半ばには全米で約 150 ものグループが乱立したとされている（Melton, Bevereley, Jones, Nadell, & Stark, 2009, p. 62）。やがて各民族がアメリカに同化し，教会でも英語を使用言語としていく過程の中で，これらのグループがいくつかの大きな教派に統合されていったというのが，ルター派のおおまかな歴史である。その潮流にあらがってアメリカへの同化を拒み，民族的なアイデンティティーに固執

した一部のグループは保守的な教派を作っていった。

　ルター派は植民地時代から入ってきたが，本格的な拡大はドイツ系移民が増加していったアメリカ独立後である。1820 年には各地に多数建設された管区の間の全国協力組織として General Synod が形成されて，ドイツ系の多くの小管区を取り込むとともに，2 世紀近くにわたるルター派統合運動の源流となった。移民の増加とともにルター派の教勢は伸長し，1870 年までにアメリカで4番目に大きなプロテスタント教派になった。

第二次大覚醒

　第二次大覚醒は，ルター派ではアメリカへの民族的同化をめぐる問題と重なりあった。独立後に到着したドイツ系移民は，植民地時代に到着したメノー派などの宗教難民ではなく，職を求めてやってきた人たちであり，かつこの時期までには第二世代の移民が増えたことから，アメリカへの同化が進み，各地にできた管区でも英語を使用言語とする教会が増えた。同時に，ヤンキーの間で始まった第二次大覚醒のリバイバルと敬虔主義も受け入れるようになってきた[12]。ところが，1830 年代から 1840 年代に新たに到着したルター派の移民たちは，Confessional Lutheran と呼ばれた厳格なグループが多く，アメリカに同化したルター派教会に違和感を持ち，民族的なアイデンティティーとルター派の伝統維持を主張して対立したのである（Melton, Bevereley, Jones, Nadell, & Stark, 2009, p. 63）。

　Confessional Lutheran とは，プルシア国王が 19 世紀前半に進めたルター派とカルヴァン派の統一に反対して抑圧を受けたグループや，19 世紀ドイツで起こった新しい敬虔主義と合理主義の動きに反発したグループなどで，ルター派としてのアイデンティティーを強調し，伝統的な教義と儀式の維持を主張している。抑圧を受けたグループの一部は 1830 年代にアメリカの中西部を中心に移民し，Lutheran Church-Missouri Synod を形成した。同教派は，カルヴァン主義に反感を持ち，ビールなどの飲酒を反道徳的とするヤンキーの敬虔主義と道徳主義に反発し，アメリカへの同化が進んだ他のルター派と距離を置いて保守的な独自路線を続けた。20 世紀初頭には原理主義陣営に加わるとともに，聖書の無謬性など

---

12) この時代には先住のドイツ系ルター派はほとんど独自性を失っており，聖公会と事実上合流したグループ（ニューヨーク州）や，カルヴァン派の賛美歌や教理問答を使用するグループ（ペンシルベニア州）なども存在していた。

の教義を採択して福音派の教派となり，現在，ミズーリだけでなく全国に広がってルター派第2の教勢を持つ大教派である。

一方，ウィスコンシン州に定着した Confessionalist は Wisconsin Evangelical Lutheran Synod を形成した。同教派は聖書の無謬性を含む教派教義に対する完全な同意を求め，Missouri Synod よりもさらに伝統主義的な教派として存続している[13]。

19世紀後半の拡大

19世紀後半になると，新たな移民の波の中で，ドイツ系とともにスウェーデンなど北欧系の移民が急増し，これらの民族によるルター派の新たな管区も多数建設されていった。新移民の継続的な流入によって，ルター派の中では，アメリカ化した旧移民と，民族意識を強く持っている新移民との溝が埋まらないまま，20世紀を迎えていくことになる。

新しい移民は母国の言語と伝統的なルター派の文化を維持していたので，ヤンキーの倫理観が強く反映されたアメリカ的な福音主義にはなじめず，アメリカの主流文化から疎外されていくことになる。これに対して，旧移民のルター派はアメリカの主流文化に加わり，禁酒運動にも参加して新移民の飲酒癖を批判する側に回った（Melton, Bevereley, Jones, Nadell, & Stark, 2009, p. 63）。こうした文化的な対立は，19世紀において民主党と共和党の支持傾向に現れており，民族的なアイデンティティーを維持していた Confessional なグループや新移民は，反ヤンキー的な心情から民主党支持が多く，アメリカ化が進んだグループや新しい世代は道徳主義を受け入れて共和党支持傾向が強かったのである（Kleppner, 1979, p. 182）。

20世紀初頭と1960年代

20世紀に教会統合運動の機運が盛り上がると，ルター派でも無数の小教派を統合する動きが活発化し，1960年代までには大きな3つの潮流に統合されていった。ルター派本流の中から生まれてきたのは，1918年に発足した United Lutheran Church in America である。参加したのはドイツ系ルター派本流の Gener-

---

[13) この他にも Buffalo（1845），Iowa（1854）などで Confessionalism の Synod が形成されたが，これらはのちに American Lutheran Church（1930）に統合されて，より穏健な保守の立場に移っていく。

al Synod などドイツ系の古い教派であり，その後，次第に同化が進んできたフィンランド，デンマーク，スウェーデン系の管区も参加して，1962 年には Lutheran Church in America が発足した。同教派は東部を中心にしてアメリカ化が最も進んだルター派の最大組織となり，儀式主義的でリベラル色の最も濃い主流派教派の一つとなった。

一方，Confessional なグループの方でも 1930 年にまずドイツ系の管区が合併して American Lutheran Church を形成し，その後ノルウェーとデンマーク系の管区を加えて，同名だが新しい American Lutheran Church が 1960 年に発足した。この教派は中西部を中心にしており，Lutheran Church in America よりもやや保守的なグループだが，NCC が加盟している世界組織 World Council of Churches にも参加しており，セクト的な色彩が薄いことから主流派に分類するのが適当である。この合同では，より伝統主義的なグループが Association of Free Lutheran Congregations（1962）を作って分派した。

一方，Lutheran Church-Missouri Synod は統合の動きに加わらず，3 番目の潮流を形成していたが，保守的な同教派の中でも，1960 年代になると内部で聖書解釈をめぐってリベラル派と保守派が激しく対立するようになった。リベラル派は Lutheran Church in America などとともに協力協議会を発足させるなど勢いを持ち，これに反発した保守的グループが Orthodox Lutheran Church（1951），Concordia Lutheran Conference（1956），Lutheran Churches of the Reformation（1964）などを作って分派した。しかし，最終的には聖書の無謬性を主張した保守派が同教派の実権を握り，今度はリベラル派の 245 の教会が 1976 年に Missouri Synod から分離して Association of Evangelical Lutheran Churches を形成した（Melton, Bevereley, Jones, Nadell, & Stark, 2009, p. 360）。これとともに Missouri Synod は上記の協議会からも脱退し保守的な傾向を強めた。

こうして保守派とリベラル派が分離していったことから，リベラル・穏健派の側の Lutheran Church in America, American Lutheran Church と Association of Evangelical Lutheran Churches の 3 教派は合併協議を開始し，1988 年には Evangelical Lutheran Church in America[14]に合流した。同教派は米国で 7 番目の規模を

---

14) ルター派ではドイツ語の影響から Evangelical という言葉をプロテスタント，もしくはキリスト教徒と同義で使っている。したがって，Evangelical Lutheran Church の Evangelical は福音派や福音主義を意味していない。

持ち，ルター派では最大の教派となった。同教派はさらなる教会統合にも意欲を持っており，リベラル色が強い主流派である。一方，穏健保守派の American Lutheran Church の中では，この合併に反対する保守派グループが分派して American Association of Lutheran Churches (1987) を作った。

12 アドベンテスト

　キリスト教信仰の中で「イエスの再臨」は重要な位置を占め，千年王国の到来を祈願するグループは常に存在していたが，アドベンテストの特殊性は，その再臨の時期を正確に予言し，現世代のうちにそれが実現すると主張するところにある。アドベンテストは第二次大覚醒時代の熱狂の中で，バプテストなど既存教派からセクト的運動として生まれ，1840年代には，独自のグループとして確立していった。

　始祖的な存在はウィリアム・ミラー (William Miller=1782-1849) であり，彼は聖書研究を通してイエスの再臨と終末は1844年に来ると予言し，多くの信奉者を集めた。予言が外れた後は信奉者の離脱が相次いだが，罪深い現世に対して人間の力はむなしく，唯一の救いはイエスの再臨であると考える極めて悲観主義の教義が生まれ，Seventh-Day Adventist が誕生した。19世紀後半から信徒を伸ばして，現在では，米国だけでなく世界中で拡大を続ける大教派となっている。セクト的で伝統主義的な教義を持つので福音派の教派だが，内部にはリベラルな信者も多数抱えていると言われる。また，健康に対する関心が高いのも同教派の特徴で，菜食主義を進めて，飲酒や喫煙は禁じられている。政教分離に対する主張も強く，従軍やアメリカ国旗に対する忠誠の誓いなどで問題が起きることも少なくない。アドベンテストのグループとされている教派は100を超えるが，Worldwide Church of God が約6万人の信徒を持つほか，多くは数千人から数十人という小さな集団で，カルト的なグループも少なくない。

13 黒人プロテスタント

　黒人に対する布教は大覚醒の時代を通じて進み，多くの黒人がバプテストかメソジストの信徒になっていった。南北戦争前は北部で生まれたわずかな黒人教会

を除いて，ほとんどの黒人奴隷は白人と同じ教会に参加していた（座席は隔離されていた）。しかし，南北戦争後には解放された黒人が白人教会から一斉に離脱を始め，独自の黒人教会を建設するか，すでに北部で発足していた黒人のための教会に参加するなどして，急速に人種別の教会が誕生していった。1946年の統計では，黒人が白人教会に出席するのは0.5%にすぎず，教会は最も人種の区別が明確にされる場所となった。

黒人教会はメソジストやバプテストの教義を受け継ぎ，リバイバルの啓蒙主義を強く保ちながらも，独自の教義的な発展を遂げている。このため，宗教的には伝統主義的でありながら社会問題ではリベラルで，白人教会とは異なった特色を持っている。

メソジストでは，南北戦争以前から，北部で黒人のための教会として African Methodist Episcopal Church と African Methodist Episcopal Zion Church が設立されていたため，南部メソジストにいた20万人あまりの黒人は，南北戦争後数年間の間にこれらの教会に移り，1866年には本来のメソジスト教会に残った黒人は約5万人だけだった。その5万人も数年間で Colored Methodist Episcopal Church（1954年に現在の Christian Methodist Episcopal Church に改名）を建設して移籍していった。

バプテストでも南北戦争後に人種分離が進み，黒人独自の教会組織として National Baptist Convention が1886年に発足した。この組織は，出版事業に関する対立などから National Baptist Convention of America と National Baptist Convention, U. S. A., National Missionary Baptist Convention of America に分裂して今日に至っている。また，Primitive Baptist の系列からは National Primitive Baptist Convention, U. S. A. が，Free Will Baptist の系列からは United Free-Will Baptist Church が誕生した。

一方，1960年代に公民権運動が活発化すると，運動に非関与の姿勢を続けた National Baptist Convention, U. S. A. 指導部と，抵抗運動を続けるキング牧師らの対立が激しくなり，キング牧師らは1961年，Progressive National Baptist Convention を作って分派した。この教派からは公民権運動の指導者が多数生まれている。

貧困層などを中心に広がったペンテコステの運動は，黒人にも大きな影響力を持ち，19世紀末には，いくつかのペンテコステ系の黒人教会が生まれた。最大

の教派に発展したのは Church of God in Christ である。同教派は 1960 年代に教会運営方式に関する内紛から Church of God in Christ, International が分派した。Pentecostal Assemblies of the World はペンテコステ運動誕生時期に生まれた古い教派で，もとは人種別に分かれたものではなかったが，現在ではほとんど黒人信者の教会となっている。Bible Way Church of Our Lord Jesus Christ は 1957 年に誕生した新しい黒人教会で，前千年王国的な信仰を持つ伝統主義的な教派である。

14　非伝統的プロテスタント

　非伝統的プロテスタントは，プロテスタントを母体にして生まれてきた教派だが，三位一体説など，カトリックからプロテスタントに継承されたキリスト教の中核的な教義を採用せず，他の教派が参加した宗教運動とは離れたところで成立し，成長してきた経緯がある。保守的な教派でもキリスト教の伝統主義とは異なっており，福音派や主流派といった宗教伝統系列に分類するのは適切ではない。

ユニテリアン，ユニバーサリスト

　ユニテリアンは三位一体説やイエスの神性という本質的な部分で，キリスト教の伝統的教義を否定する信仰である。ハーバード大学を拠点にしてボストンに広まり，会衆派の知識人や富裕層，地域社会のリーダーとなる上層階級の心をとらえていた。1819 年にウィリアム・チャニング（William E. Channing＝1780-1842）が綱領となる思想をまとめたことによって宗教運動として組織化され，1825 年に American Unitarian Association を結成し，ニューイングランドの会衆派からはその約 3 分の 1 にあたる 125 の教会と膨大な財産を吸収した（McLoughlin, 1978 ; ブラウアー, 2002）。

　一方，会衆派でなく，メソジストなど敬虔主義的教派の影響から生まれたユニバーサリスト，Universalist General Convention（のちの Universalist Church in America）も，1866 年に教派を形成した。ユニバーサリストは予定説を否定し，神の普遍的な愛によって，救いは信者だけでなく信仰を持たない人も含めた全人類に及ぶと主張した。

双方とも啓蒙主義の影響を受けた極めてリベラルな教派で，奴隷制廃止や女性解放などの社会改良運動にも積極的に取り組み，19世紀を通じて党派的にはホイッグ党から共和党の支持者だった。この2つの教派は，1961年に合併してUnitarian Universalist Associationを形成した。教義を持たず，同性愛者の権利擁護や社会正義の実現などを強調する極めてリベラルな立場を取っている。

エホバの証人（Jehovah's Witnesses）はアドベンテストの影響を受けた教派だが，イエスの神性を否定している点で伝統的なプロテスタントとは一線を画している。

モルモン教（Church of Jesus Christ of Latter-day Saints）は，アメリカ大陸の先住民に神が与えた言葉を記したモルモン書（Book of Mormon）を，聖書と並ぶ聖典とする教派で，当初は一夫多妻制を取ったことから迫害を受けた歴史を持つ。19世紀に一夫多妻制は教義から削除され，社会的に受容されて，現在は570万人という巨大な教派に成長している。伝統主義的な教派で人工妊娠中絶や同性愛結婚，家族の価値などの問題において宗教右派の主張に近いが，聖書以外に聖典を持ち三位一体論を否定するなど，伝統的なキリスト教とは大きく異なっており，宗教伝統系列として福音派に分類するのは適当ではない。

Church of Christ, Scientist（Christian Science）は女性が開始した数少ない教派の一つ。神の力による病気治療を説く教派で，一時期は大きな影響力を持ったが，第二次大戦後は次第に教勢が衰えている。Unityもスピリチュアルな運動で非伝統的である。

15　宗教伝統系列分類表

宗教伝統系列の抽出

本書で分類する宗教伝統系列のカテゴリーは，以下の通り。非伝統教派，非キリスト教，正教などの宗教伝統系列は，人口が少なく政治的影響力もあまりないので，実際の分析では登場しない。

ヒスパニックは，近年人口比が拡大し，無視できない人口比率になっているが[15]，本書では，政治的特徴の異なる白人カトリックと非白人カトリックを区別

15）カトリックにおけるヒスパニックの比率は，1980年時点で7.9%，2004年には16.2%に

し，本文中，カトリックと呼んでいるのは白人カトリックである。

  白人主流派プロテスタント（Mainline Protestant）
  白人福音派プロテスタント（Evangelical Protestant）
  黒人プロテスタント（Black Protestant）
  カトリック（Roman Catholic）
  非白人カトリック（Roman Catholic 白人以外）
  ユダヤ教徒（Jewish）
  非伝統的教派（Non-traditional）
  正教（Orthodox）
  非キリスト教，非ユダヤ教（Non-Christian/Non-Jewish）
  無神論，不可知論者，無宗教（Atheist, Agnostic, none）

 分類作業で最初に行うことは，自らをプロテスタントと回答した黒人を，すべて「黒人プロテスタント」の項目に分類することである。黒人教会の多くはバプテストかメソジスト・ファミリーであるため，地域としての南部に住む黒人は，自らを「南部バプテスト」と名乗ることが多い。しかし，多くの場合，これは白人中心の福音派最大教派である「南部バプテスト連盟」に所属することを意味しておらず，この作業によって両者を混同する誤りを避けることにもなる。

 次に，黒人プロテスタント以外の回答者で，United Methodist Church など個別教派名が明確になっている個人を，所属教派によって各宗教伝統に振り分ける。プロテスタント以外の教派は明確なので問題は少ないが，プロテスタントの主流派と福音派への分類は細心の注意が必要である。

曖昧な教派の分類

 個別教派名が明確でない場合は，以下の方法によって分類した。

 まず，大分類の教派ファミリー名（Adventist, Baptist, Brethren, Holiness, Lutheran, Methodist, Pentecostal, Presbyterian など）だけをあげているケースがある。このうち，Holiness, Church of God, Pentecostal など，明らかに福音派の教派ファミリーの場合は福音派に振り分けた。

 同じ教派ファミリーの中で福音派と主流派の教派が混在している場合，コーウィ

 上昇した。

ン・スミット（Corwin Smidt）らの方法に従って，Baptist は福音派[16]，Methodist, Presbyterian は主流派に分類した（Smidt, Kellestedt, & Guth 2009, p. 13)[17]。

　Lutheran の場合，主流派の Evangelical Lutheran Church in America が主要教派なので，単純に Lutheran と答えた回答者は主流派に分類した。また，近年は，「独立教会（Non-denominational Protestant）」と答える人が増加している。この項目には信者数を急速に拡大しているメガチャーチなどが含まれ，福音派の重要な拠点になっているので福音派とする。一方，単に「Protestant」あるいは「Christian」などと答えたものは，Missing data として分析から除外した。

---

16) ANES で，福音派最大の教派である南部バプテスト連盟をバプテスト一般と区別して調査するようになったのは 1972 年である。これにより同年の前後でバプテストの構成が大きく変化したと考えられるが，本書では教派名が不明なバプテスト全体を福音派に分類しているため，データの連続性に問題は発生しない。

17) これによって発生する誤差を正確に把握することはできないが，教派の詳細な分類が開始された ANES の 1990 年以降のデータを使い，以下の方法によって推計した。まず，1990 年以降のデータで，単にバプテストとしか出ていないケースは全サンプルの 2% である。一方で，バプテストファミリー内で個別教派名が明確に特定できる各教派の合計所属人数を分母とし，その中で主流派教派に所属する人数の比率を計算すると 7.6% である。つまり，バプテストと答えた回答者全員を福音派に分類してしまうと，上記 2% のうちの 7.6% が誤差となる。これは全サンプルに対する比率が 0.15% であり，誤差はこの範囲と推定できる。同様の計算を Methodist, Presbyterian（主流派に分類）で行うとほぼ 0% である。

宗教伝統系列分類一覧

プロテスタント一般

教派名	設立年	信徒数(年現在)	系列
Protestant, no denomination given			Missing
Non-denominational Protestant		12,241,329(2010)	福音派
Community church			主流派
Inter-denominational Protestant			主流派
Christian (NFS);"just Christian"			Missing
Other Fundamentalist			福音派
Evangelical, Evangelist			福音派

アドベンテスト

教派名	設立年	信徒数(年現在)	系列
Seventh-Day Adventist	1845	1,194,996(2010)	福音派
Worldwide Church of God	1933	63,000(2004)	福音派
Advent Christian Church General Conference	1860	25,277(2002)	福音派
Adventist (NFS)			福音派

聖公会

教派名	設立年	信徒数(年現在)	系列
Episcopal Church	1783	1,951,907(2010)	主流派
Independent Anglican, Episcopalian			主流派

バプテスト

教派名	設立年	信徒数(年現在)	系列
American Baptist Association	1905	203,374(2010)	福音派
American Baptist Churches U. S. A.	1972	1,560,572(2010)	主流派
Baptist Bible Fellowship	1950	525,165(2000)	福音派
Baptist General Conference	1852	145,148(2002)	福音派
Baptist Missionary Association of America	1950	234,110(2004)	福音派
Conservative Baptist Association of America	1947	210,000(2004)	福音派
General Association of Regular Baptist Churches	1932	155,757(2002)	福音派
National Association of Free Will Baptists	1935	217,560(2010)	福音派
Primitive Baptist	1827	49,227(2000)	福音派
National Baptist Convention, U. S. A.	1895	1,881,341(2010)	黒人
National Baptist Convention of America	1895	304,414(2010)	黒人
National Primitive Baptist Convention, U. S. A	1907	53,630(2000)	黒人
Progressive National Baptist Convention	1961	203,732(2010)	黒人
United American Free-Will Baptist Church	1901	50,000(1995)	黒人
Association of Reformed Baptist Churches of America	1996	90,000	福音派
Southern Baptist Convention	1845	19,896,279(2010)	福音派
World Baptist Fellowship	1930s		福音派
North American Baptist Conference	1865	57,219(2010)	福音派
National Missionary Baptist Convention of America	1988	261,873(2010)	黒人

Fundamental Baptist (no denom. ties)			福音派
Local (independent) Baptist churches			福音派
Baptist (NFS)			福音派
Missionary Baptist (NFS)			福音派

会衆派

教派名	設立年	信徒数（年現在）	系列
United Church of Christ	1957	1,284,296(2010)	主流派
National Association of Congregational Christian Churches	1955	66,749(2010)	分類不能
Congregational Christian	1931-57	1,379,394(1957)	主流派
Conservative Congregational Christian Conference	1948	50,707(2010)	福音派

欧州系フリー・チャーチ

教派名	設立年	信徒数（年現在）	系列
Church of the Brethren	1708	146,588(2010)	主流派
General Conference of Mennonite Brethren Churches	1860	82,130(1996)	福音派
Fellowship of Grace Brethren Church	1939	30,371(1997)	福音派
Brethren (NFS)			主流派
Mennonite Church	1520s	127,363(2010)	福音派
Moravian Church	1458	51,618(2002)	福音派
Old order Amish	1720s		福音派
Quakers (Friends)	1650s		主流派
Evangelical Friends International	1990	34,565(2010)	福音派
Evangelical Covenant Church	1885	228,365(2010)	福音派
Evangelical Free Church of America	1950	357,186(2010)	福音派
Church of the United Brethren in Christ (Old Constitution)	1889	18,259(2010)	福音派
Mennonite Brethren	Mid19th	41,928(2010)	福音派
Evangelical United Brethren Church	1946-68	737,762(1967)	主流派
Brethren Church (Ashland, Ohio)	1882	13,260(2010)	主流派
Old German Baptist Brethren	1881	6285(2004)	福音派
Brethren Revival Fellowship	1959		福音派
Evangelical Congregational Church	1928	20,592(2010)	福音派

ホーリネス

教派名	設立年	信徒数（年現在）	系列
Christian and Missionary Alliance	1897	428,721(2010)	福音派
Church of God (Anderson, Indiana)	1881	225,753(2010)	福音派
Church of the Nazarene	1908	893,649(2010)	福音派
Free Methodist Church of North America	1860	107,271(2010)	福音派
Salvation Army	1880	379,031(2010)	福音派
Wesleyan Church	1968	250,051(2010)	福音派
Pilgrim Holiness	1897-1968	32,765(1967)	福音派
Wesleyan Methodist Church of America	1843-1968	49,593(1966)	福音派
Church of God of Findlay, OH			福音派
Missionary Church	1969	63,775(2010)	福音派
Evangelical Church of North America	1968	15,001(2004)	福音派

	設立年	信徒数(年現在)	系列
United Missionary Church	1947-69	8,381(1967)	福音派
Churches of Christ in Christian Union	1909	10,645(2005)	福音派
Church of the Living God (Christian Workers for Fellowship)	1889	42,000(2006)	黒人
Holiness Church of God	1920	927(1968)	福音派
Church of God in Christ Holiness			福音派
Bible Missionary Church	1955		福音派
Holiness (NFS); Church of God (NFS); Church of Holiness			福音派

独立系-原理主義者

教派名	設立年	信徒数(年現在)	系列
Christian Brethren (Plymouth Brethren)	1820s	86,000(2003)	福音派
Christ Community Church / Christian Catholic Church	1896	1,819(2005)	福音派
Independent Fundamentalist Churches of America			福音派
Independent-Fundamentalist (NFS)			福音派

ルター派

教派名	設立年	信徒数(年現在)	系列
Evangelical Lutheran Church in America	1988	4,181,219(2010)	主流派
American Lutheran Church	1960-86	2,319,443(1986)	主流派
Lutheran Church in America	1962-86	2,896,138(1986)	主流派
Lutheran Church-Missouri Synod	1847	2,270,921(2010)	福音派
Wisconsin Evangelical Lutheran Synod	1850	382,883(2010)	福音派
Association of Evangelical Lutheran Churches	1976-86	103,263(1986)	主流派
American Association of Lutheran Churches	1987	26,537(2006)	福音派
Other Conservative Lutheran			福音派
Latvian Lutheran	1957	12,100(2005)	主流派
Lutheran (NFS)			主流派

メソジスト

教派名	設立年	信徒数(年現在)	系列
United Methodist Church	1968	9,860,653(2010)	主流派
African Methodist Episcopal Church	1814	1,009,682(2010)	黒人
African Methodist Episcopal Zion Church	1821	301,005(2010)	黒人
Christian Methodist Episcopal Church	1870	290,601(2010)	黒人
Zion Union			黒人
Zion Union Apostolic	1869		黒人
Zion Union Apostolic-Reformed	1869	16,000(1965)	黒人
Primitive Methodist Church	1840	4,399(2002)	福音派
Congregational Methodist Church	1852	14,837(2010)	福音派
Southern Methodist Church	1939	6,493(2002)	福音派
Fellowship of Fundamental Bible Churches	1939	1,208(2004)	福音派
Church of Daniel's Band	1893	200(1951)	福音派
Methodist (NFS)			主流派

補論1　プロテスタント教派の歴史と分類　399

ペンテコステ

教派名	設立年	信徒数(年現在)	系列
Assemblies of God, General Council of the	1914	2,944,887(2010)	福音派
Church of God (Cleveland, Tennessee)	1886	1,109,992(2010)	福音派
Church of God (Huntsville, AL)	1943		福音派
International Church of the Foursquare Gospel	1927	321,763(2010)	福音派
Pentecostal Church of God	1919	125,030(2010)	福音派
International Pentecostal Holiness Church	1911	289,475(2010)	福音派
United Pentecostal Church International	1945	500,000(2004)	福音派
Church of God in Christ	1897	624,419(2010)	黒人
Church of God in Christ, International	1969	200,000(1982)	黒人
Church of God of the Apostolic Faith			福音派
Apostolic Faith			福音派
Church of God of Prophecy	1923	98,407(2010)	福音派
Open Bible Standard Churches	1935	22,659(2010)	福音派
Full Gospel Fellowship of Churches and Ministers, International	1962	326,900(2002)	福音派
Apostolic Pentecostal ; Pentecostal Apostolic			福音派
Spanish Pentecostal			福音派
Church of Our Lord Jesus Christ of the Apostolic Faith	1919	30,000(1992)	福音派
United Holy Church of America	1918	100,000	福音派
Pentecostal assemblies of the world	1907	1,500,000(1998)	黒人
Bible Way Church of Our Lord Jesus Christ	1957	300,000(1995)	黒人
Pentecostal (NFS) ; Church of God (NFS)			福音派

カリスマ派

教派名	設立年	信徒数(年現在)	系列
Association of Vineyard Churches	1982	220,941(2010)	福音派
Charismatic(NFS)			福音派

長老派

教派名	設立年	信徒数(年現在)	系列
Presbyterian Church (USA)	1983	2,451,980(2010)	主流派
United Presbyterian Church in the U. S. A.	1958-83	2,342,441(1982)	主流派
Presbyterian Church in the U. S. A.	1870-1958	2,775,464(1957)	主流派
Cumberland Presbyterian Church	1810	66,960(2010)	福音派
Presbyterian Church in America	1973	341,431(2010)	福音派
Evangelical Presbyterian Church	1981	129,636(2010)	福音派
Reformed Presbyterian Church of North America	1809	5,983(2010)	福音派
Reformed Presbyterian Church, Evangelical Synod	1965-82	25,448(1977)	福音派
Bible Presbyterian Church	1938	10,000(2000)	福音派
Orthodox Presbyterian Church	1936	28,559(2010)	福音派
Associate Reformed Presbyterian Church	1782	31,978(2010)	福音派
Cumberland Presbyterian Church in America	1874	15,142(1996)	黒人
Presbyterian (NFS)			主流派

ドイツ，オランダ系改革派

教派名	設立年	信徒数(年現在)	系列
Evangelical and Reformed Church	1934-57	800,000(1957)	主流派
Evangelical Reformed(NFS)			福音派
Christian Reformed Church in North America	1857	224,003(2010)	福音派
Reformed Church in America	1792	295,120(2010)	主流派
Hungarian Reformed Church in America	1922	6,000(2001)	福音派
Reformed (NFS)			福音派

復古主義

教派名	設立年	信徒数(年現在)	系列
Christian Church (Disciples of Christ)	1832	785,776(2010)	主流派
Christian (Disciples of Christ)			主流派
First Christian Disciples of Christ			主流派
Christian Churches and Churches of Christ	1968	1,453,160(2010)	福音派
Churches of Christ	1906	1,584,162(2010)	福音派
Christian Congregation	1887	120,563(2003)	分類不能

非伝統的プロテスタント

教派名	設立年	信徒数(年現在)	系列
Church of Christ, Scientist(Christian Science)	1879	268,915(1946)	非伝統
Church of Jesus Christ of Latter-Day Saints(Mormons)	1830	6,144,582(2010)	非伝統
Reorganized Church of Jesus Christ of Latter-Day Saints	1860		非伝統
Spiritualists(NFS)			非伝統
Unitarian Universalist Association	1961	211,606(2010)	非伝統
Jehovah's Witnesses	1870頃	1,029,652(2003)	非伝統
Unity ; Unity Church ; Christ Church Unity	1886		非伝統
Non-traditional Protestant (NFS)			非伝統
Christ Adelphians			非伝統
Church of God, Saint & Christ	1896		非伝統

カトリック

教派名	設立年	信徒数(年現在)	系列
Roman Catholic		58,927,887(2010)	カトリック
Polish National Catholic Church	1890s	60,000(2004)	カトリック

ユダヤ教

教派名	設立年	信徒数(年現在)	系列
Jewish, no preference			ユダヤ教徒
Jewish, Orthodox		947,020(2010)	ユダヤ教徒
Jewish, Conservative			ユダヤ教徒
Jewish, Reformed			ユダヤ教徒
Jewish, other			ユダヤ教徒

正教会

教派名	設立年	信徒数(年現在)	系列
Greek Rite Catholic			正教
Greek Orthodox		476,878(2010)	正教
Russian Orthodox		27,677(2010)	正教
Romanian Orthodox		11,203(2010)	正教
Serbian Orthodox		68,760(2010)	正教
Syrian Orthodox			正教
Armenian Orthodox			正教
Georgian Orthodox		920(2010)	正教
Ukrainian Orthodox		22,362(2010)	正教
Eastern Orthodox（NFS）			正教

非キリスト教／非ユダヤ教

教派名	設立年	信徒数(年現在)	系列
Muslim ; Mohammedan ; Islam		2,600,000(2010)	非キリスト教
Buddhism, Mahayana		732,783(2010)	非キリスト教
Buddhism, Theravada		203,900(2010)	非キリスト教
Buddhism, Vajrayana		55,000(2010)	非キリスト教
Hindu, Indian-American Hindu Temple Association		304,150(2010)	非キリスト教
Hindu, Post Renaissance		36,720(2010)	非キリスト教
Hindu, Renaissance		24,202(2010)	非キリスト教
Hindu, Traditional Temples		276,114(2010)	非キリスト教
Baha'i		171,449(2010)	非キリスト教
Native American Religions			非キリスト教
New Age			非キリスト教
Wicca (Wiccan)			非キリスト教
Pagan			非キリスト教
Other non-Christian / non-Jewish			非キリスト教
Scientology			非キリスト教
Religious / ethical cults			非キリスト教

注) ANES に出現する教派はすべて掲載した。また GSS に出現する教派は約 50 の教派が追跡しきれずに掲載していないが，これらの教派の出現回数はいずれも 30 年以上のデータの中で数回であり，統計的に影響を与えるものではない。信徒数は主に U. S. Religion Census : Religious Congregations and Membership Study, 2010 (http://www.rcms2010.org/) と The Association of Religion Data Archives (http://www.thearda.com/) から引用した。前者は Association of Statisticians of American Religious Bodies が全米の群レベルで行った調査を集計したもの。後者は National Council of Churches Historic Archive CD を基本に，Melton の *Encyclopedia of American Religions*, *the Handbook of Denominations in the United States* などからもデータを収集し，いずれにも掲載されていない場合には直接，教派とコンタクトを取るなどの努力を行っているが，精度には大きなバラツキがあるので，あくまで参考値である。
　黒人＝黒人プロテスタント
　非伝統＝非伝統的プロテスタント
　Missing ＝ミッシングデータ扱い
　(NFS)＝ Not further specified

補論2　変数の説明

　本項では，本書の中で使用された変数について説明を行う。特に断りがない場合は，American National Election Studies の累積ファイルにおける変数名である。

1　政党帰属意識の測定

　政党帰属意識は，ANES において次のようなプロセスで測定されている。
　質問は二段階で，まず「一般的に言って，あなたは自分が共和党，民主党，無党派，あるいは別の政党支持者のいずれかだと考えますか。(Generally speaking, do you usually think of yourself as a Republican, a Democrat, an Independent, or what ?)」と聞き，次に，共和党，民主党と答えた人に対しては「あなたは自分が強い共和党（民主党）と考えますか，あまり強くない共和党（同）と考えますか（Would you call yourself a STRONG Democrat / Republican or a NOT VERY STRONG Democrat / Republican ?)」という質問が行われる。
　一方，無党派と答えた人に対しては「あなたは，共和党，民主党のどちらかに近いと考えていますか（Do you think of yourself as CLOSER to the Republican Party or to the Democratic party ?)」と聞く。これらの回答を総合することによって，「強い民主党派」「弱い民主党派」「民主党に近い無党派」「無党派」「共和党に近い無党派」「弱い共和党派」「強い共和党派」の7段階の尺度が作成されるのである。
　一方，政党支持率を計算する場合は，上記7段階のうち，前者3段階を「民主党支持」，後者3段階を「共和党支持」，中間を「無党派」とする。第二段階の質問で，「いずれかの政党に近い」と答えた人は，政党や政治に関する知識を広く持っており，完全な無党派とは違う隠れた政党支持者であることが明らかになっている（Keith, Magleby, Nelson, Orr, Westlye, & Wolfinger, 1986）。このため，政党支持

率はいずれかの政党に近いと答えた人を含めた数値で分析するのが一般的である。

政党対立構造が，共和党から無党派を経て民主党に至る一次元的なものであると仮定することに対しては，疑問も提出されている。ヘルベルト・ワイズバーグ (Herbert Weisberg) らは，①共和党への愛着が民主党への反感に直結するわけではない，②無党派 (Independent) が，両党に対する帰属意識の薄さを示すのではなく，無党派という言葉に対する積極的な支持，あるいは両党に対する否定的な姿勢を示す場合もある——として，多次元的な測定（政党支持，支持強度，無党派支持などの質問）の必要性を主張する (Weisberg, 1980)。だが，フィオリーナをはじめ，多くの研究者は一次元的な仮定の不完全性を考慮しながらも，7段階による政党帰属意識のスケールは多くの有意義な分析を生み出しており，同指標を放棄する意味はない (Fiorina, 1981) としている。

政党帰属意識に関する ANES の変数名は VCF301 と VCF303 で質問と回答は以下の通り。

- **VCF0301　　　7-pt Scale Party Identification**
  Generally speaking, do you usually think of yourself as a Republican, a Democrat, an Independent, or what ? (IF REPUBLICAN OR DEMOCRAT) Would you call yourself a strong (REP/DEM) or a not very strong (REP/DEM) ? (IF INDEPENDENT, OTHER [1966 AND LATER : OR NO PREFERENCE] :) Do you think of yourself as closer to the Republican or Democratic Party ?
  1. Strong Democrat
  2. Weak Democrat
  3. Independent – Democrat
  4. Independent – Independent
  5. Independent – Republican
  6. Weak Republican
  7. Strong Republican

- **VCF0303　　　Party ID Summary**
  1. Democrats (including leaners)
  2. Independents
  3. Republicans (including leaners)

2　イデオロギーのカテゴリーについて

本書では，一般的にイデオロギーの指標として使われるイデオロギー自己認識

ではなく，イデオロギー感情温度への回答に基づいて作成したイデオロギー分類が，多くの項目で使用されている。

ANESにおけるイデオロギー感情温度変数はVCF0801で，最もリベラル＝0度から最も保守＝97度を示す。感情温度は，自分自身を保守，リベラルと認識しているかどうかではなく，保守派（リベラル派）に対して好感情を抱いているか悪感情を抱いているかを問うものである。このため，「自分はリベラルだが，現在のリベラル派には共感できない」という人の感情温度は保守的な方向に向かう。

これに基づいて筆者が作成し本書で使用している5段階分類では，リベラルに最も好感情を持つ上位10％の回答者を「急進リベラル」，保守に最も好感情を持つ上位10％を「急進保守」と名づけた。一方，「穏健・中道」は保守とリベラルにほぼ同程度の感情温度を持つ（45～53度）人であり，双方の急進派と「穏健・中道」の間に位置する回答者を「穏健リベラル」，「穏健保守」とした。また，3段階分類では，「穏健・中道」と，その上下で分けている。各調査年における分類カテゴリーの人口比は表の通り。

イデオロギー感情温度から作成したカテゴリーの分布

(％)

3段階	リベラル		穏健	保守	
5段階	急進リベラル	穏健リベラル	穏健・中道	穏健保守	急進保守
1964	10	14	43	21	11
1966	11	11	42	26	10
1968	11	13	38	26	12
1970	11	13	28	37	11
1972	10	15	28	34	13
1974	11	15	30	32	11
1976	10	12	35	32	10
1980	9	13	26	42	10
1982	11	10	41	29	10
1984	10	19	35	25	12
1986	10	20	28	33	10
1988	11	13	28	38	11
1990	12	16	33	30	10
1992	12	19	29	30	11
1994	10	15	28	37	11
1996	11	17	30	31	11
1998	12	17	32	28	11
2000	11	18	34	26	11
2002	10	11	42	27	10
2004	12	17	29	33	10
2008	10	18	33	27	12

注）四捨五入をしたため，各年の合計は必ずしも100％にならない。

3　宗教変数

聖書認識

聖書認識に関しては，1990年までは4段階（VCF0845），1990年以降は3段階（VCF0850）の尺度である。それぞれの質問と回答内容は以下の通り。VCF0845

変数で回答3と回答4は，回答者数が極めて少なく，本書では統合して「聖書世俗派」としている。

- **VCF0845**　　R Opinion : Authority of the Bible
  （1964, 1968, 1980, 1984, 1986, 1988, 1990）
  Here are four statements about the Bible and I'd like you to tell me which is closest to your own view.
  1. The Bible is God's word and all it says is true.
  2. The Bible was written by men inspired by God but it contains some human errors.
  3. The Bible is a good book because it was written by wise men, but God had nothing to do with it.
  4. The Bible was written by men who lived so long ago that it is worth very little today.

- **VCF0850**　　R Opinion : Authority of the Bible
  （1990, 1992, 1994, 1996, 1998, 2000, 2004, 2008）
  I am going to read you a short list of statements. Please tell me which of these statements comes closest to describing your feelings about the Bible ? You can just give me the number of the statement you choose.
  1. The Bible is the actual Word of God and is to be taken literally, word for word.
  2. The Bible is the Word of God but not everything in it should be taken literally, word for word.
  3. The Bible is a book written by men and is not the Word of God.

ボーンアゲインに関する質問

　ボーンアゲインに関しては，1970年代末に注目を集めて，1980年から調査が開始されたが，当初から概念の定義が不明確という問題を抱えていた。このため，調査年によって質問内容が異なっているが，1990年から現在の形に落ち着いている。回答はいずれもYesかNoの二段階。また，ボーンアゲインはANES累積ファイルには含まれていないので，各年次ファイルから抽出して統合した。

- **1980, 1984（VAR 801175, VAR 841080）**
  Some people have had deep religious experiences which have transformed their lives. I'm thinking of experiences sometimes described as "being born again in one's life." There are deeply religious people who have not had an experience of this sort. How about you ; have you had such an experience ?

- **1988（VAR 880529）**
  Do you consider yourself a born-again Christian ?

➢ **1990, 1994, 1996, 1998, 2000, 2008**（VAR 900545, VAR 923847, VAR V960601, VAR 980568, V000903, V083203）
Would you call yourself a born-again Christian, that is, have you personally had a conversion experience related to Jesus Christ ?

人工妊娠中絶

人工妊娠中絶問題に関しては，1980年以前はVCF0837，1980年以降はVCF0838による質問と回答形式が使用されている。本書では，1980年はVCF0838変数を使用した。

➢ **VCF0837**　　　R Opinion : When Should Abortion Be Allowed
There has been some discussion about abortion during recent years.
Which one of the opinions on this page best agrees with your view ? You can just tell me the number of the opinion you choose.
1. Abortion should never be permitted.
2. Abortion should be permitted only if the life and health of the woman is in danger.
3. Abortion should be permitted if, due to personal reasons, the woman would have difficulty in caring for the child.
4. Abortion should never be forbidden, since one should not require a woman to have a child she doesn't want.

➢ **VCF0838**　　　R Opinion : By Law, When Should Abortion Be Allowed
There has been some discussion about abortion during recent years. Which one of the opinions on this page best agrees with your view ? You can just tell me the number of the opinion you choose.
1. By law, abortion should never be permitted.
2. The law should permit abortion only in case of rape, incest, or when the woman's life is in danger.
3. The law should permit abortion for reasons other than rape, incest, or danger to the woman's life, but only after the need for the abortion has been clearly established.
4. By law, a woman should always be able to obtain an abortion as a matter of personal choice.

4　変数名，質問，回答

上記変数以外に本文中で使った変数の変数名，質問と回答は以下の通り（ANES累積ファイル中の変数）。

➢ **VCF0130**　　　Church Attendance 6-category 1970-later
1970-1988 :（IF ANY RELIGIOUS PREFERENCE）Would you say you/do you go to（church/synagogue）every week, almost every week, once or twice a month, a few times a year, or never ?

1990 AND LATER : Lots of things come up that keep people from attending religious services even if they want to. Thinking about your life these days, do you ever attend religious services, apart from occasional weddings, baptisms or funerals ? (IF YES :) Do you go to religious services every week, almost every week, once or twice a month, a few times a year, or never ?
1. Every week (Except 1970 : almost every week)
2. Almost every week (no cases in 1970)
3. Once or twice a month
4. A few times a year
5. Never (1990 and later : 'No' in filter)
7. No religious preference (1970-1988)

➢ VCF0131   Church Attendance 5-category 1952-1968
1. Regularly
2. Often
4. Seldom
5. Never
7. No religious preference (1960-1968)

➢ VCF0537   Democratic Party Placement : Women Equal Role Scale
Recently there has been a lot of talk about women's rights. Some people feel that women should have an equal role with men in running business, industry, and government. Others feel that women's place is in the home. Where would you place the Democratic Party ?
1. Women and men should have an equal role   ∼
7. Women's place is in the home

➢ VCF0809   R Placement : Guaranteed Jobs and Income Scale
Some people feel that the government in Washington should see to it that every person has a job and a good standard of living. Others think the government should just let each person get ahead on his/their own. Where would you place yourself on this scale, or haven't you thought much about this ?
1. Government see to job and good standard of living   ∼
7. Government let each person get ahead on his own.

➢ VCF0814   R Opinion : Civil Rights Pushes Too Fast or Not Fast Enough
Some say that the civil rights people have been trying to push too fast. Others feel they haven't pushed fast enough. How about you : Do you think that civil rights leaders are trying to push too fast, are going too slowly, or are they moving about the right speed ?
1. Too slowly
2. About right (1968 only : pro-con)
3. Too fast

➤ **VCF0815**　　R Opinion : Segregation or Desegregation
(v640127, v680088)
Are you in favor of desegregation, strict segregation, or something in between ?
1. Desegregation
2. In between
3. Strict segregation

➤ **VCF0816**　　R Opinion : Government Ensure School Integration
Some people say that the government in Washington should see to it that white and black children go to the same schools. Others claim this is not the government's business. Have you been concerned enough about ［in］ this question to favor one side over the other ? (IF YES) Do you think the government in Washington should —
1. Yes, R has an opinion : see to it that white and black children go (1962-1970 : are allowed to go) to the same schools
2. Yes, R has an opinion : stay out of this area (except 1962 : as it is none of government's business)
1964年と1968年(v640100, v680075)は4段階

➤ **VCF0826**　　R Opinion : Did U. S. Do Right Thing Getting Involved in War
Do you think we did the right thing in getting into the fighting in Vietnam or should we have stayed out ?"
1. No, should have stayed out
2. Yes, did right thing

➤ **VCF0827**　　R Opinion : How Should U. S. Proceed in Current War
1952 : Which of the following things do you think it would be best for us to do now in Korea ?
1964-1970 :
Which of the following do you think we should do now in Vietnam ?
1. Pull out entirely.
2. Keep trying to get a peaceful settlement (1952) ; keep our soldiers in Vietnam but try to end the fighting (1964-1970).
3. Take a stronger stand (1952 : and bomb Manchuria and China ; 1964 : even if it means invading North Vietnam).

➤ **VCF0827a**　　R Placement : U. S. Stand in Vietnam Scale
Some people think we should do everything necessary to win a complete military victory, no matter what results. Some people think we should withdraw completely from Vietnam right now, no matter what results. And, of course, other people have opinions somewhere between these two extreme positions. Suppose the people who support an immediate withdrawal are at one end of this scale at point number 1. And suppose the people who support a complete military victory are at the other end of the scale at point number 7. At what point on the scale would you place yourself on this scale ?

1. Immediate withdrawal ~
7. Complete military victory

➤ **VCF0830   R Placement : Aid to Blacks Scale**
Some people feel that the government in Washington should make every possible effort to improve the social and economic position of blacks and other minority groups. Others feel that the government should not make any special effort to help minorities because they should help themselves
1. Government should help minority groups/blacks. ~
7. Minority groups/blacks should help themselves.

➤ **VCF0832   R Placement : Rights of the Accused Scale**
Some people are primarily concerned with doing everything possible to protect the legal rights of those accused of committing crimes. Others feel that it is more important to stop criminal activity even at the risk of reducing the rights of the accused. Where would you place yourself on this scale, or haven't you thought much about this ?
1. Protect rights of accused. ~
7. Stop crime regardless of rights of accused.

➤ **VCF0834   R Placement : Women Equal Role Scale**
Recently there has been a lot of talk about women's rights. Some people feel that women should have an equal role with men in running business, industry and government. Others feel that a women's place is in the home. And of course, some people have opinions somewhere in between, at points 2, 3, 4, 5, or 6.
Where would you place yourself on this scale ?
1. Women and men should have an equal role. ~
7. Women's place is in the home.

➤ **VCF0841   R Placement : Cooperation with U. S. S. R Scale**
Some people feel it is important for us to try very hard to get along with Russia. Others feel it is a big mistake to try too hard to get along with Russia. Where would you place yourself on this scale, or haven't you thought much about this ?
1. Cooperate more/try to get along with Russia. ~
7. Get much tougher/big mistake to try to get along with Russia.

➤ **VCF0843   R Placement : Defense Spending Scale**
Some people believe that we should spend much less money for defense. (1996, 2004 : Suppose these people are at one end of a scale, at point 1.) Others feel that defense spending should be greatly increased. (1996, 2004 : Suppose these people are at the other end, at point 7.) (2004 : And, of course, some other people have opinions somewhere in between, at points 2, 3, 4, 5, or 6). Where would you place yourself on this scale or haven't you thought much about this ? (7-POINT SCALE SHOWN TO R)

補論2 変数の説明 411

1. Greatly decrease defense spending. ～
7. Greatly increase defense spending.

➢ **VCF0851   R Opinion : Newer Lifestyles Contribute to Society Breakdown**
The newer lifestyles are contributing to the breakdown of our society.
1. Agree strongly
2. Agree somewhat
3. Neither agree nor disagree
4. Disagree somewhat
5. Disagree strongly

➢ **VCF0867a   R Opinion : Affirmative Action in Hiring/Promotion**
Some people say that because of past discrimination blacks should be given preference in hiring and promotion. Others say that such preference in hiring and promotion of blacks is wrong because it gives blacks advantages they haven't earned. What about your opinion — are you for or against preferential hiring and promotion of blacks ? (IF FAVOR :) Do you favor preference in hiring and promotion strongly or not strongly ? (IF OPPOSE :) Do you oppose preference in hiring and promotion strongly or not strongly ?
1. Favor strongly
2. Favor not strongly
4. Oppose not strongly
5. Oppose strongly

➢ **VCF0876a   R Opinion Strength : Law Against Homosexual Discrimination**
Do you favor or oppose laws to protect homosexuals against job discrimination ? Do you favor/oppose such laws strongly or not strongly ?
1. Favor strongly
2. Favor not strongly
4. Oppose not strongly
5. Oppose strongly

➢ **VCF9014   R Opinion : We Have Gone Too Far Pushing Equal Rights**
We have gone too far in pushing equal rights in this country.
1. Agree strongly
2. Agree somewhat
3. Neither agree nor disagree
4. Disagree somewhat
5. Disagree strongly

➢ **VCF9047   R Opinion : Federal Spending - Improve/Protect Environment**
Improving and protecting the environment

1. Increased
2. Same
3. Decreased
7. Cut out entirely (volunteered)

➤ VCF9043　　R Opinion : When Should School Prayer Be Allowed（1986～98 年）
Which of the following views comes closest to your opinion on the issue of school prayer ?
1. By law, prayer should not be allowed in public schools.
2. The law should allow public schools to schedule time when children can pray silently if they want to.
3. The law should allow public schools to schedule time when children as a group can say a general prayer not tied to a particular religious faith.
4. By law, public schools should schedule a time when all children would say a chosen Christian prayer.

➤ VCF9051　　R Opinion : When Should School Prayer Be Allowed（1964～84 年）
Some people think it is all right for the public schools to start each day with a prayer. Others feel that religion does not belong in the public schools but should be taken care of by the family and the church.
Have you been interested enough in this to favor one side over the other ? (IF YES) Which do you think—schools should be allowed to start each day with a prayer or religion does not belong in the schools ?
1. Schools should be allowed to start with prayer.　～
5. Religion does not belong in the school.

ANES 累積ファイルになく，各調査年の個別ファイルから使用した変数は以下の通り。

➤ VAR 600054　　NAME-SHLD GOVT GUAR EMPLYMT（1960 年）
Q. 18A. 'THE GOVERNMENT IN WASHINGTON OUGHT TO SEE TO IT THAT EVERYBODY WHO WANTS TO WORK CAN FIND A JOB.'
1. AGREE STRONGLY
2. AGREE BUT NOT VERY STRONGLY
3. NOT SURE. IT DEPENDS
4. DISAGREE BUT NOT VERY STRONGLY
5. DISAGREE STRONGLY

➤ VAR 640078　　NAME-OPIN-GOVT GUAR OF JOBS（1964 年）
Q. 18. "IN GENERAL, SOME PEOPLE FEEL THAT THE GOVERNMENT IN WASHINGTON SHOULD SEE TO IT THAT EVERY PERSON HAS A JOB AND A GOOD STANDARD OF LIVING. OTHERS THINK THE GOVERNMENT SHOULD JUST LET EACH PERSON GET

AHEAD ON HIS OWN." HAVE YOU BEEN INTERESTED ENOUGH IN THIS TO FAVOR ONE SIDE OVER THE OTHER.

Q. 18A. (IF YES) DO YOU THINK THAT THE GOVERNMENT:

1. (YES) SHOULD SEE TO IT THAT EVERY PERSON HAS A JOB AND A GOOD STANDARD OF LIVING.
3. (YES) OTHER, DEPENDS, BOTH BOXES CHECKED.
5. (YES) SHOULD LET EACH PERSON GET AHEAD ON HIS OWN.
VAR 640079 IS YOUR MIND MADE UP ON THIS QUESTION
1. MIND MADE UP.
5. SOME DOUBTS.

➤ **VAR 680066   NAME-OPIN-GOVT GUAR OF JOBS (1968年)**

Q. 20, 20A. "IN GENERAL, SOME PEOPLE FEEL THAT THE GOVERN-MENT IN WASHINGTON SHOULD SEE TO IT THAT EVERY PERSON HAS A JOB AND A GOOD STANDARD OF LIVING. OTHERS THINK THE GOVERNMENT SHOULD JUST LET EACH PERSON GET AHEAD ON HIS OWN." HAVE YOU BEEN INTERESTED ENOUGH IN THIS TO FAVOR ONE SIDE OVER THE OTHER ? (IF YES) DO YOU THINK THAT THE GOVERNMENT

1. (YES) SHOULD SEE TO IT THAT EVERY PERSON HAS A JOB AND A GOOD STANDARD OF LIVING.
3. (YES) OTHER, DEPENDS, BOTH BOXES CHECKED IN Q. 20A.
5. (YES) SHOULD LET EACH PERSON GET AHEAD ON HIS OWN.

あとがき

　アメリカの共和党は今，先進民主主義国の政党としては極めて特異な存在である。福祉政策に否定的で国民皆保険制度さえ認めず，累進課税に反対して富裕層増税を断固拒否する。外交ではアメリカの単独行動の自由を主張して，国連や友好国との協調外交に消極的だ。特に異様なのは，人工妊娠中絶や同性愛結婚禁止を憲法に書き込もうとする宗教保守的な姿勢である。しかも，2012年末に焦点となった「財政の崖」をめぐる交渉のように，アメリカそのものが谷底に転落する危機を前にしても，妥協を拒み崖に向かってチキンレースを突っ走る。この過激に保守化した共和党は，リベラルの堅い核を抱えた民主党との間で激しいイデオロギー対立を引き起こし，時には議会の機能不全を生み出している。

　それでも，経済と外交政策をめぐる政党間の亀裂は，程度の差を別にすれば日本でもなじみの深いものである。アメリカの特殊なところは，もう一つの亀裂，すなわち宗教をめぐる亀裂軸が鋭い政治対立を生んできたことだ。そして，1980年代における，この宗教的争点の台頭こそが共和党保守化の始まりとなったのである。

　こうした現代アメリカ政治を理解するためには，経済と外交の亀裂軸だけでなく，宗教の視点を含めた三つの亀裂軸の生成と発展を包括的に理解しなくてはならない。本書は，その問題意識から，1960～70年代における民主党の急進リベラル化，1980年代における宗教的争点の台頭，それに触発された福音派の共和党化と両党支持基盤の組み替えに基づくアメリカ政党制の変容を，長期的な視点から，実証データによって分析したものである。日本では比較的，研究の蓄積が少ない分野であり，日本におけるアメリカ理解の深まりに少しでも貢献できることを願っている。

　筆者が宗教右派運動に関心を持ち始めたのは，1990年代半ばに新聞社の特派員として米国政治をカバーした時以来だ。世界最強の軍隊を持ち国際秩序を形成するほどの力を持った米国の大統領を決める選挙戦で，飛び交う会話の多くが人

工妊娠中絶の是非であったり，同性愛問題であったりしたことに大きな衝撃を受けてから，この問題は頭を離れなかった。米国の外交を主な取材対象としてきた筆者が，内政問題に強い関心を持つようになったのも，これがきっかけである。

それから10余年，米国における宗教と政治の関係について，少しずつ研究を続け，2008年には『アメリカの宗教右派』（中公新書ラクレ）というタイトルで，宗教右派運動の歴史的発展と米国政治に与えた影響について小著をまとめた。日本では，宗教右派をキワモノとして扱い，彼らが時代錯誤的に宗教を政治化する異常さだけを強調する書籍が多かったが，宗教右派の野卑で攻撃的な主張を熱狂的に迎え入れたのは，過激で特殊な右翼団体の構成員だけではなく，数千万人にものぼる一般市民である。彼らの意識を正面から受け止めて，何が市民の心をとらえたのかを分析しなければ，米国政治を理解することにはならないだろう，というのが同著の趣旨だった。

だが，執筆しながら常に忸怩たる思いを抱いていたのは，国民意識の全体像がなかなかつかめなかったことである。宗教右派指導者やリベラル派などの著名人の言説は，彼らの文章や自ら行ったインタビューで追いかけることはできる。特派員時代には，一般市民へのインタビューもできるだけ行った。しかし，こうした左右両派の"エリート"や，限られた人々の言葉で国民全体の姿を描くことはできない。

国民意識の全体像を知るためには，統計的手法に頼らざるを得ない。新聞社に席をおきながら政策研究大学院大学での研究の機会を得たのをきっかけに，分析の手法を転換して実証データによる分析に取り組み始めたのが4年前である。以来，気が遠くなるほどの数字と格闘して，ようやく2012年2月，同大学に博士論文「米国福音派の変容と政党再編成——1960年代以降の政党対立」を提出することができた。本書は同論文に，若干の加筆修正を行ったものである。

無味乾燥な表とグラフが乱立することになったが，そこからは，1960～70年代のリベラリズムの急進化，1980年代の保守主義のうねりを，米国民がどのように受け止めてきたのか，その葛藤を読み取ることができる。リベラリズムの急進化に反発したのは誰だったのか，宗教右派の過激化は何をもたらしたのか。そして，それはどのくらいの規模で国民意識を変化させていったのか。エリートの言説を追うだけでは見えてこない一般市民の内面の動きが，グラフの中から現れてくるのである。

あとがき

　宗教右派運動によって1980年代に生まれた宗教と政治の絡み合いは、いつまで続くのだろうか。いつになれば、宗教と政治は再び分離壁の両側に隔離され、政治が"正常化"されていくのだろうか。本書が関心の焦点としたのは、この問題である。

　ポピュリスト的な指導者が旋風を巻き起こし、特異なグループを率いて政治的影響力を急拡大することは、政治の世界ではたびたび起きることである。しかし、多くはその過激さゆえに衰退し、歴史の一コマとなって消えていく。宗教右派運動は1990年代に全盛期を迎え、共和党政治を振り回すようになったが、当時は、「神の意志」を振りかざす彼らの異様な運動が長続きするとはとても思えなかった。メディアは指導者のスキャンダルなどをとらえて、何度も宗教右派運動に死亡宣告を出してきたのである。

　だが、宗教右派運動は全盛期と衰退期のいくつかの波を経験しながらも、21世紀まで生き延びてきた。ブッシュ政権はホワイトハウスで聖書研究会を開催するような、極めて宗教保守色の強い政権となり、2004年の大統領選挙では同性愛結婚の是非をめぐって、宗教右派運動がかつてなく活発化した。

　本書は、この変化を宗教右派運動で生まれた一時的な異常現象ではなく、政党支持基盤の構造的変化、つまり政党再編成の結果としてとらえている。その政党再編成に大きな役割を果たしたのが福音派の共和党化であり、福音派が変化した主なメカニズムは世代交代だった。世代交代は漸進的にしか進まないので、両党支持基盤の構成が短期的に大きく変化することはないであろう。このため、両党の間に走る宗教の亀裂線は、まだしばらく消えることはないだろう、というのが、本書の分析から導いた今後の展望である。

　本書のもとになった博士論文提出後、2012年11月に新たな大統領選挙が行われ、オバマ大統領が再選を果たした。論文には盛り込まれなかった同選挙の分析は、本書の最後に加筆した。

　本書では、表題としたテーマに関して、かなり包括的な分析を行ったつもりだが、全く手をつけられなかったテーマも少なくない。

　大きな問題で欠如しているのは、カトリックとヒスパニックに関する分析である。カトリックは福音派同様、政党支持傾向が大きく変化してきた宗教伝統系列であり、その変化がもたらした政治的影響に関して、より踏み込んだ研究が必要

である。また，同じカトリックであってもヒスパニックの政治行動は大きく異なっている。近年，ヒスパニックは中南米からの移民の波によって大きな有権者ブロックに成長しており，特に 2012 年大統領選挙では，初めて投票人口の 10% に達して大きな注目を集めた。今世紀半ばには全人口の 3 割がヒスパニックになるとの見通しもあり，彼らの政党支持傾向は今後の米国政治地図を塗り替える可能性を秘めている。いずれも，今後の研究課題としていきたい。

　研究を進めるにあたっては，論文審査の主査となった飯尾潤・政策研究大学院大学教授から，社会科学的な分析方法や学術論文の書き方を含め多くの手ほどきを受けた。また，審査委員をお願いした同大学の大山達雄副学長，増山幹高教授からは，統計分析の方法論に関する教授を受け，米国政治研究全般に関しては，同じく審査委員の久保文明・東京大学教授からの助言が不可欠なものとなった。さらに，白石隆・政策研究大学院大学学長から，同大学で研究を行うよう声をかけていただいたことが，本書執筆の最大のきっかけとなった。
　また，神戸女学院の森孝一院長には，同氏が同志社大学一神教学際研究センター長だった時代に，センターの共同研究員に招いてもらい，ご本人からも貴重な助言をいただいた。本書の出版にあたっては，名古屋大学出版会の橘宗吾編集部長から，内容やタイトルを含めた貴重なアドバイスを受け，きちんとした出版物に仕上げることができた。いずれも，本書の完成になくてはならなかった方々であり，この場を借りて深く感謝の意を表したい。
　一方，本書は財団法人アメリカ研究振興会よりアメリカ研究図書出版助成を受けたことも明記しなければならない。予想外の頁数に及んだ本書の出版にとって，同振興会の助成はなくてはならないものだった。さらに，筆者が所属する読売新聞東京本社調査研究本部では，新聞社に在職しながら博士論文を執筆するというぜいたくな時間を与えていただき，仕事の上でも多大な配慮を受けた。感謝に堪えない。
　そして，帰宅後は毎夜のように自室にこもってパソコンのキーボードをたたき続けた筆者を，励ましてくれた母・セイ子，そして，何よりも優しい気遣いで支えてくれた妻の邦子がいなければ，執筆を続けることはできなかった。本書は，妻に捧げる。ありがとう。

　　2013 年 5 月　　　　　　　　　　　　　　　　　　　　飯山 雅史

文献目録

Abramowitz, A. I., & Saunders, K. L. (1998). "Ideological Realignment in the U. S. Electorate". *The Journal of Politics, 60*(3), 634-652.

Abramson, P. R. (1974). "Generational Change in American Electoral Behavior". *The American Political Science Review, 68*(1), 93-105.

———— (1976). "Generational Change and the Decline of Party Identification in America : 1952-1974". *The American Political Science Review, 70*(2), 469-478.

———— (1979). "Developing Party Identification : A Further Examination of Life-Cycle, Generational, and Period Effects". *American Journal of Political Science, 23*(1), 78-96.

————, & Aldrich, J. H. (1982). "The Decline of Electoral Participation in America". *The American Political Science Review, 76*(3), 502-521.

————, & Ostrom, C. W. (1991). "Macropartisanship : An Empirical Reassessment". *The American Political Science Review, 85*(1), 181-192.

————, John, A. H., & Rohde, D. W. (2005). *Change And Continuity in the 2004 Elections* (illustrated edition ed.). Cq Press.

Achen, C. H. (1992). "Social Psychology, Demographic Variables, and Linear Regression : Breaking the Iron Triangle in Voting Research". *Political Behavior, 14*(3), 195-211.

Adams, G. D. (1997). "Abortion : Evidence of an Issue Evolution". *American Journal of Political Science, 41*(3), 718-737.

Allinsmith, W., & Allinsmith, B. (1948). "Religious Affiliation and Politico-Economic Attitude : A Study of Eight Major U. S. Religious Groups". *The Public Opinion Quarterly, 12*(3), 377-389.

Alwin, D. F., & Felson, J. L. (2006). "Measuring Religious Identities in Surveys". *The Public Opinion Quarterly, 70*(4), 530-564.

————, & Krosnick, J. A. (1991). "Aging, Cohorts, and the Stability of Sociopolitical Orientations Over the Life Span". *The American Journal of Sociology, 97*(1), 169-195.

American Protestant Association. (1843). *"Address of the Board of Managers of the American Protestant Association ; with the Constitution and organization of the Association"*. Philadelphia : American Protestant Association.

Ammerman, N. T. (1990). *Baptist Battles : Social Change and Religious Conflict in the Southern Baptist Convention*. Rutgers Univ Pr.

Andersen, K. (1979). *The Creation of a Democratic Majority, 1928-1936*. Chicago : University of Chicago Press.

Anderson, R. M. (2005). "Pentecostal and Charismatic Christianity". In L. Jones (Ed.), *Encyclopedia of Religion* (2 ed., Vol. 10, pp. 7028-7034). Detroit : Macmillan Reference USA.

Atwood, C. D., Frank, S. M., & Samuel, S. H. (2005). *Handbook of Denominations in the United States* (12 ed.). Abingdon Press.

Axelrod, R. (1972). "Where the Votes Come From : An Analysis of Electoral Coalitions, 1952-1968". *The American Political Science Review, 66*(1), 11-20.

——— (1986). "Presidential Election Coalitions in 1984". *The American Political Science Review, 80* (1), 281-284.

Balmer, R. (2007). *Thy Kingdom Come : How the Religious Right Distorts Faith and Threatens America*. Basic Books.

——— (2009). *God in the White House : A History : How Faith Shaped the Presidency from John F. Kennedy to George W. Bush* (Reprint edition ed.). HarperOne.

Bartels, L. M. (1988). *Presidential Primaries and the Dynamics of Public choice*. Princeton, NJ : Princeton University press.

——— (2000). "Partisanship and Voting Behavior, 1952-1996". *American Journal of Political Science, 44*(1), 35-50.

——— (2002). "Beyond the Running Tally : Partisan Bias in Political Perceptions". *Political Behavior, 24*(2), 117-150.

Baumgartner, J. C., Francia, P. L., & Morris, J. S. (2008). "A Clash of Civilizations? The Influence of Religion on Public Opinion of U. S Foreign Policy in the Middle East". *Political Research Quarterly, 61*(2), 171-179.

Bebbington, D. W. (1989). *Evangelicalism in Modern Britain : A History from the 1730s to the 1980s*. London : Unwin Hyman.

Beck, P. A. (1974). "A Socialization Theory of Partisan Realignment". In R. G. Niemi, *Politics of Future Citizens : New Dimensions in Socialization*. San Francisco : Jossey-Bass.

——— (1979). "The Electoral Cycle and Patterns of American Politics". *British Journal of Political Science, 9*(2), 129-156.

——— (1980). "Review of The Creation of a New Democratic Majority". *The American Political Science Review, 74*(1), 185-186.

———, & Jennings, M. K. (1991). "Family Traditions, Political Periods, and the Development of Partisan Orientations". *The Journal of Politics, 53*(3), 742-763.

Bellah, R. N., Madsen, R., Sullivan, W. M., Swidler, A., & Tipton, S. M. (2008). *Habits of the Heart* (2008 ed.). Berlelay : University of California Press.

Benson, L. (1970). *The Concept of Jacksonian Democracy : New York as a Test Case*. Princeton, N J : Princeton University Press.

Berelson, B. R., Lazarsfeld, P. F., & McPhee, W. N. (1954). *Voting : a Study of Opinion Formation in a Presidential Campaign* (1986 reprint ed.). Chicago : University of Chicago Press.

Black, E., & Black, M. (1987). *Politics and Society in the South*. Cambridge, MA : Harvard University Press.

———, & Black, M. (1992). *The Vital South : How Presidents are Elected*. Cambridge, MA : Harvard University Press.

Blau, J. R., Redding, K., & Land, K. C. (1993). "Ethnocultural Cleavages and the Growth of Church Membership in the United States, 1860-1930". *Sociological Forum, 8*(4), 609-637.

Bogue, D. J., & Grabill, W. H. (1959). *The Population of the United States*. Glencoe, Ill.: Free Press of Glencoe.

Bruce, S. (1988). *The Rise and Fall of the New Christian Right : Conservative Protestant Politics in America 1978-1988*. Oxford : Oxford University Press.

Burden, B. C. (2007). *Personal Roots of Representation*. Princeton, NJ : Princeton University Press.

Burnham, W. D. (1970). *Critical Elections and the Mainsprings of American Politics*. New York : Norton.

——— (1991). "Critical Realignment Dead or Alive?". In B. E. Shafer (Ed.), *The End of Realignment? Interpreting American Electoral Eras*. Madison, Wisconsin : The University of Wisconsin Press.
Campbell, A. (1964). "Voters and Elections : Past and Present". *The Journal of Politics, 26*(4).
——— (1966). *Elections and the Political Order*. New York : J. Wiley.
———, Converse, P. E., Miller, W. E., & Stokes, D. E. (1960). *The American Voter*. John Wiley & Sons.
Campbell, B. A. (1977). "Patterns of Change in the Partisan Loyalties of Native Southerners : 1952-1972". *The Journal of Politics, 39*(3), 730-761.
Campbell, D. E. (2002). "The Young and the Realigning : A Test of the Socialization Theory of Realignment". *The Public Opinion Quarterly, 66*(2), 209-234.
Carmines, E. G., & Stimson, J. A. (1989). *Issue Evolution : Race and the Transformation of American Politics*. Princeton, NJ : Princeton University Press.
———, & Woods, J. (2002). "The Role of Party Activists in the Evolution of the Abortion Issue". *Political Behavior, Special Issue : Parties and Partisanship, Part Three, 24*(4), 361-377.
Carpenter, J. A. (1980). "Fundamentalist Institutions and the Rise of Evangelical Protestantism, 1929-1942". *Church History, 49*(1), 62-75.
Carsey, T. M., & Layman, G. C. (1999). "A Dynamic Model of Political Change among Party Activists". *Political Behavior, 21*(1), 17-41.
———, & Layman, G. C. (2006). "Changing Sides or Changing Minds? Party Identification and Policy Preferences in the American Electorate". *American Journal of Political Science, 50*(2), 464-477.
Carwardine, R. (2007). "Methodists, Politics, and the Coming of the American Civil War". In M. A. Noll, & L. E. Harlow (Eds.), *Religion and American Politics* (pp. 169-200). New York : Oxford Univrsity Press.
Chamberlayne, J. H. (1964). "From Sect to Church in British Methodism". *The British Journal of Sociology, 15*(2), 139-149.
Chaves, M. (1994). "Secularization as Declining Religious Authority". *Social Forces, 72*(3), 749-774.
Clark, J. (2004). "Religion : Culture Wars in the New South". In J. A. Clark, & C. L. Prysby (Eds.), *Southern Political Party Activists : Patterns of Conflict and Change, 1991-2001*. Lexington : University of Kentucky Press.
Clinton, W. J. (1996). *Between Hope and History*. Random House ; 1st edition.
Clubb, J. M., & AllenSource, H. W. (1969). "The Cities and the Election of 1928 : Partisan Realignment?". *The American Historical Review, 74*(4), 1205-1220.
———, Flanigan, W. H., & Zingale, N. H. (1980). *Partisan Realignment : Voters, Parties, and Government in American History*. Beverly Hills, Calif.: Sage Publications.
Conger, K. H., & Green, J. C. (2002). "Spreading Out and Digging In ; Christian Conservatives and State Republican Parties". *Campaigns & Elections*, 58.
Converse, P. E. (1964). "The Nature of Belief Systems in Mass Publics". In D. E. Apter (Ed.), *Ideology and Discontent*. New York : Free Press.
———, Clausen, A. R., & Miller, W. E. (1965). "Electoral Myth and Reality : The 1964 Election". *The American Political Science Review, 59*(2), 321-336.
——— (1969). "Of time and partisan stability". *Comparative Political Studies, 2*, 139-171.
———, & Markus, G. B. (1979). "Plus ca change... : The New CPS Election Study Panel". *The American Political Science Review, 73*(1), 32-49.
Cook, R. (2000). *United States Presidential Primary Elections 1968-1996*. Washington D. C.: CQ

Press.

Cousins, N. (Ed.). (1958). '*In God We Trust*' : *the Religious Beliefs and Ideas of the American Founding Fathers*. New York : Harper and Brothers.

Darcy, R. E. (1980). "Consensus, Constraint, and Political Polarization in Recent Presidential Electionsl Text". *Political Behavior, 2*(2), 147-161.

Dionne, E. J. (2004). *Why Americans Hate Politics*. New York : Simon & Schuster.

——— (2008). *Souled Out*. Princeton University Press.

Djupe, P. A., & Olson, L. R. (Eds.). (2008). *Encyclopedia of American Religion and Politics*. Checkmark Books.

Dochuk, D. (2007). "Evangelicalism Becomes Southern, Politics Becomes Evangelical". In M. A. Noll, & L. E. Harlow (Eds.), *Religion and American Politics*. New York : Oxford Univrsity Press.

Drew, E. (1994). *On the Edge : the Clinton Presidency*. New York : Touchstone Book.

Erikson, R. S., & Tedin, K. L. (1981). "The 1928-1936 Partisan Realignment : The Case for the Conversion Hypothesis". *The American Political Science Review, 75*(4), 951-962.

———, Lancaster, T. D., & Romero, D. W. (1989). "Group Components of the Presidential Vote, 1952-1984". *The Journal of Politics, 51*(2), 337-346.

Espinosa, G. (Ed.). (2009). *Religion and the American Presidency*. New York, Columbia University Press.

Evans, J. H. (2002). "Polarization in Abortion Attitudes in U. S. Religious Traditions, 1972-1998". *Sociological Forum, 17*(3), 397-422.

Farnsley, A. E. (1994). *Southern Baptist Politics : Authority and Power in the Restructuring of an American Denomination*. Pennsylvania State University Press.

Fiorina, M. P. (1977). "An Outline for a Model of Party Choice". *American Journal of Political Science, 21*(3), 601-625.

——— (1981). *Retrospective Voting in American National Elections*. New Haven : Yale University Press.

——— (2001). "Parties and Partisanship : A 40-Year Retrospective". *Political Behavior, 24*(2).

———, Abrams, S. J., & Pope, J. G. (2006). *Culture war? : the Myth of a Polarized America*. New York : Pearson / Longman.

Fisher, A. M. (1979). "Realignment of the Jewish Vote?". *Political Science Quarterly, 94*(1), 97-116.

Fleishman, J. A. (1988). "Attitude Organization in the General Public : Evidence for a Bidimensional Structure". *Social Forces, 67*(1), 159-184.

Formisano, R. P. (1993). "The New Political History and the Election of 1840". *Journal of Interdisciplinary History, 23*(4), 661-682.

Fowler, R. B., & Hertzke, A. D. (1995). *Religion and Politics in America : Faith, Culture, and Strategic Choices*. Boulder, Colo.: Westview Press.

Frank, T. (2004). *What's the Matter with Kansas? : How Conservatives won the Heart of America*. New York : Metropolitan Books.

Franklin, C. H., & Jackson, J. E. (1983). "The Dynamics of Party Identification". *The American Political Science Review, 77*(4), 957-973.

Gallagher, S. K. (2004). "Where Are the Antifeminist Evangelicals? Evangelical Identity, Subcultural Location, and Attitudes toward Feminism". *Gender and Society, 18*(4), 451-472.

Gilgoff, D. (2007). *The Jesus Machine : How James Dobson, focus on the Family, and Evangelical America are Winning the Culture War*. New York : St. Martin's Press.

Glass, J., Bengtson, V. L., & Dunham, C. C. (1986). "Attitude Similarity in Three-Generation Families : Socialization, Status Inheritance, or Reciprocal Influence?". *American Sociological Review, 51*(5), 685-698.
Glenn, N. D. (2005). *Cohort Analysis, 2nd Edition*. Thousand Oaks, California : Sage Pblications.
Glock, C. Y., & Stark, R. (1965). *Religion and Society in Tension*. Chicago : Rand McNally.
Goldschmidt, W. R. (1944). "Class Denominationalism in Rural California Churches". *The American Journal of Sociology, 49*(4), 348-355.
Green, D. P., & Palmquist, B. (1990). "Of Artifacts and Partisan Instability". *American Journal of Political Science, 34*(3), 872-902.
―――, Palmquist, B., & Schickler, E. (2002). *Partisan Hearts and Minds : Political Parties and the Social Identities of Voters*. New Haven : Yale University Press.
Green, J. C. (2007). *The Faith Factor : How Religion Influences American Elections*. Westport, CT : Praeger.
―――, & Guth, J. L. (1993). "From Lambs to Sheep : Denominational Change and Political Behavior". In *Rediscovering the Religious Factor in American Politics* (pp. 100-117). Armonk, NY : M. E. Sharpe.
―――, Rozell, M. J., & Wilcox, C. (2003). *The Christian Right in American Politics : Marching to the Millennium*. Washington, D. C.: Georgetown University Press.
―――, Rozell, M. J., & Wilcox, C. (2006). *The Values Campaign? : The Christian Right And the 2004 Elections*. Washington, D. C.: Georgetown University Press.
Griffith, M., & McAlister, M. (Eds.). (2008). *Religion and Politics in the Contemporary United States*. Baltimore : Johns Hopkins University Press.
Guth, J. L. (2004). *"The Bush Administration, American Religious Politics and Middle East Policy"*. Paper presented at the annual meeting of the American Political Science Association, Hilton Chicago and the Palmer House Hilton, Chicago, IL, Sep 02, 2004.
――― (2006). *"Religion and Foreign Policy Attitudes : The Case of the Bush Doctrine"*. Paper presented at the annual meeting of the The Midwest Political Science Association, Palmer House Hilton, Chicago, Illinois, Apr 20, 2006.
――― (2007). *"Religion and Roll Calls : Religious Influences in the U. S. House of Representatives, 1997-2002"*. Paper presented at the annual meeting of the American Political Science Association, Hyatt Regency Chicago and the Sheraton Chicago Hotel and Towers, Chicago, IL, Aug 30, 2007.
――― (2011). *"Religion and American Attitudes on Foreign Policy, 2008"*. Paper presented at the annual meeting of the International Studies Association Annual Conference "Global Governance : Political Authority in Transition", Le Centre Sheraton Montreal Hotel, MONTREAL, QUEBEC, CANADA, Mar 16, 2011.
――― (2011a). *"Religious Politics in the Obama Administration"*. presented at the annual meeting of the Southern Political Science Association, Hotel Inter Continental, New Orleans, Louisiana, Jan 05, 2011.
―――, & Green, J. C. (1993). "Salience : The Core Concept?". In D. C. Leege, & L. A. Kellstedt, *Rediscovering the Religious Factor in American Politics* (pp. 216-231). Armonk, NY : M. E. Sharpe.
―――, Green, J. C., Smidt, C. E., Kellstedt, L. A., & Poloma, M. M. (1997). *The Bully Pulpit : the Politics of Protestant Clergy*. Lawrence, Kansas : University Press of kansas.
Hackett, C., & Lindsay, D. M. (2008). "Measuring Evangelicalism : Consequences of Different Oper-

ational Strategies". *Journal for the Scientific Study of Religion, 4*(7), 499-514.
Hadaway, C. K., Long, P. M., & Chaves, M. (1998). "Overreporting Church Attendance in America : Evidence That Demands the Same Verdict". *American Sociological Review, 63*(1), 122-130.
Hammond, S. W. (1998). *Congressional Caucuses in National Policy Making.* Baltimore : Johns Hopkins University Press.
Handy, R. T. (1960). "The American Religious Depression, 1925-1935". *Church History* (29), 3-16.
Harper, L. S. (2008). *Evangelical ≠ Republican... or Democrat.* New York : The New Press.
Hart, D. G. (1977). "When Is a Fundamentalist a Modernist? J. Gresham Machen, Cultural Modernism, and Conservative Protestantism". *Journal of the American Academy of Religion, 65*(3), 605-633.
―――― (2005). *Deconstructing Evangelicalism : Conservative Protestantism in the Age of Billy Graham.* Grand Rapids, Michigan : Baker Academic.
Hart, J. (2005). *The Making of the American Conservative Mind : National Review and its Times.* Wilmington, DE : ISI Books.
Henry, C. F. (1947). *The Uneasy Conscience of Modern Fundamentalism* (1947 Reprint ed.). Grand Rapids, Michigan : Wm. B. Eerdmans Publishing.
Herberg, W. (1960). *Protestant, Catholic, Jew : an Essay in American Religious Sociology.* Garden City, NY : Doubleday.
Hetherington, M. J. (2001). "Resurgent Mass Partisanship : The Role of Elite Polarization". *The American Political Science Review, 95*(3), 619-631.
Hill, S. S., Lippy, C. H., & Wilson, C. R. (2005). *Encyclopedia Of Religion In The South.* Macon, Georgia : Mercer University Press.
Hodge, C. (1874). *What Is Darwinism?* New York : Scribner, Armstrong, and Company.
Hoffmann, J. P., & Johnson, S. M. (2005). "Attitudes Toward Abortion Among Religious Traditions in the United States : Change or Continuity?". *Sociology of Religion, 66*(2), 161.
Hofstadter, R. (1989). *The American Political Tradition : and the Men Who Made it* (Vintage Books ed.). New York : Vintage Books.
Hout, M., Greely, A., & Wilde, M. J. (2001). "The Demographic Imperative in Religious Change in the United States". *The American Journal of Sociology, 107*(2).
――――, & Fischer, C. S. (2002). "Why More Americans Have No Religious Preference : Politics and Generations". *American Sociological Review, 67*(2), 165-190.
Howe, D. W. (1991). "The Evangelical Movement and Political Culture in the North During the Second Party System". *The Journal of American History, 77*(4), 1216-1239.
―――― (2007). "Religion and Politics in the Antebellum North". In M. A. Noll, & L. E. Harlow (Eds.), *Religion and American Politics.* New York : Oxford Univrsity Press.
Hunter, J. D. (1991). *Culture Wars : the Struggle to Define America.* New York : BasicBooks.
――――, & Wolfe, A. (2006). *Is There a Culture War?* Washington D. C.: Brookings Institution Press.
Inglehart, R. (1977). *The Silent Revolution : Changing Values and Political Styles Among Western Publics.* Princeton, NJ : Princeton University Press.
Jacobson, G. C. (1996). "The 1994 house Elections In Perspective". *Political Sociece Quarterly, 111*(2), 211.
Jelen, T. G. (2000). *To Serve God and Mammon.* Boulder, Colorad : Westview Press.
―――― (2007). "Life Issues : Abortion, Stem-Cell Research, and the Case of Terry Schiavo". In M. J. Rozell, & G. Whitney, *Religion and the Bush Presidency.* New York : Palgrave Macmillan.
――――, & Wilcox, C. (1993). "Preaching to the Converted : The Causes and Consequences of Viewing

Religious Television". In D. C. Leege, & L. A. Kellstedt, *Rediscovering the Religious Factor in American Politics*. Armonk, NY : M. E. Sharpe.

———, Smidt, C. E., & Wilcox, C. (1993). "The Political Effects of the Born-Again Phenomenon". In D. C. Leege, & L. A. Kellstedt, *Rediscovering the Religious Factor in American Politics*. Armonk, NY : M. E. Sharpe.

Jennings, M. K. (1987). "Residues of a Movement : The Aging of the American Protest Generation". *The American Political Science Review, 81*(2), 367-382.

———, & Markus, G. B. (1984). "Partisan Orientations over the Long Haul : Results from the Three-Wave Political Socialization Panel Study". *The American Political Science Review, 78* (4), 1000-1018.

Johnson, P. (1997). *A History of the American People*. New York : Harper-Collins.

Jorstad, E. (1970). *The Politics of Doomsday : Fundamentalists of the Far Right*. Nashville, Tennessee : Abingdon Press.

Judis, J. B., & Teixeira, R. (2002). *The Emerging Democratic Majority*. New York : Scribner.

Kantowicz, E. R. (1980). "Politics". In S. Thernstrom, O. Handlin, & A. Orlov, *Harvard encyclopedia of American ethnic groups*. Cambridge, Mass.: Belknap Press of Harvard University Press.

Keith, B. E., Magleby, D. B., Nelson, C. J., Orr, E., Westlye, M. C., & Wolfinger, R. E. (1986). "The Partisan Affinities of Independent 'Leaners'". *British Journal of Political Science, 16*(2), 155-185.

Kelley, R. (1977). "Ideology and Political Culture from Jefferson to Nixon". *The American Historical Review, 82*(3), 531-562.

——— (1990). *The Shaping of the American Past* (Fifth ed., Vol. 1). Englewood Cliffs, NJ : Prentice Hall.

Kellstedt, L. A., & Green, J. C. (1993). "Knowing God's Many People : Denominational Preference and Political Behavior". In D. C. Leege, & L. A. Kellstedt (Eds.), *Rediscovering the Religious Factor in American Politics* (pp. 121-138). Armonk, NY : M. E. Sharpe.

———, & Smidt, C. E. (1993). "Doctrinal Beliefs and Political Behavior : Views of the Bible". In D. C. Leege, & L. A. Kellstedt, *Rediscovering the Religious Factor in American Politics*. Armonk, NY : M. E. Sharpe.

———, Green, J. C., Smidt, C. E., & Guth, J. L. (1987). "Faith Transformed Religion and American Politics from FDR to George W. Bush". In M. A. Noll, & L. E. Harlow (Eds.), *Religion and American Politics* (pp. 169-200). New York : Oxford Univrsity Press.

Kelly, D. (1996). *"Why Conservative Churches Are Growing : A Study in Sociology of Religion with a new Preface"*. Macon, GA : Mercer University Press.

Key, V. O. (1955). "A Theory of Critical Elections". *The Journal of Politics, 17*(1), 3-18.

——— (1959). "Secular Realignment and the Party System". *The Journal of Politics, 21*(2), 198-210.

Kleppner, P. (1979). *The Third Electoral System 1853-1892 : Parties, Voters, and Political Cultures*. Chapel Hill : University of North Carolina Press.

Kloppenberg, J. T. (1986). *Uncertain Victory : Social Democracy and Progressivism in European ans American Thought, 1870-1920*. New York : Oxford University Press.

——— (1998). *The Virtures of Liberalism*. New York : Oxford University Press.

Knuckey, J. (2006). "Explaining Recent Changes in the Partisan Identifications of Southern Whites". *Political Research Quarterly, 59*(1), 57-70.

Kohut, A., Green, J. C., Keeter, S., & Toth, R. C. (2000). *The Diminishing Divide ; Religion's Changing role in american Politics*. Washington D. C.: Brookings Institution.

Ladd, E. C. (1985). "On Mandates, Realignments, and the 1984 Presidential Election". *Political Science Quarterly, 100*(1), 1-25.

———, & Charles, W. (1978). *Transformations of the American Party System : Political Coalitions from the New Deal to the 1970s*. New York : Norton.

Lambert, F. (2008). *Religion in American Politics : A Short History*. Princeton, NJ : Princeton University Press.

Latner, R. B., & Levine, P. (1976). "Perspectives on Antebellum Pietistic Politics". *Reviews in American History, 4*(1), 15-24.

Layman, G. C. (1997). "Religion and Political Behavior in the United States : The Impact of Beliefs, Affiliations, and Commitment From 1980 to 1994". *The Public Opinion Quarterly, 61*(2), 288-316.

———, & Carsey, T. M. (1998). "Why Do Party Activists Convert? An Analysis of Individual-Level Change on the Abortion". *Political Research Quarterly, 51*(3), 723-749.

——— (2001). *The Great Divide : Religious and Cultural Conflict in American Party politics*. New York : Columbia Universiry press.

———, & Carsey, T. M. (2002). "Party Polarization and "Conflict Extension" in the American Electorate". *American Journal of Political Science, 46*(4), 786-802.

———, & Carsey, T. M. (2002a). "Party Polarization and Party Structuring of Policy Attitudes : A Comparison of Three NES Panel Studies". *Political Behavior, 24*(3).

——— (2007). *"Religion and Party Activists"*. Prepared for the APSA Taskforce on Religion and American Democracy, Oct 18, 2007.

Lechner, F. J. (1991). "The Case against Secularization : A Rebuttal". *Social Forces, 69*(4), 1103-1119.

Leege, D. C., & Kellstedt, L. A. (1993). "Religious Worldviews and Political Philosophies : Capturing Theory in the Grand Manner through Empirical Data". In *Rediscovering the Religious Factor in American Politics* (pp. 216-231). Armonk, NY : M. E. Sharpe.

———, & Kellstedt, L. A. (1993). *Rediscovering the Religious Factor in American Politics*. Armonk, NY : M. E. Sharpe.

Lenski, G. (1961). *The Religious Factor : A Sociological Study of Religion's Impact on Politics, Economics and Family Life*. Garden city, NY : Doubleday & Company.

Levendusky, M. (2005). "Sorting, Not Polarization : The Changing Nature of Party ID and Ideology in the American Electorate". *Paper presented at the annual meeting of the The Midwest Political Science Association, Palmer House Hilton, Chicago, Illinois*. Chicago.

Lewis, A. R., & Bernardo, D. H. (2010). "Belonging Without Belonging : Utilizing Evangelical Self-Identification to Analyze Political Attitudes and Preferences". *Journal for the Scientific Study of Religion, 49*(1), 112-126.

Lewis-Beck, M. S., Jacoby, W. G., Norpoth, H., & Weisberg, H. F. (2008). *The American Voter Revisited*. Ann Arbor : University of Michigan Press.

Liebman, R. C., & Sutton, J. R. (1988). "Exploring the Social Sources of Denominationalism : Schisms in American Protestant Denominations, 1890-1980". *American Sociological Review, 53* (3), 343-352.

Lienesch, M. (2009). "Religion and American Political Thought". In C. E. Smidt, L. A. Kellstedt, & J. L. Guth (Eds.), *The Oxford handbook of Religion and American Politics*. Oxford : Oxford University Press.

Lindsay, M. D. (2007). *Faith in the Halls of Power : How Evangelicals Joined the American Elite*. New York : Oxford Univ Press.

Longley, K., Mayer, J. D., Schaller, M., & Sloan, J. W. (2007). *Deconstructing Reagan : Conservative Mythology and America's Fortieth President*. Armonk, NY : M. E. Sharpe.
MacKuen, M. B., Erikson, R. S., & Stimson, J. A. (1989). "Macropartisanship". *American Political Science Review, 83*, 1125-1142.
Manis, M. A. (1999). "Dying from the neck up : Southern Baptist Resistance to the Civil Rights Movement". *Baptist History and Heritage*, January.
Manza, J., & Brooks, C. (1997). "The Religious Factor in U. S. Presidential Elections, 1960-1992". *The American Journal of Sociology, 103*(1), 38-81.
Markus, G. B. (1982). "Political Attitudes during an Election Year : A Report on the 1980 NES Panel Study". *The American Political Science Review, 76*(3), 538-560.
―――, & Converse, P. E. (1979). "A Dynamic Simultaneous Equation Model of Electoral Choice". *The American Political Science Review, 73*(4), 1055-1070.
Marsden, G. M. (1991). *Understanding Fundamentalism and Evangelicalism*. Grand Rapids, Mishigan : William. B. Eerdmans Publishing Company.
――― (2001). *Religion and American Culture* (2 ed.). Belmont, CA : Wadsworth / Thomson Learning.
――― (2006). *Fundamentalism and American culture* (2 ed.). New York : Oxford University Press.
Mathews, D. G. (1969). "The Second Great Awakening as an Organizing Process, 1780-1830 : An Hypothesis". *American Quarterly, 21*(1), 23-43.
Mayhew, D. R. (2002). *Electoral Realignments : a Critique of an American Genre*. New Haven : Yale University Press.
McCormick, R. L. (1974). "Ethno-Cultural Interpretations of Nineteenth-Century American Voting Behavior". *Political Science Quarterly, 89*(2), 351-377.
――― (1982). "The Realignment Synthesis in American History". *The Journal of Interdisciplinary History, 13*(1), 85-105.
McDaniel, E. L., & Ellison, C. G. (2008). "God's Party? Race, Religion, and Partisanship over Time". *Political Research Quarterly, 61*(2), 180-191.
McLoughlin, W. G. (1978). *Revivals, Awakenings, and Reform : an Essay on Religion and Social Change in America, 1607-1977*. Chicago : University of Chicago Press.
Mead, W. R. (2007). *God and Gold : Britain, America, and the Making of the Modern World*. New York : Vintage Books.
Meffert, M. F., Norpoth, H., & Ruhil, A. V. (2001). "Realignment and Macropartisanship". *The American Political Science Review, 95*(4), 953-962.
Meier, K. J. (1975). "Party Identification and Vote Choice : The Causal Relationship". *The Western Political Quarterly, 28*(3), 496-505.
Melton, G. J., Bevereley, J., Jones, C., Nadell, P. S., & Stark, R. (2009). *Melton's Encyclopedia of American Religions* (8 ed.). Farmington Hills, MI : Gale.
Micklethwait, J., & Wooldridge, A. (2009). *God is Back : How the Global Revival of Faith is Changing the World*. New York : Penguin Press.
Miller, A. H., Gurin, P., Gurin, G., & Malanchuk, O. (1981). "Group Consciousness and Political Participation". *American Journal of Political Science, 25*(3), 494-511.
Miller, W. E. (1991). "Party Identification, Realignment, and Party Voting : Back to the Basics". *The American Political Science Review, 85*(2), 557-568.
――― (1992). "Generational Changes and Party Identification". *Political Behavior, 14*(3), 333-352.

―――, & Shanks, J. M. (1996). *The New American Voter*. Cambridge, MA : Harvard University Press.
Morris, D. (1997). *Behind the Oval Office*. Thorndike, Maine : Thorndike Press.
Morris, E. (1999). *Dutch : a Memoir of Ronald Reagan*. New York : Random House.
Morris, R. (1996). *Partners in Power*. New York : Henry holt and company.
Murch, J. D. (1956). *Co-operation Without Compromise : A History of the National Association of Evangelicals*. Grand Rapids, MI : William B. Eerdmans Publishing Company.
Murrin, J. M. (2007). "Religion and Politics in America From the First Settlements to the civil War". In M. A. Noll, & L. E. Harlow (Eds.), *Religion and American Politics*. New York : Oxford Univrsity Press.
Nadeau, R., & Stanley, H. W. (1993). "Class Polarization in Partisanship among Native Southern Whites, 1952-90". *American Journal of Political Science, 37*(3), 900-919.
Nardulli, P. F. (1995). "The Concept of a Critical Realignment, Electoral Behavior, and Political Change". *The American Political Science Review, 89*(1), 10-22.
Nash, G. H. (2006). *The Conservative Intellectual Movement in America Since 1945* (30th Anniversary ed.). Wilmington, Delaware : Intercollegiate Studies Institute.
Nie, N. H., Verba, S., & Petrocik, J. R. (1976). *The Changing American Voter*. Cambridge, MA : Harvard University Press.
Niebuhr, H. R. (1957). *Social Sources of Denominationalism*. New York : Meridian Books.
Niemi, R. G. (1974). *The Politics of Future Citizens : New Dimensions in Socialization*. San Francisco : Jossey-Bass.
―――, Wright, S., & Powell, L. W. (1987). "Multiple Party Identifiers and the Measurement of Party Identification". *The Journal of Politics, 49*(4), 1093-1103.
Noll, M. A. (1985). "Common Sense Traditions and American Evangelical Thought". *American Quarterly, 37*(2), 216-238.
――― (1993). "The American Revolution and Protestant Evangelicalism". *Journal of Interdisciplinary History, 23*(3), 615-638.
――― (2002). *The Old Religion in a New World*. Grand Rapids, MI : William B. Eerdmans Publishing company.
―――, & Harlow, L. E. (Eds.). (2007). *Religion and American Politics*. New York : Oxford Univrsity Press.
Norpoth, H. (1987). "Under Way and Here to Stay Party Realignment in the 1980s?". *The Public Opinion Quarterly, 51*(3), 376-391.
―――, & Rusk, J. G. (1982). "Partisan Dealignment in the American Electorate : Itemizing the Deductions since 1964". *The American Political Science Review, 76*(3), 522-537.
Numbers, R. L. (1992). "Creation, Evolution, and Holy Ghost Religion : Holiness and Pentecostal Responses to Darwinism". *Religion and American Culture : A Journal of Interpretation, 2*(2), 127-158.
Olson, L. R., & Warber, A. L. (2008). "Belonging, Behaving, and Believing : Assessing the Role of Religion on Presidential Approval". *Political Research Quarterly, 61*(2), 192-204.
Ornetein, N. J., Mann, T. E., & Malbin, M. J. (2008). *Vital Statistics on Congress 2008*. Washington D. C.: Brookings Institution.
Page, B. I., & Jones, C. C. (1979). "Reciprocal Effects of Policy Preferences, Party Loyalties and the Vote". *The American Political Science Review, 73*(4), 1071-1089.
Patrikios, S. (2008). "American Republican Religion? Disentangling the Causal Link Between Religion

and Politics in the US". *Political Behavior, 30*(3), 367-389.

Penning, J. M. (2009). *"Religion and the Primary Process in the 2008 Presidential Election"*. APSA 2009 Toronto Meeting Paper. Available at SSRN : http://ssrn.com/abstract=1451106.

———, & Smidt, C. E. (2002). *Evangelicalism : The Next Generation*. Grand Rapids, MI : Baker Academic.

Petrocik, J. R. (1981). *Party Coalitions : Realignment and the Decline of the New Deal Party System*. Chicago : University of Chicago Press.

——— (1987). "Realignment : New Party Coalitions and the Nationalization of the South". *The Journal of Politics, 49*(2), 347-375.

Pious, R. M. (1979). *The American Presidency*. New York : Basic Books.

Pomper, G. M. (1967). "Classification of Presidential Elections". *The Journal of Politics, 29*(3), 535-566.

——— (1968). *Elections in America : Control and Influence in Democratic Politics*. New York : Dodd, Mead.

——— (1972). "From Confusion to Clarity : Issues and American Voters, 1956-1968". *The American Political Science Review, 66*(2), 415-428.

——— (1978-79). "The Impact of The American Voter on Political Science". *Political Science Quarterly, 93*(4), 617-628.

Poole, K. T., & Rosenthal, H. (1997). *Congress : a Political-Economic History of Roll Call Voting*. New York : Oxford University Press.

Rapoport, R. B., & Stone, W. J. (1994). "A Model for Disaggregating Political Change". *Political Behavior, 16*(4), 505-532.

Rasmussen, S., & Schoen, D. (2010). *Mad as Hell : How the Tea Party Movement is Fundamentally Remaking our Two-Party System*. New York : HarperCollins.

Robins, R. G. (2010). *Pentecostalism in America*. Santa Barbara, California : Praeger.

Rohde, D. W. (1991). *Parties and Leaders in the Postreform House*. Chicago : University of Chicago Press.

Rozell, M. J., & Wilcox, C. (Eds.). (1995). *God at the Grass Roots : the Christian Right in the 1994 Elections*. Lanham, Maryland : Rowman & Littlefield publishers.

———, & Wilcox, C. (Eds.). (1997). *God at the Grass Roots, 1996 : the Christian Right in the 1996 Elections*. Lanham, Maryland : Rowman & Littlefield publishers.

———, & Whitney, G. (2007). *Religion and the Bush Presidency*. New York : Palgrave Macmillan.

Sager, R. (2006). *The Elephant in the Room : Evangelicals, Libertarians, and the Battle to Control the Republican Party*. Hoboken, New Jersey : John Wiley & Sons.

——— (2010). *Faith, Politics, and Power : The Politics of Faith-Based Initiatives*. New York : Oxford University Press.

Scanzoni, J. (1963). "On Church and Sect". *American Sociological Review, 28*(4), 539-549.

——— (1965). "Innovation and Constancy in the Church-Sect Typology". *The American Journal of Sociology, 71*(3), 320-327.

Schultz, J. D., West, Jr., J. G., & Maclean, I. (1999). *Encyclopedia of Religion in American Politics*. Phoenix, Arizona : Oryx Press.

Sears, D. O. (1975). "Political Socialization". In F. I. Greenstein, & N. W. Polsby, *Handbook of Political Science* (Vol. 2, pp. 93-153). Addison-Wesley.

Shafer, B. E. (Ed.). (1991). *The End of Realignment? : Interpreting American Electoral Eras*. Madison.

Wisconsin : The University of Wisconsin Press.

────── (2002). *The State of American Politics*. Lanham, Maryland : Rowman & Littlefield.

Sherkat, D. E., & Ellison, C. G. (1997). "The Cognitive Structure of a Moral Crusade : Conservative Protestantism and Opposition to Pornography". *Social Forces, 75*(3), 957–980.

Smidt, C. E. (1989). *Contemporary Evangelical Political Involvement*. University Press of America.

──────, Kellestedt, L. A., & Guth, J. L. (2009). "The Role of Religion in American Politics : Explanetory Theories and Associated Analytical and Measurement Issues". In *The Oxford Handbook of Religion and American Politics* (pp. 3–42). Oxford : Oxford University Press.

──────, Kellstedt, L. A., & Guth, J. L. (Eds.). (2009). *The Oxford Handbook of Religion and American Politics*. New York : Oxford University Press.

──────, Den Dulk, K. R., Froehle, B. T., Penning, J. M., Monsma, S. V., & Koopman, D. L. (2010). *The Disappearing God Gap? : Religion in the 2008 Presidential Election*. New York : Oxford University Press.

Smith, C. (1998). *American Evangelicalism : Embattled and Thriving*. Chicago : University Of Chicago Press.

Smith, G. S. (2006). *Faith and the Presidensy : From George Washington to George W. Bush*. New York : Oxford University Press.

Smith, T. W. (1987). *Classifying Protestant Denominations*. Retrieved 9 20, 2010, from Methodological Report #43 : http://www.adherents.com/largecom/prot_classify.html

────── (1990). "A Report : The Sexual Revolution?". *The Public Opinion Quarterly, 54*(3), 415–435.

Smith, W. (Ed.). (2006). *Smith's Bible Dictionary* (Peloubets' revision ed.). Peabody, Mass.: Hendrickson Publishers.

Stanley, H. W., & Niemi, R. G. (2008). *Vital Statistics on American politics 2007–2008*. Washington D. C.: CQ press.

Stark, R., & Bainbridge, W. S. (1985). *The Future of Religion : Secularization, Revival, and Cult Formation*. Berkeley : University of California Press.

──────, & Finke, R. (2000). *Acts of Faith : Explaining the Human Side of Religion*. Berkeley : University of California Press.

Stewart, J. W. (2003). "Dispensational Theology". In S. I. Kutler (Ed.), *New Catholic Encyclopedia* (2 ed., Vol. 4, p. 776). Detroit : Gale.

────── (2003a). "Higher Criticism". In S. I. Kutler (Ed.), *Dictionary of American History* (3 ed., Vol. 4, pp. 130–131). New York : Charles Scribner's Sons.

Stoker, L., & Jennings, K. M. (2008). "Of Time and the Development of Partisan Polarization". *American Journal of Political Science, 52*(3), 619–635.

Sullivan, A. (2008). *The Party Faithful : How and Why Democrats Are Closing the God Gap*. New York : Scribner.

Sundquist, J. L. (1983). *Dynamics of the Party System : Alignment and Realignment of Political Parties in the United States*. Washington, D. C.: Brookings Institution.

────── (1983–84). "Whither the American Party System? — Revisited". *Political Science Quarterly, 98*(4).

────── (1988–89). "Needed : A Political Theory for the New Era of Coalition Government in the United States". *Political Science Quarterly, 103*(4), 613–635.

Swierenga, R. P. (2009). "Religion and American Voting Behavior, 1830s to 1930s". In *The Oxford Handbook of Religion and American Politics* (pp. 69–94). Oxford : Oxford University Press.

Thernstrom, S., Handlin, O., & Orlov, A. (1980). *Harvard Encyclopedia of American Ethnic Groups*. Cambridge, Mass.: Belknap Press of Harvard University Press.

Thomas, C., & Dobson, E. (1999). *Blinded by Might : Can the Religious Right Save America?* (2 ed.). Grand Rapids, MI : Zondervan Publishing House.

US Bureau of Census. (1949). *Histrical Statistics of the United States 1789-1945*. US Bureau of Census, Department of Commerce.

Valentino, N. A., & Sears, D. O. (2005). "Old Times There Are Not Forgotten : Race and Partisan Realignment in the Contemporary South". *American Journal of Political Science, 49*(3), 672-688.

Vaughan, J. D. (2009). *The Rise and Fall of the Christian Coalition : The Inside Story*. Eugene, OR : Resource Publications.

Wald, K. D. (2003). *Religion and Politics in the United States*. Lanham, Maryland : Rowman & Littlefield Publishers.

―――, Kellstedt, L. A., & Leege, D. C. (1993). "Church Involvement and Political Behavior". In D. C. Leege, & L. A. Kellstedt (Eds.), *Rediscovering the Religious Factor in American Politics*. Armonk, NY : M. E. Sharpe.

―――, Owen, D. E., & Hill Jr., S. S. (1988). "Churches as Political Communities". *The American Political Science Review, 82*(2), 531-548.

Warner, R. S. (1993). "Work in Progress Toward a New Paradigm for the Sociological Study of Religion in the United States". *The American Journal of Sociology, 98*(5), 1044-1093.

Wattenberg, B. (1995). *Values Matter Most : How Republicans, or Democrats, or a Third Party Can Win and Renew the American Way of Life*. Washington D. C.: Regendary Publishing.

Weatherford, M. S. (2002). "After the Critical Election : Presidential Leadership, Competition and the Consolidation of the New Deal Realignment". *British Journal of Political Science, 32*(2), 221-257.

Webster, N. (1975). *Webster's New Twentieth Century Dictionary*. William Collins + World Publishing Company.

Weisberg, H. F. (1980). "A Multidimensional Conceptualization of Party Identification". *Political Behavior, 2*(1), 33-60.

Welch, M. R., Leege, D. C., Wald, K. D., & Kellstedt, L. A. (1993). "Are the Sheep Hearing the Shepherds? Cue Perceptions". In D. C. Leege, & L. A. Kellstedt, *Rediscovering the Religious Factor in American Politics*. Armonk, NY : M. E. Sharpe.

Wells, J. W., & Cohen, D. B. (2007). "Keeping the Charge : George W. Bush, the Christian Right, and the New Vital Center of American Politics". In M. J. Rozell, & G. Whitney, *Religion and the Bush Presidency*. New York : Palgrave Macmillan.

Whittier, N. (1997). "Political Generations, Micro-Cohorts, and the Transformation of Social Movements". *American Sociological Review, 62*(5), 760-778.

Wilcox, C. (1992). *God's Warriors : The Christian Right in Twentieth-Century America*. Baltimore, Maryland : Johns Hopkins Press.

―――, Jelen, T. G., & Leege, D. C. (1993). "Religious Group Identifications : Toward a Cognitive Theory of Religious Mobilization". In D. C. Leege, & L. A. Kellstedt, *Rediscovering the Religious Factor in American Politics*. Armonk, NY : M. E. Sharpe.

―――, & Robinson, C. (2010). *Onward Christian Soldiers? : The Religious Right in American Politics* (4 ed.). Westview Press.

Wiley, D. E., & Wiley, J. A. (1970). "The Estimation of Measurement Error in Panel Data". *American Sociological Review, 35*(1), 112-117.

Wilson, J. F. (2007). "Religion, Government, and Power in the New American Nation". In M. A. Noll, & L. E. Harlow (Eds.), *Religion and American Politics*. New York : Oxford Univrsity Press.

Wilson, M. J. (Ed.). (2007). *From Pews to Polling Places*. Washington, D. C.: Georgetown University Presss.

Woodberry, R. D., & Smith, C. S. (1998). "Fundamentalism et al : Conservative Protestants in America". *Annual Review of Sociology, 24*.

Wuthnow, R. (1988). *The Restructuring of American Religion : Society and Faith Since World War II*. Princeton, NJ : Princeton University Press.

─── (2004). "'The Religious Factor' Revisited". *Sociological Theory, 22*(2).

─── (2007). *After the Baby Boomers : How Twenty-and Thirty-somethings Are Shaping the Future of American Religion*. Princeton NJ : Princeton Univ Pr.

─── (2007a). "*Myths About American Religion*". Heritage Lecture #1049, Heritage Foundation, Washington D. C.

Zaller, J. R. (1992). *The Nature and Origins of Mass Opinion*. Cambridge, England ; New York : Cambridge University Press.

ウィルソン, ブライアン. (2007 [原著 1999]). 『キリスト教』(田口博子訳) 春秋社.

ウェーバー, マックス. (1989 [原著 1920]). 『プロテスタンティズムの倫理と資本主義の精神』(大塚久雄訳) 岩波書店.

ウォルフレン, カレル, ヴァン. (2003). 『ブッシュ──世界を壊した権力の真実』(藤井清美訳) PHP研究所.

ウッドワード, ボブ. (1994 [原著 1994]). 『大統領執務室』(山岡洋一, 仁平和夫訳) 文芸春秋.

─── (2004 [原著 2004]). 『攻撃計画──ブッシュのイラク戦争』(伏見威蕃訳) 日本経済新聞社.

エイミー, ジョン. (2004 [原著 1988]). 『囚われの民, 教会──南部バプテストの社会的姿勢に見る, 教会と文化の関係史』(金丸英子訳) 教文館.

キンダー, ドナルド. (2004 [原著 1998]). 『世論の政治心理学』(加藤秀治郎, 加藤祐子訳) 世界思想社.

ケリー, ロバート. (1987 [原著 1979]). 『アメリカ政治文化史──建国よりの一世紀』(長尾龍一, 能登路雅子訳) 木鐸社.

コールター, アン. (2004 [原著 2003]). 『リベラルたちの背信』(栗原百代訳) 草思社.

シャットシュナイダー, E. E. (1972 [原著 1960]). 『半主権人民』(内山秀夫訳) 而立書房.

シュレジンジャー, アーサー. (1988 [原著 1986]). 『アメリカ史のサイクル (I, II)』(高村宏子訳) パーソナルメディア.

ジョンソン, ポール. (1999 [原著 1980]). 『キリスト教の2000年』(別宮貞徳訳) 共同通信社.

ダウンズ, アンソニー. (1980 [原著 1957]). 『民主主義の経済理論』(吉田精司訳) 成文堂.

ニーバー, ラインホールド. (2002 [原著 1952]). 『アメリカ史のアイロニー』(大木英夫, 深井智朗訳) 聖学院大学出版会.

ハーツ, ルイス. (1994 [原著 1955]). 『アメリカ自由主義の伝統』(有賀貞訳) 講談社.

ハミルトン, A., ジェイ, J., マディソン, J. (1999). 『ザ・フェデラリスト』(斉藤真, 中野勝郎訳) 岩波書店.

ハルバースタム, デビッド. (1997 [原著 1993]). 『ザ・フィフティーズ (上下)』(金子宣子訳) 新潮社.

ハロラン芙美子．(1998)．『アメリカ精神の源』中央公論新社．
ビアード，チャールズ．(1968)．『アメリカ政党史』(有賀貞，斉藤真訳) 東京大学出版会．
ピラード，リチャード，リンダー，ロバート．(2003 [原著 1988])．『アメリカの市民宗教と大統領』(堀内一史，犬飼孝夫，日影尚之訳) 麗澤大学出版会．
フィリップス，ケビン．(1995 [原著 1994])．『アメリカで「革命」が起きる』(伊奈久喜訳) 日本経済新聞社．
フクヤマ，フランシス．(2006 [原著 2006])．『アメリカの終わり』(会田弘継訳) 講談社．
ブラウアー，ジェラルド．(2002 [原著 1965])．『アメリカ建国の精神――宗教と文化風土』(野村文子訳) 玉川大学出版部．
フランクリン，リッテル．(1974 [原著 1971])．『アメリカ宗教の歴史的展開――その宗教社会学的構造』(柳生望，山形正男訳) ヨルダン社．
フリードマン，ミルトン．(1984 [原著 1972])．『政府からの自由』(土屋政雄訳) 中央公論社．
ベラー，ロバート．(1983 [原著 1975])．『破られた契約――アメリカ宗教思想の伝統と試練』(松本滋，中川徹子訳) 未來社．
ホーフスタッター，リチャード．(2003 [原著 1963])．『アメリカの反知性主義』(田村哲夫訳) みすず書房．
マクグラス，アリスター．(2000 [原著 1999])．『宗教改革の思想』(高柳俊一訳) 教文館．
ミード，シドニー．(1978 [原著 1963])．『アメリカの宗教』(野村文子訳) 日本基督教団出版局．
モリソン，サムエル．(1997 [原著 1965])．『アメリカの歴史 1〜5』(西川正身監修) 中央公論新社．
ラザースフェルド，ポール，ベレルソン，バーナード，ゴーデット，ヘーゼル．(1987 [原著 1944])．『ピープルズ・チョイス――アメリカ人と大統領選挙』(有吉広介訳) 芦書房．
リー，エドワーズ．(2008 [原著 2004])．『現代アメリカ保守主義運動小史』(江崎道朗編，渡邉稔訳) 明成社．
ロデリック，ナッシュ．(2007 [原著 1987])．『人物アメリカ史 (上下)』(足立康訳) 講談社．
会田弘継．(2008)．『追跡・アメリカの思想家たち』新潮社．
有賀貞，大下尚一 (共同編集)．(1979)．『概説アメリカ史 (新版)』有斐閣．
有賀夏紀．(2002)．『アメリカの 20 世紀 (上下)』中央公論新社．
飯山雅史．(2008)．『アメリカの宗教右派』中央公論新社．
井門富二夫 (編)．(1992)．『アメリカの宗教――多民族社会の世界観』弘文堂．
─── (編)．(1992a)．『アメリカの宗教伝統と文化』大明堂．
五十嵐武士，久保文明 (共同編集)．(2009)．『アメリカ現代政治の構図――イデオロギー対立とそのゆくえ』東京大学出版会．
大島寛．(2003)．『ブッシュ政権――一国主義の論理』NC コミュニケーションズ．
大西直樹．(1997)．「初期ニューイングランドにおける教会員制度の変質」森孝一 (編)『アメリカと宗教』日本国際問題研究所．
─── (1997a)．『ニューイングランドの宗教と社会』彩流社．
─── (2006)．「初期アメリカにおける政教分離と信教の自由」大西直樹，千葉眞 (共同編集)『歴史の中の政教分離』彩流社．
───，千葉眞 (共同編集)．(2006)．『歴史の中の政教分離』彩流社．
緒方房子．(2006)．『アメリカの中絶問題――出口なき論争』明石書店．
岡山裕．(2005)．『アメリカ二大政党制の確立――再建期における戦後体制の形成と共和党』東京大学出版会．

小川忠．（2003）．『原理主義とは何か』講談社．
加藤秀治郎，岩渕美克（共同編集）．（2009）．『政治社会学』一藝社．
川崎修，杉田敦（共同編集）．（2006）．『現代政治理論』有斐閣．
川人貞史．（2004）．『選挙制度と政党システム』木鐸社．
姜尚中．（2003）．『マックス・ウェーバーと近代』岩波書店．
久保文明．（1988）．『ニューディールとアメリカ民主政——農業政策をめぐる政治過程』東京大学出版会．
———（1997）．『現代アメリカ政治と公共利益——環境保護をめぐる政治過程』東京大学出版会．
———（編）．（2003）．『G・W・ブッシュ政権とアメリカの保守勢力——共和党の分析』日本国際問題研究所．
———（編）．（2005）．『アメリカの政治』弘文社．
———（編）．（2005a）．『米国民主党——2008年政権奪回への課題』日本国際問題研究所．
———（編）．（2007）．『アメリカ外交の諸潮流』日本国際問題研究所．
———（2009）．「柔らかい政党の動かす超大国」『アステイオン』（71），54-72．
———（編）．（2009a）．『オバマ大統領を支える高官たち』日本評論社．
———，大沢秀介，草野厚（共同編集）．（2000）．『現代アメリカ政治の変容』勁草書房．
———，砂田一郎，松岡泰，森脇俊雅（共同編集）．（2006）．『アメリカ政治』有斐閣．
———，東京財団「現代アメリカ」プロジェクト（共同編集）．（2012）．『ティーパーティー運動の研究』NTT出版．
久米郁男．（2003）．『政治学』有斐閣．
上坂昇．（2008）．『神の国アメリカの論理』明石書店．
河野博子．（2006）．『アメリカの原理主義』集英社．
小林良彰，河野武司，山岡龍一．（2007）．『政治学入門』放送大学教育振興会．
小原克博．（2010）．『宗教のポリティクス——日本社会と一神教世界の邂逅』晃洋書房．
近藤健．（2005）．『アメリカの内なる文化戦争』日本評論社．
斉藤眞．（1976）．『アメリカ現代史』山川出版社．
———（1993）．『アメリカ政治外交史』東京大学出版会．
———（1997）．「アメリカ革命と宗教」森孝一（編）『アメリカと宗教』日本国際問題研究所．
阪本昌成．（1998）．『リベラリズム／デモクラシー』有信堂．
佐々木毅．（1993）．『現代アメリカの保守主義』岩波書店．
佐々木弘道．（2006）．「18世紀初頭の王領植民地マサチューセッツにおける教会・国家関係」大西直樹，千葉眞（共同編集）『歴史の中の政教分離』彩流社．
佐藤圭一．（2001）．『米国政教関係の諸相』成文堂．
猿谷要（編）．（1997）．『アメリカ史重要人物101』新書館．
柴田史子．（1992）．「移民の宗教」井門富二夫（編）『アメリカの宗教——多民族社会の世界観』弘文堂．
上智大学アメリカ・カナダ研究所（編）．（2011）．『キリスト教のアメリカ的展開』上智大学．
砂田一郎．（1994）．『現代アメリカの政治変動』勁草書房．
盛山和夫．（2006）．『リベラリズムとは何か——ロールズと正義の論理』勁草書房．
田中きく代．（2000）．『南北戦争期の政治文化と移民——エスニシティが語る政党再編成と救貧』明石書店．
棚次正和，山中弘（共同編集）．（2005）．『宗教学入門』ミネルヴァ書房．
中岡望．（2004）．『アメリカ保守革命』中央公論新社．

中野毅．(1992)．「政教分離社会の展開とデノミネーショナリズム」井門富二夫（編）『アメリカの宗教――多民族社会の世界観』弘文堂．
中山俊宏．(2007)．「米保守主義の原風景――ブッシュ政権後の保守主義運動の行方」笹川平和財団第93回理事会特別講演（2007年12月11日）．
―――(2009)．「変貌をとげる福音派――政治と信仰の新たな関係」森孝一，村田晃嗣（共同編集）『アメリカのグローバル戦略とイスラーム世界』(pp. 38-61) 明石書店．
―――(2011)．「アメリカ流『保守』と『リベラル』の対立軸」渡辺靖（編）『現代アメリカ』(p. 21) 有斐閣．
西澤由隆．(1998)．「選挙研究における『政党支持』の現状と課題」『選挙研究』(13), 5-16.
蓮見博昭．(2002)．『宗教に揺れるアメリカ』日本評論社．
―――(2004)．『9・11以後のアメリカ政治と宗教』梨の木舎．
―――(2008)．『宗教に揺れる国際関係――米国キリスト教の功と罪』日本評論社．
藤本龍児．(2009)．『アメリカの公共宗教』NTT出版．
藤原聖子．(2009)．『現代アメリカ宗教地図』平凡社．
古矢旬．(2004)．『アメリカ　過去と現在の間』岩波書店．
堀内一史．(2005)．『分裂するアメリカ社会』麗澤大学出版会．
本間長世．(1978)．『アメリカ政治の潮流』中央公論社．
増井志津代．(2006)．『植民地時代アメリカの宗教思想――ピューリタニズムと大西洋世界』上智大学出版．
待鳥聡史．(2009)．『〈代表〉と〈統治〉のアメリカ政治』講談社．
三宅一郎．(1985)．『政党支持の分析』創文社．
―――(1989)．『投票行動』東京大学出版会．
―――(1998)．『政党支持の構造』木鐸社．
村山皓司．(1984)．「アメリカ全国選挙サーベイデータ」『コスミカ』(14), 237-260.
村田晃嗣．(2011)．『レーガン』中央公論新社．
森孝一．(1996)．『宗教からよむ「アメリカ」』講談社．
―――(編)．(1997)．『アメリカと宗教』日本国際問題研究所．
―――(2010)．「FundamentalistとEvangelicalの訳語について」The American Studies Newsletter, 173.
森本あんり．(2006)．「ロジャー・ウィリアムズに見る政教分離論の相剋」大西直樹，千葉眞（共同編集）『歴史の中の政教分離』彩流社．
―――(2006a)．『アメリカ・キリスト教史――理念によって建てられた国の軌跡』新教出版社．
文部省．(1972)．『学術用語集　キリスト教学編』日本学術振興会．
山我哲雄．(2008)．『これだけは知っておきたいキリスト教』洋泉社．
山本吉宣，武田興欣（共同編集）．(2006)．『アメリカ政治外交のアナトミー』国際書院．
渡辺将人．(2008)．『見えないアメリカ』講談社．
渡辺靖．(2007)．『アメリカン・コミュニティ』新潮社．
―――(2010)．『アメリカン・デモクラシーの逆説』岩波書店．
―――(編)．(2010a)．『現代アメリカ』有斐閣．

図表一覧

図 1-1　二つの新党が誕生した場合の政党支持基盤組み替え ……………… 50
図 1-2　政党は解体せず，政党が新争点立場を明確化した場合の支持基盤組み替え ……… 51
図 1-3　イデオロギー再編成の場合の支持基盤組み替え ……………………… 57
図 2-1　リベラルの乖離 ………………………………………………………… 95
図 2-2　イデオロギー感情温度の推移（1980年まで） ………………………… 97
図 2-3　主流派におけるイデオロギー感情温度の推移 ………………………… 103
図 2-4　福音派におけるイデオロギー感情温度の推移 ………………………… 110
図 3-1　急進保守の世論からの乖離 …………………………………………… 150
図 3-2　イデオロギー感情温度の推移（1980年代以降） ……………………… 152
図 4-1　主要争点による主成分負荷量の変化 ………………………………… 180
図 4-2　政党支持率の推移 ……………………………………………………… 184
図 4-3　主要争点態度における政党支持人口の推移（1） …………………… 185
図 4-4　主要争点態度における政党支持人口の推移（2） …………………… 188
図 4-5　争点態度ブロックにおける共和党純支持率の変化 ………………… 194
図 4-6　ニューディール，軍事，倫理問題における政党支持人口の変化 …… 198
図 4-7　宗教伝統系列の人口比 ………………………………………………… 202
図 4-8　宗教伝統系列別の社会経済的属性 …………………………………… 203
図 4-9　政党帰属意識の変遷（宗教伝統系列別） …………………………… 206
図 4-10　大統領選挙共和党投票率の変遷（宗教伝統系列，二大政党に限定） ………… 209
図 4-11　下院選挙共和党投票率の変遷（宗教伝統系列，二大政党に限定） …………… 210
図 4-12　宗教伝統系列別，人種隔離問題別の政党支持率 …………………… 212
図 4-13　宗教伝統系列別，軍感情温度別の政党支持率 ……………………… 214
図 4-14　全有権者における共和党純支持人口（1964〜78年） ……………… 216
図 4-15　宗教伝統系列別，中絶問題別の政党支持率 ………………………… 218
図 4-16　宗教伝統系列別，ニューディール争点別の政党支持率 …………… 220
図 4-17　宗教伝統系列別，争点態度ブロック別共和党支持人口（1980〜2008年） ……… 232
図 4-18　社会経済的属性と共和党純支持率の変化 …………………………… 235
図 4-19　所得階層別，宗教伝統系列別の共和党純支持率 …………………… 236
図 4-20　南部における政党帰属意識の変化（白人のみ） …………………… 238
図 4-21　聖書認識に関する人口比 …………………………………………… 243
図 4-22　教会定期出席者の推移 ……………………………………………… 244
図 4-23　政党支持率（聖書認識別） ………………………………………… 248
図 4-24　政党支持率（教会出席頻度別） …………………………………… 250
図 4-25　政党支持連合の変容（宗教伝統系列別） ………………………… 271
図 4-26　政党支持連合の変容（教会出席頻度別） ………………………… 272
図 4-27　政党支持連合の変容（聖書認識別） ……………………………… 273
図 5-1　同一時代における各世代の党派性比較 ……………………………… 290

図 5-2	同一年代における各世代の党派性比較	291
図 5-3	福音派各世代の政党支持率推移	293
図 5-4	主流派各世代の政党支持率推移	296
図 5-5	カトリック各世代の政党支持率推移	297
図 5-6	福音派の世代別政党支持人口	300
図 5-7	主流派の世代別政党支持人口	304
図 5-8	カトリックの世代別政党支持人口	305
図 5-9	世代参入がないと仮定した政党支持率のシミュレーション	322
図 5-10	福音派の世代別政党支持率の推移	326
図 5-11	世代参入がないと仮定した政党支持率のシミュレーション（福音派）	331
図 5-12	政党帰属意識平均値（世代，宗教伝統系列）	334
図 5-13	福音派，主流派とカトリックの大統領選挙共和党投票率	335

表 2-1	宗教伝統系列の人口比（1944 年）	79
表 2-2	宗教伝統系列別社会階層	82
表 2-3	大統領選挙投票結果（1944 年）	85
表 3-1	主要な争点への賛否と政党政策への認識（1956 年）	119
表 3-2	各争点と政党帰属意識の相関	120
表 3-3	ベトナム戦争政策と政党帰属意識の相関	127
表 4-1	政党帰属意識と争点態度の二変量相関係数	166
表 4-2	ニューディール争点と他争点態度の二変量相関係数	172
表 4-3	政党帰属意識を従属変数とする多変量回帰分析	176
表 4-4	主成分分析における両主成分の寄与率とN	182
表 4-5	争点態度ブロックの人口比とN	195
表 4-6	政治的南部への居住比率	205
表 4-7	共和党が保守的と考える有権者の政党支持率	223
表 4-8	共和党が保守的と考える人の政党支持率（全国，宗教伝統系列別）	225
表 4-9	宗教伝統系列におけるイデオロギー分布	228
表 4-10	宗教伝統系列別政党支持人口の推移	230
表 4-11	宗教伝統系列における聖書認識	246
表 4-12	聖書認識別の社会経済的地位	246
表 4-13	聖書認識との二変量相関係数	252
表 4-14	教会出席頻度との二変量相関係数	254
表 4-15	政党帰属意識に対する多変量回帰分析	256
表 4-16	大統領選挙投票に対するロジスティック回帰分析	258
表 4-17	教会出席頻度を従属変数とした多変量回帰分析	264
表 4-18	聖書認識を従属変数としたロジスティック回帰分析	264
表 4-19	人工妊娠中絶問題を従属変数にした多変量回帰分析	266
表 4-20	軍感情温度を従属変数にした多変量回帰分析	266
表 4-21	ニューディール争点を従属変数にした多変量回帰分析	268
表 4-22	イデオロギーを従属変数にした多変量回帰分析	268
表 4-23	政党支持連合の変容（社会経済的属性）	274
表 5-1	世代人口構成比	299
表 5-2	争点態度の世代比較	307

表 5-3	イデオロギー，世代別の政党認識と政党支持（1960～82 年）	309
表 5-4	イデオロギー，世代別の政党認識と政党支持（1984～2008 年）	311
表 5-5	福音派世代の社会経済的属性	312
表 5-6	宗教伝統系列からの流出	317
表 5-7	調査時と 16 歳時の宗教伝統系列に基づく政党支持率	318
表 5-8	福音派の世代別社会経済的属性と争点態度平均値比較（2000～08 年）	328
表 5-9	争点と質問内容	329
表 5-10	イデオロギー，世代別の政党認識と政党支持（2000～08 年）	330
表 5-11	政党帰属意識を従属変数とした多変量回帰分析（世代別）	336
表 5-12	大統領選挙投票に対するロジスティック回帰分析（世代別）	338
表結-1	「教会で政党と候補に関する情報を得た」有権者の比率	355
表結-2	宗教伝統系列別の大統領選挙投票動向（2012 年選挙）	356
表結-3	ティーパーティー運動，聖書認識との相関係数（2010 年）	359
表結-4	民主党が宗教に友好的だと考える人口比率	361

索　引

ア 行

アーミー, ディック　155-156
アーミッシュ　367
アーリントン・グループ　156
アイゼンハワー　92, 119
アイデンティティー・ポリティクス　224-225
アイルランド
　　——移民　87, 371
　　——カトリック　12, 15, 86, 88, 208
アブラムソン, ポール　282, 287
アブラモウィッツ, アラン　54-55, 148, 164, 179
アメリカ・キリスト教会評議会（ACCC）　76
アメリカ市民的自由連盟　70
アメリカ的プロテスタンティズム　68, 75
アリトー, サミュエル　155
アルミニウス主義　68, 372, 374-375, 377, 379
安息日　13, 86
アンダーセン, クリスティ　52
アンドーバー神学校　66
イーグル・フォーラム　132, 156
異言　40, 63-64, 101, 385
5つの根本原理　69-70, 76
一般社会調査　34, 60, 316
一夫多妻制　393
イデオロギー再編成　54-56, 179, 183, 230
イデオロギー争点　54, 56, 148, 164, 183, 192-193, 195-197, 200, 233, 343, 345
移民
　　——教派　64, 72, 78, 81, 85
　　——系カトリック　88
医療保険改革　358
ウィル, ジョージ　155
ウィルコックス, クライド　35, 234
ウィルツェン, ジャック　76
ウェイリッチ, ポール　129, 132, 134, 137, 145, 154, 156
ウェーバー, マックス　37
ウェストミンスター信仰告白　15, 83, 373
ウェスレー, ジョン　374
ウォリス, ジム　107
ウォレス, ジョージ　123-124, 131, 187
ウォレス・ウィング　123, 187
ウォレン, リック　158, 160, 285
英国国教会　11, 87-88
エドワード六世　381
エホバの証人　393
エミリーズ・リスト　159, 361
エリクソン, ロバート　52
欧州系フリー・チャーチ　366
横断的争点　47, 118, 120, 136, 174
オールド・サイド　370
オールド・スクール　15, 67, 370-372
オールド・ライト　373, 377
オケンガ, ハロルド　74-76, 104, 111
オストロム, チャールズ　282
オバマ, バラク　159, 357, 360, 362
思いやりのある保守主義　153
穏健派の核　151, 153

カ 行

カーシー, トマス　55
カーター大統領　105, 127, 133-134, 141, 254
カーマイン, エドワード　49, 122
海外伝道　71, 73, 76, 378
改革派　64, 364
階級別教派　81
会衆制　99, 377
会衆派　11, 100
回心（ボーンアゲイン）　4, 12, 20-21, 33, 35, 62-64, 67, 352, 357, 361, 406
学校
　　——での祈り　142, 151
　　——統合　128
　　——ボイコット運動　132
カトリック移民　13, 83
カリスマ派　64, 101-102, 113, 385
カルヴァン
　　——, ジャン　364
　　——主義　12, 15, 64, 68, 83, 371-372, 374, 377, 379, 385, 387
　　——派　64, 364, 366, 374, 387
カルト　157, 357, 390
管区　386
キー, V・O　43, 45-46, 280

キース，ブルース　282
儀式主義　12-13, 36-38, 245, 381
キャンプ・ミーティング　374, 380, 383
キャンベル，アンガス　279, 281
キャンベル，トマス　380
教会統合運動　77, 100-101
業績投票　281
教派　30
　——ファミリー　30
共和党
　——綱領　84, 122, 142, 143
　——支持基盤　86, 198, 350, 354, 357-358
　——支持連合　270, 273, 358
キリスト教
　——十字軍　104
　——人民連合　107
　——生活委員会　108, 112
キリスト教徒の声　134
キリスト教連合　41, 133, 138-141, 143-145, 151, 154, 157, 160, 170, 172, 174, 258
亀裂勢力　48-51, 57, 121-122, 124, 126, 128, 131, 135, 137, 142, 147
キング，マルチン・ルーサー　93, 391
キング・ジェームズ版聖書　88
ギングリッチ，ニュート　137, 144, 153
禁酒法問題　13, 68, 74, 84, 287
近代主義　33, 62, 66-67, 69-70, 76, 78, 80, 91, 345
クー・クルックス・クラン　70
クエーカー　367, 369-370
グス，ジェームズ　22, 134
グラハム，ビリー　74, 104-105, 111, 133
クラブ，ジェローム　43
グリーン，ジョン　22-23, 36, 39, 140, 260-261, 282, 285
グリーン，ドナルド　282, 285
クリスウェル，ウォーリー　106
クリントン，ヒラリー　159
クリントン大統領　105, 139, 144-145, 154, 158, 327
　——弾劾　145
クルセード集会　92, 104, 111
クレップナー，ポール　11-13
グロック，チャールズ　31-32
敬虔主義　12-13, 36, 38, 40, 62-63, 75, 78, 89, 344
決定的選挙　5, 43-46, 197, 342
ケネディ，ジェームズ　157
ケネディ，ロバート　124
ケネディ大統領　204, 209

ケリー，ディーン　102
ケルステッド，リマン　36, 39, 275
憲法修正　141-144, 155
原理主義　39
　——近代主義論争　69, 77-78, 82, 364
交代　52, 294, 302, 324-325, 330, 332
公定教会　364-365
高等批評学　66
合同メソジスト　33-34, 100
公民権
　——運動　26, 91, 93, 97-98, 106-107, 111, 121-122, 187
　——法　93, 121-122, 186, 208, 345
合理的選択理論　281
コーラン　21
ゴールドウォーター，バリー　107, 122-123, 128-129
黒人
　——教会　26, 88, 93
　——プロテスタント　32, 88
国家政策評議会　145
ゴッド・ギャップ　22, 250
コリガン，ダニエル　98
孤立主義　40, 72, 74, 76, 79, 113, 119, 145
コンバース，フィリップ　52, 55, 279

サ 行

サイジック，リチャード　158
財政保守主義　143, 145, 147, 155
再洗礼派（アナバプテスト）　366-367, 369
再臨　33, 68, 390
サチボ事件　155
三角測量戦略　154
サンドクィスト，ジェームズ　43, 47, 49, 52, 56, 58, 192, 343
サンホアキン渓谷　81
三位一体　83, 392
宗教と公共施設に関するピュー・フォーラム　39
シェイド，ウィリアム　11
ジェニングス，ケント　351
ジェファソン　13, 365
ジェンダー・ギャップ　273
社会改良運動　20, 63, 68, 393
社会的
　——準拠集団　279, 287
　——束縛　55
シャットシュナイダー，E・E　45
シャラフリー，フィリス　129, 133
シャロン声明　129

シャンクス，メリル　285, 351
自由意志　68
周期性　43-46, 342
宗教
　——右派　2, 35, 41, 379
　——運動　37, 62-63, 78, 344-345, 363-364, 383, 385, 392
　——円卓会議　111, 134
　——調査　92
　——的信念　10, 16-17, 19-22, 28, 33, 35-37, 41, 241, 246, 250, 255, 261, 272, 319, 336
　——伝統主義　16-17, 19-21, 23-24, 28, 32, 38, 41, 78, 82, 109, 114, 160, 242, 262-263, 363
　——難民　387
　——熱（の高まり）　244
　——への帰属　10, 14, 16, 19, 28, 30, 201, 240, 255, 288
　——への態度　10, 19, 22-24, 28, 242, 244, 248, 253, 261, 272, 363
　——保守層　41-42, 137-138, 154, 174, 347
　——リバイバル（北欧の）　367-368
宗教亀裂
　新しい——　261, 270, 275, 336
　古い——　260, 262, 270, 275, 337
宗教伝統系列
　——（人口移動）　315-316, 318
　——（人口比）　201
　——（定義）　30-32, 79, 204, 208, 270
集団レベル　57, 201
終末論　37, 67
シュペーナー，フィリップ　367
主流集団　12-14, 376
主流派
　——の定義　33
巡回宣教師　374
少数派積極優遇政策　54, 93, 98, 124, 166
ジョーンズ，カルバン　281
ジョーンズ，ボブ　113
初期バイアス　281, 283, 287, 313-314, 333
　——（集団特有の）　288
ジョンソン大統領　111, 122, 124-125, 128
ジングル，ナンシー　43
進化論　66, 384
　——教育　70, 72
　——比判　72
　——論争　72, 83
人工妊娠中絶　2, 20, 24, 48, 93, 129, 135, 141, 143, 151, 155, 169, 274, 343, 357
信仰復興運動（リバイバル）　12, 67, 364
　——集会　63, 67, 73, 76

人種隔離
　——主義　106, 123, 131, 170, 174
　——政策　96, 121
　——問題　211-212, 342
新保守主義（ネオ・コンサーバティブ）　54, 154
心理的
　——愛着心　13, 15, 25, 47, 223, 279, 284, 288, 313
　——束縛　55
　——な自己同一化　279
スコアカード運動　134
スコープス　84
　——裁判　70
スコッチ・アイリッシュ　15, 87, 370-372
スコフィールド，サイラス　67
スターク，ロドニー　31
スティムソン，ジェームス　49, 52, 122
ストーカー，ローラ　351
ストーン，バートン　380
スピリチュアル　40, 160, 393
スミス，アル　84
スミス，クリスチャン　34
スミス，ベイリー　112, 133
スミット，コーウィン　394
スワガート，ジミー　112
政教分離　10, 88, 136, 152, 365, 377, 390
聖公会　11, 37, 63, 66, 77
政策パッケージ　54-55, 58, 181, 231, 343
政治的
　——社会化　27, 44, 282, 285, 287, 348, 351
　——南部　24, 204, 237, 258, 262
聖書研究会　154
聖書研究所　73
聖書認識　20, 28, 242-243, 245-246, 251, 255, 405
聖書の権威　20
政党
　——イメージ　49
　——解体　130, 200, 281, 289, 291
　——綱領　49, 141, 280
　——再編成　5, 43, 45-47, 118, 130, 148, 163, 184, 192, 197, 226, 229, 240, 273, 342, 344, 351
　——支持連合　57, 270, 273
　——制　43-44, 46, 189
　——対立争点の進化（Issue Evolution）　122
　——予備選改革　55, 125
政党帰属意識　25, 28, 47, 278-279, 312-314, 324, 327, 348, 354, 403
　——安定性仮説　279, 282

――不安定仮説　280
政府雇用保証　165, 175
生命重視派　135, 159
世界教会運動　67, 77
世界キリスト教会評議会　77, 389
世界キリスト教原理主義協会（WCFA）　69
セクト
　――運動　37-38, 40, 78, 345, 382
　――主義　76
世代交代
　――効果　52, 351
　――サイクル　325
選挙サイクル　44
全国福音派協会（NAE）　75-78, 92, 158
前千年王国　67-68, 74
選択重視派　159
全米科学基金　59
全米キリスト教会評議会（NCC）　77-78, 97-98, 100, 103
全米宗教調査　39
全米選挙調査　59
全米世論調査センター　60
争点拡大　54-56, 58, 179, 359
ソーシャル・ゴスペル運動　20, 66, 68, 97, 378, 382
束縛　55, 58, 148, 179, 183
外集団　12-14

タ　行

ダービー、ジョン　67
大覚醒運動　12, 37, 63, 65, 68, 364
第二バチカン公会議　262
ダウンズ、アンソニー　281
ダニエル、カレイ　106
ダマト、アルフォンス　137
男女平等権修正　24, 93, 98, 134, 141-142
チャーチ運動　37, 101, 384
チャニング、ウィリアム　392
中部植民地　365, 367
ティーパーティー運動　149, 357-358
ディーン、ハワード　159
ディサイプルズ　71, 380
ディスペンセーショナリズム　67-68, 74, 368
デキシークラット　121-124, 343
テディン、ケント　52
テレビ伝道師　102, 138, 386
転向　52, 186, 200, 233, 278, 284, 294, 298-299
ドイツ
　――カトリック　86
　――敬虔主義　369, 374

――ルター派　368
動員　52
同性愛問題　93, 129, 132, 135, 155, 360, 362
党派性　283-284, 286, 289, 294, 298, 313
投票ガイド　139
ドール、ボブ　145-146
独立教会　40, 108, 113
ドブソン、ジェームズ　145, 156-158
トリニティー福音神学校　107
トルーマン　77
トレルチ、エルンスト　37

ナ　行

南部
　――白人　99, 123, 211, 223-234
　――福音派　223, 238, 346
　――民主党　98, 121-122, 170, 187, 343
南部バプテスト連盟（SBC）　31, 34, 38, 71-72, 75, 79, 82, 105-106, 108, 111, 133, 158
ニーミ、リチャード　210
ニクソン大統領　105, 111, 124, 128, 131, 187
ニュー・サイド　370
ニュー・スクール　15, 371-372
ニュー・ライト（長老派、バプテストの）　373, 377
ニューイングランド
　――会衆派　371
ニューディール
　――再編成　5, 44, 50, 85, 183, 190, 344, 351
　――政党制　189
　――争点　53-54, 118-120, 123, 125, 128, 136, 143, 164, 174, 179, 189, 197, 220, 263, 342-343, 357
　――リベラリズム　128, 166
　――連合　46, 58, 89, 205
ニューブリード　98, 103
ニューヘブン神学　371
ニューライト　129, 132, 134, 137
ニューレフト　93, 127
ネーション・オブ・イスラム　93
ノーナッシング党　87
ノーポス、ヘルムート　351
ノリス、フランク　71, 83, 105, 378

ハ　行

ハーギス、ビリー　105, 113
バーナム、ウォルター　43-44, 49, 53
ハーバーグ、ウィル　15, 25
ハーバード
　――神学校　66

索引　445

───大学　392
パームキスト, ブラッドリー　285
ハイ・チャーチ　382
胚性幹細胞研究問題　155
ハイベルズ, ビル　158
バウアー, ゲリー　158
ハウト, ミッシェル　102, 316
白人中間層　234-235
バックリー, ウィリアム　128, 131
バプテスト
　　───学生組合　108
　　───合同委員会　108
パラチャーチ　17, 22
バランスシート　281
ハルマゲドン　68
反カトリック　83, 87-88
　　───暴動　87
反近代主義　62, 72
反進化論運動　70
反戦リベラリズム　127, 143, 168
ハンター, ジェームズ　16, 234, 261
ハンター, ジョエル　160
ハンフリー, ヒューバート　125
ビグリー, リチャード　129, 131-132
非合理的選択　224
ビジネス・ウィング　140, 174
ヒスパニック　32, 202, 393
ビッグテント　153
ピュー, ハワード　110
ピュー研究センター　160
ピューリタン　12, 364
ビリングズ, ロバート　134
ファルウェル, ジェリー　27, 105, 111-112, 133-134, 138, 156-157, 379
フィオリーナ, モリス　281-284, 287, 404
フィッシャー, クロード　316
フィニー, チャールズ　383
フィリップス, ハワード　129, 131-132, 134, 370
フェデラリスト　365
フェミニズム　98, 125
フォーカス・オン・ザ・ファミリー　41, 145, 154, 157
フォーブス, スティーブ　145
フォーミサノ, ロナルド　11
フォスディック, ハリー　70
ブキャナン, パット　16, 145-146
福音主義　12, 20, 68, 75
福音派
　　───運動　37, 75-76, 104, 109, 157

───気候問題構想　158
───の定義　36, 38, 42
　緑の───　158
復古主義　380
ブッシュ, ジョージ　33-34, 143, 149, 153-156, 159, 168, 170, 172, 179, 327, 360, 417
部分的妊娠中絶　155
フラー, チャールズ　73, 76
フラー神学校　76, 104, 111
ブライアン, ウィリアム　70, 72, 84
ブラウン対教育委員会判決　121
ブラックパンサー　93, 100
フラニガン, ウィリアム　43
プリンストン神学校　70
プルシア　109, 387
ブレイク, ユージーン　98
フレイザー, ドナルド　125
ブレスレン　100
フロム, アル　159
フロンティア宣教　371, 374
文化戦争　16, 146, 261
ペイジ, フランク　158
ペイジ, ベンジャミン　281
ベッカー, ジム　112
ベック, ポール　44-45, 314, 351
ベビーブーム　92, 160, 298, 302, 321, 332, 348, 354
ベビントン, デビッド　33
ヘリテージ財団　132, 134
ペン, ウィリアム　370
ペンシルベニア植民地　370
ベンソン, リー　11, 88
ペンテコステ　11, 24, 37, 39-40, 63-64, 72, 74, 78, 81, 85, 138, 154, 384
ヘンリー, カール　74-75, 92, 104-105, 110-111, 133
ホイートン大学　104, 107, 113
ホイッグ党　12-13, 370-371, 375
ホイットフィールド, ジョージ　374
亡命学校　112
ボーガン, ジョエル　139
ホーリー・ローラー　385
ホーリネス　63, 72, 77, 79, 81, 85
保守革命　139, 144, 153, 171, 302
保守主義運動　128-129, 131, 134, 137, 142, 144, 148, 156, 357
保守派コーカス　132
ボブジョーンズ大学　134
ホルト, ミッシェル　11
ポンパー, ジェラルド　281

マ行

マースデン, ジョージ 15, 33
マクエン, ミッシェル 281-282
マクガバン, ジョージ 107, 125, 127, 141, 167, 182
マケイン, ジョン 147, 157, 356
マスキー, エドモンド 126
マッカーシー, ユージーン 124, 127
マッカーシズム 91
マッカティア, エド 134
マッギー, バーノン 68
マッキンタイア, カール 76, 83, 105, 113, 373
マック, アレクサンダー 367
3つのB 10, 19, 30, 35-36, 241
ミラー, ウィリアム 390
ミラー, ウォレン 351
民主党
　——帰属意識 222-224, 227-228, 240, 257, 292, 313
　——指導者評議会 159
　——の呪縛 226, 308, 310, 347, 349
　——リベラル化 292
民族宗教理論 11, 14, 25, 350
ムーディー
　——, ドワイト 67-68, 73
　——聖書研究所 73
メイアー, ケネス 281
メイチェン, ジョン 70-71, 74, 372
メイヒュー, デビッド 45
メガチャーチ 40, 109, 112-113, 158, 395
メディケア 155
メノー
　——, シモンズ 369
　——派 367, 369, 387
メルトン, ゴードン 363
モラル・マジョリティー 134, 137-138, 157, 170, 255
モルモン
　——教 21, 24, 157, 356-357, 393
　——書 21

ヤ・ラ・ワ行

ヤンキー 365
優位政党 44, 46, 183
ユダヤ教 11, 15, 17, 25
ユニオン神学校 66

ユニテリアン 66, 365, 392
ユニバーサリスト 392
ライフサイクル効果 285
ランド, リチャード 112
リード, ラルフ 138, 146
リバイバリスト 67, 383
リバタリアニズム 129
リバタリアン 123, 136, 143, 145, 149, 156, 358
リンカーン 121, 208
レイマン, ジオフリー 39, 55, 179, 359
レーガン
　——, ロナルド 46, 53, 129, 137-138, 142-143, 149, 154, 166, 183, 197-198, 200, 254, 302, 343
　——革命 53-54
歴史の記憶 13, 25
連邦教会評議会 (FCC) 67, 75, 77
ロー・チャーチ 382
ロー対ウェード 93, 141
ローブ, カール 153-154, 159
ローマ教皇 36
ロジャース, アドリアン 112
ロックフェラー, ジョン 77
ロックフェラー, ネルソン 122
ロバーツ, ジョン 155
ロバートソン, パット 102, 112, 133, 157, 386
ロムニー, ミット 157, 356-357, 360, 362
ワスナウ, ロバート 16-17, 19, 160, 261
ワルド, ケネス 22, 26, 234

A-Z

Christianity Today 誌 75, 104, 110, 113, 133
Confessional Lutheran 387
National Review 誌 128
Pledge of Allegiance 92
Plymouth Brethren 運動 67
Presbyterian Layman 101
Separate Baptist 364, 377
Sojourners 107
Stop-ERA 運動 133
The Other Side 107
Triennial Convention 377
two party vote 208, 259
World Relief 77
World Vision 77
Young Americans for Freedom 129
Youth for Christ International 76

《著者略歴》

飯山　雅史（いいやま　まさし）

読売新聞東京本社調査研究本部・主任研究員。米ジョージタウン大学（修士），政策研究大学院大学（博士）。同紙政治部，リオデジャネイロ，ワシントン各特派員を経て現職。単著に『アメリカの宗教右派』（中公新書ラクレ，2008），『入門アメリカ政治』（大和書房，2012），共著に『世界政治叢書 アメリカ・カナダ』（ミネルヴァ書房，2008）など。読売テレビ「ミヤネ屋」で解説員。

アメリカ福音派の変容と政治

2013 年 7 月 10 日　初版第 1 刷発行

定価はカバーに表示しています

著　者　　飯　山　雅　史
発行者　　石　井　三　記

発行所　一般財団法人　名古屋大学出版会
〒464-0814　名古屋市千種区不老町 1 名古屋大学構内
電話(052)781-5027／FAX(052)781-0697

Ⓒ Masashi IIYAMA, 2013
印刷・製本　㈱クイックス
乱丁・落丁はお取替えいたします．

Printed in Japan
ISBN978-4-8158-0734-4

Ⓡ〈日本複製権センター委託出版物〉
本書の全部または一部を無断で複写複製（コピー）することは，著作権法上の例外を除き，禁じられています．本書からの複写を希望される場合は，必ず事前に日本複製権センター（03-3401-2382）の許諾を受けてください．

川島正樹編
アメリカニズムと「人種」
A5・386 頁
本体3,500円

川島正樹著
アメリカ市民権運動の歴史
―連鎖する地域闘争と合衆国社会―
A5・660 頁
本体9,500円

水野由美子著
〈インディアン〉と〈市民〉のはざまで
―合衆国南西部における先住社会の再編過程―
A5・340 頁
本体5,700円

内田綾子著
アメリカ先住民の現代史
―歴史的記憶と文化継承―
A5・444 頁
本体6,000円

貴堂嘉之著
アメリカ合衆国と中国人移民
―歴史のなかの「移民国家」アメリカ―
A5・364 頁
本体5,700円

S・M・グインター著　和田光弘他訳
星条旗 1777～1924
四六・334 頁
本体3,600円

K・E・フット著　和田光弘他訳
記念碑の語るアメリカ
―暴力と追悼の風景―
A5・354 頁
本体4,800円

吉田真吾著
日米同盟の制度化
―発展と深化の歴史過程―
A5・432 頁
本体6,600円

小杉泰著
現代イスラーム世界論
A5・928 頁
本体6,000円